Wissenschaftliche Untersuchungen
zum Neuen Testament · 2. Reihe

Begründet von Joachim Jeremias und Otto Michel
Herausgegeben von
Martin Hengel und Otfried Hofius

8

Studien
zum Philipperbrief

Untersuchungen zum situativen Kontext unter
besonderer Berücksichtigung der Frage nach
der Ganzheitlichkeit oder Einheitlichkeit eines
paulinischen Briefes

von

Berthold Mengel

J.C.B. Mohr (Paul Siebeck) Tübingen 1982

CIP-Kurztitelaufnahme der Deutschen Bibliothek

Mengel, Berthold:
Studien zum Philipperbrief: Unters. zum situa-
tiven Kontext unter bes. Berücks. d. Frage nach
d. Ganzheitlichkeit oder Einheitlichkeit e.
paulin. Briefes / von Berthold Mengel. –
Tübingen: Mohr, 1982.
  (Wissenschaftliche Untersuchungen zum Neuen
  Testament: Reihe 2; 8)
  ISBN 3-16-144533-3
  ISSN 0340-9570
NE: Wissenschaftliche Untersuchungen zum Neuen Testament / 02

Printed in Germany. Satz und Druck: Gulde-Druck DmgH, Tübingen. Einband Heinrich
Koch, Großbuchbinderei Tübingen.

MEINEN ELTERN

VORWORT

Die vorliegende Arbeit ist im Februar 1979 von der Theologischen Fakultät der Friedrich—Alexander—Universität Erlangen—Nürnberg als Dissertation angenommen worden. Für die Veröffentlichung wurden der 1979 in englischer Übersetzung erschienene Kommentar von J.—F. Collange sowie der ebenfalls 1979 erschienene Kommentar von G. Barth eingearbeitet, zudem das Autoren— und Stellenregister erstellt.

Mein verehrter Lehrer, Herr Professor Dr. O. Merk, hat die Dissertation angeregt und betreut. Ihm für alle persönliche und wissenschaftliche Förderung meinen herzlichen Dank zu sagen, ist mir ein besonderes Anliegen. Ebenso habe ich zu danken Herrn Professor Dr. M. Hengel und Herrn Professor Dr. O. Hofius, die die Aufnahme der Arbeit in die Reihe der „Wissenschaftlichen Untersuchungen zum Neuen Testament" ermöglichten. Herr Professor Dr. M. Seitz vermittelte zuvorkommend den Druckkostenzuschuß der Zantner—Busch—Stiftung, auch ihm danke ich sehr herzlich.

Burbach—Holzhausen, im Dezember 1981   Berthold Mengel

INHALTSÜBERSICHT

ABKÜRZUNGSVERZEICHNIS

aaO	am gegebenen Ort
AGSU	Arbeiten zur Geschichte des Spätjudentums und Urchristentums
Apg	Apostelgeschichte
AThANT	Abhandlungen zur Theologie des Alten und Neuen Testaments
Aufl.	Auflage
Bd.	Band
bes.	besonders
Bespr.	Besprechung
BevTh	Beiträge zur evangelischen Theologie
BFChTh	Beiträge zur Förderung christlicher Theologie
BHTh	Beiträge zur historischen Theologie
BU	Biblische Untersuchungen
BZ	Biblische Zeitschrift
Ders.	derselbe
d h	das heißt
DLZ	Deutsche Literaturzeitung
ebd	ebenda
Einl.	Einleitung
EvTh	Evangelische Theologie
f, ff	folgend (e)
FS	Festschrift
FRLANT	Forschungen zur Religion und Literatur des Alten und Neuen Testaments
Gal	Galaterbrief
hg.	herausgegeben
HNT	Handbuch zum NT
HThK	Herders Theologischer Kommentar zum NT
ICC	The International Critical Commentary
Jh.	Jahrhundert
IntB	The Interpreter's Bible
Kap.	Kapitel
KD	Kirchliche Dogmatik
1 2 Kor	1. 2. Korintherbrief
KuD	Kerygma und Dogma
MbThSt	Marburger Theologische Studien
m.E.	meines Erachtens
MeyerK	Kritisch—exegetischer Kommentar über das NT, begründet v. H.A.W. Meyer
Moffatt	The Moffatt NT Commentary
n.F.	Neue Folge
NIC	The New International Commentary on the NT = The New London Commentary on the NT
NovTest	Novom Testamentum (Zeitschrift)

Nr.	Nummer
NTA	Neutestamentliche Abhandlung
NTD	Das Neue Testament Deutsch. Neues Göttinger Bibelwerk
NTSt	New Testament Studies
o.	oben
Phil	Philipperbrief
1 Petr	1. Petrusbrief
RGG	Die Religion in Geschichte und Gegenwart
RNT	Das NT übersetzt und kurz erklärt, hg. v. A. Wikenhauser und O. Kuss (Regensburger NT)
Röm	Römerbrief
S.	Seite
s.	siehe
SAH phil—hist.Kl.	Sitzungsberichte der Heidelberger Akademie der Wissenschaften, philosophisch—historische Klasse
s. E.	seines Erachtens
SNTSMS	Studiorum Novi Testamenti Societas Monograph Series
s. o.	siehe oben
StUNT	Studien zur Umwelt des NT
Suppl.	Supplement
ThB	Theologische Bücherei
1 2 Thess	1. 2. Thessalonicherbrief
ThHK	Theologischer Hand—Kommentar zum NT
ThLBL	Theologisches Literaturblatt
ThLZ	Theologische Literaturzeitung
ThR	Theologische Rundschau
ThT	Theologische Tijdschrift
ThW	Theologisches Wörterbuch zum NT
ThZ	Theologische Zeitschrift (Basel)
TRE	Theologische Realenzyklopädie
u. a.	und andere
u. ö.	und öfter
v.	von
V.	Vers
vgl.	vergleiche
WdF	Wege der Forschung
WMANT	Wissenschaftliche Monographien zum Alten und Neuen Testament
WUNT	Wissenschaftliche Untersuchungen zum NT
z B	zum Beispiel
Zit.	Zitat
ZNW	Zeitschrift für die nt. Wissenschaft und die Kunde der älteren Kirche
ZThK	Zeitschrift für Theologie und Kirche

I. Methodische Vorüberlegungen und Aufgabenstellung

Die neutestamentliche Wissenschaft wird hinsichtlich ihrer Methode, der historisch-kritischen Exegese der neutestamentlichen Schriften, in zunehmendem Maße in Frage gestellt. Dies widerfährt ihr nicht nur von außen, etwa von Biblizisten und Fundamentalisten, die ihr Mißtrauen gegen eine ihres Erachtens vernunftkritisch destruktiv arbeitende neutestamentliche Wissenschaft noch immer nicht überwunden haben und meinen, im Gegeneinander-Ausspielen disparater Forschungsergebnisse, d h in "einer Synopse der experimentellen Spitzenergebnisse der gegenwärtigen radikalen (neutestamentlichen) Bibelkritik"[1] mit Genugtuung das Scheitern dieser Art von Umgang mit den biblischen Texten ausrufen zu können, um dadurch die eigene "biblizistisch-unkritische(n) Schriftauslegung"[2] legitimiert zu sehen[3]. Diese Kritik widerfährt ihr ebenso innertheologisch, etwa von der Systematischen Theologie, indem der Systematiker dem Neutestamentler weitgehend die Zusammenarbeit aufkündigt und nun selber Exegese – seines Erachtens textadäquater – betreibt[4]. Schließlich

---

1   P. Stuhlmacher, Schriftauslegung, S.107 (im Original kursiv).

2   P. Stuhlmacher, ebd , S.60.

3   Vgl. etwa – als Paradigma genannt – das Buch von G. Maier, Das Ende der historisch-kritischen Methode, Wuppertal [3]1975; dazu P. Stuhlmacher, aaO, S.103 Anm.48.

4   Vgl. G. Eichholz, Reform des theologischen Studiums oder Reform der Theologie? EvTh 13, 1953, S.6ff, bes.14f; J. Moltmann, Dogmatik, in: Einführung in das Studium der evangelischen Theologie, hg.v. R. Bohren, München 1964, S.121; vgl. in diesem Zusammenhang auch den Aufsatz des Systematikers O. Weber, Der Ort der historisch-kritischen Methode in der Selbstauslegung der Heiligen Schrift, in: Ders.: Die Treue Gottes und die Kontinuität

wird die neutestamentliche Wissenschaft auch darin eine Infrage-
stellung ihrer Arbeit – und dies wiederum nicht zuletzt aufgrund ihrer Methode – sehen, wenn man sich innertheologisch
und kirchlich "von exegetisch-historischen Problemstellungen
ab- und aktuellen empirischen, sozialdiakonischen und poli-
tischen Problemstellungen zuwenden zu müssen glaubt"[5].

Bedeutsamer indessen als diese Kritik von außen – wenn auch
sicherlich von ihr nicht zu trennen – scheint die Tatsache zu
sein, daß die neutestamentliche Wissenschaft s e l b e r hinsichtlich ihrer Methode ins Fragen geraten ist[6]; n i c h t mit

---

der menschlichen Existenz. Gesammelte Aufsätze I, Neukirchen 1967, S. 68–81.

5 P. Stuhlmacher, aaO, S. 61; vgl. auch Ferd. Hahn, Exegese, Theologie und Kirche, ZThK 74, 1977, S. 25–37 bes. 25.

6 Es geht an dieser Stelle ausschließlich darum, im Blick auf
die eigene Untersuchung begründet Rechenschaft abzulegen
angesichts einer bestimmten, m.E. möglicherweise für den
weiteren Gang der neutestamentlichen Wissenschaft g r u n d -
s ä t z l i c h e Bedeutung tragenden Situation der kritischen
Besinnung. Es ist darum hinsichtlich der Aufzählung der
nachstehenden Literatur n i c h t Vollständigkeit intendiert,
sondern diese Arbeiten sollen exemplarisch diese Situation
der kritischen Besinnung anzeigen: Vgl. etwa die von P.
Stuhlmacher in dem schon genannten Aufsatzband "Schriftauslegung auf dem Wege zur biblischen Theologie" zusammen-
gestellten Beiträge; Ders.: Hauptprobleme und Chancen
kirchlicher Schriftauslegung, Theologische Beiträge 9, 1978,
S. 53–69; Ferd. Hahn, Probleme historischer Kritik, ZNW
63, 1972, S. 1–17; Ders.: Die neutestamentliche Wissenschaft, in: Wissenschaftliche Theologie im Überblick, Kleine Vandenhoeck-Reihe 1402, hg. v. W. Lohff / Ferd. Hahn,
Göttingen 1974, S. 20–38; Ders.: Exegese, Theologie
und Kirche; M. Hengel, Historische Methoden und theologische Auslegung des Neuen Testaments, KuD 19, 1973,
S. 85–90; K. Lehmann, Der hermeneutische Horizont der
historisch-kritischen Exegese, in: Einführung in die Methoden der biblischen Exegese, hg. v. J. Schreiner, Würzburg 1971, S. 40–80.

der Konsequenz, daß sie die seit mehr als zweihundert Jahren
praktizierte und immer wieder auch modifizierte[7] Methode
grundsätzlich in Frage stellt, wohl aber in dem Sinn,
daß sie beginnt, diese von ihr lange Zeit zu selbstverständlich
in selbstherrlicher Eigenwertigkeit betriebene Methode zum einen auf das dieser eigene "System von Wertsetzungen"[8], zum
anderen auf ihren Stellenwert und ihre Funktion, d h auch auf
ihre Zulänglichkeit und Grenze zu befragen.

Sie gänzlich als inadäquat über Bord zu werfen, wird einer
Wissenschaft, die es mit geschichtlichen Texten zu tun
hat, von denen die Kirche bekennt, daß sie in exklusiver Weise
Zeugnis geben von Gottes rettendem Heilshandeln in Jesus
Christus, daß sie darum Quelle und Norm allen kirchlichen Redens und Handelns sind, eine verbotene Lösung
sein[9].

Die historisch-kritische Methode jedoch ihrerseits "einer historischen Kritik (zu) unterziehen"[10], erscheint indessen als
eine immer dringlichere Aufgabe[11]. Es gilt der Implikationen
der historischen Methoden ansichtig zu werden und diese kritisch zu hinterfragen, d h zunächst, die Legende der "viel-
berufenen 'Voraussetzungslosigkeit' der historischen Kritik
als moderner wissenschaftlicher Methode"[12] als Legende

---

7 Vgl. etwa Ferd. Hahn, Exegese, Theologie und Kirche, S.27.

8 P. Stuhlmacher, aaO, S.97.

9 Vgl. Ferd. Hahn, Exegese, Theologie und Kirche, S.27;
Ders.: Probleme historischer Kritik, S.8; Ders.: Wissenschaft, S.28; M. Hengel, Thesen (bes. These 4);
E. Grässer, Von der Exegese zur Predigt, in: Ders.:
Text und Situation. Aufsätze zum Neuen Testament, Gütersloh 1973, S.287-301. P. Stuhlmacher, aaO, S.
61 (u.ö.).

10 Ferd. Hahn, Probleme historischer Kritik, S.7.

11 Vgl. die oben Anm.6 genannten Arbeiten.

12 Ferd. Hahn, Probleme historischer Kritik, S.12; vgl.
P. Stuhlmacher, aaO, S.81.

einzusehen. Hier ist – paradigmatisch, aber für das Folgende
sehr wesentlich und darum als Paradigma hervorgehoben –
auf die Einsicht hinzuweisen, wie sehr das jeweilige Geschichts-
und Wirklichkeitsverständnis des   A u s l e g e r s   auf die unter
Anwendung der historisch-kritischen Methode gewonnenen Ergebnisse Einfluß hat[13].   Es gilt darum das Urteil P. Stuhlmachers: "Keine historisch-kritische Interpretation kann
der Einbettung in ihre Zeit entlaufen, sie ist vielmehr, gerade weil sie ihrer Interpretation stets eine gewisse Wirklich-
keitsvorstellung vorgeben muß, stets auch selbst ein geschichtliches Phänomen."[14]

Als ein weiteres Kernproblem der historisch-kritischen Methode wird in zunehmendem Maße die   D i s t a n z i e r u n g   des
biblischen Textes von der jeweiligen Gegenwart gesehen, ein
der historischen Methode inhärentes Moment, das jedoch
"der Intention der Texte strikt zuwider(läuft). Denn ihnen geht
es nicht um ein historisches Bewußtsein, sondern sie zielen
auch dort, wo Distanz bereits empfunden und reflektiert wird,
auf die jeweilige Gegenwart"[15].   "Historisch-kritische Me-

---

13   Vgl. Ferd. Hahn, Probleme historischer Kritik, S.13;
     dazu auch P. Stuhlmacher, der diese Beobachtung an
     Chr. F. Baur verdeutlicht: "Man kann bis heute aus
     Baurs Werk ersehen, wie sehr die Leistungsfähigkeit der
     historischen Kritik abhängig ist von dem dabei jeweils
     vorausgesetzten Geschichtsbild. Dies gilt insbesondere
     von der historischen Kritik im Bereich der Theologie. Ist
     hier der Geschichtsbegriff zu eng, um eine (wie immer
     geartete) Offenbarungsmanifestation zuzulassen, müssen
     die historisch-kritischen Ergebnisse wesensnotwendig dem
     Offenbarungsanspruch des Evangeliums widerstreiten, wäh-
     rend umgekehrt die Arbeit mit einem für die Transzendenz
     geöffneten Geschichts- und Wirklichkeitsbild der histo-
     risch-kritischen Arbeit die Möglichkeit gibt, für Kirche
     und Predigt wesentliche Orientierungsdaten zu erarbei-
     ten." (S.81)

14   P. Stuhlmacher, aaO, S. 81.

15   F. Hahn, Probleme historischer Kritik, S.15; vgl. auch
     P. Stuhlmacher, aaO, S.100.

thode (aber) arbeitet nachdrücklich das Phänomen der zeitlichen Distanz heraus. Das kann zwar zunächst zu einer Verfremdung führen, die hilfreich ist, weil man aufmerken muß
und aus den allzu gewohnten Gleisen der Auslegung und des
Verstehens heraustritt. Aber es bleibt eben meist nicht bei einer Verfremdung, die zu einem besseren Verständnis Anlaß
gibt, vielmehr werden die aus ihrer Zeit und ihren Voraussetzungen interpretierten Texte in einen Verstehenshorizont
eingeordnet, der weithin für den Menschen heute gar nicht mehr
ohne weiteres zugänglich ist." [16]   Nun kann und wird niemand
leugnen, daß die neutestamentliche Wissenschaft es mit Texten zu tun hat, die annähernd zweitausend Jahre alt sind und
die darum eine Sprache sprechen, die nicht die unsrige ist.
Je umfassender hier 'Sprache' verstanden wird [17], desto umfassender und deutlicher wird das Problem und die Aufgabe,
die aus ihm heraus erwächst. Die den Texten inhärenten Denk-
kategorien, die ihrer Sprache zugrunde liegenden kultur- und
geistesgeschichtlichen Vorstellungen, manche Begrifflichkei-
ten sind nicht mehr die unsrigen, oder sie sind im Laufe ihrer
Geschichte von damals bis heute so stark modifiziert worden,
daß es dennoch illegitim ist, ihren heutigen und damaligen Be-
deutungsinhalt einfach zu identifizieren. Schon von der Sprache der Texte selbst zu ihrer Zeit gilt doch, daß ihre Autoren "von dem, der die Mitte ihrer Botschaft war, von Jesus
Christus, nur in den Begriffen und Vorstellungen reden konnten, die sie vorfanden und die alle schon ihre Vorgeschichte
hatten (sc. und darum nicht eindeutig waren) - und alle nur

---

16   F. Hahn, Exegese, Theologie und Kirche, S. 28.

17   G. Eichholz bezeichnet einmal, um diesen weiten Hori-
     zont anzudeuten, in metaphorischer Umschreibung die
     Sprache als "zum Haus des Menschen ... (gehörig), in
     dem er wohnt" (Der missionarische Kanon des Paulus,
     in: Ders.: Tradition und Interpretation, S. 119).

in Grenzen, gleichnishaft und hinweisend, sagen konnten, wer Jesus Christus war. Seine Einzigartigkeit war wie die Einzigartigkeit der ganzen Botschaft nur vorläufig aussagbar. Das, worauf sie immer wieder stießen, war die Grenze der Sprache selbst."[18] Hier wäre auf die Einsicht Augustins zu verweisen, der im Blick auf Johannes die sehr bedenkenswerten Worte gesprochen hat: "Nam dicere ut est, quis potest? Audeo dicere fratres mei, forsitan nec ipse Joannes dixit ut est, sed et ipse ut potuit quia de Deo homo dixit: et quidem inspiratus a Deo sed tamen homo. Quia inspiratus, dixit aliquid; si non inspiratus esset, dixisset nihil; quia vero homo inspiratus, non totum quod est, dixit, sed quod potuit homo dixit."[19] Von diesem Zeugenwort aber bekennt die Kirche, in ihm verbindlich d a s Wort, das "Gott ein für allemal in einem konkreten Menschen zu einer bestimmten Zeit geredet hat"[20], das "ein(e) Wort Gottes, das wir zu hören, dem wir im Leben und im Sterben zu vertrauen und zu gehorchen haben"[21], gehört und vernommen zu haben. Ist darum die Heilige Schrift Alten und Neuen Testamentes norma normans der Kirche und der Theologie, so kann es nicht um eine bloße Repetition dieses Wortes, sondern muß es um "dessen g e h o r s a m e Wieder-Holung"[22] gehen. Diese Forderung O. Webers anders ausgedrückt, läßt sich von einem Übersetzen der biblischen Texte sprechen, wenn die Metapher 'übersetzen' so umfassend verstanden wird, wie Jakob Grimm sie

---

18 G. Eichholz, Neues Testament, in: Einführung in das Studium der evangelischen Theologie, hg.v. R. Bohren, München 1964, S.99.

19 Zitiert nach K. Barth, KD I,2 , S.563 (den Hinweis entnahm ich G. Eichholz, Neues Testament, S.99).

20 M. Hengel, Thesen, S.89 (These 4.2.1).

21 Barmer Theologische Erklärung, These I.

22 O. Weber, Dogmatik, Bd.I, S.214.

verstand, als er ihr entnahm: "über s e t z e n ist ü b e r -
setzen, traducere navem. wer nun zur seefart aufgelegt, ein
schif bemannen und mit vollem segel an das gestade jenseits
führen kann, musz dennnoch landen, wo andrer boden ist und
andre luft streicht." [23] Darf mit diesem Gleichnis Jakob
Grimms die Aufgabe neutestamentlicher Exegese als beschrieben gelten, so wird an ihm zugleich das Leistungsvermögen
und die derzeitige Unzulänglichkeit der historisch-kritischen
Methode deutlich. Die Unaufgebbarkeit dieser Methode und ihr
Vermögen liegen darin begründet, daß sie es uns ermöglicht,
die Verflochtenheit der biblischen Zeugen mit der Sprache und
Welt von damals zu erkennen, dann aber auch dieser uns heute fremden Sprache und fremden Welt selber ansichtig zu werden, um so dieser Welt und dann auch diesen Texten 'gleichzeitig' zu werden.
Stellt sich dies im Ergebnis so dar, daß die historisch-kritische
Methode die Verfremdung, die Distanzierung des biblischen
Textes bewirkt, so muß sogleich präzisiert werden: Sie b e -
w i r k t diese nicht, sondern sie e n t d e c k t sie, indem
sie den Ausleger von heute in eine ihm nicht mehr zeitgemäße,
fremde Welt und Sprache führt, ihn aus s e i n e r Gegenwart herausnimmt und in die Gegenwart des Textes, die ihm,
dem Ausleger, fremde Vergangenheit ist, sofern er tatsächlich des T e x t e s ansichtig wird, hineinführt.
Zugleich wird hier jedoch die Grenze und Unzulänglichkeit der
historisch-kritischen Methode deutlich. Zum einen - hier ist
oben Gesagtes aufzunehmen - bleibe dennoch 'i c h', der
Ausleger, mit meinem h e u t i g e n Geschichts- und Wirklichkeitsverständnis derjenige, der versucht, mit Hilfe dieser Methode dem biblischen Text gleichzeitig zu werden und damit zu-

---

23 J. Grimm, Über das pedantische in der deutschen
      sprache, in: Das Problem des Übersetzens, WdF 8,
      S. 111; vgl. G. Eichholz, Neues Testament, S. 86.

gleich sich der eigenen Gegenwart zu 'entfremden', so daß
alles darauf ankommt, dieses dem biblischen Text möglicherweise inadäquate heutige Geschichts- und Wirklichkeitsverständnis reflektiert und kontrolliert in die historisch-kritische
Methode einzubeziehen [24]. Zum anderen wäre bisher ja nur
e i n Teil der notwendigen exegetischen 'Übersetzungsarbeit'
geleistet, nämlich derjenige, um im Bilde J. Grimms zu bleiben, daß wir uns an das Gestade des ü b e r zusetzenden Textes begeben hätten, um seiner erst einmal ansichtig zu werden. Exegetische Arbeit kann also nicht darin schon zu ihrem
Ende und Ziel gelangen, daß wir aus unserer Gegenwart heraus-
und in die des Textes eintreten, sondern dies kann und soll ja
nur darum geschehen, damit nun der biblische Text in u n-
s e r e Gegenwart über s e t z t , ü b e r -gesetzt werde. Diese Gegenwartsdimension aber fehlt der historisch-kritischen
Methode [25].

Scheint darum heute alles darauf anzukommen, diesen zweiten
- und letztlich über die Sinnhaftigkeit exegetischer Arbeit entscheidenden - Aspekt neutestamentlicher Exegese in den Vordergrund zu stellen und an seine methodische Lösung alle
Mühe zu wenden, so soll dennoch in der vorliegenden Arbeit
der Akzent auf den ersten, h i s t o r i s c h e n Aspekt neutestamentlicher Exegese gelegt und hier wiederum die Fragestellung in ganz bestimmte Richtung konzentriert werden.

"Gottes Selbsterschließung ist geschichtlich. Ihr eignet die

---

24   Vgl. jedoch das kritische Urteil P. Stuhlmachers: "Wir
     besitzen derzeit weder schon einen neuen integrierenden
     Ansatz für eine umfassende Geschichtskonzeption noch
     auch wenigstens einen integrierenden Ansatz für eine maß-
     gebende Anthropologie als Element solcher Geschichts-
     schau" (aaO, S.32). Vgl. dazu auch C.F. v. Weizsäcker,
     Die Rolle der Wissenschaft, in: Das 198. Jahrzehnt. Ei-
     ne Team-Prognose für 1970-1980, Hamburg 1969, S.
     495-510, bes. 507 f.

25   Vgl. Ferd. Hahn, Exegese, Theologie und Kirche, S. 28.

Vieldeutigkeit und Verwechselbarkeit alles Geschichtlichen.
Sie wäre nicht Selbsterschließung an u n s , wenn es anders
wäre. Sie ist aber u n s nicht anders gegeben als im Wort
der Z e u g e n " [26], d h im W o r t "eine(r) bestimmte(n)
... Gruppe von Menschen" [27]; dies stellt, so könnte man sagen, eine 'Potenzierung' ihrer Geschichtlichkeit dar. Nun
wird man sich heute allgemeiner Zustimmung darüber gewiß
sein dürfen, daß die Schriften Alten und Neuen Testaments als
von Menschen in S p r a c h e gefaßte Texte g e s c h i c h t l i c h
verstanden werden wollen und müssen, daß darum nur das Bemühen um ein geschichtliches Verstehen der biblischen Texte
den Anspruch erheben kann, ein verantwortliches Bemühen um
das Hören und Verstehen dieser Texte und ihrer Autoren zu
sein. Diese Feststellung als solche scheint lapidar. Es stellt
sich jedoch die Frage, wie umfassend eigentlich einerseits die
Wendung vom 'geschichtlichen Verstehen' genommen werden
d a r f , um sich noch der angedeuteten und als selbstverständlich vorausgesetzten allgemeinen Zustimmung gewiß sein zu
dürfen [28], zum anderen, wie umfassend diese Wendung verstanden werden m u ß , um dem oben konstatierten Anspruch
auf ernsthaftes, verantwortliches Bemühen um das Verstehen
der Texte gerecht zu werden.
Geschichtliches Verstehen heißt – um sogleich in die für die
Fragestellung dieser Arbeit entscheidende Blickrichtung dieser
Wendung zu weisen – zunächst, daß der z e i t - oder e p o -
c h e n g e s c h i c h t l i c h e Aspekt der Texte in seiner ganzen
Komplexität zu beachten ist. "Keiner der Zeugen ist zu ver-

---

26 O. Weber, Dogmatik, Bd. I, S. 203.

27 K. Barth, Einführung, S. 27.

28 Und zwar wäre dies weniger in bezug auf methodisch-
    reflektierende Äußerungen als vielmehr in bezug auf
    konkrete theologische Arbeit, etwa im Blick auf Kom-
    mentare oder gar Darstellungen einer 'Neutestament-
    lichen Theologie', zu fragen.

stehen, wenn wir ihn nicht als Menschen seiner Zeit begreifen: geboren in seiner Zeit, verhaftet an seine Zeit, gefragt
von seiner Zeit, antwortend in seiner Zeit, kurz: Zeuge im
Horizont seiner Zeit." [29]   Dieses Eingebettetsein des einzelnen Zeugen in seine jeweilige Zeit nötigt dazu, "durch ihre
zeitgebundene Sprache, Begrifflichkeit und Vorstellungswelt
hindurch nach dem Gemeinten in dem Gesagten zu fragen" [30].
Allein, schon der Hinweis von G. Eichholz führt zu der uns
primär bewegenden Frage hin, ob diese notwendige Frage nach der epochenspezifischen Geprägtheit der alt- und
neutestamentlichen Schriften zugleich hinreichend ist
oder ob hier 'Zeit' nicht doch noch enger verstanden werden
muß, d.h, ob nicht vielmehr - veranschaulicht etwa am Bild
konzentrischer Kreise - die Frage nach der Epochengeprägt-
heit verschärft und präzisiert werden muß durch die Frage
nach der Situationsgeprägtheit. Die Frage nur nach
der Epochenspezifik könnte sich als zu unscharf und wenig
präzise erweisen, um signifikanter Aspekte der jeweils einzelnen Schriften des Alten oder Neuen Testaments - und insbesondere gilt dies für die paulinischen Briefe untereinander
- ansichtig zu werden.
Daß auch im Blick auf diese Einsicht die oben erfragte Übereinstimmung innerhalb der neutestamentlichen Wissenschaft zumindest in großem Maße vorhanden ist, ließe sich leicht zeigen.
Dennoch aber kommt G. Eichholz, der unermüdlich auf den
Gesprächscharakter der paulinischen Briefe aufmerksam gemacht hat, zu einem nachdenkenswerten Urteil, dem die vorliegende Arbeit wesentliche Impulse verdankt. Er sagt, nachdem
er den Dialogcharakter und das Eingebundensein in eine "fest

---

29 G. Eichholz, Neues Testament, S.99.

30 W. Kreck, Grundfragen, S.47; vgl. auch K. Barth,
    Römerbrief, S.XII.

umrissene geschichtliche Stunde"[31] auch des Römer-
briefs betont hat: "Spiegelt sich aber selbst im Römerbrief die
Situation einer konkreten geschichtlichen Stunde ,
so ist bei den anderen Paulusbriefen erst recht deutlich, daß
sie keine Kapitel aus einem Lehrbuch sind, sondern a d h o c
entstandene Briefe, geschrieben auf Grund von Vorgängen, von
denen Paulus Nachricht bekommen hat, wenn sie nicht geradezu die von ihm erbetene Antwort auf an ihn
gerichtete Anfragen sind ... Man kommt von hier
dazu, von einem Brief gespräch des Apostels mit seinen
Gemeinden zu sprechen, von einem Briefgespräch, das vorübergehend den mündlichen Kontakt ersetzen muß. Will
man Paulus in seinen Aussagen, sozusagen Punkt für Punkt,
verstehen, so muß das Koordinatennetz erfragt werden,
in das sie hineingehören. Die Front, die er voraussetzt, muß
erkannt werden. Das ergibt eine grundsätzlich dialo-
gische Struktur seiner Briefe. Wir müssen die von Paulus gewollten Akzente heraushören und sie, wenn Paulus sich
mit ihnen kritisch abgrenzt, als Contra-Akzente begreifen, um den theologischen S i n n seiner Sätze zu verstehen. Paulus hat nach 1.Kor.14,9 nicht 'in den Wind reden'
wollen. Deshalb müssen wir alles tun, seinem Reden nicht die
ursprüngliche Gezieltheit und Konkretheit zu nehmen. Ich
fürchte die sonst entstehenden Abstraktionen und frage mich,
ob wir in der Exegese die Konsequenzen dieser methodischen Einsicht schon umfassend genug gezogen ha-

---

31   G. Eichholz, Prolegomena, S.181; vgl. auch Ders.:
     Paulus, S.4f; dazu die Besprechung dieses Werkes
     von P. Stuhlmacher, in: ThLZ 98, 1973, Sp. 721-
     732, bes.723. Hingewiesen sei in diesem Zusammen-
     hang unter methodischem Gesichtspunkt auch auf J.
     Friedrich - W. Pöhlmann - P. Stuhlmacher, Zur
     historischen Situation und Interpretation von Röm
     13,1-7, ZThK 73, 1976, S. 131-166.

ben."[32] Daß dieses 'Koordinatennetz', das nach G. Eichholz notwendigerweise erfragt werden muß, wenn der jeweilige
Brief des Apostels wirklich in seiner Ursprünglichkeit, d h
Konkretheit und Gezieltheit, gehört werden soll, tatsächlich
konstitutiven Charakter für den jeweiligen Brief hat, ist
zunächst verdeutlichend aufzuzeigen. Es ist zu begründen,
daß diese Frage keine periphere ist, sondern daß der situative
Kontext tatsächlich von entscheidender Relevanz für das
Verständnis des jeweiligen Paulusbriefes ist, ja, daß im eigentlichen Sinne vom Text erst als einer Synopse von
überliefertem Brief und situativem Kontext gesprochen werden kann.

Von den 13 im Neuen Testament den Namen des Apostels Paulus als Absender tragenden Briefen sind nicht weniger als 7
auch nach heute kritischen Maßstäben als authentische Paulusbriefe anzusehen[33]. Außer im formalen Aufbau gleichen sich
alle diese Briefe auch in Einzelelementen – wenn auch in un-
terschiedlichem Maße –, identisch indessen ist kein einziger
mit irgend einem anderen, in seiner Totalität trägt vielmehr
jeder den Charakter der Einmaligkeit, obwohl sie alle
vom selben Verfasser stammen und sie alle innerhalb einer
relativ geringen Zeitspanne geschrieben wurden (so daß eine
unterschiedliche Epochenspezifik sehr unwahrscheinlich ist).
Diese Einmaligkeit eines jeden paulinischen Briefes ist methodisch einsichtig zu erklären.

---

32   G. Eichholz, Prolegomena, S. 182 (die zwei letzten
     Hervorhebungen sind von mir).

33   Vgl. etwa H.J. Holtzmann, Einleitung, S. 205 ff;
     A. Jülicher – E. Fascher, Einleitung, S. 56; W.G.
     Kümmel, Einleitung, S. 215; A. Wikenhauser, J.
     Schmid, Einleitung, S. 397 f; E. Lohse, Entstehung,
     S. 29, 34 ff; Ph. Vielhauer, Literaturgeschichte, S. 67;
     G. Bornkamm, Paulus, S. 11.

An dieser Stelle sei zunächst eine knapp gehaltene Zwischenüberlegung allgemeiner Art eingeschaltet[34]:

Jeder Mensch, der etwas wirkt, lebt in einer bestehenden sozialen Wirklichkeit. Sie wirkt auf ihn ein; sie nötigt ihn zu
produzieren. Zum Produzenten indessen wird der Mensch
nicht allein schon durch die Tatsache, daß er einer ihn nöti-
genden sozialen Wirklichkeit angehört. Sie ist darum zwar
ein notwendiges, aber keinesfalls hinreichendes Moment bezüglich seiner Produktionsaktivität. Dazu bedarf es einer
kreativen Fähigkeit des Menschen. In ihr ist das zu Produ-
zierende, bevor es realisiert wird, der Möglichkeit nach
schon vorhanden. Wenn ein Mensch also etwas wirkt, so ver-
wirklicht er aufgrund seiner kreativen Fähigkeit eine in dieser
vorhandene Möglichkeit und bringt damit etwas Wirkliches
hervor, das sich nun aber von der ihn umgebenden und auf ihn
einwirkenden Wirklichkeit unterscheidet. Da es jedoch nur vom
Menschen vermöge seiner kreativen Fähigkeit unter Einwirkung einer bestehenden Wirklichkeit entstehen kann, trägt dieses Produkt den Charakter eines Ergebnisses.
Dieses Produkt läßt sich nach dem Gesagten nicht direkt aus
der sozialen Wirklichkeit, der der Mensch angehört, deduzie-
ren. Zwar produziert er nicht vermöge seiner kreativen
Fähigkeit, o h n e daß diese Wirklichkeit auf ihn einwirkte,
aber da sich diese kreative Fähigkeit als eine dieser Wirklichkeit gegenüber verschiedene eigenständige Größe darstellt,
muß ihr die Möglichkeit zugebilligt werden, die auf sie einwirkende Wirklichkeit zu transformieren.
Im Bereich der Sprachwissenschaft hat Noam Chomsky[35] darauf verwiesen, daß zu solcher Transformierung der kreativen Fähigkeit bestimmte Regeln der Produktion zur Verfügung
stehen, zum einen universale Regeln (sprachliche Universa-
lien), zum anderen die der je verschiedenen Sprache eigenen
Regeln[36], die vom Sprecher internalisiert sind. Zielt das

---

34   Diese 'Zwischenüberlegung' ist angeregt und auch inhaltlich geprägt durch ein Referat des Literaturwissenschaft-
lers W. Falk, das dieser den Mitgliedern des "Marbur-
ger Kreises für Epochenforschung" zukommen ließ; vgl.
auch W. Falk, Vom Strukturalismus zum Potentialismus. Ein Versuch zur Geschichts- und Literaturtheorie,
Freiburg. München 1976, S. 201 ff.

35   N. Chomsky, Aspects of the Theory of Syntax, MIT
Press, Cambridge, Mass., 1965.

36   In diese Gruppe sind auch sog. fulgurative Regeln einge-
schlossen.

hervorzubringende Produkt von vornherein auf die Gestaltung
des zu Sagenden (z B Literatur), so werden über die sprachlichen Regeln hinaus weitere Regeln, die des Dichtens überhaupt, dann etwa – spezieller – die des Romandichtens, wirksam.

Als weitere entscheidende Komponente innerhalb des der sozialen Wirklichkeit gegenüberstehenden Komplexes 'kreative
Fähigkeit' ist schließlich die kreative Freiheit des Produzenten zu nennen, die darin zur Geltung kommt, daß sie aus
dem der schöpferischen Gestaltung zur Verfügung stehenden
Potential und aus den den jeweiligen Produktionsakt bestim-
menden Regeln auswählt. Diese kreative Freiheit kann nun
in sehr unterschiedlicher Intensität im Vorgang der Produktion wirksam und relevant sein. Dies sei mit W. Falk an
einem Beispiel verdeutlicht: Etwa im Bereich des Hausbaues
gibt es zunächst Regeln, die sich bei der Erstellung einer Laub-
hütte ebenso auswirken wie beim Bau eines Iglu oder einer
Villa. Darüber hinaus kennt jeder Architekt Regeln, die etwa
beim Bau eines herkömmlichen massiven Wohnhauses anzu-
wenden sind. Ebenso kennt er die weite Palette verschiedener
Materialien. Ist es ihm gestattet, so vermag er vermöge seiner kreativen Freiheit aus ihnen (den Regeln und den Materialien) auszuwählen und Häuser zu bauen, von denen jedes
in seiner Totalität einzigartig ist. Denken wir als Haustyp etwa an eine Villa. Andererseits kann dem Architekten jedoch
auch die soziale Wirklichkeit eine Reihe von Regeln vorord-
nen, so daß sich seine kreative Freiheit auszuwählen in den
Dienst der auf ihn einwirkenden Wirklichkeit stellt; er produziert z B ein Serien-oder Reihenhaus. Am Beispiel der
Villa ist einsichtig, daß im Vollzug der Produktion die soziale
Wirklichkeit hinter die dem Komplex 'kreative Fähigkeit'
angehörenden kreativen Freiheit zurücktritt, diese also über
jene dominiert; im andern Falle (Reihenhaus) dagegen dominiert die soziale Wirklichkeit (mit Hilfe der in ihrem Bereich
erlassenen Vorschriften bezüglich der Gestaltung des zu bauen-
den Hauses) über die kreative Freiheit, die sich darum in diesem Falle in den Dienst dieser Wirklichkeit stellt.

Die in diesem knappen Modell einer allgemeinen Produktions-
theorie genannten Konstitutiva der Produktion: die soziale
Wirklichkeit als impulsauslösendes und auch während des gesamten Produktionsvorganges wirksames Moment, die kreative Fähigkeit des Menschen, auf den diese Wirklichkeit einwirkt und ihn dadurch motiviert, diese Fähigkeit zu realisieren und das daraus entstehende Ergebnis bilden ein System-
ganzes. Keines dieser drei Konstitutiva kann ohne Bezug auf
die jeweils beiden anderen es selber sein. Keines ist ablösbar
von den beiden anderen. Daraus ergibt sich, daß im Produkt
selbst, wiewohl es das Ergebnis darstellt, doch auch die beiden
Grundkonstitutiva vertreten sind. Allerdings sind beide im
Produkt nicht in derselben Weise präsent wie in sich selbst,

sondern auf einer anderen Ebene. Sie erscheinen im Produkt
als realisierte Grundkonstitutiva, dem etwa vergleichbar, wie die Sprach kompetenz eines Menschen, die als
solche von der Sprachwissenschaft der Sprachebene
(nach F. de Saussure mit 'langue' bezeichnet) zugeordnet
wird, realisiert ist in der Performanz, somit in ihr repräsentiert ist; diese ist der Sprechebene zuzurechnen. Somit sind im Produkt sowohl die soziale Wirklichkeit, wie sie
beim Vorgang der Produktion bestand und hinsichtlich eines
bestimmten Aspekts transformiert wird, als auch die kreative Fähigkeit repräsentiert; sie spiegeln sich im Produkt
wider. Von der Frage der Dominanz hängt es ab, wie stark
die jeweilige Repräsentation ist.

Diese Überlegungen sind im folgenden auf Paulus und seine
Briefe zu spezifizieren. Wie oben bereits angedeutet, entspricht
es heutiger opinio communis, daß es sich bei den Briefen des
Apostels Paulus um Briefe, nicht um Episteln handelt[37]. Damit ist implizit die Feststellung getroffen, daß eine bestimmte Situation Anlaß zu diesen Briefen gab, dient
doch ein Brief dazu, "bei räumlicher Trennung Verbindung und
Gedankenaustausch zwischen Absender und Empfänger zu pflegen. Er entsteht jeweils aus einer bestimmten Situation und
spricht in eine bestimmte Lage der Adressaten hinein. Anders
verhält es sich bei einem Schriftstück, in dem die Briefform
lediglich den Rahmen für eine literarische Ausführung bietet.
Es ist nicht an bestimmte Empfänger gerichtet, sondern will
einen Traktat einem weiteren Leserkreis nahebringen ... Zur
Unterscheidung vom eigentlichen Brief hat man diese Kunst-
form als Epistel bezeichnet (Deissmann)."[38] Diese Ein-

---

37 Mit der Aufnahme dieser Begriffe soll lediglich das ihnen
   zugrunde liegende Sachproblem angesprochen werden;
   vgl. A. Wikenhauser – J. Schmid, Einleitung, S. 385;
   W.G. Kümmel, Einleitung, S. 212 ff; E. Lohse, Entstehung, S. 28; Ph. Vielhauer, Literaturgeschichte,
   S. 58 ff; G. Bornkamm, Paulus, S. 20.

38 E. Lohse, Entstehung, S. 28; vgl. auch Ph. Vielhauer,
   Literaturgeschichte, S. 58 ff, bes. 62 f.

sicht ergibt für unsere Überlegungen, daß die soziale Wirklichkeit, d h in neutestamentlich-exegetischer Terminologie:
der situative Kontext, unter dessen Einwirkung Paulus seine
kreative Fähigkeit, sich der jeweiligen Gemeinde mittels eines
Briefes mitzuteilen, aktiviert, auf die dominante Komponente
der augenblicklichen Gemeindesituation eingeschränkt werden
kann. Damit soll nicht geleugnet werden, daß auch die Situation, in der sich Paulus selbst bei Abfassung des Briefes befindet, mit im Brief selbst repräsentiert ist, aber sie wird
nicht als dominante Komponente angesehen werden dürfen.
Wir kennen keinen Brief des Paulus, den er um seiner (des
Paulus) selbst willen, etwa um seine augenblickliche Situation
zu bewältigen, geschrieben hätte. Mit zu bedenken wäre dies
allenfalls als ein Aspekt beim Römerbrief[39].

Es ist also - primär jedenfalls - immer die Komponente der
jeweiligen gemeindlichen Situation innerhalb der komplexen
sozialen Wirklichkeit des Apostels, die derart auf ihn einwirkt,
daß er seine kreative Fähigkeit aktiviert und einen Brief - in
Ermangelung eines Besuchs und mündlichen Gesprächs mit der
Gemeinde - schreibt. Paulus realisiert damit in seiner kreativen Fähigkeit der Möglichkeit nach Vorhandenes. Die Art der
Realisierung wird bestimmt von seiner kreativen Freiheit,
die darüber befindet, welche der Regeln, die insgesamt bei der
Abfassung eines antiken Briefes der Möglichkeit nach wirksam
werden können, ebenso auch, welche Elemente[40] seines 'theologischen Potentials' tatsächlich realisiert werden. An dieser

---

39   Ohne näher auf die damit aufgeworfene Frage eingehen
     zu können, sei in diesem Zusammenhang auf G. Born-
     kamms Verständnis des Römerbriefes "als Testament
     des Paulus" verwiesen; vgl. G. Bornkamm, Der Römer-
     brief als Testament des Paulus.

40   Gemeint sind bestimmte Theologumena, Lieder, Hymnen,
     Bekenntnisse, Begründungen von Paränese sowie deren
     Relationen untereinander.

Stelle ist nochmals eine Konsequenz aus der Einsicht der
Situationsbezogenheit der paulinischen Briefe auszuwerten:
Sie ermöglicht die Beantwortung der Frage, ob hinsichtlich
dieser Briefe von einer Dominanz der kreativen F r e i h e i t
innerhalb der komplexen kreativen Fähigkeit des Paulus über
die auf sie einwirkende soziale Wirklichkeit oder von der Dominanz dieser sozialen W i r k l i c h k e i t , spezifiziert auf
die in ihr dominierende Komponente der Gemeindesituation,
über die kreative Fähigkeit zu sprechen ist; und das heißt, ob
sich die kreative Freiheit des Paulus in den D i e n s t der
situativen Wirklichkeit der Gemeinde stellt. Die Antwort kann
nur dahingehend lauten, daß eine Dominanz der sozialen Wirklichkeit angenommen werden muß. Hier muß jedoch sogleich
hinzugefügt werden, daß diese Dominanz von durchaus u n t e r -
s c h i e d l i c h e r I n t e n s i t ä t sein kann, so daß sie den Brief
mehr oder weniger dominierend prägt; als Beispiele seien etwa der Römerbrief einerseits und der Galaterbrief andererseits genannt. Von der Intensität dieser Dominanz ist also der
Grad der Intensität abhängig, mit der Paulus seinen Brief
z i e l g e r i c h t e t auf die Gemeindesituation, genauer: den
jeweiligen Aspekt der komplexen Gemeindesituation abfaßt.

Da Paulus alle seine Briefe innerhalb einer relativ geringen
Zeitspanne, allerdings intensivster theologischer Arbeit schrieb,
insbesondere wenn man diese Zeitspanne mit der zwischen seiner Berufung und Abfassung seines ersten uns erhaltenen Briefes in Relation setzt, scheint mir als erste Schlußfolgerung
möglich:
Da es sich bei allen paulinischen Briefen um die gleiche Mit-
teilungsform (Brief) handelt, kann ihre jeweilige Einzigartigkeit nicht (primär) in der Realisierung bestimmter aus der
Vielzahl der hier anwendbaren Regeln begründet sein. Schwie-
riger indessen ist die Frage zu beantworten, inwieweit sich das
theologische 'Potential' des Apostels während der Zeitspanne

der Abfassung der einzelnen Briefe verändert, e r w e i t e r t
hat, so daß er in späteren Briefen andere   n e u e theologische
Einsichten realisieren konnte und somit   d a r i n ein wesentliches Moment der Einzigartigkeit des jeweiligen Briefes zu
sehen wäre. Als weitere Möglichkeit schließlich bietet sich an,
daß die je verschiedene soziale Wirklichkeit, als deren aus-
schlaggebende Dominante die Situation der Adressatengemeinde angesehen wird, eine je unterschiedliche Realisierung des
theologischen Potentials bei nicht relevanter Veränderung der
anwendbaren Regeln bedingt. Dieser zuletzt genannte Aspekt
schließt den an zweiter Stelle angeführten (eine Veränderung
der kreativen Fähigkeit aufgrund eines veränderten, erweiterten theologischen Potentials) nicht aus, sondern im Gegenteil
ein, da eine im Dienst der sozialen Wirklichkeit stehende
kreative Freiheit auch neue Elemente und Elementerelationen
realisieren wird, wenn diese die soziale Wirklichkeit in der
intendierten Weise zu transformieren oder zu stabilisieren vermögen. Diese zuletzt erwogene Möglichkeit erscheint darum
als Arbeitshypothese die sinnvollste zu sein, da sie die um-
fassendste ist. Nach ihr ergibt sich die Gemeindesituation als
die primäre Ursache für die jeweilige Einzigartigkeit der einzelnen paulinischen Briefe.
Diese Gemeindesituation kann nun entweder eine komplexe mit
verschiedenen, einander gleich gewichtigen Komponenten sein,
oder aber sie kann eine - jedenfalls in den Augen des Paulus
- d o m i n i e r e n d e Komponente aufweisen, die dann deutlich
die Abfassung des Briefes in a l l e n seinen Teilen beherrscht (vgl. etwa als Beispiel den Galaterbrief), soweit die
Abfassung unter dem Einfluß dieser Situationskomponente steht;
im Anschluß an diesen Briefhauptteil wäre es denkbar, daß
Paulus weitere weniger dominante Aspekte der Gemeindesituation aufgreift bis hin schließlich zur usuellen Paränese,
der keine Veranlassung durch unmittelbare spezifische Gemeindesituation mehr zugesprochen, dennoch natürli

eine mit ihr verknüpfte Intention des Verfassers abgesprochen werden darf. Im Umkehrschluß ergibt sich aus dem soeben Gesagten[41] : Läßt sich an späterer Stelle eines paulinischen Briefes eine Situationsdominante eruieren, die an Intensität deutlich stärker zu sein scheint als die bisher zugrunde liegende, sofern bisher überhaupt von einem dominierenden Situationsaspekt gesprochen werden kann, so müßte überlegt werden, ob sich im Verlauf der Abfassung des Briefes die Gemeindesituation geändert hat, also eine zeitliche Spanne innerhalb des Schreibens anzusetzen ist, oder ob es sich um verschiedene, später zusammengefügte Briefe an dieselbe Gemeinde handelt[42].

Ein weiterer Gedanke bezüglich der gemeindlichen Situation schließt sich hier an, jetzt spezifiziert auf die die Paulusforschung beschäftigende Frage nach den G e g n e r n , mit denen es Paulus, bzw. die betreffende Gemeinde zu tun hat. Sollte die Gemeindesituation d o m i n a n t durch das Auftreten solcher Gegner geprägt sein, so kann dies aufgrund der bisherigen Überlegungen natürlich nicht bedeuten, daß sich die kreative Freiheit des Paulus nun in den Dienst dieser Gegner stellt; sie stellt sich in den Dienst der durch deren Existenz geprägten, d h gefährdeten Gemeinde; dies bedeutet: Ihre Realisationen sind im Blick auf diese Gegner und die durch sie geprägte Situation als C o n t r a - A k z e n t e[43] zu begreifen.

---

41 Es versteht sich von selbst, daß auch diese methodischen Überlegungen von dem in dieser Untersuchung zu behandelnden Gegenstand, d h dem Philipperbrief und den mit ihm verbundenen Fragen, geprägt sind.

42 Diese Überlegungen gehen davon aus, daß es nicht wahrscheinlich ist, daß Paulus, bedrängt von einem schwerwiegenden Problem der Gemeinde, zunächst Fragen minderer Brisanz und Aktualität erörtert, bevor er auf dieses selbst zu sprechen kommt.

43 Vgl. G. Eichholz, Prolegomena, S. 182.

Diese Gegner kommen somit oft nicht direkt, sondern nur gebrochen, a n t i t h e t i s c h in den Blick [44].

Aus diesen voranstehenden Überlegungen sind nun die sich ergebenden Folgerungen zu ziehen: Es wurde deutlich, daß die
jeweilige Einzigartigkeit der einzelnen Briefe in e n t s c h e i -
d e n d e m Maße in der jeweiligen spezifischen Situation der
Adressatengemeinde begründet liegt. Somit erweist sich die
Frage nach dem 'Koordinatennetz' in der Tat als eine Frage
von hoher Relevanz. Der situative Kontext des Briefes stellt
nicht nur den Impuls zu seiner Abfassung dar, sondern er
nimmt selbst Einfluß auf die Gestaltung des Schreibens; er
ist in ihm repräsentiert; er gehört zum T e x t k o n s t i t u t i v
hinzu. Dieser den jeweiligen Brief in entscheidendem Maße
prägende situative Kontext kann in jedem Schreiben ein anderer
sein; in seiner Komplexität w i r d er mit größter Wahrscheinlichkeit je singulär sein; bestenfalls mehr oder weniger
dominierende Einzelkomponenten dürften für einige oder gar
alle Paulusbriefe die gleichen sein. Darum ist zunächst die
je eigene Situation a u s s c h l i e ß l i c h aus dem jeweils einzelnen Brief zu eruieren. Dies gilt zunächst auch für die hervortretenden Einzelkomponenten der komplexen Gemeindesituation.

Die Erhebung der Gemeindesituation hat darum zunächst rein

---

44   Der Schriftsteller Max Frisch schreibt in seinem
     "Tagebuch 1946-1949" unter der Thematik "Du sollst
     dir kein Bildnis machen" folgende Episode, die unseren
     Gedanken treffend illustriert: "Eine Lehrerin sagte
     einmal zu meiner Mutter, niemals in ihrem Leben werde
     sie stricken lernen. Meine Mutter erzählte uns jenen
     Ausspruch sehr oft; sie hat ihn nie vergessen, nie ver-
     ziehen; sie ist eine leidenschaftliche und ungewöhnliche
     Strickerin geworden ..." (Tagebuch 1946-1949, S. 28ff,
     Zit. S. 30). Diese Notiz erhält ihre Pointe, d h Kon-
     kretheit und Gezieltheit, in der Tat erst dann, wenn sie
     gleichsam als Kontra-Akzent zu jenem Kassandraaus-
     spruch der Lehrerin gehört werden kann.

deskriptiv, nicht klassifizierend oder gar durch Notizen anderer Briefe komplementiert,zu erfolgen; dies gilt wiederum
auch für die hervortretenden Einzelkomponenten, da jeweils
mit der Möglichkeit des für diesen Brief S i n g u l ä r e n zu
rechnen ist. Zöge man darum scheinbar erhellende Momente
anderer Briefe hinzu, so könnte es geschehen, daß man auf
diese Weise Nicht-Vorhandenes ergänzte, Akzente falsch
setzte und damit die dem Brief zugrunde liegende Situation
oder eine in ihr maßgeblich wirksame Komponente (z B Gegner der Gemeinde) manipulierte und somit verfälschte.

Bei der Erhebung der Gemeindesituation ist zu fragen, ob sich
irgendwo im Brief eine Situationsdominante ausspricht,die dann
auf ihre Intensität zu befragen ist. Legt sich aus der D i k -
t i o n des Paulus nahe [45], daß sie von großer Intensität ist,
so ist zu fragen, ob diese Dominanz auch auf die übrigen Teile
des Briefes eingewirkt hat, d h genauer, ob sie auch b i s -
h e r schon wirksam war oder ob sie erst von der Stelle an,
an der sie sich deutlich ausspricht, nun für den restlichen Brief
oder wenigstens für einen Teil desselben relevant ist. Es ist
darum nötig, a l l e Einzelabschnitte auf die Frage hin zu
prüfen, ob ihnen allen diese Situationskomponente zugrunde
liegt und ob sie darum in ihrem Aussagegehalt zu ihr in irgendeiner (möglicherweise antithetischen) Beziehung stehen. Ist
dies der Fall, so hat diese Beobachtung u.a. zur Folge, daß
eine literarisch e i n h e i t l i c h e , zugleich aber darüber hinaus auch g a n z h e i t l i c h e Komposition des Briefes als höchst
wahrscheinlich angenommen werden darf. Dieser Differenzie-
rung zwischen 'e i n h e i t l i c h' und 'g a n z h e i t l i c h' liegen folgende Begriffsdefinitionen zugrunde: Unter 'einheitlich'
wird verstanden, daß Paulus diesen Brief als eine briefliche,
d h literarische Einheit verfaßte, das Schreiben also nicht

---

45 Vgl. dazu die Überlegungen zum Verhältnis von Ge-
    schriebenem und 'Prosodischen Mitteln', S. 24 ff.

eine redaktionelle Komposition verschiedener Einzelbriefe
oder Brieffragmente darstellt. Unter 'ganzheitlich' wird verstanden, daß Paulus diesen Brief als ein Ganzes konzipierte
und verfaßte, o h n e für seinen Inhalt b e d e u t u n g s v o l l e
Zwischenpausen, in denen er n e u e, der veränderten
Gemeindesituation Rechnung tragende Nachrichten aus der
Adressatengemeinde erhielt [46].

Läßt sich indessen diese Überlegung am Text nicht verifizieren,
d h kann in vorausgehenden oder nachfolgenden Teilen des
Briefes diese sich an bestimmter Stelle aussprechende Situationsdominante nicht erhoben werden, so folgt daraus, daß sie
innerhalb der komplexen Gemeindesituation entweder nicht zu
allen Phasen der Abfassung des Briefes dominant oder möglicherweise sogar überhaupt nicht vorhanden war. Es ist dann
zu untersuchen, ob sich der Brief in bestimmte Einheiten zerlegen läßt, für die jeweils eine bestimmte verschiedene Situationskomponente als vorherrschend und prägend aufgewiesen
werden kann. Ist dies der Fall, so ergibt sich die Frage, ob
es sich um eine redaktionell zusammengefügte Briefkomposition handelt oder ob der Brief zwar literarisch e i n h e i t-
l i c h, aber nicht g a n z h e i t l i c h abgefaßt wurde, so daß
zwischen den einzelnen Teilen des Briefes mehr oder weniger
lange Zeitspannen anzusetzen wären, in denen sich die Gemeindesituation entscheidend veränderte, sei es dergestalt, daß
sich eine im ersten Teil des Briefes bereits latent vorhandene
Komponente nun als Situations d o m i n a n t e entwickelte, sei
es, daß völlig n e u e, die Situation entscheidend prägende
Momente auftauchen, die Paulus zu Gehör kommen und dann

---

46 Die E i n h e i t l i c h k e i t schließt also gerade d i e s e s
    Moment ein, daß Paulus einen bereits angesichts einer
    bestimmten Situation begonnenen Brief aufgrund neuer,
    der veränderten Situation Rechnung tragender Nachrich-
    ten aus der Adressatengemeinde in einer s o zu Be-
    ginn des Briefes noch n i c h t vorhersehbarer Weise
    fortführt.

die weitere Abfassung des Briefes entscheidend prägen. Für
den Fall, daß sich eine zumindest für einen Teil eines Briefes
dominante Situationskomponente in Gestalt gemeindlicher
G e g n e r eruieren läßt, die dann, sofern Paulus sie nicht
selbst anredet oder mit Namen bezeichnet, nur m i t t e l b a r
im Brief repräsentiert sind, sei in Ergänzung zu oben Gesag-
tem hinzugefügt, daß auch hier erst nach möglichst genauer
d e s k r i p t i v e r Erfassung dieser Situationsdominante gefragt werden kann, ob eine schon bekannte und wenn ja, welche
Gruppe mit dieser mittelbar aus dem Brief eruierten Deskription zutreffend und eindeutig charakterisiert ist. Sprechen
sich innerhalb des Briefes einander a u s s c h l i e ß e n d e oder
zumindest in Frage stellende Situationsaspekte aus, ohne daß
Zäsuren deutlich erkennbar wären, die eine Aufteilung des
Briefes in verschiedene von einander unabhängige Einheiten
nahelegten, so ist damit die Deskription beider oder zumindest eines der beiden Situationsaspekte falsifiziert.

Aus den dargelegten Überlegungen dürfte überdies deutlich geworden sein, wie treffend G. Eichholz die paulinischen Briefe
charakterisiert , wenn er ihren D i a l o g charakter hervorhebt, indem er sie als Brief g e s p r ä c h e des Apostels mit
seinen Gemeinden umschreibt, sind doch die Gemeinden in ihrer spezifischen Situation selbst als Gesprächspartner im
Brief repräsentiert. Ist aber dieser Gesprächcharakter mit
Recht besonders zu unterstreichen, so sind zwei Momente besonders hervorzuheben, die zwar grundsätzlich für jede Art
sprachlicher Äußerung, in b e s o n d e r e m Maße aber, wie
ich meine, für Sprache, die unmittelbar auf D i a l o g hin
orientiert ist, von großer Relevanz sind, somit auch für einen
Brief, dessen Zweck "sich ebenso gut oder besser mündlich
erreichen" ließe, für dessen "Inhalt ... die schriftliche Form
ein(en) Notbehelf" [47] darstellt. Das eine ist ein sprach-

---

47 P. Vielhauer, Literaturgeschichte, S. 59.

inhärentes Moment: die sog. prosodischen Mittel der
Sprache [48], auch mit anderem Fachterminus als 'supraseg-
mentale Elemente' bezeichnet. Unter ihnen versteht man die
Klanggestalt eines Satzes, die sich zusammensetzt aus
dem Stimmklang, der Stimmhöhe, der Stimm-
stärke, dem Sprechtempo und den Dauerverhält-
nissen in der Wortgruppe sowie der Gliederung eines Satzes
durch Pausen. "Alle diese Mittel treten nicht einzeln auf, sie
werden miteinander gekoppelt. Kombination und Ausprägungs-
grad richten sich nicht allein nach dem, was mitgeteilt werden
soll, sondern auch nach dem Gestaltungsvermögen des Sprechenden, nach seinem Temperament und seiner psychischen
Einstellung und schließlich nach den Ausdrucksnormen der
Sprachgemeinschaft, der er angehört." [49] Jeder Satz hat eine
bestimmte Verständigungsaufgabe zu erfüllen. Anders als
derjenige, der vor der Notwendigkeit steht, einen Satz schriftlich zu fixieren, ist der Sprechende nicht genötigt, das, was er
ausdrücken will, nur mit Hilfe der sprachlichen Formulierun-
gen verständlich zu machen. Er bedient sich der prosodischen
Mittel der Sprache und bringt den Sinn dessen, was er sagen
will, auch durch die Art, w i e er es sagt, seinem Gesprächspartner gegenüber zum Ausdruck. "Der Angesprochene hört
die Äußerung und entnimmt ihr, was mit einem Satz unter den
Bedingungen der gegebenen Sprechsituation im besonderen gemeint ist. Er entscheidet damit für sich, welcher Sinn
dem Gesprochenen zukommt. Für diese Entscheidung gibt die
Klanggestalt den Ausschlag, und zwar um so mehr, je unvoll-
kommener der Satz, gemessen an seiner Aufgabe, formuliert
ist." [50] Entstehen ihm jedoch Zweifel hinsichtlich der Deutung

---

48 Vgl. für das Folgende "Die deutsche Sprache. Kleine
    Enzyklopädie, 2 Bde., Leipzig 1969, S. 994 ff.

49 Die Deutsche Sprache, S. 994.

50 Die Deutsche Sprache, S. 995 (Hervorhebung von mir).

des Gesagten im Sinne des Sprechers, so vermag er zurück-
zufragen und so dem Sprecher Gelegenheit zu geben, sich ein-
deutiger zu artikulieren; meint er, den Sinn des Satzes richtig gedeutet zu haben, so vermag der Sprecher an Hand der
Reaktion des Gesprächspartners zu kontrollieren, ob dieser
seinen Satz tatsächlich in seinem Sinne gedeutet hat und nöti-
genfalls, ist dies nicht der Fall, durch sprachliche Neuformu-
lierung und stärkere Hervorhebung der prosodischen Mittel
den Gesprächspartner zu veranlassen, die vorige Sinndeutung
zu revidieren. Demgegenüber wird derjenige, der seinen Satz
oder seine Rede schriftlich zu fixieren hat, bemüht sein müssen, nach Möglichkeit ohne solche prosodischen Mittel aus-
zukommen, soweit sie nicht selber schriftlich fixiert werden
können, etwa durch bestimmte Satzzeichen oder besondere
Kennzeichnung im Schriftbild (etwa Unterstreichung). In jedem
Falle kann er weit weniger prosodische Mittel einsetzen, wiewohl er sie bei der sprachlichen Realisierung des zu Sagenden
selbst mitdenkt [51]. Je stärker man den Gesprächspartner
vor Augen hat, je stärker also die eigene schriftlich zu fixie-
rende Äußerung Dialogcharakter hat, desto mehr wird
man unwillkürlich mit prosodischen Mitteln (einschließlich irgendwelcher signalisierender Körperbewegungen) ope-
rieren.

Prosodische Mittel übernehmen verschiedene Funktionen, einer
sprachlichen Äußerung zur Eindeutigkeit zu verhelfen: "Sie
heben Sinnwichtiges hervor", haben also sinngewichtende Funktion; sie "gliedern den Satz in Sprecheinheiten und kennzeichnen ihn als Frage, Aussage oder Befehl"[51a] oder ironische Feststellung und haben so sinntragende Funktion. Gerade die Inter-
dependenz von Satzmelodie und Kontextbedeutung ist an dieser Stelle hervorzuheben [52]. Schließlich "bezeichnen (sie)

---

51   Darum haben nach eigenem Urteil oftmals Texte, hört man
      sie von einem anderen vorgetragen, so wenig Aussagekraft,
      weil dieser die selbst mitgedachten prosodischen Mittel
      nicht authentisch verifiziert.

das Gefühl des Sprechenden, seine emotionale Einstellung" [53] .
Diese zuletzt genannte Funktion könnte unter Umständen dann
erhebliche Bedeutung bekommen, wenn man als Ausleger meint,
an einer bestimmten Stelle eines paulinischen Briefes spreche
sich deutlich eine dominierende Komponente der Gemeindesituation aus, und nun nach der Intensität dieser Dominanz
fragt. Es steht zu vermuten, daß die Einschätzung dieser Dominanz und ihrer Intensität durch Paulus sich über den sprachlichen Ausdruck hinaus nicht zuletzt in den an dieser Stelle
realisierten prosodischen Mitteln niedergeschlagen hat. Sie
jedoch – zwar von Paulus bei der Abfassung seiner Briefe mit-
gedacht – sind uns nicht bekannt. Wir befinden uns in der Rolle eines R e z i t a t o r s , der einen fremden Text vortragen
soll, und ebenso wie wir im Hinblick auf dessen künstlerische
Gestaltung dieses Textes sagen, er i n t e r p r e t i e r e ihn, und
damit implizit zu verstehen geben, daß Auffassung und Vor-
trag auch anders denkbar gewesen wären [53a], so interpretieren
wir bereits schon einen paulinischen Brief, wenn wir ihn lesen
und dabei – nota bene – die in unserem Text fehlenden prosodischen Mittel eigenmächtig nach unserem eigenen subjektiven
Empfinden setzen [54] .

51a Die Deutsche Sprache, S. 995.

52 Vgl. W. Luther, Sprachphilosophie, S. 40f,45ff,66 u.ö.

53 Die Deutsche Sprache, S. 995.

53a Vgl. Die Deutsche Sprache, S. 995.

54 Die voranstehenden Überlegungen gelten auch für die grie-
    chische Sprache (wie mit einiger Wahrscheinlichkeit grund-
    sätzlich für alle gesprochenen Sprachen); auch im Grie-
    chischen ist etwa einem Satz aufgrund seiner grammati-
    schen Struktur nicht ohne weiteres zu entnehmen, ob er
    von seinem Autor als eine sachliche Feststellung gemeint
    ist oder ob ihm ein ironischer Charakter eignet. Muß
    dies in einer schriftlich fixierten Rede dem Kontext ent-
    nommen werden, so vermag der Autor einem solchen
    Satz in der mündlich vorgetragenen Rede durch entspre-
    chende Tongebung zur Eindeutigkeit zu verhelfen.

Eine weitere, m.E. wiederum insbesondere im dialogischen
Charakter der paulinischen Briefe begründete Schwierigkeit
liegt noch stärker auf der inhaltlichen Ebene (wiewohl die
scheinbar mehr der formalen Sprachebene zugehörigen prosodischen Mittel ja in ihren Funktionen auch diese inhaltliche
Ebene mit konstituieren). Gerade im argumentativen
und damit wiederum dialogischen Sprachstil können Äußerungen hinsichtlich ihrer inhaltlichen Ebene vom Sprecher verschiedene Funktion zugeteilt bekommen. Einerseits sind Sätze
denkbar, die einen Aussagewert in sich haben, andererseits solche, die lediglich dazu dienen, eine andere Aussage zu verdeutlichen; sie haben im Kontext funktionalen
Charakter, sie stehen im Dienst einer ihrem Inhalt übergeordneten Intention des Sprechers [55].
Trifft dies zu, dann dürfen solche Aussagen nicht auf ihren
eigenen Aussagegehalt im Sinne eines eigenständigen Aussage-
gehalts interpretiert werden, will man nicht die mit solchen
Aussagen verbundene Intention des Apostels ignorieren
und ihm eine inhaltliche Aussage unterstellen, die dieser
mit diesem Satz gar nicht ausgesprochen haben wollte.
Aber die Einsicht in die prinzipielle Möglichkeit der Existenz
solcher 'funktionalen Aussagen' gibt noch keine methodische
Regel an die Hand, mit deren Hilfe sicher geschieden werden
könnte zwischen Aussagen der einen oder der anderen Art.
Auch hier obliegt es dem Exegeten zu interpretieren. Nur sollte auch diese Entscheidung im bewußten Abwägen der Möglichkeiten getroffen werden.

Ausgangspunkt dieser Überlegungen war die These, daß zum
Verstehen der paulinischen Briefe die möglichst genaue Kennt-

---

55 Vgl. etwa die Interpretation von Röm **2**, 14-16 im Ge-
samtkontext von Röm 2, 1 ff bei G. Eichholz, Paulus,
S. 89 ff; bes. S.94. Solch funktionalen Charakter hat
auch der Hinweis des Paulus auf die in Korinth geübte
'Vikariatstaufe' (vgl. 1 Kor 15,29) in 1 Kor 15.

nis der historischen Situation der jeweiligen Gemeinde zur Zeit
der Abfassung unabdingbare Voraussetzung ist. Auf sie ist der
Brief bezogen, von ihr als seiner Folie gewinnen seine Aussagen erst ihre "ursprüngliche Gezieltheit und Konkretheit"[56].
Es wurde schon betont, daß diese Einsicht der Situationsgeprägtheit der paulinischen Briefe heute von kaum jemandem
innerhalb der neutestamentlichen Wissenschaft ernsthaft bestritten sein dürfte, wobei diese Einsicht keinesfalls eine solche
unserer Tage ist: Im Jahre 1833 legte Wilhelm Heinrich
Schinz in Zürich eine Arbeit vor mit dem Titel: "Die Christliche Gemeinde zu Philippi. Ein Exegetischer Versuch", seinem Lehrer Wilh. Mart. Leberecht de Wette gewidmet, von
der er hoffte, daß sie "dazu beytrage(n), eine Sache, welche
für die Erklärung des Briefes an die Philipper von nicht geringer Wichtigkeit ist, neuerdings in Anregung zu bringen"[57].

---

56   G. Eichholz, Prolegomena, S. 182.

57   W.H. Schinz, Die christliche Gemeinde, S.6.
Wie der die Geschichte der Auslegung dieses Briefes seit
den griechischen Kirchenvätern aufarbeitende Kommentar
von B. Weiß zeigt, stellte sich die Frage nach der Situation der philippischen Gemeinde von Beginn der Auslegung dieses Schreibens durch die Kirchenväter an und
erfuhr - ebenfalls von Beginn an - eine je nach der Sicht
des Auslegers verschiedene Beantwortung. So sieht etwa
Chrysostomos als primäre Motivierung zur Abfassung des
Philipperbriefes die Liebesgabe der Gemeinde, daneben
noch den Wunsch des Apostels, die Philipper über seine
Lage zu beruhigen. Daß Paulus dieses Schreiben zugleich
dazu benutzt, sie vor Irrlehrern - ob judaistischen oder
jüdischen, ist im Blick auf die Kirchenväter kaum mit
Sicherheit zu entscheiden - zu warnen, geschieht darum,
"weil diese hier wie überall sich einzuschleichen versuch-
ten" (B. Weiß, S.5). Dagegen akzentuieren Theodor von
Mopsuestia und Theodoret von Kyros bereits stärker die
Bekämpfung dieser Irrlehrer, "und ersterer findet außerdem die Hauptveranlassung des Briefes in dem ehrgeizigen
Wetteifer unter den Tugendhaftesten der Gemeinde, den
auch Ambr. (osiaster) (vgl. zu letzterem B. Weiß, S.3
Anm.1) aus den Ermahnungen des Cap.2 erschloß" (B.
Weiß, S.5). Diese bereits hier sichtbar werdende unterschiedliche Gewichtung der Akzente im Blick auf die Moti-

Indessen steht die Frage (und Befürchtung) von G. Eichholz, "ob wir in der Exegese die Konsequenzen dieser methodischen Einsicht schon umfassend genug gezogen haben"[58], unerledigt im Raum .

Ziel der vorliegenden Untersuchung soll darum ein Zweifaches sein: zum einen die Arbeiten (des im Thema angegebenen Zeitraums) zum Philipperbrief, soweit sie Hauptprobleme dieses Briefes behandeln, daraufhin zu befragen, inwieweit sie in der konkreten Exegese und Beantwortung der in ihnen aufgeworfenen Fragen dieser methodischen Einsicht der Situationsge-

---

vierungen des Apostels zu diesem Schreiben prägt, wie B. Weiß aufzeigt, die Philipperbriefauslegung durch die Jahrhunderte hindurch.

M. Luther, der keine Auslegung dieses Briefes hinterließ, erwähnt in seiner kurzen Vorrede zu diesem Schreiben, daß Paulus diese Gemeinde "lobt und ermahnet ..., daß sie bleiben und fortfahren sollen im rechten Glauben und zunehmen in der Liebe", auch geht er auf "die falschen Apostel und Werklehrer" ein, jedoch ohne daß deutlich würde, ob er diese Warnung in der aktuellen Gemeindesituation als notwendig begründet sieht (Martin Luthers Vorreden zur Bibel, hg. v. H. Bornkamm, Hamburg 1967, S.166); J. Calvin nennt in seinem Kommentar eine Reihe von Gründen, die zur Abfassung unseres Briefes führten: zuerst die durch Epaphroditus überbrachte Liebesgabe; daneben aber ist es der Bericht dieses Abgesandten, der Paulus veranlaßt, "das zur Sprache zu bringen, weswegen die Philipper zurechtgewiesen werden mußten" (J. Calvin, Kommentar, S.213). Er erhielt offenbar von Epaphroditus auch Nachricht von den auch in Philippi ihre unheilvolle Tätigkeit aufnehmenden falschen Aposteln. "Doch weil sie (die Philipper) in der Wahrheit geblieben waren, lobt Paulus ihre Standhaftigkeit." (S.213) Daß im Blick auf diese Frage nach der Situation der Gemeinde, wie sie der Brief selbst erkennen läßt, auch in der nachfolgenden Zeit keine einhellige Lösung gefunden werden kann, sondern ihre Beantwortung immer wieder auch von Kontradiktionen bestimmt ist, zeigt erneut der Kommentar von B. Weiß (zu diesem Kommentar selbst und der in ihm dargelegten eigenen Sicht von Weiß vgl. unten S.106ff).

58 G. Eichholz, Prolegomena, S.182.

prägtheit dieses Briefes Rechnung tragen; zum andern nach
Möglichkeit – angeregt und in fruchtbarer Auseinandersetzung mit der zu bearbeitenden Literatur und deren Konfrontation mit dem Philipperbrief selbst – einen eigenen Beitrag
zur Lösung der von diesem Aspekt historischer Fragestellung
entscheidend tangierten Sachfragen dieses Briefes zu erbringen.

Als Einstieg in die Auslegungsgeschichte des Philipperbriefes
soll die oben schon erwähnte Arbeit von W.H. Schinz gewählt
werden; nicht nur darum, weil sie m.W. die erste ist, die
dieser methodischen Einsicht zufolge und mit ausdrücklichem
Verweis auf sie der Gemeindesituation der philippischen Gemeinde zur Zeit der Abfassung dieses Briefes eine eigene
Untersuchung widmet, sondern vor allem auch darum, weil sie
w i r k u n g s g e s c h i c h t l i c h in bestimmter Weise von erheblichem Einfluß auf die nachfolgende Philipperbriefexegese war.

II. Die Erhellung des situativen Kontextes des Philipperbriefes als Aufgabe der Philipperbriefexegese

A. Wilhelm Heinrich SCHINZ' Beitrag zum situativen Kontext des Philipperbriefes und die Würdigung seiner Untersuchung im auslegungsgeschichtlichen Kontext seiner Zeit

1. Darstellung der Untersuchung von W.H. Schinz

SCHINZ' Untersuchung "soll ein Versuch seyn, den Zustand der Gemeinde zu Philippi, wie er aus dem an sie gerichteten Briefe sich ergibt, darzustellen. Sie beschränkt sich indessen durchaus auf den inneren Zustand derselben, mit Weglassung alles Aeußerlichen, insofern es nicht nothwendig hieher gezogen werden muß, und bezieht sich insbesondere auf das Verhältniß der Gemeinde zu den in dem Briefe vorkommenden judaisirenden Irrlehrern, indem untersucht wird, ob diese mit ihrer Lehre bey ihr Eingang gefunden haben oder nicht."[1]

Methodisch höchst bedeutsam sind zwei dem Leser von Schinz zu Beginn seiner Untersuchung mitgeteilte Einsichten, zunächst die, daß über die anstehende Frage "bloß eine genaue und unbefangene Prüfung des an die Gem(einde) gerichteten Briefes, als der einzigen Quelle, aus der wir schöpfen können, Aufschluß ertheilen (kann)"[2]; zum andern jedoch zu konstatieren ist, daß "eine Verschiedenheit der Ansichten über den innern Zustand der Gemeinde ... sich sehr natürlich aus dem Inhalte des Briefes (ergibt), welcher von der Art ist, daß der Eindruck, den man von dem Leben der Gemeinde erhält, je nach-

---

1   W.H. Schinz, Die christliche Gemeinde, S.5.
2   Ebd, S. 15.

dem das eine oder andere Moment des Briefes für vorherr-
schend gehalten wird, ein sehr verschiedener seyn kann." [3]
Beweis hierfür und zugleich Anregung zu dieser eigenen Untersuchung ist die Tatsache, daß die Ansichten der Ausleger des
Philipperbriefes seiner Zeit gerade in dieser für das Verständnis des Briefes so wichtigen Frage "sehr weit auseinander gehen." [4] Diese Forschungssituation erlaubt es Schinz, die
Frage nach dem 'innern Zustand' der Gemeinde auf zwei
Fragen zu spezifizieren: In welchem Verhältnis stehen die im
Brief angesprochenen Irrlehrer zur Gemeinde? und: Wie sind
genauer die Streitigkeiten, die der Apostel rügt und
aufgrund deren er "ernstlich zur Eintracht ermahnt" [5], zu
bewerten?
Zunächst nach dem Gesamteindruck des Briefes fragend,
fällt Schinz der Ton auf, "in dem der Apostel zu der Gemeinde redet, (und der) ein ganz besonders inniger und ver-
traulicher ist, so wie er kaum in einem andern paulinischen
Briefe in dem Maße wahrzunehmen seyn möchte;" [6] ferner
sind die "ausgezeichneten Lobsprüche" [7] nicht zu überhören.
Aus beidem ist der Schluß naheliegend, "daß der Apostel eben
alle Ursache hatte, mit ihr in einem vorzüglichen Grade zufrieden zu seyn", und dies kann nur heißen, daß die Gemeinde
"an der wahren apostolischen Lehre, wie sie ihr von ihm selbst
war eingepflanzt worden" [8], festgehalten hat. Im Blick auf

---

3 Ebd, S.7.

4 Ebd, S.5; Schinz nennt unter "den Neuern" (S.12) die
   Arbeiten von Eichhorn, Bertholdt, Flatt, Heinrichs, Rheinwald und Storr, auf die darum in einem nächsten Kapitel
   einzugehen sein wird.

5 Ebd, S. 8.

6 Ebd, S. 7.

7 Ebd, S. 7.

8 Ebd, S. 7.

die erste oben gestellte Frage ist darum die vorläufige These
zu wagen: "Wenn daher gleich der Apostel auch auf gewisse
jüdische Irrlehrer zu reden kommt, so werden wir, wenn nicht
bestimmte Andeutungen von dem Gegentheile vorkommen, nicht
wohl annehmen können, daß sie mit ihrer Lehre Eingang bey
der Gemeinde gefunden haben[9], sondern die Veranlassung,
davon zu reden, uns auf eine andere Weise denken müssen."[10]
Im Blick auf die zweite Frage haben die beiden obigen Beobachtungen - wiederum in deutlicher Kontradiktion zur Forschungslage seiner Zeit - die These zur Konsequenz: "Wenn wir ferner bemerken, wie der Apostel sehr nachdrücklich gewisse
Streitigkeiten in der Gemeinde rügt, und ernstlich zur Eintracht ermahnt, so werden wir auch diesen Umstand, ohne bestimmte Beweise für das Gegentheil, nicht auf eine in der Gemeinde vorhandene Lehrdifferenz beziehen, sondern ihn eher
von minder wichtigen Ursachen herzuleiten versucht seyn."[11]
Die Richtigkeit dieser Thesen, die ja die Aufgabe haben, bestimmte Lösungsversuche der zuvor gestellten Fragen a priori
als falsch auszuscheiden, zugleich jedoch implizit zumindest
Richtungshinweise der von Schinz selbst intendierten Lösungs-
wege enthalten, versucht dieser nun am Wortlaut des Briefes
zu entscheiden.
Wiewohl der Philipperbrief die einzige Quelle ist, aus der er
schöpfen will, zieht Schinz doch auch immer die anderen Paulusbriefe (einschließlich Pastoralbriefe) hinsichtlich formaler
und auch inhaltlicher Aspekte zum Vergleich heran, um sich
auf diese Weise den Blick schärfen zu lassen für das diesem
Brief Spezifische[12].

---

9 Vgl. etwa die Position Rheinwalds in dieser Frage unten
   S. 47 ff.

10 Ebd, S. 8.

11 Ebd, S. 8.

12 Heute bezeichnen wir diese methodische Einsicht als binä-
   res Prinzip. Seiner Entdeckung und Anwendung kommt

Nach dem mehr beiläufig notierten Hinweis, daß Paulus in diesem Schreiben darauf verzichten konnte, sich als ἀπόστολος einzuführen, was nur als Indiz dafür gewertet werden kann, daß solches "nicht im mindesten bezweifelt oder angefochten wurde"[13], ist den folgenden Versen 1, 3-11 größte Beachtung zu schenken, pflegt doch den Apostel in der εὐχαριστία und der anschließenden προσευχή in nuce alles das zu bewegen, was er im weiteren Brief ausführlicher zur Sprache zu bringen gedenkt. Darum geben Danksagung und Fürbitte einen ersten Einblick in den wirklichen Zustand der Gemeinde[14], erstere nach der guten, zu lobenden, letztere nach der zu bemängelnden und durch die Gemeinde zu verbessernden Seite hin[15].

Bei genauerem Achten auf den Text fällt zunächst das gehäufte Vorkommen von πᾶς in der Danksagung auf: Paulus schließt a l l e in seinen Dank gegen Gott ein. In V.5 nennt er " d i e Charakteristik der Gemeinde nach ihrer guten Seite"[16]: ἐπὶ τῇ κοινωνίᾳ ὑμῶν εἰς τὸ εὐαγγέλιον. Zwischen diese εὐχαριστία und die nachfolgende προσευχή findet Schinz von Paulus in den Versen 7 und 8 "den Ausdruck zärtlichster Liebe zu der Gem(einde) hineingestellt, wovon sich in einigen anderen Briefen etwas Aehnliches findet, nur daß dieß nirgends so stark wie in dem

---

etwa in der Phonologie durch Trubetzkoy und R. Jakobson in den zwanziger Jahren unseres Jahrhunderts geradezu epochale Bedeutung zu.

13   Schinz, ebd, S. 17.

14   Völlig unhaltbar wäre nach Schinz der Gedanke, Paulus danke hier Gott für einen fiktiven Zustand der Gemeinde und sage etwas in Wirklichkeit nicht zutreffendes Rühmliches über diese, "bloß in dem Wunsche, die Gemüther von Anfang an für sich zu gewinnen" (ebd, S.19).

15   Vgl. ebd, S. 18ff.

16   Ebd, S. 25.

unserigen hervortritt." [17]

Die eigentliche Fürbitte enthält V.9, da "V. 10 u. 11 ... bloß
hinzugefügt (sind), um die Vollendung des christlichen Strebens der Gem.(einde) in einer entfernterm Zukunft auszu-
drücken." [18] In diesem Vers ist darum erstmals eine Notiz
über vorhandene Mängel in der Gemeinde zu erwarten, denn
"dieser Wunsch muß in dem wirklichen Zustande der Gem.
(einde) begründet seyn; es muß darin die Ursache enthalten
seyn, warum der Ap.(ostel) gerade d i e s e n Wunsch ausspricht" [19], und zwar, wie zu betonen ist, im Blick auf die ganze Gemeinde [20].

Es zeichnet sich somit in ersten Umrissen das Bild einer Gemeinde ab, die sich "durch ihren lebendigen Eifer für die Sache des Evangeliums (auszeichnet)", die stets treu zu ihrem
Apostel stand und bisher nicht durch Irrlehrer "in der Liebe
zu ihrem Gründer wankend gemacht worden (ist)" [21]. Allerdings wird in ihr nur unzureichend das Gebot der Liebe befolgt
- als Folge mangelhafter Erkenntnis.

Dieses aus Danksagung und Fürbitte gewonnene umrißhafte
Bild der Gemeinde ist nun an Hand der Ausführungen des Apo-

---

17 Ebd, S. 23.

18 Ebd, S. 27.

19 Ebd, S. 28.

20 Damit weist Schinz sowohl die zu seiner Zeit geäußerte
    These zurück, (nur) ein Teil der Gemeinde habe unter
    dem Einfluß der Irrlehrer gestanden, als auch die ande-
    re Auffassung, Paulus rede zwar von der ganzen, aber
    in zwei unterschiedliche Parteien, eine judenchristliche
    und eine heidenchristliche, zerstrittenen Gemeinde, da
    jedenfalls die gewichtigen Verse 1, 3-8 keinen Hinweis
    auf das Vorhandensein zweier einander feindlich gegen-
    überstehenden Parteien ergeben hätten.

21 Ebd, S. 32.

stels zu ergänzen, zu korrigieren, gänzlich neu zu zeichnen
oder zu bestätigen.

Den ersten Hauptabschnitt des Briefes, 1, 12-26, kann Schinz
im großen und ganzen unberücksichtigt lassen, da er für die
sich ihm stellenden Fragen nichts Erhellendes aussagt, sieht
man von den beiden Hinweisen ab, daß Paulus zum einen dieser Gemeinde beruhigende Auskunft über die Ausbreitung des
Evangeliums am Ort seiner Gefangenschaft (Rom) unter äußeren Umständen, die solche positive Auskunft nicht erwarten
ließen, gibt - und damit das lebendige Interesse der Philipper an der Sache des Evangeliums aufs neue hervorhebt; zum
anderen aber auch darauf hinweist, daß er seinen Wunsch, bei
Christus zu sein, ihretwegen zurückstelle - und damit auf ihre noch mangelnde Liebe untereinander anspielt[22].

In 1, 27 ff beginnt Paulus mit der ausführlicheren Erörterung
des in der προσευχή   leise Angeklungenen; hier sind darum "'Grundgedanke und Mittelpunkt des Briefes'"[23] zu suchen. Der Apostel ermahnt die Gemeinde zur Eintracht
(V. 27), erweist deren Notwendigkeit einmal aus der augenblicklichen Situation der Gemeinde nach außen hin (V. 28-30),
zum anderen deren innere Notwendigkeit aus dem Evangelium
selbst; er beschließt diesen Abschnitt mit V. 12 . In den
'Widersachern' sind keine jüdischen Irrlehrer zu suchen,
sondern "die außerhalb des Christenthums stehenden Gegner,
Heiden und Juden"[24], da Paulus in diesem Zusammenhang
die Gemeinde auf seine eigenen Leiden in ihrer Mitte einst bei
der Gemeindegründung verweist.

Insbesondere die ersten Verse des zweiten Kapitels zeigen an,
daß Paulus hier das ihn im Blick auf die Gemeinde B e w e -
g e n d e zur Sprache bringt: "Er beschwört sie gleichsam bey

---

22   Vgl. ebd, S. 33.

23   Ebd, S. 33.

24   Ebd, S. 36.

Allem, was nur irgend sie bewegen konnte, ihm Gehör zu geben und damit seine Freude vollkommen zu machen." [25] Aus
dieser Einsicht, daß es sich in 2,1ff um eine B e s c h w ö -
r u n g der Gemeinde seitens des Apostels handelt, die zugleich auch dessen "unverkennbar affectvolle(n) Stimmung" [26]
widerspiegelt, nun allerdings den Schluß zu ziehen, "daß die
Streitigkeiten sehr bedeutend gewesen seyn müßten, so daß
ein schnelles und kräftiges Einschreiten nothwendig geworden
wäre, um die g ä n z l i c h e A u f l ö s u n g der Gemeinde zu
verhindern" [27], erscheint Schinz jedoch verfehlt. Wie sich
vielmehr auf ganz reinem Hintergrund auch ein nur geringer
Schmutzfleck überdeutlich abhebt, so fällt dem Apostel an dieser Gemeinde, in der das Gute und Lobenswerte derart vorherrschend ist, "das Einzige, welches seine Freude über sie
jetzt noch stört(e)" [28], um so mehr ins Auge, und darum
kann "aus dem vorzüglichen Eifer", mit dem Paulus die Gemeinde beschwörend ermahnt, auch diesen einzigen Mangel
doch zu beseitigen, "noch nicht auf die große Bedeutung des
Gerügten geschlossen werden" [29]. Falsch wäre es auch, die
Mahnung zur Eintracht auf Streitigkeiten zu beziehen, die aufgrund unterschiedlicher theologischer Erkenntnis und der daraus erwachsenden Mißgunst entstanden sein könnten, sondern
sie richtet sich vielmehr (nur) gegen den "S t o l z(e) auf

---

25 Ebd, S. 36.

26 Ebd, S. 38.

27 Ebd, S. 36f (Hervorhebung von mir). Schinz greift hier
    eine Wendung Rheinwalds auf, der meint, dem Band, das
    die Gemeinde "unter sich selbst und mit ihrem geistli-
    chen Vater zusammengehalten hatte,... (drohe) eine
    gänzliche Auflösung" (S.30; vgl. auch unten S. 47f).

28 Ebd, S. 37.

29 Ebd, S. 37.

eigene Verdienste und sittliche Vortrefflich-
keit" [30]. Erstere These ist darum schon auszuschließen,
weil sich der den beiden Negativbegriffen ἐριϑεία   und
κενοδοξία kontra-diktorisch gegenüberstehende Begriff
ταπεινοφροσύνη unmöglich auf die Erkenntnis beziehen kann:
"Denn wie ist es z.B. möglich, daß Einer, der reich an Kennt-
niß und Einsicht ist, einen Andern, dem dieß völlig abgeht,
in Beziehung darauf höher achten soll als sich selbst?" [31]
Vielmehr resultieren das "streitsüchtige und lieblose Wesen"
einiger Gemeindeglieder daraus, daß jeder bestrebt war, "sich
eines besondern Eifers, einer besondern Treue an der Sache
Christi, besonderer Standhaftigkeit in Verfolgungen, wie auch
vorzüglicher Fortschritte im Streben nach christl.(icher)
Vollkommenheit rühmen" zu können. "Edler Wetteifer
herrschte unter den Gliedern derselben; Einer suchte den
Andern zu übertreffen; ein lebendiger Christensinn ließ nichts
Unsittliches aufkommen, und Alle waren sich nur guter und
löblicher Handlungen und Bestrebungen im Dienste des Herrn
und seines Evang.(eliums) bewußt." [32]   Diese Beschreibung
für übertrieben zu halten, verbietet sich nach Schinz angesichts des Lobes, das der Apostel dieser Gemeinde zollt. Aber
dieser edle Wetteifer und vor allem das Wissen um die "eige-

---

30 Ebd, S. 39.

31 Ebd, S. 39. Darum ist auch hier die These abzulehnen,
    Paulus ermahnte Heidenchristen, doch "nicht durch ihr
    übermüthiges zur Schau stellen ihrer Einsichten die schwä-
    chern Brüder (die Judenchristen) (zu) beunruhigen, son-
    dern 'durch Selbstentäußerung ihrer Vorzüge die Andern
    allmählich zu gewinnen und zur männlich reifern Ansicht
    zu führen suchen'" (ebd, S. 39f); diese These ist umso
    mehr abzulehnen, als der bisherige Brief Schinz keinen
    Anhaltspunkt dafür bietet, einen Streit zwischen Heiden-
    christen und Judenchristen in Philippi anzunehmen.

32 Ebd, S. 50f.

nen mannigfachen Leistungen"und den guten eigenen Glaubens-
stand ließen bei einigen einen   "gewisse(n) sittliche(n)
Hochmuth, und eine gewisse Eifersucht gegen die Vorzüge und
Verdienste der Andern (entstehen), und aus dieser Gesinnung
mußte nun nothwendig viel Gezänke, eitles Rühmen der eigenen und Schmälerung der Vorzüge und Verdienste Anderer
hervorgehen, wozu denn sehr begreiflich ein liebloses und
selbstsüchtiges Betragen sich hinzugesellte." [33]
Im Anschluß an diese allgemeine Mahnung zur Eintracht und
Warnung vor der Selbstsucht stellt Paulus zur Veranschau-
lichung des soeben Gesagten der Gemeinde "das erhabene
Beyspiel Christi" [34] vor Augen. Das praktische Interesse [35]
dieser Stelle kann nur sein, "daß nämlich der Apostel durch
das Beyspiel Christi die Gem.(einde) zur Demuth und Selbstverläugnung, zur Ablegung alles Stolzes und aller Selbstsucht
zu bewegen suchte." [36] "In der Erhöhung Christi ... liegt
eine Aufmunterung, seinem Beyspiele zu folgen. Die Anwendung ist: Demuth und Selbstverläugnung werden den Preis
erlangen." [37] Diese von Jesus selbst beispielhaft vorgelebte
Demut soll die Gemeinde sich zu eigen machen; in dieser
Haltung –μετὰ φόβου καὶ τρόμου   entspricht inhaltlich der
ταπεινοφροσύνη   – soll die Gemeinde nach Vollkommenheit
streben, im Wissen darum, daß sowohl die Ursache des eige-

---

33 Ebd, S. 51.

34 Ebd, S. 41.

35 Dieses aber ist das Paulus allein leitende Interesse
    dieser Stelle, womit Schinz nicht leugnen will, daß
    dieser Hymnus zugleich auch von großer Wichtigkeit
    in dogmatischer Hinsicht ist, denn natürlich gibt er
    auch in seinen Einzelaussagen die authentische Mei-
    nung des Apostels wieder.

36 Ebd, S. 42 f.

37 Ebd, S. 44.

nen Wollens als auch dessen gelungene Ausführung im eigenen
Tun letztlich durch Gottes Geist bewirkt werden.

Während der Abschnitt 2, 19-30 wieder nichts enthält, was
für die anstehenden Fragen belangvoll wäre, kommt dem dritten Kapitel größte Bedeutung zu. Zwar ist Schinz von vornherein geneigt, die These, hier seien judaistische Irrlehrer
angesprochen, die der in Philippi bestehenden judenchristlichen Partei vorgestanden hätten [38], zu bezweifeln, da sich
ihm bisher kein Grund bot, die Existenz einer solchen Partei
anzunehmen. Auch vermag er weder die These einer Briefkomposition [39], noch auch nur die Meinung zu teilen, der Apostel habe ursprünglich seinen Brief mit 3, 1a abschließen wollen, dann aber noch später die folgende Warnung angefügt [40];
denn dies hieße ja anzunehmen, daß der Apostel ursprünglich
nicht beabsichtigt hätte, der Gemeinde seinen Dank für deren
Gabe zu bezeugen. Ein unwahrscheinlicher Gedanke. Allein anzunehmen, daß Paulus eine solche Warnung ohne Grund an die
Gemeinde gerichtet hätte, verbietet sich ebenfalls a priori [41].

Paulus warnt die Philipper in 3,2 vor j ü d i s c h e n I r r -
l e h r e r n - eine Bestimmung der hier von Paulus Gemeinten,
die so selbstverständlich ist, daß sie auch nicht der mindesten
Argumentationsstütze bedarf. Wesentlich dringlicher scheint

---

38 Vgl. ebd, S. 52; Schinz wendet sich hier gegen Rhein-
    wald (S.33; vgl. auch unten S. 48).

39 Vgl. ebd, S. 52f; Schinz wendet sich hier gegen Hein-
    richs (vgl. auch unten S. 47).

40 Schinz verweist in diesem Zusammenhang auf de Wette
    und Rheinwald; während sich jedoch bei de Wette nicht
    der geringste Hinweis findet, der in diesem Sinne zu
    deuten wäre, spricht Rheinwald in der Tat diese Mög-
    lichkeit an, ohne jedoch näher auf sie einzugehen (vgl.
    auch unten S. 51 Anm. 16).

41 Vgl. ebd, S. 55.

Schinz dagegen die Versicherung, daß sich aus dieser Warnung der Gemeinde vor solchen Irrlehrern "in keinem Fall ...
auf das Daseyn solcher Lehrer in Philippi oder auf die Hin-
neigung eines Theiles der Gem.(einde) zu ihren Grundsätzen
schließen (lasse) " [42] . Da ja andererseits dennoch an der
begründeten Motivierung des Apostels zu dieser Warnung
festgehalten werden soll, wäre es denkbar, in diesen Versen
ein Indiz dafür zu sehen, daß die philippische Gemeinde doch
zu einem erheblichen Teil aus Judenchristen bestanden hätte,
da diese naturgemäß leichter geneigt waren und darum auch
in der größeren Gefahr standen, solchen Irrlehrern, wenn
diese auftauchten, anheim zu fallen. Diese Überlegung ist indessen für Schinz nur eine theoretische, da er ja alle Versuche, für diese Gemeinde das Vorhandensein solcher Judenchristen anzunehmen, bisher schon als am Brief selbst nicht
verifizierbar zurückgewiesen hatte. Darum genügt ihm schließlich als Motivierung festzustellen, daß der Apostel deshalb
vor solchen Irrlehrern warne, "weil er ja oft genug erfahren
hatte, daß Gemeinden, die vorher fest standen in der wahren
Lehre, von ihnen verführt wurden; weil er die Gewandtheit
jener Leute kannte, mit der sie sich überall einzuschleichen
wußten. So warnte er denn alle Gemeinden auf verschiedene
Weise vor ihnen ... Daß er nun in einer Zeit, wo diese alle
ihre Künste in Ausübung brachten, um die Arglosen zu ver-
führen, nicht umhin konnte, seine liebe Gem.(einde) in Philippi vor ihnen zu warnen, werden wir sehr natürlich finden,
und wenn sie bisdahin der wahren Lehre treu geblieben war,
so mußte ihm um so mehr daran liegen, daß nicht auch in ihr,
wie an den meisten andern Orten, die κύνες und κακοὶ ἐργάται
Eingang fänden." [43] Diesen Irrlehrern, neben κύνες und
κακοὶ ἐργάται als κατατομή von Paulus bezeichnet,

---

42 Ebd, S. 54.
43 Ebd, S. 55f.

stellt dieser in V.3 ἡμεῖς als περιτομή gegenüber,
worunter darum nur Heidenchristen verstanden werden
können, weil sich die "gewöhnlichen Judenchristen ... doch
niemals ganz von einem gewissen καυχᾶσθαι ἐν σαρκί los-
machen (konnten)". [44] Selbstverständlich zählt der Apostel
sich mit unter die περιτομή . Da aber durch nichts ersichtlich ist, daß er etwa nur einen Teil der Gemeinde unter die
ἡμεῖς begreife, er vielmehr die g a n z e Gemeinde den
Irrlehrern gegenüberstellt, erhellt daraus, daß diese "eben
völlig aus Heidenchristen bestand" [45] , insofern also gar nicht
ἐν σαρκί vertrauen konnte. Aufgrund dieser Schlußfolgerung erhalten die nachfolgenden Verse ihre Motivierung;
denn an diesem Punkt sieht Paulus sich genötigt, zwischen
sich und der Gemeinde im Gegenüber zu den Irrlehrern zu
unterscheiden: E r als gebürtiger J u d e konnte sich sehr
wohl – wenn er wollte – ἐν σαρκί rühmen. Da also das
καί nicht zu ἐγώ , sondern zu ἐν σαρκί zu ziehen ist,
will sich Paulus in V.4 noch nicht in Gegensatz zu den Irrlehrern stellen, sondern hier zwischen sich und der Gemeinde
differenzieren. In die Auseinandersetzung mit jenen in V.2
genannten Irrlehrern tritt er in V.5-9 ein mit dem Ziel, diese der Gemeinde hinsichtlich ihrer 'Lehre' so genau vorzustellen und diese zugleich zu beurteilen, daß die Gemeinde,
sollten solche Leute auch in Philippi ihr Glück versuchen, sie
sogleich als Irrlehrer zu identifizieren vermöchte.

Im Blick auf die Verse 10f stellt Schinz die zumindest methodisch bedeutsame Frage, ob diese Verse trotz inhaltlicher Verknüpfung mit dem Vorhergehenden (Stichwort γνῶσις)
dennoch überhaupt in die Auseinandersetzung mit den Irrlehrern hineingehören oder ob der Apostel nicht jetzt nur noch
den einmal in der Auseinandersetzung begonnenen Gedanken-

---

44 Ebd, S. 56.

45 Ebd, S. 57.

gang zu Ende führt, ohne daß es die ihn hier leitende Intention erfordert hätte [46]. Diese durchaus diskutable Überlegung schließlich doch verwerfend, kommt er zu dem Urteil, an dieser Stelle eine Akzentverschiebung in der Auseinandersetzung mit den Irrlehrern feststellen zu müssen: Anknüpfend an die Wendung δύναμις τῆς ἀναστασεως αὐτοῦ , die (man vergleiche etwa 1 Kor 15,22) deutlich einen imperativischen, d h "sittliche(n)" Aspekt hat, meint Schinz zu bemerken, daß Paulus nun in V. 10 den Akzent der Auseinandersetzung "auf das Praktische" verlagert. Jetzt geht es um die "Nachfolge Christi im Leiden" [47], von der jene, "als ἐχθροὶ τοῦ σταυροῦ τοῦ Χριστοῦ, nichts wissen wollten, und eben deßhalb die hohe Bestimmung des Christen (v. 11. cfr. v. 21.) völlig verfehlen mußten (ὧν τὸ τέλος ἀπώλεια)" [48]. Die philippische Gemeinde auch über "die sittlichen Grundsätze jener κύνες " ins rechte Bild zu setzen, mußte darum dem Apostel besonders angelegen sein, weil zwar für Heidenchristen die "streng jüdische Lehre wenig Anlockendes haben konnte; desto mehr dagegen gewisse lockere sittliche Grundsätze, wie φάγωμεν καὶ πίωμεν· αὔριον γὰρ ἀποθνῄσκομεν u. dgl." [49].

Paulus hatte in den letzten Versen in starkem Maße seine eigene Person in den Vordergrund gestellt. War dies auch seitens des Apostels ausschließlich mit der Intention geschehen, der Gemeinde an seinem eigenen Beispiel, seinem eigenen Verhalten, Denken und Mühen die Verächtlichkeit der Lehre und Lebenshaltung der Irrlehrer deutlich zu machen, so konnten dennoch – entgegen dieser Intention – insbesondere diejenigen

---

46   Vgl. ebd, S. 59.

47   Ebd, S. 60.

48   Ebd, S. 61.

49   Ebd, S. 62.

Gemeindeglieder, die sich selbst ihrer eigenen Leistungen in
der Gemeinde rühmten, in den Worten des Apostels "eine
Rechtfertigung ihrer übertriebenen Selbstschätzung und ihres
sittlichen Stolzes erblicken" [50]. Darum unterbricht Paulus
den natürlichen Gang seiner Argumentation und schiebt zunächst den 'Zwischenabschnitt' V. 12-15 ein, um – mit V.
16 als Überleitung – in V. 17 an V. 11 direkt anzuschließen, indem er die Gemeinde auffordert, seinem Beispiel zu
folgen [51]. Die anschließende drastische Warnung – notwendig, weil den Philippern als Heidenchristen weniger von der
Lehre als vielmehr von dem schlechten sittlichen Lebenswan-
del dieser jüdischen Irrlehrer Gefahr drohte [52] – kontrastiert Paulus mit dem dem Evangelium gemäßen Wandel der
Christen, diesen erneut mit dem Hinweis auf die δύναμις τῆς
ἀναστάσεως Χριστοῦ begründend [53]. Daß die Gemeinde bisher von den Einflüssen solcher Irrlehrer völlig frei geblieben
ist, bestätigt schließlich ein weiteres Mal das überschwäng-
liche Lob, mit dem Paulus den ganzen Abschnitt beschließt
(4,1).

Wie schon einige Passagen des bisherigen Briefes, so enthält
auch das vierte Kapitel nichts Aufschlußreiches bezüglich der
Gemeinde über das bisher Gesagte hinaus. Im in 4,2 angesprochenen Streit zwischen den beiden namentlich erwähnten
Frauen liegt ein konkretes Beispiel der schon in Kapitel 2
thematisierten mangelnden Liebe der Gemeindeglieder untereinander vor. V. 10ff drückt Paulus seinen Dank und seine Freude über das von den Philippern gemachte Geschenk

---

50   Ebd, S. 63.

51   Vgl. ebd, S. 63.

52   Schinz sieht darum – in Verkennung dieses Zirkel-
      schlusses – in ihr erneut einen indirekten Beweis für
      die Richtigkeit seiner These.

53   Vgl. ebd, S. 71 f.

aus, ein Indiz dafür, "daß der Ap.(ostel) stets mit ihrer
Treue in Beziehung auf Irrlehrer vollkommen zufrieden seyn
konnte"[54].

Damit ergibt sich folgendes Bild der philippischen Gemeinde
zum Zeitpunkt der Abfassung des Briefes: "Diese Gem.(einde)
(ist) von dem verderblichen Einflusse der Irrlehrer völlig
frey geblieben", und zwar im Gegensatz zu den meisten anderen paulinischen Gemeinden, was nur daraus zu erklären ist,
"daß die Philippische Gem.(einde) nicht wie die meisten andern
Gemeinden aus Heiden- und Judenchristen gemischt, sondern
bloß aus ehemaligen Heiden und Proselyten zusammengesetzt war"[55]. Deshalb hatten es die jüdischen Irrlehrer im
Blick auf sie wesentlich schwerer als bei den anderen, fehl-
ten ihnen doch hier die dort vorhandenen natürlichen Anknüp-
fungspunkte. Falls sie daher tatsächlich schon früher einmal
auch in Philippi versucht hatten Fuß zu fassen, so mußten
sie ohne Zweifel schnellstens einsehen, daß ihnen in dieser
Gemeinde kein Erfolg werde beschieden sein. Schließlich
könnten auch die Geschenke, durch die diese Gemeinde stets
in ganz besonderem Maße mit dem Apostel verbunden blieb,
mit zu ihrer Standhaftigkeit beigetragen haben. "Die Gemeinde zu Philippi war und blieb die Freude und Krone ihres

---

54 Ebd, S. 74.

55 Ebd, S. 74,75. Ein weiteres Argument für diese s.E.
    entscheidende Beobachtung sieht Schinz darin, daß Pau-
    lus keine alttestamentliche Stelle zitiere und damit ein-
    mal mehr zeige, daß er, der "sich stets nach dem Bedürf-
    nissen derer, mit denen er es zu thun hatte, zu richten pfleg-
    te, solche Anführungen darum nicht für angemessen hielt,
    weil die Empfänger Heidenchristen waren, für welche na-
    türlich das Alttestamentliche nicht dieselbe Bedeutung wie
    für die Judenchristen haben konnte" (S.75). Schließlich
    bestätigt dieses Bild auch der Bericht von der Gemeinde-
    gründung in Apg 16, in dem es heißt, daß die Zahl der Ju-
    den in der Stadt so gering gewesen sei, daß 'sie nicht ein-
    mal eine Synagoge, sondern nur eine Proseuche hatten",
    (ebd, S.75).

Stifters, und das sprechendste Zeugniß dafür ist der Brief,
dessen Erforschung in Beziehung auf ihren Zustand wir nun
beendigt haben." [56]

2.   Einordnung der Untersuchung von W.H. Schinz in den
     auslegungsgeschichtlichen Kontext seiner Zeit

W.H. Schinz entwickelte seine Sicht der konkreten Situation
der philippischen Gemeinde zur Zeit der Abfassung des Philipperbriefes in der Auseinandersetzung mit den zu seiner
Zeit insbesondere von Heinrichs, Eichhorn, Rheinwald und
Flatt bezüglich dieser Frage vertretenen Positionen.
Auf sie ist darum kurz einzugehen, um Schinz' Position zu
verstehen; denn auch er redet in einem situativen, d h hier:
auslegungsgeschichtlichen Kontext.
Ist sowohl für Rheinwald als auch für Flatt die Nachricht von
Irrlehrern jüdischer Herkunft bzw. deren gefährlichem Einfluß auf zumindest einen Teil der philippischen Gemeinde für
Paulus eine maßgebliche Motivierung zur Abfassung dieses
Briefes, so sieht HEINRICHS in der aktuellen Situation der
Gemeinde keinerlei Ursache für dieses Schreiben, da aus
diesem weder Spannungen unter den Gemeindegliedern aufgrund unterschiedlicher Lehrpositionen noch Streitigkeiten
infolge ethischer Mißstände zu bemerken seien und auch die
im dritten Kapitel thematisierten Irrlehrer nicht mit der philippischen Gemeinde in Beziehung gesetzt werden dürften.
Der Apostel habe hier wie auch in Kap. 2 Leute vor Augen,
die sich ihm am Ort seiner Gefangenschaft als Gegner erwiesen und vor denen er nun die Philipper rein pro-
phylaktisch warne. Allerdings übernimmt auch Heinrichs die

---

56   Ebd, S. 76.

zu seiner Zeit übliche Scheidung dieser Gemeinde in eine Gruppe schwächerer und in eine Gruppe stärkerer Christen, letztere von Paulus als δυνατοί oder τελειότεροι bezeichnet, denn diese Scheidung stellt für ihn die entscheidende
Stütze seiner These einer Briefkompilation dar. Er
vertritt nämlich die Ansicht, Paulus habe zunächst ein Schreiben an die ganze Gemeinde verfaßt, vom jetzigen Phil. die
Teile Kap. 1, 1-3, 1a (einschließlich κυρίῳ) und 4,21 - 23
umfassend und gekennzeichnet durch sehr allgemein gehaltene
Ermahnungen, einen sehr undeutlichen Hinweis auf seine Gegner und leise Andeutungen bezüglich der durch Epaphroditus
übersandten Liebesgabe der Gemeinde; sodann habe der Apostel auf einem gesonderten Blatt die Kap. 3,1 (von τὰ αὐτά
an) bis 4,20 als für die ihm vertrauteren Gemeindeglieder
bestimmt angefügt. In diesem beigelegten Brief habe Paulus
diese Andeutungen weiter und bestimmter ausgeführt[1].

Im schroffen Gegensatz zu dieser Position Heinrichs ist für
F.H. RHEINWALD "der bedenkliche Zustand der Gemeinde"[2] die für Paulus deutlich vorherrschende Motivierung zur Abfassung dieses Briefes, ließ doch die von Epaphroditus geschilderte Situation befürchten, daß "dem Band, das
sie unter sich selbst und mit ihrem geistlichen Vater zusam-
mengehalten hatte, ... eine gänzliche Auflösung (drohte)"[3].
Initiatoren und Wegbereiter dieses möglichen Zerfalls der

---

1   Vgl. zu Heinrichs etwa Krause, Besteht der Paulinische
    Brief ...; Bertholdt, Einleitung, § 733 = S. 3418 ff; Rhein-
    wald, Kommentar, S. 45 ff; Flatt, Kommentar, S. 115 ff;
    Matthies, Kommentar, S. 17 ff.

2   Rheinwald, Kommentar, S. 18 (Hervorhebung von mir).

3   Ebd, S. 30. Ausdrücklich wendet sich Rheinwald dagegen,
    in der Danksagung für die erhaltene Gabe den primären
    Grund des Schreibens zu sehen, "wie Eichhorn und einige
    wollen", "es waren weit größere Interessen, die ihn be-
    wegten"(S. 18).

jungen Gemeinde waren 'Palästinensische Irrlehrer', die
sich zu dieser Zeit in Kleinasien und Europa aufhielten und
auch nach Philippi gekommen waren. Hier trafen sie auf eine
Gemeinde, in der aufgrund verschiedenster vorchristlicher
religiöser Bindungen ohnehin eine Polarisierung in die beiden
Gruppen Heidenchristen - Judenchristen angelegt war und
der darin ruhende Konflikt aufzubrechen begann. Dies mußte
schließlich zwangsläufig geschehen, als die philippischen Christen jüdischer Provenienz unter dem Einfluß dieser Irrlehrer begannen, sich gegenüber den heidenchristlichen Gemeindegliedern ihrer jüdischen Vorzüge zu rühmen,
und diesen ebenfalls die Beschneidung und Einhaltung des Gesetzes als heilsnotwendig aufzudringen versuchten. Diese sahen sich ihrerseits nicht zuletzt aufgrund der gesetzesfreien
Verkündigung des Apostels berechtigt, dieses Ansinnen nicht
nur von sich zu weisen, sondern "sie konnten sich (auch) nicht
enthalten, mit diesen freieren Meinungen sich zu brüsten, auf
ihre vermeintlich aufgeklärteren Einsichten zu pochen
und wähnten sich befugt, auf die befangeneren und beengter
denkenden in Hochmuth und Wissensstolz herabsehen zu dürfen. Solche Factionen und gegenseitige Streitigkeiten in der
Gemeinde machten den Grund wankend, den einst der Ap.(ostel)
gelegt, und auf welchem die wahrer treu fortgebaut hatten.
Leicht konnte das ganze Gebäude umgestützt werden, wenn
nicht zur rechten Zeit eine apostolische Ermahnung und Warnung die Gemüther ergriff und zum wahren Wege des Heils
zurück rief." [4]
Diese Beschreibung der aktuellen Situation der philippischen
Gemeinde, aufgrund der und in die hinein der Apostel seinen
Brief verfaßt, stellt Rheinwald, auf jegliche Absicherung durch
Hinweise auf den Briefinhalt verzichtend, seinem eigentlichen
Kommentar als Bestandteil einer sehr umfangreichen Einlei-
tung voran. Im Kommentar selbst unterläßt er es, dem Leser

---

4 Ebd, S. 16f.

an Hand des Textes diese Situationsanalyse erhellend zu begründen, erst recht wird nicht der (notwendige und zwangs-
läufige) Zirkel von deskriptiver Erfassung aus dem Text und
zugleich diesen Text erhellender und profilierender Appli-
kation dieser ihm zugrunde liegenden Situation deutlich, da
auch die Einfügung des Textes oder bestimmter Texteinhei-
ten in die 'Koordinaten' der konkreten Situation nur spora-
disch und meist beschränkt auf wenige die inhaltliche Struktur des Textes aufzeigende Passagen geleistet wird. Der
Kommentar bleibt über weite Strecken in einer 'bloßen Wort-
für-Wort-Exegese' stecken. Trägt man dennoch die verstreu-
ten Hinweise zusammen, so ergibt sich folgendes Bild bezüglich der Struktur des Briefes, eingefügt in die gemeindliche Situation:

Mit V. 27 des ersten Kap. geht Paulus unmittelbar auf die
Lage der Philipper ein, nachdem er sich schon zu Beginn des
Briefes sehr pointiert ($\pi\tilde{\alpha}\sigma\iota\nu$ $\tau o\tilde{\iota}\varsigma$ $\dot{\alpha}\gamma\acute{\iota}o\iota\varsigma$) an die ganze
Gemeinde gewandt hatte, um sogleich die Einheit der Gemein-
de zu betonen, und er zunächst seine eigene Lage und deren
Auswirkungen für die Verkündigung des Evangeliums sowie
"seine ganze Gemüthsverfassung, wie dieselbe durch seine jet-
zige Lage bestimmt ist"[5] geschildert hat. Der Situation der
in zwei Gruppen zerstrittenen Gemeinde entsprechend, beginnt
Paulus mit der allgemeinen "Ermahnung zur Einheit und
Einigkeit im Herrn", welche "recht eigentlich der
Grundgedanke und Mittelpunkt des Briefes genannt werden
kann"[6]. Um den beiden Gruppen differenziert Rechnung zu

---

5 Ebd, S. 32. Bezüglich der Verse 1,21 ff kommt Rheinwald zu der bedeutsamen methodischen Einsicht, daß es
   für den 'paulinischen Gedankengang' charakteristisch sei,
   daß Paulus "oft durch die These zur Antithese fortgeris-
   sen wird, so daß sich an d i e s e eine Reihe von Gedanken anschließt" (S. 93).

6 Ebd, S. 32.

tragen, wendet sich der Apostel mit Beginn des zweiten Kapitels zunächst an "die Parthei der hochmüthigen Heiden-Chri-
sten" [7] und fordert sie zur "Eintracht und gegenseitigen Liebe (auf), warnt vor Streitsucht und Erheben über andere" [8].
Dem dient auch die Erinnerung an die "vollendete Selbstverläugnung und Demuth" [9], die Jesus bewies, als "er die göttl.
(iche) Natur in menschl.(icher) Hülle trug, erscheinend
als ein dienender Mensch, gekommen um sich zu den Stand-
puncten der Menschen herabzulassen, um alle ihre geistigen
und sittlichen Bedürfnisse erfahren und - befriedigen zu können" [10]. Bei diesen "in ihrem geistigen Hochmuth die
schwächeren Brüder" [11] verachtenden Heidenchristen will
Paulus die Einsicht dafür erreichen, daß es mehr dem Beispiel
Jesu entspricht, um des schwächeren Bruders willen auf die
tiefere Erkenntnis, die man selber 'besitzt', zu verzichten,
wobei diese Freiheit zum Verzicht zugleich erst den wahrhaf-
ten Besitz dokumentiert, da er andernfalls eben doch einem
ἁρπαγμός   gleichkäme. Wenn Paulus den Versen von der
Selbsterniedrigung die von Jesu Erhöhung noch folgen läßt,
so tut er dies in der Absicht, "um zu zeigen, welch herrlicher
Lohn dem Gehorsam und der Demuth des Erlösers geworden,
und wie sich das an ihnen auf gleiche Weise wiederholen müsse, wenn sie sich hierin als seine ächten Nachfolger bewähren würden" [12].
Auch die folgenden Verse sind noch an denselben Adressaten-
kreis gerichtet: Das "hochmüthige(m) Erheben der eigenen

---

7   Ebd, S. 33.

8   Ebd, S. 107.

9   Ebd, S. 135.

10   Ebd, S. 135.

11   Ebd, S. 108.

12   Ebd, S. 136.

Kräfte und stolze(m) Rühmen eigener Einsichten" [13] der Heidenchristen zwingt Paulus, ihnen gegenüber "das göttl.(iche)
Wirken in dem Bekehrungswerke mehr hervorzuheben" [14], um dadurch zu betonen, "daß sie auch gar keinen
Grund hätten sich zu erheben, indem er sie hinweißt auf den Ur-
quell alles Guten, dessen Gnade, wenn etwas Gutes bei ihnen
zu Stande gekommen sei und kommen würde, sie doch alles
zu verdanken hätten." [15]

Das dritte Kapitel ist geprägt durch die Auseinandersetzung des
Apostels mit der Gruppe der Judenchristen, ohne daß er dabei
die Heidenchristen ganz außer acht ließe [16]. Zunächst jedoch
wendet er sich im Anschluß an die "Ermahnung zur Freudigkeit", die "dem Zusammenhange nach zu Cap. II. (gehört)" [17]
an jene andere "Partei, an deren Spitze die judaisirenden
Irrlehrer standen" [18]. Wenn Paulus diese auch als

---

13   Ebd, S. 142.

14   Ebd, S. 141 f.

15   Ebd, S. 142. Darum erscheint es Rheinwald zwar ver-
     ständlich, daß im Hinblick auf V. 12 f immer wieder die
     Frage nach dem "Verhältniß der göttl.(ichen) und
     menschl.(ichen) Wirksamkeit" (S. 140) erörtert wur-
     de, aber solche Erörterungen verkennen die Intention
     des Textes; diese aber ist deutlich durch den Adressa-
     ten, an den sich diese Worte richten, vorgegeben – im
     übrigen freilich ist auch er der Meinung, daß Paulus auch
     hier wie immer "alles, was Gutes und Herrliches in dem
     Leben der Christen nach Gesinnung und That sich findet
     von der göttl.(ichen) Gnade ab(leite), ... aber den Men-
     schen nie als einen mere passivum (betrachte)"
     (S. 141).

16   Obwohl Paulus bisher kein Wort zu der zweiten Gruppe
     der miteinander zerstrittenen Gemeinde gesprochen hat,
     rechnet Rheinwald doch mit der Möglichkeit, daß der Apo-
     stel den Brief zu beschließen gedachte, "sich aber (dann)
     veranlaßt (findet,) den Brief weiter fortzusetzen und ...
     ein Thema (beginnt), welches mehr auf das Ende von Cap.
     I zurücksieht" (S. 160).

17   Ebd, S. 160.

18   Ebd, S. 33.

κύνες bezeichnet, so geht es doch nicht an, "alles Mögliche, was Hunden zukommend gedacht werden kann, auf die
Irrlehrer zu übertragen und denselben an sich inwohnend zu
denken" [19], sondern Paulus will mit diesem Schimpfwort
das "schmutzige(n) und schaamlose(n) Wesen (ἀναίδεια)
der falschen Lehrer, wie sie sich in den gemeinden herum-
trieben, um den Christen ihre Menschen-Satzungen aufzudringen" [20], charakterisieren.

Nachdem Paulus anschließend diesen Irrlehrern als πεποιθότες
ἐν σαρκί die Christen als die wahre περιτομή gegen-
übergestellt hat, geht er in V. 4 ff näher auf solches Rühmen
ἐν σαρκί ein und zeigt an seinem eigenen Beispiel die
Nichtigkeit, ja das Schädliche dieser 'Vorzüge' auf, nicht
zuletzt darum, um so von vornherein den möglichen Einwand
der Gegner zu entkräften, er verachte nur darum diese Vorzüge, weil er sie selber nicht aufzuweisen habe.

In V.12-14 erkennt Rheinwald "eine kleine Digression" [21].
Sie ist begründet zum einen im "Gefühl seiner (sc. des Paulus)
eigenen Schwäche, im Bewußtsein seines Abstandes von dem
Ideal der Heiligkeit" [22], zum anderen in der doppelten Absicht, sowohl sich selbst vor dem Vorwurf zu sichern, er meine, "durch sein Anschließen an den Erlöser jetzt schon die
höchste subjektive Vollkommenheit erreicht zu haben" [23], als
auch sich selbst den hochmütigen Heidenchristen, "die diese
γνῶσις Χριστοῦ κατ' ἐξοχ(ήν) erreicht zu haben wähnten,
und deshalb glaubten, ihre schwächeren Brüder verachten zu

---

19 Ebd, S. 162; Rheinwald wendet sich hier gegen Aus-
    leder wie Balduin, Calov und Bengel.

20 Ebd, S. 162.

21 Ebd, S. 183.

22 Ebd, S. 183

23 Ebd, S. 183 f.

dürfen" [24], als Beispiel dessen darzustellen, was er in
Kap. 2 gesagt hatte [25].

In den folgenden Versen, mit denen er an den in V. 11 zunächst unterbrochenen Gedankengang wieder direkt anschließt,
redet Paulus unmittelbar nacheinander beide Gruppen der Gemeinde an: Mit V. 15 wendet er sich zuerst an die Heidenchristen, die τέλειοι , "welche eine freiere, gediegenere
Erkenntniß des Christenthums erreicht haben und in einem
redlichen Streben nach ihr begriffen sind" [26], hieran anschließend an "die νήπιοι , die noch nicht zu der Glau-
benskraft gekommen sind, daß ihnen Christus einziger Heils-
grund geworden ist, denen es noch nicht aufgegangen ist, daß
der νόμος nur ein παιδαγωγός auf Christum ist, welche
darum in ihrem Innern von Zweifeln bedrängt werden" [27]; und
in V. 16 f schließlich sieht Rheinwald beide Gruppen von Paulus gemeinsam angesprochen, insofern der Apostel "beiden eine gemeinschaftliche Regel (gibt); durch diese sollten
die τελειότεροι in den Stand gesetzt werden, den Stand-
punkt der νήπιοι richtig zu beurtheilen" [28].

In scharfem Gegensatz zu dem "Wesen und Treiben der Irrlehrer" [29] und deren vorauszusehendem Ende, welches Paulus "in höchster Bewegung seines Innern" [30] den Philippern
nochmals vor Augen hält, beendet der Apostel das dritte Kap.,
zu dem noch V. 1 des vierten Kap. zu zählen ist, mit der Er-

---

24 Ebd, S. 184.

25 Vgl. ebd, S. 184.

26 Ebd, S. 191 f.

27 Ebd, S. 192.

28 Ebd, S. 194.

29 Ebd, S. 196.

30 Ebd, S. 197.

innerung an "die wahre Rechtfertigung der Christen durch den Glauben, so wie das hohe Ziel der Berufung und die herrlichen Hoffnungen, deren Erfüllung die Erlöseten um Christi willen gewiß sein dürften" [31].

Da Paulus zu Beginn des vierten Kap. mit V. 2 f Ermahnungen an Einzelpersonen folgen läßt, hält es Rheinwald für "nicht unwahrscheinl.(ich), daß P.(aulus) schon mit diesen allg.(emeinen) Ermahnungen den Brief schließen wollte und darum hier zu einer specielen Ermahnung eines Gemeindegliedes übergeht" [32]. Dem folgen jedoch ab V. 4 "mehrere Ermahnungen, die bes.(onders) auf den Zustand der Gemeinde und ihre ganze damalige Lage berechnet sein dürften" [33], da Paulus jetzt zur Sanftmut auch gerade gegen die Feinde, d h die Judaisten ermahnt, vielleicht, so erwägt Rheinwald, in Korrektur zu der Aufforderung "zu einem tapfern Widerstand gegen die Feinde", den Paulus "in seinem apostol.(ischen) Eifer gegen die Judaisten" [34] zuvor heftig verlangt hatte, vielleicht aber auch, weil diese Art des Umgangs "eine schärfere Waffe als die Polemik selbst" [35] darstellt.

Hieran schließen sich mit V. 8 f erneut Ermahnungen allgemeiner Art, von Rheinwald als "neuer Epilog" [36] bezeichnet. Ab V. 10 kommt Paulus noch auf die Unterstützung seitens der Philipper zu sprechen, für die er herzlich dankt. Segenswünsche und Grüße beenden das Schreiben.

---

31   Ebd, S. 33.

32   Ebd, S. 211.

33   Ebd, S. 215.

34   Ebd, S. 216.

35   Ebd, S. 216.

36   Ebd, S. 221.

J.F. v. FLATT mißt zwar ebenfalls der Gemeindesituation
der Philipper eine gewisse Bedeutung bei der Abfassung des
Briefes zu, primär jedoch sieht er Paulus zu diesem Schreiben durch die in der Liebesgabe zum Ausdruck gebrachte besorgte
besorgte Anfrage nach seinem persönlichen Wohlergehen in der
Gefangenschaft veranlaßt, die der Apostel im ersten Hauptteil des Briefes auch sogleich beantwortet mit dem Ziel, die
Sorge der Philipper als unbegründet zu zerstreuen. Zugleich
benutzt freilich Paulus diesen Brief, um aufgrund des Berichts des Epaphroditus eine von der Gemeinde allerdings
mittlerweile selbst bereinigte, bedrohliche Situation anzu-
sprechen. Einige Zeit vor der Abreise des Epaphroditus waren pharisäisch-gesinnte Irrlehrer in der Gemeinde aufgetreten und hatten einen Teil ihrer Glieder vorübergehend auf
ihre Seite gezogen. Zwar hatten diese sich inzwischen wieder
von ihnen ab- und der restlichen Gemeinde zugewandt und
sich, um diese Rückwendung zur Gemeinde und zur Verkündigung ihres Apostels zu bekunden, mit den übrigen an der
Liebesgabe für den gefangenen Apostel beteiligt; allein, eine
besondere Ermahnung hinsichtlich dieser Irrlehrer, ihrer Lehre und ihres Lebenswandels schien für diese Gemeindeglieder
dennoch sinnvoll (Kap.3) [37]. Zugleich muß Paulus sie ermahnen, den Gemeindegliedern, die sich den Irrlehrern gegenüber im Glauben und in der Erkenntnis als stark erwiesen hatten, die nötige Ehrerbietung zu erweisen. Diesen indessen mußte Paulus sagen, daß es dem Beispiel Jesu (2,5-11)
allein entspricht, den Schwächeren mit Liebe, Milde und Demut zu begegnen.
So erwähnt der Apostel nach Meinung Flatts zu Beginn des

---

37 Flatt folgt hier in starkem Maße seinem Lehrer Gott-
    lob Christian Storr, der diese Sicht der philippischen
    Gemeindesituation in seiner Schrift "Dissertatio exe-
    getica in Epistolam ad Philippenses" vertreten hatte
    (vgl. Flatt,Kommentar, S.113).

Briefs möglicherweise die ἐπίσκοποι und διάκονοι darum gesondert, um diese den schwächeren Gliedern der Gemeinde zur besonderen Ehrerbietung anzuempfehlen [38]. In V.3
des ersten Kap. schreibt er mit Nachdruck ὑπὲρ πάντων
ὑμῶν , um seinerseits zu unterstreichen und mit Freude
festzustellen, daß nun wieder a l l e zur Gemeinde zählen.
Insbesondere in 1,27 und 2,1 gilt die Ermahnung τὸ ἕν
φρονεῖν den zeitweise den Irrlehrern nachfolgenden Gliedern,
während bereits in 1,9f der Apostel darum bittet, "daß namentlich auch die einsichtsvolleren Mitglieder durch ihre Thä-
tigkeit bey den Schwächeren zur Förderung dieses Zweckes
beytragen sollen" [39]. Eindringlicher noch redet er zu ihnen
im 2.Kap., insbesondere "durch die Erinnerung an das erhabene Beyspiel Christi V.5-12." [40], indem er "Jesus als
Mensch ... (darstellt) als Muster einer für das geistige Wohl
seiner Brüder thätigen und zugleich mit Demuth, mit freywil-
liger Beschränkung des Gebrauchs seiner Rechte und Vorzüge, verbundenen Liebe. Dieses Muster ist ermunternd für
Christen 1) sofern es a n s i c h d a s B e s t e ist; 2) weil
er a u s L i e b e f ü r u n s sich so erniedrigte. 3) Weil
Gott die Größe seines W o h l g e f a l l e n s an einem solchen
Sinn durch die E r h ö h u n g Christi (V.9ff.) so herrlich
geoffenbart hat. Letztere erwähnt Paulus, um den Eindruck
des Beyspiels Christi auf das Gemüth der Christen zu ver-
stärken." [41]

Auch auf J.G. EICHHORN nimmt Schinz, wie angedeutet,
kritisch Bezug. Für diesen bildet die S p a l t u n g der Gemeinde in eine heidenchristliche und eine judenchristliche

---

38 Vgl. ebd, S. 2.

39 Ebd , S. 10.

40 Ebd , S. 29.

41 Ebd , S. 39 f.

Gruppe die Grundthese seiner Ausführungen über den "Zustand der Gemeinde zu Philippi" [42] zur Zeit der Abfassung
des an sie gerichteten Briefes. Da die Judenchristen versuchten, den bekehrten Heiden die Beschneidung aufzuzwingen,
nennt Paulus sie κύνες , von Eichhorn als "Zänker" wie-
dergegeben, οἱ κακοὶ ἐργάται , von ihm als "Lehrer mit
schlechten Absichten" interpretiert, und schließlich noch
κατατομή , als "unächtes Volk Gottes, unächte Christen"
zu deuten, "weil sie (nach Phil. 3,19) schändlichen Gewinn-
stes wegen die Beybehaltung des Judenthums im Christenthum so eifrig lehrten, ihren Ruhm darinn setzten, daß sie
beschnitten waren, und nach zeitlichen Vortheilen strebten,
da doch ein ächter Christ blos seine Wünsche auf das Glück
in einer bessern Welt richten sollte (Phil. 3,19.20). In der
Beschreibung, welche Paulus von den Irrlehrern zu Philippi
giebt, lassen sich daher strenge Juden c h r i s t e n nicht verkennen." [43] Ihnen gegenüber weist Paulus an seinem eigenen
Beispiel auf, wie nichtig jene jüdischen Vorzüge sind, deren
sie sich rühmen. Da jedoch die Heidenchristen auf diese judenchristlichen Gemeindeglieder voller Verachtung herab-
blickten als auf solche, die immer noch in ihren doch durch
Jesus Christus ein für allemal abgetanen "jüdischen Vorurtheilen" [44] befangen waren, muß der Apostel sie ermahnen,

---

42 Eichhorn, Einleitung, S. 307.

43 Ebd, S. 308f. Daß es sich hier um Christen jüdischer
    Provenienz handelt, folgt für Eichhorn nicht zuletzt
    daraus, daß Paulus diese Leute in 3,16-18 auffor-
    dert: "'Folgt zwar euren bisher erlangten Einsichten;
    ahmt aber auch mein Beyspiel nach, und richtet euch
    nach den Grundsätzen derer, welche mich zum Muster
    genommen haben. Leyder! lehren viele, wie ich sonst
    schon gesagt habe und nun mit Tränen wiederhohle, als wären
    sie Feinde des Christenthums.'" (S. 308) Die Frage,
    unter wessen Einfluß diese strengen Judenchristen stan-
    den, glaubt Eichhorn unbeantwortet lassen zu müssen.

44 Ebd, S. 309.

"die(se) schwachen ... Brüder schonend zu behandeln; ihnen
nicht zu verstehen zu geben, wie tief sie in Einsichten unter
ihnen stünden" [45], sondern ganz nach dem Beispiel Jesu, der
ja auch "zum Besten der Welt von seinen Vorzügen keinen
Gebrauch gemacht (Phil. 2,3-12)", "darauf bedacht zu seyn,
wie sie durch Herablassung und Verdeckung ihrer Geistes-
Vorzüge jenen Schwächlingen aufhelfen möchten" [46].

Solche direkten Bezüge auf die aktuelle Situation der philippischen Gemeinde sieht Eichhorn "zwischen die Nachrichten
von der Lage des Apostels in seiner Gefangenschaft und allgemeine Ermahnungen zur Ausübung der Christenpflichten
durch den Brief vertheilt" [47], den Paulus mit dem Dank für
die übersandte Liebesgabe der Philipper beschließt, um so
seiner primären Motivierung zu diesem Schreiben am Ende
desselben Rechnung zu tragen [48].

---

45   Ebd, S. 309.

46   Ebd, S. 310.

47   Ebd, S. 310.

48   Vgl. ebd, S. 307.   Diesem Motiv kommt auch die Haupt-
     bedeutung in den drei nachstehenden Einleitungen ins Neue
     Testament zu. Während sowohl die Einleitung W.M.L.
     DE WETTEs als insbesondere die HUGs jedoch nichts
     Erhellendes zur Situation der Adressatengemeinde er-
     bringen, vertritt der Erlanger L. BERTHOLDT gegen
     J.G. Eichhorn die These, daß Paulus sich in Kap. 3 mit
     verschiedenen Gegnerfronten auseinandersetze. Die zu -
     nächst von Paulus ins Auge Gefaßten kennzeichnet er als
     "palästinische(n) Christenthumslehrer(n)", die wie "in
     Galatien, Korinth und noch anderwärts" nun auch in Phi-
     lippi "den universalistischen Grundsätzen Pauli entgegen-
     arbeiteten" (S. 3402 (!)), auf die Beschneidung und Ein-
     haltung des Gesetzes dringen und sich selbst ihrer jüdi-
     schen Vorzüge rühmen; die Verse 17-21 dagegen richten
     sich gegen "sadducäischgesinnte(n) Christenthumsleh-
     rer(n)" (S. 3403), die ebenfalls in Philippi ihren Erfolg
     suchten. Da sie die Auferstehung der Toten leugneten,
     suchten sie "in den möglichsten, durch kein Sittengebot
     beschränkten, Sinnengenuß den Endzweck des menschli-
     chen Daseins und untergruben dadurch alle Sittlichkeit"

Gesteht J.G. Eichhorn ein, die Frage unbeantwortet lassen
zu müssen, unter wessen Einfluß die von Paulus bekämpften
Irrlehrer standen, so widmet J.D. MICHAELIS vor ihm
gerade i h r große Aufmerksamkeit (und Phantasie). Er
kennzeichnet diese Gegner zunächst als pharisäische Juden,
genauer als Irrlehrer aus der "Neupharisäischen Sekte des
Judas Galiläus" [49]. Diese nun zogen schon zur Zeit Jesu aus,
um Heiden zur Übernahme der Beschneidung und des Gesetzes
zu bewegen, und zwar ausschließlich deshalb, "weil solche
Mißionarien von reichen gottseeligen Juden wohl bezahlt und
belohnt wurden, und (sie) gemächlich leben konnten" [50]. Als
infolge ihrer zu großen Schandtaten "Tiberius die sämmtli-
chen Juden aus Rom verwieß ... (und) als nun das Christenthum unter den Heiden Beyfall erhielt, und grossen Lauf be-

---

(S.3403). Phil 1,4 und 4,1 bezeugen jedoch, daß ihnen
bisher noch kein Erfolg beschieden zu sein scheint; allein
Paulus hält eine deutliche Warnung vor ihnen für ange-
bracht und nennt sie darum 'Feinde des Kreuzes Christi'. Zu 2,3-12; 3,15.16 bemerkt Bertholdt lediglich,
diese Stellen ließen "sich als allgemeinmoralische Ermahnungen betrachten" (S.3403).
Wesentlich komplexer dagegen sah einige Jahrzehnte zuvor H.C.A. HAENLEIN die Motivation des Apostels
zu diesem Brief. Auch er nennt zuerst den schuldigen
Dank für die erneute Gabe dieser Gemeinde; daneben aber
weiß Paulus um den Wunsch der Philipper, "auch Nachrichten von dem Schicksal des Apostels zu erhalten",
und schließlich hatte er auch von Epaphroditus erfahren,
"daß den Philippern Gefahr drohe, von jüdischgesinnten
Irrlehrern verführt, und durch innere Uneinigkeiten, welche in der Verschiedenheit ihrer christlichen Geistesbil-
dung, und in dem Stolz einiger Christen auf besondere
Religionstalente und Kirchenämter, ihren Grund hatten,
zerrüttet zu werden' (S.689f).

49 J.D. Michaelis, Einleitung, S.1304.

50 Ebd.] S.1201. Michaelis geht auf die Frage nach diesen Irrlehrern innerhalb seiner Ausführungen über den
Galaterbrief ein und verweist darum im Kap. über den
Philipperbrief auf das dort Ausgeführte, da die Gegner
hier wie dort dieselben sind.

kam, fanden dergleichen Heidenbekehrer vortheilhaft, Christum zu predigen, doch so, daß man sich beschneiden lassen müsse: sie konten alsdenn die gutherzigen Wohlthaten oder Beyträge eifriger Juden mit Bekehrungen oder Beschneidungen der Heiden, Silber mit Vorhäuten, bezahlen, auch wol am Ende, wenn anders solchen Leuten daran gelegen war, die neu bekehrten Christen in volle Juden verwandeln" [51]. Dies vor Augen, erscheint Michaelis die Redeweise des Apostels zwar als hart, aber durchaus verständlich und angemessen [52].

Obwohl von W.H. Schinz selbst nicht erwähnt und darum auch nicht eigentlich direkt zum auslegungsgeschichtlichen Kontext seiner Untersuchung dazugehörig und zu ihrem Verständnis auch nicht von unmittelbarer Relevanz, soll doch noch auf einen Kommentar zum Philipperbrief aufmerksam gemacht werden. Nur wenige Jahre nach Erscheinen der Erstauflage von Michaelis' "Einleitung in die göttlichen Schriften des Neuen Bundes" legte der Helmstedter Ch. Tim. SEIDEL seine Erklärung des Briefes des Apostels Paulus an die Philipper vor (1757) [53]. Nicht nur Schinz schenkt diesem Kommentar keinerlei Aufmerksamkeit; er scheint überhaupt wirkungsgeschichtlich ohne Bedeutung geblieben zu sein, wiewohl er m.E. große Beachtung verdient gehabt hätte – vor allem unter methodischem Aspekt. Aus diesem Grund soll er diesen knappen forschungsgeschichtlichen Rückblick in die der Arbeit von W.H. Schinz vorangehenden Jahrzehnte abschließen.
In weitaus größerem Maße als dies nicht nur in den Kommentaren von Chr.A. Heumann, S.J. Baumgarten und F.A.W.

---

51   Ebd, S. 1201.

52   Vgl. ebd, S. 1202.

53   Seidel scheint in diesem Kommentar von Salomon van Til beeinflußt; er verweist verschiedene Male auf den Dordrechter, zuletzt Leidener reformierten Theologen.

Krause, sondern auch in den späteren bisher angeführten Kommentaren geschieht, ist Seidel bemüht, diesen Brief unter strenger Beachtung seiner Dialogstruktur, bezogen auf die aktuelle Gemeindesituation und in sie hineinredend, auszulegen [54]. Er schickt dieser Auslegung eine ausführliche (die Seiten 3-34 umfassende) "Einleitung in den Brief des Apostels Pauli an die Philipper" [55] voraus. In ihr legt er auch seine Sicht der Gemeindesituation dar, wie sie sich ihm aus dem Brief als der alleinigen Quelle ergibt, während zur Beantwortung anderer Fragen Apg 16f eine ergiebige Nachrichtenquelle darstellt.

Wie er Phil 1,30 entnimmt, haben "die Philipper selbst eine Verfolgung wegen der Lehre Jesu auszustehen" [56]. Diesem dem Brief selbst entnommenen Hinweis stellt Seidel eine Folgerung aus Apg 16 zur Seite: Der durch das Auftreten des Apostels Paulus und seines Gehilfen Silas entstandene Konflikt mit den heidnischen Götzenpriestern und der philippischen Behörde mußte zwangsläufig auch auf das Verhältnis zwischen der Gemeinde und diesen beiden Gruppen übergehen, so daß mit dieser die bloße Feststellung der Verfolgung aufgrund Phil 1,30 begründenden Überlegung für Seidel nun auch schon die Gegner der Gemeinde genannt sind, von denen diese Verfolgung initiiert ist. Die Lage der Gemeinde ist jedoch durch die Feststellung der Verfolgungssituation noch nicht hinreichend charakterisiert. Fast noch schwerwiegen-

---

54 Es geht also in folgender Darstellung nicht primär um die exegetischen Einzelergebnisse, die Seidel vertritt, sondern darum, wie er die methodische Einsicht in der Auslegung des gesamten Briefes durchhält, daß Paulus aufgrund einer bestimmten (komplexen) Gemeindesituation genötigt ist, mit dieser Gemeinde ein Brief-gespräch zu führen.

55 Seidel, Kommentar, S. 3.

56 Ebd, S. 22.

der als die äußere Gefährdung ist die Gefährdung von innen
als Folge der äußeren Bedrückung: Zum einen fanden
sich "Leute ein, welche Mittel erfinden wollten, durch welche man denen Verfolgungen um des Bekänntnisses Christi
willen entgehen könne. Und weil dieselben durch die erhaltene
Nachricht von der Gefangenschaft des Apostels dreiste geworden waren: so bemüheten sie sich, ihren Gift unter der
rechtschaffenen Gemeinde zu Philippi auszustreuen." [57]   Sie
sind Leute heidnischer Provenienz, die - sich plötzlich auf
ihre christliche Freiheit besinnend - meinten, als Christ
dürfe man ruhigen Gewissens "dem Götzendienste der Heiden
beywohnen, und den Göttern derselben Weihrauch bei(zu)streuen.
Man wisse ohnedem, daß der Götze nichts sey, und also müsse solches als eine gleichgültige Handlung angesehen werden." [58]   Durch solches Verhalten aber könnten die Christen
die Verfolgung seitens der Heiden abwenden. Zum anderen
sind Leute jüdischer Herkunft aufgetreten, die die philippischen Christen an das von der römischen Behörde den Juden
garantierte Recht der freien Religionsausübung [59] erinnerten
und darum versuchten, sie zur Übernahme der Beschneidung
zu überreden, damit sie ebenfalls in den Genuß dieses Rechts
kämen. Auch ist durch diese in der Gemeinde auftretenden
Agitatoren "der S a a m e der Uneinigkeit unter denen L e h -
r e r n der Philipper selbst ausgestreuet, und (sind) dieselben in verschiedene Meinungen getheilet, zu allerhand Streitigkeiten wegen der Religionswahrheiten verführet, und zu
Parteilichkeiten und Trennungen verleitet" [60] worden.
Schließlich "waren die Anhänger der E p i c u r ä i s c h e n

---

57   Seidel, S. 23.

58   Ebd, S. 23.

59   Vgl. ebd, S. 24.

60   Ebd, S. 24.

Weltweisheit denen Philippern gefährlich, und bemüheten sich,
durch ihre Lehrsätze den Fortgang des Evangelii zu unter-
brechen" [61]. Da diese Leute "die Unsterblichkeit der Seele,
und die Auferstehung des Leibes (leugneten)" [62], sahen sie
"das wahre Vergnügen und Gut eines vernünftigen Menschen
in der Vollbringung der Begierden des verderbten Willens, in
der Ausübung der Wollust und den sinnlichen Vergnügungen" [63],
und es versteht sich darum von selbst, "daß diese Leute mit
der Lehre von dem Creutze Christi, und der daraus her-
fliessenden Verläugnung seiner selbst, und der Creutzigung
ihres Fleisches und der Begierden desselben ihr Gespötte werden getrieben haben" [64].

Aus dieser Erhebung der Gemeindesituation ergibt sich der
"Endzweck", den Paulus mit diesem Brief aufgrund des mündlichen Berichts des Epaphroditus verfolgt: "Er bestund darinnen, daß er die bekümmerten Gemüther der Philipper gegen
die Vorstellung trösten will, als wenn die christliche Religion an ihrem Orte werde ausgerottet werden, und daß er ihnen Unterricht davon ertheile, wie sie der Gefahr, welche in-
sonderheit dem Christenthum an ihrem Orte angedrohet ward,
entgehen könnten. Dieser Endzweck des Apostels in diesem
Briefe ist in Betrachtung der Philippinischen Gemeinde selbst
von der äussersten Wichtigkeit. Einer Gemeinde bei solchen gefährlichen Umständen zu Hülfe zu kommen, war allerdings etwas grosses, zugleich aber giebt dieser Brief des Apostels
uns bei diesen letzten Zeiten der Welt eine ungemeine Aufrichtung, da es scheinet, als wenn die Wahrheit der Lehre Jesu unter der Gewalt ihrer Feinde werde erliegen müssen. Ueber-

---

61 Ebd, S. 24.

62 Ebd, S. 24.

63 Ebd, S. 24.

64 Ebd, S. 25.

haupt werden alle Bekümmerte und Angefochtene in diesem Briefe dasjenige finden, was zu ihrem Troste gereichen kann."[65] Es ist nun imponierend zu sehen, wie Christoph Timotheus Seidel bemüht ist zu zeigen, daß diese Situation der philippischen Gemeinde Paulus bei der Abfassung seines Briefes jederzeit geradezu als Gesprächspartner vor Augen stand; sie stellt für Seidel tatsächlich das den Aufriß und die inhaltliche Füllung des Briefes bestimmende Koordinatennetz dar, wie im folgenden wenigstens skizzenhaft gezeigt werden soll[66].

Als die dominierende Komponente innerhalb der komplexen Gemeindesituation mußte Paulus die Furcht und Sorge der philippischen Gemeinde ansehen, der Fortbestand des Evangeliums könne in der Gemeinde infolge der äußeren Bedrükkung in Gefahr geraten. Im unmittelbaren Anschluß an das Präskript faßt er darum sogleich den "Hauptendzweck(e) des Briefes" ins Auge, "welches der war, daß er denen Philippern die bekümmerten Gedanken benehmen wollte, als wenn das Christenthum zu Philippi würde unterdrücket und ausgerottet werden", indem er zunächst die Gemeinde ihres "blühenden Zustande(s)"[67] versichert und sogleich die Begründung hierfür gibt: "Weil Gott, als der Urheber von der Bekehrung der Philipper, ein solches wichtiges Werk nicht könne unvollkommen liegen lassen, sondern dasselbe nothwendig hinaus führen, und zu seiner Vollkommenheit bringen müsse"[68]. Gott selber also wird das Evangelium wie die Gemeinde trotz

---

65 Ebd, S. 32 ('Endzweck' im Original hervorgehoben).

66 Nicht gebührend können dabei die tiefen theologischen Einsichten Seidels vermittelt werden.

67 Ebd, S. 46.

68 Ebd, S. 58 (im Original hervorgehoben).

aller Bedrängnis erhalten [69].

Auch die weiteren Abschnitte des ersten Kap., V. 12-14; 15-21;
22-26 und schließlich V. 27-30 stehen - wenn auch in unterschiedlicher Funktion - ganz im Zeichen dieses 'Hauptend-
zwecks'. Wenn Paulus V. 12-14 von seiner eigenen Lage berichtet, so geschieht dies, um den Philippern, nachdem er
deren Sorge um ihre Fortexistenz als Gemeinde zerstreut hatte, nun auch ihre sorgenden Gedanken bezüglich seiner Person
als unbegründet zu erweisen; zugleich aber auch, um ihnen an
seinem Beispiel zu zeigen, daß Gott es nicht zulasse, daß die
Feinde des Evangeliums über dieses siegen würden, hatte sich
doch gerade an ihm selbst gezeigt, daß der durch seine Gefangensetzung beabsichtigte Schlag gegen die Ausbreitung des
Evangeliums sich sogar zu seiner Förderung erwiesen hatte.
Diese hieraus resultierende Ermutigung der Philipper sollte
auch nicht durch die betrübliche Nachricht zunichte gemacht
werden, von der die Gemeinde spätestens doch durch den mündlichen Bericht des Epaphroditus erfahren hätte, daß es allerdings am Ort der Gefangenschaft des Apostels auch solche gab,
die 'Christum um Haß und Streit willen verkündigten'; darum kommt Paulus lieber selbst auf diese Sache zu sprechen
und zerstreut auch in bezug auf diese an sich unerfreuliche Nachricht die mögliche Betrübnis der Philipper. Da er in der Beantwortung und Widerlegung dieses möglichen 'Einwands' so
weit geht, der Gemeinde vor Augen zu führen, daß nicht allein
diese durch unlautere Motive geprägte Verkündigung zum Fort-
schritt des Evangeliums, sondern eben deshalb auch zu seinem
eigenen Besten gereiche, selbst wenn ihm am Ende der Märty-

---

69 Vgl. etwa Seidels Paraphrase der Verse 3-11 S. 57.
    Gerade solche häufiger eingeschobenen Paraphrasen las-
    sen in beeindruckender Weise erkennen, in welch star-
    kem Maße Seidel den Brief als ein Brief g e s p r ä c h
    des Apostels mit seiner philippischen Gemeinde ver-
    steht.

rertod beschieden sein sollte, sieht Paulus sich genötigt, auf
dieses Stichwort 'Sterben' Bezug zu nehmen (V. 21-24),
bevor er ihnen einen weiteren "Beweis" nennt, "daß die
Philipper wegen der Sache des Christenthums nichts zu be-
sorgen hätten; welcher daher genommen, weil seine Befreiung
aus der Gefangenschaft in Rom ganz nahe bevorstehe, und er
sie in P e r s o n wieder sehen werde" [70] . Paulus schließt
dieses Kapitel und diesen Gedankengang ab mit "eine(r) be-
wegliche(n) Ermahnung ..., die er aus denen Beweisgründen
herleitet" [71] .

Im zweiten Kapitel wendet sich Paulus einer für die Gemeinde
gefährlichen Folgeerscheinung der äußeren Bedrängnis zu, den
"unter den Lehrern der Philippischen Gemeinde entstandenen
Uneinigkeiten, Verschiedenheit der Meinungen von Glaubens-
sachen", um "die daher entstandenen Trennungen der Gemüther beizulegen und abzuschaffen, und dieselben in einer
wahren Bruderliebe unter einander zu verbinden" [72] . Die
Eingangsverse sind darum nicht "als allgemeine Ermahnungen
des Apostels an die ganze Philippische Gemeinde" [73] gedacht,
sondern hier wendet sich der Apostel speziell an die zerstrittenen Lehrer. Zur Begründung dieser These führt Seidel an,
daß "der Apostel in der Ueberschrift dieses Briefes der Gemeinde zu Philippi überhaupt, aber auch in derselben der Lehrer und der Diener insbesondere gedenkt. Denn dieses giebt
den klaren Beweis davon, daß der Apostel gesonnen sey, in
diesem Briefe, wie mit der ganzen Gemeinde überhaupt, also
insbesondere mit denen Bischöffen und Dienern zu reden" [74] .

---

70 Ebd (Inhaltsverzeichnis: Fünfter Abschnitt des 1.Kap.).

71 Ebd, S. 138.

72 Ebd, S. 162.

73 Ebd, S. 162.

74 Ebd, S. 163.

Zu diesem mehr formalen Argument ist eine inhaltliche Beobachtung hinzuzufügen, nämlich, daß "der Apostel bei dem Anfange
dieses andern Capitels eine rechte schleunige Veränderung
in seiner Rede machet" [75]. Hatte Paulus im ersten Kapitel,
wenn auch in der seelsorgerlichen Absicht, der Gemeinde die
sie schwer bedrückende Sorge um den Fortbestand des Evangeliums in ihrer Mitte und damit ihrer selbst als vollkommen
unbegründet zu erweisen, sie als in einem "recht gewünschten
Zustand vorgestellet ..., an welchem er sein einiges und
höchstes Vergnügen fand" [76], so folgen nun plötzlich Ermahnungen, die keinesfalls auf einen 'recht gewünschten Zustand'
ihrer Adressaten schließen lassen, so daß diese nicht mit
denen des ersten Kapitels identisch sein können. Darum ist
vielmehr anzunehmen, daß Paulus hier Lehrer der Gemeinde
anspricht, die einesteils aus dem Heidentum kommen, dieses
aber noch nicht ganz hinter sich gelassen haben, andernteils
Lehrer jüdischer Provenienz sind, für die solches mutatis
mutandis zutrifft. Worin die unter ihnen ausgebrochenen Streitigkeiten ihre Wurzel hatten, zeigt das Wort ἐριθεία   an,
meint dieses doch "die Begierde eines Menschen ..., dem
vor einem andern vorgetragenen Satze zu widersprechen, und
der würkliche Wortstreit, welcher deßwegen unter ihnen ent-
stehet, und mit der allergrößten Hitze geführt wird" [77]. Da
solches 'Disputiren' geradezu ein Charakteristikum der
Weltweisen darstellte, und es zu den vornehmsten Tugenden
gehörte, "wenn einer dem andern in seinem Satze widersprechen, und ihn deßwegen zweifelhaft machen konnte", dieses
Verhalten aber ebenfalls unter den Juden großen Anklang fand,
"so ist kein Zweifel, daß diese Leute, welche des Disputirens
gewohnt waren, und darinnen ihr größtes Vergnügen suchten,

---

75 Ebd, S. 163.
76 Ebd, S. 163.
77 Ebd, S. 169.

solches auch bei dem Christenthume einzuführen werden bemühet gewesen seyn. Es ist kein Zweifel, daß sie denen Lehrern, welche die Wahrheit des Evangelii nach der Apostolischen Lauterkeit und Einfalt predigten, allerhand hohe und
verfängliche Fragen aus der Weltweisheit und der Jüdischen
Kabbala werden vorgeleget, und ihnen dadurch wegen der
Lehre des Evangelii allerhand Zweifel zu machen, werden
bemühet gewesen seyn. Es ist kein Zweifel daran, daß sie
durch ihre vorgedachte eingebildete Weisheit die Geheimnisse der christlichen Religion aufzulösen sich werden unternom-
men haben, und daß daraus mit denen übrigen Lehrern allerhand Streitigkeiten werden erreget worden seyn." [78]
Nachdem Paulus diesen Lehrern in den ersten vier Versen
des zweiten Kap. die in seinen Augen notwendigen Ermahnungen sowie "die Bewegungsgründe, ... seiner Ermahnung zu
der Einigkeit und Demuth unter einander nachzukommen" [79],
genannt hat, folgt ein Abschnitt, "darinnen der Apostel denen
Philippischen Lehrern das Exempel der Erniedrigung und
Erhöhung Christi vorstellig machet, um dieselben zu bewegen,
von ihren Streitigkeiten wegen der Religionswahrheiten, von
ihrer Ehrbegierde und der Verachtung der Gaben anderer
abzustehen, und sich einer wahren Einigkeit zu befleißigen" [80].
Jedoch geht die Intention, die Paulus mit diesen Versen verbindet, nicht in der Ermahnung auf, dem Beispiel Christi
nachzueifern. Dies ist ein Aspekt; ein anderer ließe sich
mit Gal 3,1 umschreiben, daß es Paulus darum geht, diesen Lehrern κατ' ὀφθαλμοὺς Ἰησοῦν Χριστὸν προγράφειν
ἐσταυρωμένον. "Diese Vorstellung des Apostels mußte in
den Gemüthern der Philippischen Lehrer ihre geseegnete Wür-

---

78 Ebd, S. 169.
79 Ebd, S. 177 (im Original hervorgehoben).
80 Ebd, S. 184f.

kung haben. Die Lehre von der Erniedrigung Christi war ihnen in der allergrössesten Deutlichkeit vor Augen geleget worden. Sie durften also deßwegen nicht disputiren, sondern ihre Schuldigkeit erforderte, ihre Zuhörer in dieser Lehre zu
unterrichten, und ihnen die Wichtigkeit und Herrlichkeit derselben vor Augen zu legen. Das Exempel Jesu, welcher sich
aus Liebe gegen das verlohrne menschliche Geschlechte so
tief erniedriget hatte, mußte sie bewegen, einerlei Sinn, und
eine rechtschaffene Liebe gegen einander zu haben. Das
Exempel der Erniedrigung also mußte sie bewegen, alle eitele
Vorstellungen von ihren Gaben und Vorzügen fahren zu lassen,
und sich einer wahren Demuth zu befleißigen. Und so hatte
der Apostel seinen Endzweck bei seiner Vorstellung an die
Philippischen Lehrer erreichet." [81]   Schließlich ist noch
ein dritter Aspekt, mehr 'didaktischer' Art, zu beachten:
"Wir glauben ..., daß der Apostel durch die Ausdrückungen,
deren er sich in seiner Ermahnungsrede bedienet, zugleich
die Lehre von Christo bestätigen, und die irrigen Meinungen
widerlegen will, welche wegen derselben entstanden waren.
Wir glauben, daß der Apostel in seinen Ausdrückungen seine
Absicht auf die Sätze richtet, über welche die Philippischen
Lehrer mit einander disputirten, und in welchen sie ihre Weisheit und Geschicklichkeit wollten sehen lassen, um sich dadurch vor andern ein Ansehen zuwege zu bringen. Wir glauben,
daß der Apostel durch seine Ausdrückungen den Frieden unter den Philippischen Lehrern wieder herstellen, und durch dieselben ein decisum geben wolle, wie man in der Lehre von Christo
reden müsse, und an welchen Worten man diejenigen erkennen müsse, welche in derselben recht oder unrecht redeten.
Wir glauben, daß der Apostel dadurch denjenigen ein Still-
schweigen auferlegen wolle, welche sich die Freiheit nehmen
wollten, solche Redensarten einzuführen, welche mit dem

81 Ebd, S. 205.

Fürbilde der gesunden Worte nicht übereinstimmeten." [82]

Mit V.12ff wendet sich Paulus wieder der Gemeinde zu, um ihr "Vorschriften" zu geben, "wie sie sich bei denen unter ihren Lehrern entstandenen Streitigkeiten zu verhalten hätten, damit ihnem dadurch an ihrem eigenen Heil nichts nachtheiliges zugezogen werden könnte" [83]. Er ermahnt sie insbesondere, "daß sie sich durch das Exempel derselben nicht zu einem geistlichen Stolz und Vertrauen auf ihre eigene Kräfte bewegen lassen sollten" [84].

Um aber über diesen Brief hinaus alles in seiner Macht Stehende zur Überwindung der die Gemeinde gefährdenden Situation zu tun, verspricht Paulus, ihnen seinen bewährten Mitarbeiter Timotheus zu senden. Der Apostel empfiehlt ihn der Gemeinde mit lobenden Worten, da er voraussehen konnte, daß sie über die Besuchsankündigung "n u r " des Timotheus sicherlich etwas enttäuscht sein werde, zumal er selbst sein eigenes Kommen in 1,26 schon in Aussicht gestellt hatte. Darum wiederholt er auch hier dieses Versprechen, selber - allerdings zu einem noch ungewissen Zeitpunkt - zu ihnen zu kommen. Noch vor der Abreise des Timotheus aber will er ihnen Epa-

---

82   Ebd, S. 186. Als solche Redensarten führt Seidel die Meinung an, die Simon Magus erdacht habe, daß "Christus und Jesus zwei unterschiedene Personen wären" (S.186), dann die der "Cerinthianer", "daß Christus in der Stadt Jerusalem ein tausendjähriges Reich aufrichten werde, in welchem die Bürger desselben ihre Zeit in lauter Wollüsten zubringen sollten" (S.186), schließlich noch "die gottlose Meinung derer, welche hernach Diaceten genennet wurden, welche lehrten, daß Christus keinen wahrhaftigen menschlichen Leib angenommen habe, und also auch nicht würklich gelitten habe, und gestorben sey" (S.186f). Ob, und wenn ja, in welchem Verhältnis die streitenden philippischen Lehrer zu diesen Irrlehrern gestanden haben, erörtert Seidel nicht.

83   Ebd, S. 220.

84   Ebd, S. 201.

phroditus zurückschicken, damit dieser "ihnen bei ihrer Ver-
legenheit" beistehe, "in welche sie bei denen von ihren Lehrern erregten Streitigkeiten, und daher in der Gemeinde
selbst entstandenen Unordnung gesetzet waren" [85]. Da Paulus Epaphroditus primär mit dieser Absicht nach Philippi zu-
rückschickt, ist es auch verständlich, warum er der Gemeinde ihren eigenen Abgesandten so sehr empfehlen zu müssen
glaubt: Ihn mit Freuden aufnehmen ist gleichbedeutend mit
und erweist sich im gehorsamen Nachkommen der "Vorschriften ..., welche er (sc. Paulus) in Ansehung der Ein-
richtung und der Verbesserung ihrer Gemeinde gegeben hatte,
und sich deßwegen nicht widerspenstig ... (zu bezeugen)" [86].
Damit aber mußte Paulus nach dem Bericht des Epaphroditus
rechnen, "daß verschiedene unter den Philippern lieber gesehen hätten, daß der Epaphroditus noch lange Zeit von ihnen
abwesend gewesen wäre, damit sie unterdessen ihr Vorhaben
um desto besser ausführen konnten. Ja, es war möglich,
daß verschiedene denen Vorschriften, die er ihnen in dem
Nahmen des Apostels mündlich überbrachte, sich nicht unter-
werfen wollten. Denn sie konnten dagegen die Zweifel machen,
daß man den Worten dieses Mannes nicht schlechterdings
Glauben beimessen könne, und daß er vielleicht manches anders verstanden haben könne, als es der Apostel gemeinet
hätte." [87]

Im dritten Kap. nimmt Paulus die äußeren Feinde direkt in
den Blick. Einer sehr knappen Vorstellung dieser Leute (V. 2)
folgt in umgekehrter Reihenfolge die Auseinandersetzung des
Apostels mit ihnen. Er beschließt V. 2 mit der Aufforderung
βλέπετε τὴν κατατομήν. Unter den so Bezeichneten versteht
Paulus die "Semi-Judaisantes, oder diejenigen aus dem Ju-

---

85 Ebd, S. 273.

86 Ebd, S. 287.

87 Ebd, S. 287.

denthum bekehrte Christen, welche darauf drungen, daß die
Christen das Zeichen der Beschneidung annehmen müßten, damit das Judenthum mit dem Christenthum vereiniget würde,
und auf solche Weise die Christen vor den jüdischen Verfolgungen eine Sicherheit erhalten möchten" [88]. Wenn Paulus
diese Leute mit dem Ausdruck κατατομή kennzeichnet, so
will er damit deutlich machen, daß das Gesetz der Beschneidung nicht länger als Zeichen des Bundes in Geltung sei, da
Christus das Gesetz erfüllt habe, daß die, die sich als Christen der Beschneidung unterziehen, sich selbst dadurch von
der Gemeinschaft mit Christus abtrennen, daß diese Leute,
die die Beschneidung fordern, beabsichtigen, die Einheit innerhalb der christlichen Gemeinde zu zertrennen [89]. Mit
dieser Gruppe setzt sich Paulus zuerst auseinander, denn
"da er die κατατομήν einmal genennet hatte, so wollte er
auch die Feder eher nicht wieder absetzen, bevor er ihre un-
gegründete Meinung den Philippern sattsam bekannt gemachet
hätte" [90]. Er entzieht zunächst diesen Leuten "den Titul des
Volkes Gottes, und die mit demselben verknüpften Ver-
heissungen und Freiheiten" und nimmt ihn für die christliche
Gemeinde als derjenigen in Anspruch, die "die Beschneidung
geistlicher Weise erlanget habe" [91]. Danach setzt er sich
mit den 'Vorzügen', deren sich diese Irrlehrer rühmten,
auseinander als einer, der diese selber in kaum zu überbietender Weise besessen habe und stellt diesen vor Gott nutz-
losen 'Privilegien' die in der Erkenntnis Jesu Christi ge-
schenkten "unendlich herrlichere(n) Privilegia" gegenüber.
"Und dieser Beweis, den der Apostel aus seinem eigenen

---

88   Ebd, S. 302.

89   Vgl. ebd, S. 302 f.

90   Ebd, S. 304.

91   Ebd, S. 305.

Exempel hernimmt, mußte die Gemüther der Philipper desto
kräftiger bewegen, je grösser das Apostolische Ansehen war,
in welchem er bei der Gemeinde zu Philippi stund." [92]

Unter den an zweiter Stelle genannten 'bösen Arbeitern' "ver-
stehet der Apostel ... diejenigen Lehrer zu Philippi selbst,
welche bei dem Lichte des Evangelii nicht bleiben wollten, sondern demselben die Sätze der heidnischen Weltweisheit an die
Seite setzten; die sich auf die Kräfte ihrer Vernunft ver-
ließen, und durch dieselbe in die Geheimnisse des Reiches
Gottes einzudringen trachteten; die wegen der Glaubenswahrheiten
allerhand Streit und Zank anfiengen, und dadurch die Gemeinde
Christi in Verwirrung setzten; die wohl gar das Christenthum
beschuldigten, als wenn dasselbe den Weg zu der Vollkommenheit nicht zeige, zu welcher man durch die Sätze der Weltweisheit geführt werden könne; die davor hielten, daß der
Glaube an Christum den Sünder nicht seelig machen könne,
sondern daß es dabei auf die eigenen Werke des Menschen an-
komme." [93] Mit ihnen führt Paulus die Auseinandersetzung
in den Versen 12-16, zum einen über die These, "die Lehre
vom Glauben an Christum" mache die Menschen in bezug auf
die eigenen guten Werke nur träge, denn sie rede ihnen ein,
daß sie es "nicht nöthig hätten, zu ihrer Seeligkeit das aller-
geringste beizutragen, und wegen derselben zu arbeiten. Sie
könnten alles auf eine fremde und ihnen durch den Glauben
zugerechnete Gerechtigkeit ankommen lassen, ohne sich des-
fals selbst die geringste Mühe zu geben ... (hier liege) die
wahre Ursache von der Unvollkommenheit, in welcher sich die
Christen befinden" [94], da ihnen so der notwendige Antrieb
zum Tun des Guten fehle. Eindrucksvoll stellt Seidel die
Schlüsselstellung der Wendung: 'Nachdem ich von Christus ergriffen bin' zum Verständnis der auf diese Behauptungen der

---

92   Ebd, S. 304 f.
93   Ebd, S. 301.
94   Ebd, S. 344 f.

Gegner zielenden folgenden Verse heraus, die in einer Paraphrase Seidels wie folgt lauten: "... Wie wenig habt ihr Ursache, von einer Vollkommenheit zu reden, da ihr eben dadurch eure Unvollkommenheit zu Tage leget? Ihr habt keinen
zureichenden Bewegungsgrund nach der Vollkommenheit zu
trachten, was wollet ihr denn von einer Vollkommenheit selbst
sprechen? Das Christenthum hat einen wichtigern Bewegungsgrund, die Bekenner Jesu darzu anzutreiben, daß sie
nach der Vollkommenheit trachten. Dieses zeiget mir denjenigen, der es sich deßwegen hat sauer werden lassen, meine
Seele als sein Eigenthum zu gewinnen. Die Liebe, die Treue,
die Arbeit, welche Christus angewendet hatte, meine Seele
zu erlösen, diese reitzen und treiben mich darzu, den Kampf
und Lauf des Guten anzutreten, und nach dem vorgesteckten
Kleinode, nach der Vollkommenheit zu trachten. Wenn mich
etwas ermüden und hindern will, wenn mich etwas in dem Laufe des Guten aufhalten will, so werde ich durch die Betrachtung der Treue meines Erlösers gleich wieder angefeuret,
in der Ausübung des Guten beständig zu seyn, und in demselben einen Schritt nach dem andern fortzugehen. Die Liebe
Jesu ergreifet mich beständig und dringet mich darzu, in dem
Guten fortzufahren und anzuhalten." [95]   Zum andern muß
Paulus gegen den Satz der "Anhänger der Stoischen Weltweisheit" vorgehen, "daß sie es in diesem Leben zu einer solchen
Vollkommenheit bringen könnten, daß sie Gott gleich wären;
daß sie zu der Gemeinschaft der göttlichen Natur gelangen
könnten; daß sie ἤδη , schon in diesem Leben der Seeligkeit
theilhaftig werden könnten, welche Gott selbst besitze, und
daß sie mit dem höchsten Wesen einen Wettstreit antreten
könnten, wer unter ihnen die größte Seeligkeit habe." [96]   Ihnen gegenüber kann Paulus von sich nur bekennen: Οὐχ ὅτι ἤδη

---

95 Ebd, S. 351 f.
96 Ebd, S. 347 f.

ἔλαβον ἢ ἤδη τετελείωμαι.   In V.17f kommt Paulus auf
die zuerst genannten, mit dem Schimpfwort 'Hunde' beleg-
ten Gegner zu sprechen. In ihnen vermag Seidel keine Juden
zu erblicken (wie s.E. allgemein angenommen), sondern
Christen heidnischer Herkunft, die jetzt in der Situation der
äußeren Bedrängnis "die Sätze der Weltweisen [97] mit der
Lehre Jesu vermischen, und eine Freiheit einführen wollten,
mit denen Heiden in einer solchen Gemeinschaft zu leben, daß
man derselben Götzendienst beiwohnen, und die heidnischen
Greuel beibehalten konnte" [98].   Das den Apostel zu diesem
Schimpfwort bewegende 'Tertium comparationis' ist in Anlehnung an 2 Petr 2,22 in dem Satz zu fassen: "Der Hund
frisset wieder, was er gespieen hat." [99]   Zum andern will der
Apostel zum Ausdruck bringen, daß diese Leute sowenig in
der Gemeinde geduldet werden sollen wie Hunde im Haus
(vgl. Apk 22,15) [100].   Paulus führt mit diesen Gegnern keine
eigentliche Auseinandersetzung; er begnügt sich vielmehr mit
der die Gemeinde allerdings hinlänglich abschreckenden Beschreibung ihrer Lebens- und Gesinnungsweise und nennt den
Philippern anschließend die "Mittel, ... durch welche sie sich
vor diesen gottlosen Leuten hüten könnten, so daß sie von ihnen nicht verführet werden könnten". [101]
Nachdem Paulus in den ersten drei Kap. des Briefes der aktuellen Lage der Gemeinde - unter Abwägung der Vordring-
lichkeit der die Gemeinde bedrängenden Probleme - Rechnung
getragen hat, bleibt ihm nun nichts weiter "übrig, als daß er
an dieselben noch eine allgemeine Ermahnung zu der Beständig-

---

97   Seidel versteht unter ihnen die Epikuräer.

98   Ebd, S. 300.

99   Ebd, S. 301.

100 Vgl. ebd, S. 300 f.

101 Ebd, S. 381 (im Original hervorgehoben).

keit bei der Lehre Jesu ergehen ließ, und daß er wegen einiger besonderer unter ihnen vorwaltenden Umstände einen
Unterricht gab". [102]   Könnten diese Ermahnungen auch am
Ende eines jeden paulinischen Briefes ihrem Inhalt nach zu finden sein, so erhalten sie dennoch für Seidel ihr besonderes
Kolorit von der spezifischen Situation her. Der Dialog des
Apostels mit dieser Gemeinde reißt auch im vierten Kap. nicht
ab, wie insbesondere die den Brief beschließende Danksagung
des Apostels an diese Gemeinde für die ihm erwiesene Wohl-
tat unterstreicht.

3.   Kritische Würdigung der Untersuchung von
       W.H. Schinz

Die Einordnung der Arbeit von W.H. Schinz in den auslegungsgeschichtlichen Kontext der Philipperbriefexegese seiner Zeit
macht in der Tat deutlich, daß ihm unbestreitbar das Verdienst
gebührt, diese die Auslegung dieses Briefes entscheidend
tangierende Frage nach seinem situativen Kontext, d h der
Situation der philippischen Gemeinde, so gewichtig akzentu-
iert zu haben, daß er ihr eine eigene umfassende Untersuchung
widmete. Der Kommentar von Chr.T. Seidel kann in diesem
Zusammenhang keine Schmälerung dieser Leistung bedeuten;
im Gegenteil: Gerade dieser unter dem methodischen Aspekt
der Beachtung des Dialogcharakters, will sagen: des Geprägt-
seins dieses Briefes durch die Situation der Adressatengemeinde, vorbildliche Kommentar macht zugleich die Notwendigkeit einer solchen Untersuchung wie der von W.H.
Schinz dringend erforderlich, gerade e r erweist ihre Relevanz.

---

102   Ebd. S. 400.

Von nicht minder großer Bedeutung als die Fragestellung selbst
sind die methodischen Einsichten, die Schinz seiner Arbeit
zugrunde legt:

a) Allein der Philipperbrief selbst darf zur Beantwortung
    der aufgeworfenen Fragen als Quelle herangezogen wer-
    den; das diesem Brief S p e z i f i s c h e ist jedoch nur
    im ständigen Vergleich mit den anderen paulinischen Brie-
    fen genau zu erfassen, ohne daß jedoch die Aussagen die-
    ses Briefes zu den anstehenden Fragen durch Bemerkun-
    gen jener anderen Briefe komplementiert werden dürfen.
    Daß diese Praxis des Ergänzens vor Schinz durchgängig ge-
    übt wurde, zeigen die häufigen Hinweise auf insbesondere
    den 1 Korinther- und den Galaterbrief, wenn etwa in be-
    zug auf Phil 3,15 zu τέλειοι als Komplementärbegriff
    νήπιοι ergänzt wird [1] oder wenn bei der Frage nach
    der Motivation der Irrlehrer ganz offensichtlich Gal 6,12
    im Hintergrund steht [2].

b) A l l e Briefabschnitte sind daraufhin zu befragen, ob ih-
    nen Hinweise auf die Gemeindesituation zu entnehmen sind.

c) Wird die G a n z h e i t l i c h k e i t [2a] des Briefes vorausge-
    setzt, so kann bei der Eruierung d o m i n a n t e r Aspekte
    der Gemeindesituation nicht von dem G e s a m t e i n d r u c k
    des Briefes abstrahiert werden; dies bedeutet für Schinz,
    daß er zunächst nach diesem fragt und anschließend jeden
    sich aus einzelnen Textstellen im besonderen ergebenden
    Hinweis auf die ihm zugrunde liegende Gemeindesituation
    mit diesem Gesamteindruck konfrontiert.

Das Ergebnis jedoch, das Schinz im Ende seiner Untersuchung

---

1 Vgl. etwa Rheinwald zur Stelle.

2 Vgl. etwa Michaelis, aber auch schon Seidel, obwohl auch
   e r ausdrücklich betont, daß hinsichtlich der Frage nach
   der dem Brief zugrunde liegenden Gemeindesituation a l -
   l e i n dieser Brief selbst befragt werden dürfe.

2a Gemäß der oben S.21f gegebenen Begriffsbestimmungen ist
   auch die Position von Schinz so sachgemäß zu kennzeichnen.

nennt – wiewohl der Leser dieses schon nach einigen Seiten
der Lektüre zu erahnen vermag –‚befriedigt nicht, es drängt
sich vielmehr geradezu der Eindruck auf, Schinz habe diese
Untersuchung unter der Maxime durchgeführt: "Daß nicht sein
kann, was nicht sein darf!" Für diesen Sachverhalt scheint
weniger die Tatsache entscheidend, daß er im Blick auf die
Frage, in welchem Verhältnis die in Phil 3,2ff angesprochenen Gegner zur Gemeinde zu denken seien, ohne jegliche begründenden Überlegungen in diesen j ü d i s c h e Irrlehrer [3]
erblickt, ebenso nicht primär seine bisweilen schwerlich
nachvollziehbare Argumentation dafür, daß die Gemeinde ausschließlich aus Heidenchristen bestanden habe [4], sondern als
von e n t s c h e i d e n d e r Bedeutung erweist sich s e i n e
S i c h t des G e s a m t e i n d r u c k s des Briefes. Da dieser
für ihn geprägt ist durch den in keinem anderen Brief s o
wiederkehrenden innigen und vertrauten T o n , in dem Paulus mit dieser Gemeinde redet, sowie durch "die ausgezeichneten Lobsprüche" [5], die der Apostel den Philippern zuteil
werden läßt, relativieren sich für ihn folgerichtig alle jene
Passagen des Briefes, die der Annahme einer intakten, sich in
erfreulichem Zustand befindlichen Gemeinde entgegenstehen
könnten. So 'b e s c h w ö r t' zwar Paulus die Gemeinde
"gleichsam bey Allem, was nur irgend sie bewegen konnte, ihm
Gehör zu geben" [6] – ja Schinz vermag diesen Briefteil als

---

3 An anderer Stelle spricht Schinz auch von judaistischen
   Irrlehrern.

4 Vgl. etwa seine Auslegung von Phil 3,3! Ob übrigens in
   bezug auf diese Frage die Notiz in Apg 16 tatsächlich nur
   den Stellenwert eines 'argumentum super additum' für
   Schinz hat oder ob dieser Hinweis nicht vielmehr das eigentliche movens dieser 'Argumentation' darstellt, darf
   sicherlich gefragt werden.

5 Ebd, S. 7.

6 Ebd, S. 36.

"Grundgedanke(n) und Mittelpunkt des Briefes"[7] zu bezeichnen -,
dennoch aber ist es völlig verfehlt, aus den Worten des Apostels auf Besorgnis erregende Mißstände innerhalb der Gemeinde zu schließen, da dies dem Gemeindebild widerspräche, das
der Gesamteindruck des Briefes vermittelt. Zwar sagt auch
Schinz, daß Paulus seine (dreifache) Warnung vor den Irrlehrern nicht grundlos ausgesprochen haben könne; die Möglichkeit auch nur einer akuten Gefährdung der Gemeinde, ge-
schweige denn eines teilweisen Erfolges dieser Irrlehrer weist
er weit von sich.

Da Schinz zu Beginn seiner Untersuchung die wichtige Einsicht
formuliert, daß "eine Verschiedenheit der Ansichten über den
innern Zustand der Gemeinde ... sich sehr natürlich aus dem
Inhalte des Briefes (ergibt), welcher von der Art ist, daß der
Eindruck, den man von dem Leben der Gemeinde erhält, je nachdem das eine oder das andere Moment des Brie-
fes für vorherrschend gehalten wird, ein sehr verschiedener seyn kann"[8], muß gefragt werden, was ihn
dazu bewog, das Moment der 'ausgezeichneten Lobsprüche'
und der durch 'freundlichen und innigen Ton' gekennzeichneten
Passagen für vorherrschend und damit den Gesamteindruck des Briefes dominant repräsentierend zu halten.
Diese Entscheidung wird indessen nicht begründet; Schinz
beginnt vielmehr mit der Feststellung dieses Gesamteindruckes seine Untersuchung und deduziert aus ihr anschließend eine erste Vermutung über die Situation dieser Gemeinde. Es können hier darum nur Vermutungen geäußert werden:
Die unmittelbar vorausgehenden Kommentare zum Philipperbrief von Heinrichs, Flatt und Rheinwald bilden, wie dargelegt, auslegungsgeschichtlich den situativen Hintergrund, auf

---

7 Ebd, S. 33
8 Ebd, S. 7 (Hervorhebung von mir).

dem Schinz' eigene Arbeit zu sehen ist.   Während Heinrichs
einen durchgehend erfreulichen Zustand der philippischen Gemeinde betont und diese These in seinem Kommentar mit nicht
hinreichenden Mitteln nur aufrechtzuerhalten vermag, indem
er die ihr entgegenstehenden Textpassagen gar nicht auf die
philippische Gemeinde, sondern als auf die dem Apostel mancherlei Leid verursachenden Judenchristen in dessen eigener
Umgebung bezogen interpretiert [9],   versucht Flatt, beiden
diesen Brief charakterisierenden 'Momenten' Rechnung zu
tragen, indem er im Gefolge Chr. Storrs die Freude und den
vertrauten Ton des Apostels aus der augenblicklichen, mittlerweile ja wieder bereinigten Situation der Gemeinde, die Ermahnungen und Warnungen als (noch notwendige) Reminiszen-
zen an die vorübergehend durch den Einfluß der Irrlehrer doch
als bedrohlich zu bezeichnende Lage der Gemeinde erklärt.
Rheinwald dagegen verabsolutiert in gleicher Einseitigkeit wie
Heinrichs, nun jedoch das andere 'Moment', und sieht die Gemeinde in "eine(r) gänzliche(n) Auflösung" begriffen [10].
Wie aus Schinz' Untersuchung unverkennbar ersichtlich ist,
ist R h e i n w a l d der eigentliche Kontrahent, mit dessen Position er sich kritisch auseinandersetzt. Sowohl die Lösung
Heinrichs als auch die Flatts scheinen ihm nicht nachvollzieh-
bar. Da Rheinwalds Sicht entscheidend davon abhängig ist,
a) einen erfolgreichen Einfluß der judaistischen Irrlehrer in
der Gemeinde anzunehmen, b) (damit zusammenhängend)
von der Prämisse auszugehen, daß die Gemeinde aus Heidenchristen u n d J u d e n christen bestanden habe, c) daß die die
Gemeinde lobenden und durch einen herzlichen Ton geprägten
Textteile u n b e r ü c k s i c h t i g t bleiben, treten die Ansatz-
punkte einer möglichen Kritik dieser Position deutlich hervor.
Dabei erweist sich, wie oben gezeigt, die der Rheinwaldschen

9   Vgl. hierzu die Kritik H. Schinz', aaO, S. 13f.
10   Rheinwald, aaO, S. 30.

Ansicht entgegengesetzte Sicht des Gesamteindruckes des
Briefes als der entscheidende archimedische Punkt, von dem
aus Rheinwalds Analyse der Gemeindesituation dieser Gemeinde aus den Angeln gehoben werden kann.
Wenn diese Überlegungen als sachgemäß zutreffen, läßt sich
die Untersuchung von W.H. Schinz primär als Grenzaussage angemessen würdigen, mit der eine s.E. unhaltbare
und dem Brief nicht gerecht werdende Sicht der Situation der
philippischen Gemeinde abgewehrt werden soll, indem eine
andere ihr entgegengesetzte behauptet wird. Auch wenn Schinz
selbst davon überzeugt ist, durch "eine genaue und unbefangene Prüfung des an die Gem.(einde) gerichteten Briefes"[11] zu diesem Ergebnis geführt worden zu sein und darum
glaubt, eine Sachaussage zu machen, so wird diese ver-
meintliche Sachaussage doch dadurch zur Grenzaussage, daß
er in deutlicher Abwehr der Rheinwaldschen Position in eben-
solcher Einseitigkeit statt des einen das andere Moment des
Briefes für vorherrschend hält und jenes aufgrund dieses entsprechend relativiert, ohne selbst zu bemerken, daß die eigene deskriptive Erfassung des den Ermahnungen des Apostels zugrunde liegenden Gemeindemißstandes seine zuvor
vorgenommene Wertung weit überholt[12]. So stehen mit den
von Rheinwald und Schinz vorgelegten Analysen der Gemeindesituation der Philipper zwei Beiträge einander gegenüber, die
beide je einen Aspekt des Briefes deutlich hervorheben
und aufgrund dessen entweder andere ihm entgegenstehende
oder ihn in seiner Absolutsetzung jedenfalls korrigierende Aussagen dieses Briefes relativieren oder gar nicht in den Blick
kommen lassen.

---

11   Ebd, S. 15 (Hervorhebung von mir).

12   Vgl. etwa die Wertung der aus Phil 2,1 ff zu schließen-
     den Mißstände in der Gemeinde S.37, und deren Be-
     schreibung S.50 f.

B.   Die Wirkungsgeschichte der Untersuchung von W.H.
       Schinz auf die nachfolgende Philipperbriefexegese

1.   Eine Skizze der Philipperbriefauslegung bis B. Weiß

Mit   C.S. MATTHIES' Kommentar erscheint 1835 zunächst
noch eine Auslegung des Philipperbriefes, die zumindest in ihrer Einleitung die Untersuchung von Schinz noch nicht berück-
sichtigt, "weil sie der Verfasser erst später erhalten konnte" [1].
Wie Rheinwald sieht auch er diesen Brief von Paulus primär
mit der Intention verfaßt, die Gemeinde "zu kräftigem Widerstande gegen Irrlehrer" [2] zu ermahnen; denn diese "mit christlicher Maske judaisirende(n)" Häretiker versuchten, "übermüthig stolz auf die ausschliesslichen Vorrechte und Vorzüge
ihrer jüdischen Abstammung (,) den Christen insgesammt das
jüdische Cerimonial-Gesetz, namentlich die Beschneidung,
aufzubürden, überhaupt das christliche im freien Geiste des
Glaubens und der Liebe befestigte Leben in die engen Schrank-
ken jüdischer Formen einzuzwängen" [3]. Stimmt Matthies in
dieser Beschreibung der Gegner insbesondere mit Eichhorn
und Rheinwald überein, so geht er doch darin entscheidend
über sie hinaus, daß er keinerlei Veranlassung sieht, an von
außen in die Gemeinde eindringende Judaisten zu denken;
naheliegender erscheint vielmehr, in ihnen philippische
Gemeindeglieder jüdischer Provenienz zu sehen, die "aus
übertriebener Werthschätzung beibehaltener jüdischer Elemente zu jenem Extreme verleitet werden konnten, zumal
wenn sie über ähnliche Auswüchse in den benachbarten Gemeinden in Kenntniss gesetzt, und nun mit den Gleichgesinn-

---

1 C.S. Matthies, Kommentar, S. IV.

2 Ebd, S. 13.

3 Ebd, S. 13.

ten in Verbindung getreten waren"[4]. Diese starke Repristination jüdischer Glaubenselemente rief sogleich bei den heidenchristlichen Gemeindegliedern einen "in vermeintlicher Geistesstärke selbstgefällige(n) Widerspruch (hervor)"[5], so daß hierin der Grund zur "verderblichen Entzweiung" zwischen Judenchristen und Heidenchristen gelegt war, "da die Einen in knechtischer Befangenheit ängstlich festhielten, was die Anderen mit selbstischem Wissensstolze übermüthig verwarfen"[6].

Mit 1,27ff kommt Paulus auf diese den Brief primär motivierende Gemeindesituation zu sprechen; denn unter den 'Widersachern' sind "vornehmlich die böswilligen Irrlehrer zu verstehen"[7]. Namentlich die ersten Verse des zweiten Kapitels spiegeln wider, daß Paulus jetzt jene "stolze Selbstgefälligkeit und parteisüchtige Ueberhebung"[8] anspricht, die einige aus der Gemeinde "denen gegenüber, welche unselbstständig fremden Einflüsterungen Gehör gaben"[9], an den Tag legten. Sie zu einer demütigen Gesinnung und einer "dem Christen gebührende(n) anspruchslose(n) Selbstverleugnung"[10] zu ermahnen, ist darum das Anliegen des Apostels, dem auch die Erinnerung an die "tiefe Selbsterniedrigung"[11] Christi dient, wenngleich er "unwillkürlich ... in der ... Schilderung weiter geführt (ist), als es die ursprüngliche paränetische

---

4   Ebd, S. 13.

5   Ebd, S. 13.

6   Ebd, S. 13.

7   Ebd, S. 52.

8   Ebd, S. 59.

9   Ebd, S. 59.

10   Ebd, S. 59.

11   Ebd, S. 60.

Tendenz erheischte, indem er nicht nur die liebreiche Selbsterniedrigung und die hiermit verbundene freiwillige Aufopferung,
sondern auch die himmlische Erhöhung und Verherrlichung
Christi dargestellt (hat)" [12].

Erneut greift Paulus im dritten Kap. die Warnung vor den Irrlehrern auf. Er hält der Gemeinde vor Augen, wie er, obwohl
alle diese äußerlichen, fleischlichen Vorzüge, deren diese
sich rühmten, in noch höherem Maße besitzend, sie doch um
Christi willen für nichts erachtet habe und dies auch nach wie
vor tue, da sein Ziel allein Jesus Christus heiße; und er ermahnt sie, seinem Beispiel nachzufolgen, "welche Aufforderung alsdann durch neue Bemerkungen über das verdamm-
liche Treiben der Widersacher Christi, im Gegensatze zu
dem erhabenen Wandel und himmlischen Loose der Christen,
bekräftigt wird" [13]. Inhaltlich knüpft er somit an 1,27ff an,
da er ja schon dort "zur einmüthigen unerschrockenen Festig-
keit gegen die Widersacher aufforderte" [14] und es sich hier
wie dort um dieselben Gegner handelt. In Kap. 3 neben dessen Gesamtausrichtung auf die in ihm bekämpften Irrlehrer
auch innergemeindliche Mißstände angesprochen zu sehen,
wie dies etwa Rheinwald tut, hält Matthies für unnötig, wenn
man nicht statt Einheit in einer Gemeinde "absolute
Einerleiheit des Denkens und Strebens" [15] fordert;
V.15 trägt darum lediglich der Einsicht Rechnung, daß einzelne Gemeindeglieder "ungeachtet der im Ganzen vorherr-

---

12 Ebd, S. 68. Wie etwa Rheinwald betont also auch
    Matthies, daß diesem Hymnus der Intention des Paulus
    nach primär eine die Paränese motivierende Funktion
    zukommt, wenngleich auch er natürlich nicht leugnet, daß
    es sich hier um eine "Stelle von dem tiefsten dogmati-
    schen Gehalte" (S.68) handelt.

13 Ebd, S. 82 (im Original hervorgehoben).

14 Ebd, S. 84.

15 Ebd, S. 103.

schenden Geisteseinheit bei subjectiv selbstthätiger Erkenntniss sehr leicht" [16] bezüglich bestimmter Fragen anderer
Meinung sein konnten.

In der Einleitung zu seinem Kommentar zeichnet Matthies zunächst das Bild einer Gemeinde, die aufgrund judaisierender
Irrlehrer in zwei miteinander zerstrittene Teile, eine judenchristliche und eine heidenchristliche Gruppe, auseinanderzu-
fallen droht. Diese von Eichhorn und Rheinwald übernommene
Sicht verschärft er, indem er in den diesen Streit initiieren-
den Irrlehrern nicht von außen in die Gemeinde eindringende
"betrügerische Sektirer" [17], sondern der Gemeinde selbst
angehörige Glieder erkennt. Es ist im Blick auf eine solche
Skizzierung der Gemeindesituation folgerichtig, die eigentliche Motivierung zur Abfassung des Briefes nicht in dem
Wunsch des Apostels zu sehen, sich "für das empfangene
Geschenk" [18] zu bedanken - dies mochte der erste Impuls
zu diesem Brief sein - sondern die Gemeinde "vor Abwegen
(zu) warnen und zu kräftigem Widerstande gegen (die) Irrlehrer (zu) ermahnen" [19]. Geschieht dies "unter überschwänglichen Freudenergüssen über den im Ganzen lauteren Zustand
der Gemeinde" [20], so ist offenkundig, daß Matthies zwar bemüht ist, den beiden Momenten, die auch nach W.H.
Schinz den Brief prägen, Rechnung zu tragen; aber er verbindet damit zwei Aussagen bezüglich des inneren Zustandes
dieser Gemeinde, die einander ausschließen. Denn
die Feststellung eines "im Ganzen lauteren Zustand(es) der
Gemeinde" dürfte schwerlich mit der anderen über dieselbe

---

16 Ebd, S. 102.

17 Ebd, S. 13.

18 Ebd, S. 12.

19 Ebd, S. 13.

20 Ebd, S. 13.

Gemeinde in Einklang zu bringen sein, daß in ihr "der Grund
zu einer verderblichen Entzweiung gelegt" sei – und zwar
durch die Agitationen aus der Gemeinde selbst kommender
Irrlehrer –, wogegen Paulus umso mehr angehen mußte, "da
man ohne Zweifel ihn, den freisinnigen Gegner aller trüben
Beimischungen, in seinen rein christlichen Bestrebungen zu
verunglimpfen suchte " [21].

Auf ein Zweites ist aufmerksam zu machen: Innerhalb des
eigentlichen Kommentars finden sich nur noch spärlich direkte Bezüge auf diesen situativen Kontext des Briefes. Weder
unternimmt Matthies es, die Paränese 2,1 ff durch die Kon-
frontierung mit der sie (in der Einleitung ja angedeuteten)
motivierenden und darum auch inhaltlich prägenden inneren
Gemeindesituation zu profilieren, d h in ihrer Konkretheit
und Gezieltheit zu erhellen, noch geschieht solche Profilierung im Blick auf Kap. 3 . Worin diese 'Zurückhaltung'
Matthies' ihren Grund hat, kann nur vermutet werden [22] :
Er erklärt jedoch in der Vorrede zu diesem Kommentar, die
Untersuchung von W.H. Schinz sei "in der E i n l e i t u n g
unberücksichtigt geblieben", weil er sie erst später erhalten
habe [23] . Ausdrücklich bekennt er sich jedoch hier zu der von
Schinz vertretenen These, "dass die Philippische Gemeinde
durch keinen schroffen Gegensatz von Judenchristen und
Heidenchristen, wie solcher noch von R h e i n w a l d angenommen wird, zerspaltet gewesen sei" [24] . Er erhebt allerdings Bedenken gegen dessen s.E. zu einseitige Sicht, die
Gemeinde habe nur aus Heidenchristen und eventuell noch aus
früheren Proselyten bestanden und sei darum völlig frei (weil

---

21 Ebd, S. 13 f.

22 Auch bei Rheinwald war eine solche Profilierung in der
    konkreten Auslegung kaum zu notieren.

23 Ebd, S. IV.

24 Ebd, S. IV.

gefeit) gewesen von jüdischen Irrlehrern. Aufgrund dieser Anerkennung eines maßgeblichen Aspektes der Untersuchung von
Schinz aber mußte Matthies im Vollzug der Auslegung dieses
Briefes mit seiner eigenen Sicht der philippischen Gemeindesituation, wie er sie - noch unbeeinflußt von dieser Untersuchung - in der Einleitung seines Kommentars dargelegt hatte, in Widerspruch geraten; d h er mußte auf eine den Text
erhellende situative Profilierung weitgehend verzichten -
Schinz' Untersuchung bot ihm kein Gemeindebild, daß er 2,1 ff
oder Kap.3 hätte zugrunde legen können.

Zehn Jahre nach der Veröffentlichung der Untersuchung von
Schinz erscheint mit W.M.L. DE WETTEs Kommentar
(1843) die Auslegung des Gelehrten, dem Schinz seine Arbeit gewidmet hatte. Jetzt ist "die nächste Veranlassung zur
Abfassung" [25] dieses Briefes für Paulus die unmittelbar be-
vorstehende Rückreise des Epaphroditus; "und dem gemäss
ist sein nächster Zweck ein Empfehlungs- und Danksagungsschrei-
ben zu seyn" [26]. Darüber hinaus berichtet der Apostel der Gemeinde "über seine Lage in Rom" [27], spricht "seine Freude
über ihren christlichen Zustand und seine guten Wünsche dafür aus, und sucht(e) ihr durch Ermahnung und Warnung nütz-
lich zu werden" [28]. Seiner inhaltlichen Struktur nach ist
darum der Brief "ein liebliches Gewebe aus zwei Hauptbestand-
theilen, welche abwechselnd zum Vorscheine kommen und sich
einander verschränken; und diese sind die Angelegenheit der
Philipp.(er) und die des Apostels" [29]. Nachdem Paulus im

---

25   de Wette, Kommentar, S. 164.

26   Ebd, S. 164.

27   Ebd, S. 164.

28   Ebd, S. 164.

29   Ebd, S. 164.

Anschluß an Danksagung und Fürbitte zunächst "Nachricht von
seiner Lage in Rom, seiner Gemüthsstimmung und Hoffnung
(gibt)" [30], kommt er in 1,27ff erstmals auf die (äußere)
Gemeindesituation der Philipper zu sprechen, indem er "zur
einträchtigen Standhaftigkeit" [31] ermahnt, insbesondere angesichts der 'Widersacher', "unter welchen nicht Judenchristen [32], sondern Ungläubige, besonders Juden zu denken sind". [33]   Die schon in 1,27 angedeutete Ermahnung zur
Eintracht und Demut wiederholt und verstärkt Paulus in 2,1ff,
da "unter den Philipp.(ern) ... eine Nebenbuhlerei, ein Wettstreit Statt fand, in welchem die Einen sich hochmüthig über
die Andern erhoben, und diese niederdrückten, so daß sie ihnen sittlich schadeten" [34]. Dieser Ermahnung verleiht er dadurch besonderen Nachdruck, daß er auf das "Vorbild der
Selbstverleugnung Jesu" [35] verweist. Wenn Paulus mit
2,17ff wieder auf sich selbst, seine Lage und die ihn bewegenden Pläne zu sprechen kommt, so schließt er damit direkt,
jedoch - durch ἀλλά zum Ausdruck gebracht - in inhaltlicher Spannung zu 1,25 an 1,26 an. Aufgrund dieser Beobachtung bewertet de Wette die "vorhergeh.(ende) Ermahnung (als) eine Abschweifung" und charakterisiert sie als
"Nebengedankenreihe"; denn "die Mitheilungen 1,12-26. und
2,17-30. hängen an demselben Faden, und man könnte von 1,26.
unmittelbar zu 2,17. übergehen, ohne eine Lücke zu bemerken" [36].

---

30   Ebd, S. 170.

31   Ebd, S. 178.

32   Gegen Flatt.

33   Ebd, S. 179; zur Begründung verweist de Wette auf
     Apg 17,5 .

34   Ebd, S. 181; ausdrücklich verweist de Wette hier auf
     W.H. Schinz.

35   Ebd, S. 182 (im Original hervorgehoben).

36   Ebd, S. 192.

Kap. 3 ist ganzheitlich unter   e i n e m   Gesichtspunkt, näm-
lich dem der äußeren Gefährdung der Gemeinde durch zwei
verschiedene gegnerische Fronten [37], von Paulus konzipiert:
"Warnung vor gewissen jüdisch-gesinnten Irrlehrern, deren
Irrthume P.(aulus) seine eigene lautere Überzeugung und
Gesinnung gegenüberstellt, und die Phil.(ipper) ermahnt seinem Beispiele zu folgen, sodann vor gewissen unsittlichen
Menschen warnt und im Glauben festzustehen ermahnt." [38]
Im Unterschied etwa zu Matthies greift de Wette auch den
Gedanken wieder auf, daß Paulus sich aufgrund seiner Argumentation gegen diese jüdisch-gesinnten Irrlehrer [39] ge-
zwungen sieht, eventuelle Mißdeutungen des soeben Gesagten
durch bestimmte philippische Gemeindeglieder sogleich zu
korrigieren: So wertet er in 3,12-14 den "Ausdruck demüthiger Selbstschätzung" [40] des Apostels als den Versuch,
dem christlichen Stolz einiger Philipper gegenüber zu betonen,
daß er, wie er den "jüdischen Stolz aufgegeben" habe, unmöglich den ihren übernehmen könne [41].   Da in V.15f die
hier angesprochenen τέλειοι "relativ im Gegensatze mit
νήπιοι   " zu bestimmen sind, spiegeln auch diese Verse
die innere Situation der Gemeinde - auf der Ebene "prakti-
sche(r) Gesinnung und Handlungsweise" [42] wider. Mit der

---

37   Dem steht auch nicht entgegen, daß Paulus in 3,12ff
     erneut auf Mißstände innerhalb der Gemeinde anspielt,
     da diese Anspielungen durch das zuvor gegen die Irr-
     lehrer Gesagte bedingt sind.

38   Ebd, S. 196.

39   Auf eine Begründung dieser Etikettierung verzichtet de
     Wette gänzlich.

40   Ebd, S. 202 (im Original hervorgehoben).

41   Wiederum im Anschluß an Schinz unterstreicht er jedoch,
     daß sich diese von Paulus geforderte Demut ausschließ-
     lich "auf die sittliche Vollendung, nicht auf die Vollkom-
     menheit der Erkenntniss (beziehe)" (S.202).

42   Ebd, S. 204

Aufforderung, seinem Beispiel nachzufolgen, schließt Paulus
die vorhergehenden Ermahnungen ab und leitet zugleich über
zu einer erneuten Warnung vor Irrlehrern, die jedoch nicht
mit den in 3,2ff Gemeinten identisch sind, da es andernfalls
Paulus gewiß nicht unterlassen hätte, sie schon dort auch
"von dieser Seite anzugreifen", hätten sie "mit ihren jüdischen Vorurtheilen auch diese fleischliche, lasterhafte Richtung verbunden" [43]. Bei ihnen handelt es sich vielmehr um
Christen, die durch ihre üppige Lebensweise das Kreuz Jesu
verleugnen und darum von Paulus mit Recht als Feinde des
Kreuzes bezeichnet werden. Daß es sich bei ihnen um Christen handeln muß, erhellt aus der Überlegung, daß sie nur
als solche der Gemeinde zur Gefahr werden konnten. Jedoch
ist der Apostel nicht aufgrund aktueller Gemeindesituation zu dieser Warnung veranlaßt; es ist vielmehr die
in sich geschlossene Gedankenabfolge dieses
bisherigen Kapitels, die Paulus geradezu zwangsläufig dazu
führt, auch auf sie zu sprechen zu kommen: "Die Warnung
vor den Irrlehrern V.2. hatte ihn veranlasst,seine ganze Le-
bensansicht und Richtung darzulegen und die Phil.(ipper) zur
Befolgung derselben zu ermahnen, V.4-16. Er fügte die
Aufforderung hinzu, ihn und die ihm Gleichgesinnten zum Vorbilde zu nehmen, V.17., und hier stellte sich ihm nun der
Gegensatz gewisser Christen, die das Kreuz Christi in ihrem Wandel verleugneten, vor Augen, vor denen er die Phil.
(ipper) warnen zu müssen glaubte." [44] In scharfer Kontrastierung des Treibens und Denkens dieser Leute verweist
Paulus anschließend auf "die himmlische Bestimmung des
Christen" [45].

Nach Ermahnungen zu Beginn des vierten Kapitels, zunächst

---

43 Ebd, S. 208.

44 Ebd, S. 208.

45 Ebd, S. 209 (im Original hervorgehoben).

einzelne Gemeindeglieder, dann die gesamte Gemeinde be-
treffend, kommt Paulus zum Schluß des Briefes auf die von
ihr erhaltene Liebesgabe zu sprechen, wofür er herzlich dankt
und damit seiner primären Motivierung zu diesem Brief Rechnung trägt.

Wenn auch die Frage, "in welchem Zustande diese Gemeinde
... sich befand, als P.(aulus) diesen Brief an sie erliess",
eine der beiden Hauptfragen ist, "welche den Ausleger dieses Briefes beschäftigen" [46], so vermag de Wettes Kommentar weder die Relevanz dieser Frage für das Verstehen
des Briefes – wiederum ist hier gemeint: des Textes in seiner Gezieltheit und Konkretheit – widerzuspiegeln, noch einen weiterführenden Beitrag zur Erhellung dieser Gemeindesituation zu erbringen: er kennzeichnet den inneren Zustand
dieser philippischen Gemeinde als "sehr lobenswerth" [47],
das Verhältnis zwischen Paulus und ihr als ungestört [48],
läßt andererseits jedoch die Ermahnung 2,1–11 gegen "geist-
liche(n) Stolz, Wetteifer und Nebenbuhlerei in geistlichen
Vorzügen, wahrscheinlich gerade in Erweisung jenes Gemein-
geistes 1,5." [49] gerichtet sein. Diese (Unter-)Bewertung
der V.2,1 ff wird aufschlußreich komplementiert, wenn de
Wette im Zusammenhang der Auslegung der V.17–30 des 2.
Kap. zu erwägen vermag, daß "die vorangeh.(ende) Ermahnung eine Abschweifung (ist), oder ... zu der Nebengedankenreihe (gehört)" [50], der im übrigen auch das gesamte dritte Kap. zuzurechnen ist [51].

---

46 Ebd, S. 162.

47 Ebd, S. 162.

48 Vgl. ebd, S. 162.

49 Ebd, S. 163.

50 Ebd, S. 192 (Hervorhebung von mir).

51 Vgl. die tabellarische Aufteilung des Briefes S.164; dort
    spricht de Wette jedoch noch von "zwei Hauptbestand-
    theilen".

Ebenfalls erkennbar Gedanken und Ergebnisse der Untersuchung von Schinz aufgreifend, spricht sich für H.A.W.
MEYER (1847) in unserem Brief "ein so inniges, trautes,
liebevolles und ungestörtes Verhältniss der Leser zum Verfasser, und so viel ungetrübte rühmliche Bezeugung zur Auszeichnung jener (vergl. bes. 4,1.) (aus) ..., wie bei keinem
andern Briefe"[52]. Ein offenkundiger Beweis für dieses unge-
störte Verhältnis zwischen Paulus und dieser Gemeinde liegt
auch diesem Kommentar zufolge in der vom Apostel angenommenen Liebesgabe der Philipper, die zugleich Anlaß
zu diesem Brief ist. Und "wie die Veranlassung des
Briefs die Liebe gegeben hatte ..., so athmet auch der
ganze Inhalt die innige und rührende Liebe, welche der
gefangene P.(aulus) zu seinen Philippern hegte"[53].

Dieser in der Einleitung des Kommentars angedeuteten Skizze
der philippischen Gemeinde vermögen auch die Verse 2,1 ff
keinen Eintrag zu tun, wenngleich die "Ermahnung zur Einmüthigkeit", mit der Paulus auf 1,27f zurückverweist,
und die "Ermunterung zur gegenseitigen Demuth"[54]
"Störungen der Einigkeit in Philippi" erkennen lassen, die jedoch, wie die Worte des Apostels anzeigen, "weder doctrineller Art (sind), noch ... die Stärke und
Schwäche der Erkenntniss u.(nd) Ueberzeugung (betreffen) ..., sondern sie beruheten auf der Eifersucht des sittlichen Hochmuths, wobei man sich wechselseitig die
christliche Vollkommenheit zu- und absprach (vergl. V. 12.
3,12ff.)"[55]. Der Verweis auf "das Beispiel Jesu, welcher
auch nicht sein eigenes Interesse im Auge hatte,

---

52 H.A.W. Meyer, Kommentar, S. 2.

53 Ebd, S. 3.

54 Ebd, S. 43.

55 Ebd, S. 47.

sondern dasselbe bis zur Erduldung des Kreuzestodes auf-
opferte, und deshalb zur höchsten Glorie von Gott erhoben
wurde" [56], dient Paulus zur Bekräftigung seiner Ermahnung.

Mit 3,1 schon den Abschluß des Briefes vorbereitend [57],
kommt Paulus - "vielleicht durch eine besondere augenblickliche Veranlassung" motiviert - noch auf die "antipaulinische
Lehrerparthei" zu sprechen, "gegen welche er sofort mit
Heftigkeit und Ironie V. 2. zur Warnung der Leser losbricht,
worauf er sodann V. 4-14. sein eigenes Verhalten, dem Wesen jener Irrlehrer gegenüber, ausführlich darstellt" [58].

---

56 Ebd, S. 47.

57 Meyer vermutet jedoch, daß Paulus beabsichtigte, noch
    einen Briefabschnitt ähnlich dem jetzt mit 4,10ff vor-
    liegenden anzuschließen (vgl. S.82).

58 Ebd, S. 82. Aus der Wendung τὰ αὐτὰ γράφειν ὑμῖν
    schließt Meyer, daß Paulus bereits in einem früheren
    Brief die Gemeinde vor solchen Irrlehrern gewarnt haben
    müsse, und zwar mit ähnlich "starken und hervorstechen-
    den Worten". "Jener verloren gegangene Brief hat sich
    wahrscheinlich ex professo und mit dem ganzen Affecte
    des noch frei wirkenden Ap.(ostels) mit den Judaistischen
    Irrlehrern beschäftigt, wie etwa der Brief an die Gala-
    ter". Nur die Tatsache, daß Paulus unmittelbar auf die-
    sen Brief Bezug nimmt und darum auch seine da-
    mals gesprochene Sprache jetzt wieder aufgreift, er-
    klärt "das abstechende Verhältniss, in welchem die-
    ser Ausbruch zu dem weichen und innigen Tone unseres
    Briefes steht". Dies wird um so deutlicher, wenn man die-
    sen 'Ausbruch' mit 1,15ff vergleicht, wo Paulus in ganz
    anderem Ton von Lehrern spricht, "welche doch ebenfalls
    in antipaulinischer Richtung, und zwar damals in seiner
    unmittelbaren Nähe, wirkten!" (S.85). Wenn Paulus dar-
    um hier plötzlich zu solch scharfem Ton zurückfindet, so
    kann dies nur mit der Erinnerung an diesen verlorengegan-
    genen Brief erklärt werden, die offensichtlich die sich in
    1,15f aussprechende "Stimmung der Resignation"
    an dieser Stelle zu überlagern vermag. Allerdings ist zu-
    dem zu vermuten, daß dieses sehr milde Urteil in 1,15ff
    über seine Gegner, die auch "materiell Antipaulinisches
    gelehrt haben müssen", zum Teil auch darin seine Erklä-
    rung findet, daß diese Gegner ja nicht "das eigene
    apostolische Gebiet Pauli" gefährdeten und daß

Daß es sich um judaistische Irrlehrer handelt, erhellt aus der
dritten Invektive: βλέπετε τὴν κατατομήν , die auf Leute gleichen Schlages wie die im Galaterbrief bekämpfte
"Judaisten-Parthei"[59] verweist, während κύνες lediglich
gemäß seiner Verwendung als Schimpfwort interpretiert werden darf, ohne also weitere versteckte Beziehungen und Hinweise auf bestimmte Eigenschaften dieser Leute (Unverschämt-
heit etc) einzutragen. Die Frage, ob diese Irrlehrer bereits
"nach Philippi selbst gekommen waren, oder nur aus der
Nähe Gefahr droheten", ist zwar nicht sicher entscheidbar;
da jedoch Paulus nicht wie im Galaterbrief gegen die Leser
selbst polemisiert, sondern der Brief im Gegenteil "nur eine
doctrinelle noch ungespaltene Gemeinde verräth"[60], kann
doch begründet geschlossen werden, "dass diesen Gegnern,
Anhang unter den Philippern zu finden, noch nicht gelungen
sein kann"[61]. Beinhalten lediglich die V. 4-11 die eigentliche Auseinandersetzung des Apostels mit diesen Irrlehrern,
so sieht Paulus sich auch nach diesem Kommentar in den V.

---

dem Apostel "gerade i n R o m die Predigt von Christo
schon a n s i c h von so überwiegender Wichtigkeit erscheinen konnte, um fürerst auch unlautere Beimischungen gewähren zu lassen", und schließlich auch, daß die
Lehre der in 1,15ff Angesprochenen "einen g e r i n -
g e r n G r a d antipaulinischer Doctrin dem Inhalte nach
voraussetzen lässt" (S.26).

59   Ebd, S. 87.

60   Ebd, S. 87f. Dies betont Meyer wieder mit Hinweis auf
die Untersuchung von Schinz.

61   Ebd, S. 87; wie Heinrichs jedoch anzunehmen, daß Paulus hier seine judaistischen Gegner in Rom meine und den
Philippern nur eine früher oder später auch ihnen bevor-
stehende Gefahr anzeigen wolle, muß als dem Text unan-
gemessen abgelehnt werden, "da sowohl das angelegent-
liche, deiktische βλέπετε , als auch ἀσφαλές V.2.
nur eine den Lesern sittlich und nahe drohende Gefahr in-
dicirt" (S.87).

12-14 aufgrund des in Philippi herrschenden "sittlichen Dün-
kels" genötigt, sich gegen das aus dem Vorhergehenden möglicherweise herauslesbare Mißverständnis zu verwahren, als
habe er "mit dem V. 7-11. Gesagten ... die Einbildung schon
erlangter christlicher Vollkommenheit ausgesprochen" [62] .
Lediglich auf diese die V. 7-11 speziell im Blick auf die innergemeindliche Situation komplementierenden Sätze bezieht
sich die Aufforderung des Apostels: τοῦτο φρονῶμεν ! [63]
Hier jedoch tiefgreifende Unterschiede zwischen Paulus und
der Gemeinde insgesamt oder eines Teiles anzunehmen, wäre
verfehlt, da es sich lediglich um eine solche "Verschiedenheit der Gesinnung" handelt, "welche den einen oder andern
einzelnen Punkt betreffen konnte (τί) und zwar nicht im
doctrinellen, ... sondern im ethischen Bereiche; ferner würde, wenn es sich hier um Verführte handelte, nichts weniger
als das hoffnungsvolle Gewährenlassen, welches sich in καί
τοῦτο-ἀποκαλύψει ausspricht, mit dem Charakter Pauli
stimmen" [64] .   Die sich anschließende, auf das Vorhergehende bezogene Aufforderung, Paulus und die ihm bereits
Gleichgesinnten nachzuahmen [65], erhält ihre Begründung durch
V. 18 f, in denen der Apostel die Gemeinde vor "epikureisch

---

62   Ebd, S. 98.

63   Vgl. ebd, S. 104.

64   Ebd, S. 105. Außerdem wertet Meyer V. 16 als "ein
     rühmliches Zeugniss für den Stand ihrer ethischen Ver-
     fassung im Ganzen, so verschieden auch bei den Einzel-
     nen der Punkt, von welchem P.(aulus) εἰς ὅ ἔφϑ. sagt,
     zu denken ist, wie schon daraus erhellt, dass er sich in
     εἰς ὅ ἔφϑ. selbst mit einschliesst, was die Leser nur
     ehren und erwecken konnte" (S. 106).

65   Meyer bemerkt in bezug auf diese dem Apostel 'Gleich-
     gesinnten', daß Paulus mit ihnen "andere Christen,
     nicht Philippische, gemeint (habe)" und fügt geradezu
     beiläufig hinzu: "... wie auch V. 18. auf Auswärtige
     geht" (S.108).

gesinnten Christen (warnt) ... welche als solche der Gemeinschaft des Kreuzes Christi feind sind ..., so dass sie nicht mit
Christo leiden (Röm. 8,17.) wollen" [66] . In deutlichem
Kontrast insbesondere zum voraussichtlichen Ende dieser
Feinde des Kreuzes Christi zeichnet Paulus in den das dritte Kap. abschließenden Versen "das einladende Bild
derer, welche er V.17. als τύπος aufgestellt hat" [67],
wobei Meyer auch in inhaltlichen Einzelheiten Oppositionen
zwischen V.18f und V.20f findet [68].

Im vierten Kap. klingt noch einmal die spezifische Situation
der philippischen Gemeinde an, wenn Paulus ihr den "von
Gott gewirkte(n) Friede(n) gemeinschaftlicher Einigkeit" [69] wünscht; denn "grade dieser Friede lag
ja Paulo in Betreff der Philipper so dringend am Herzen
(2,2.), und war das Ziel, welches er auch noch bei diesen
Schlussermahnungen im Auge hat" [70] .

Auch in diesem Kommentar stehen sich also die Aussagen über
den inneren Zustand der Gemeinde kontradiktorisch
gegenüber: einerseits "viel ungetrübte rühmliche Bezeugung
zur Auszeichnung jener", andererseits Konstatierung von in
der Gemeinde herrschender "Eifersucht des sittlichen Hochmuths", der zur Folge hatte, daß "man sich wechselseitig
die christliche Vollkommenheit zu- und absprach".

---

66 Ebd, S. 110. Im Original sind die Wendungen "epikure-
    isch gesinnte Christen" und "mit Christo leiden" hervor-
    gehoben.

67 Ebd, S. 111.

68 Vgl. ebd, S. 113.

69 Ebd, S. 122f.

70 Ebd, S. 123.

Zu unbestimmt sind die Hinweise auf die Gemeindesituation im Kommentar von L.F.O. BAUMGARTEN - CRUSIUS (1848), als daß diese Auslegung des Philipperbriefes eine Skizze des situativen Kontextes dieses Schreibens zu vermitteln vermöchte, auf dessen Hintergrund der Leser des Textes in seiner Gezieltheit und Konkretheit ansichtig werden könnte. So vertritt zwar Baumgarten - Crusius gegen Schinz die Auffassung, daß die in 3,2 ff angesprochenen jüdischen Irrlehrer in Philippi selbst zu suchen seien [71], auch greift er im Anschluß an Storr die These wieder auf, daß die von Paulus in 4,10 angesprochene Verzögerung der Liebesgabe nicht im finanziellen Unvermögen oder im Mangel an Gelegenheit, sondern darin ihre Ursache hatte, daß "die Bemühungen der jüdischen Parthei dagegen gewesen sind" [72]; dennoch aber ist dieser Brief ausschließlich "durch die freundliche Gesinnung der Gemeine (veranlaßt)" [73].

Hinsichtlich des paränetischen Abschnitts 1,27 - 2,18 heißt es in der Einleitung des Kommentars, daß "ein stiller Tadel des macedonischen Uebermuths mitgesprochen haben (könnte)" [74], und im Kommentar selbst wird zur Stelle ausgeführt: "Von V.1-12 wird die Ermahnung auf B e s c h e i - d e n h e i t und L i e b e gewendet - verwandte Tugenden bei Paulus, und allerdings christliche Haupttugenden. ... Indessen mag diese geflissentliche, ausführliche Darstellung die-

---

71 Wenn Baumgarten - Crusius jedoch schreibt: "Der Philipperbrief hat es mit j ü d i s c h e n Gegnern zu thun 3,2-9, was S c h i n z ohne Grund leugnet" (S.4), so ist diese Formulierung freilich insofern irreführend, als Schinz keineswegs leugnet, daß Paulus in 3,2 ff auf jüdische Irrlehrer abhebt, wohl aber, daß diese durch ihre Wirksamkeit schon Philippi unmittelbar bedrohten.

72 L.F.O. Baumgarten - Crusius, Kommentar, S.104.

73 Ebd, S.5.

74 Ebd, S.9.

ser Tugenden wohl eine Veranlassung in der Sinnesart dieser
Gemeine gehabt haben, und den griechischen Stolz
haben bekämpfen sollen." [75]   Wenig Erhellendes ist auch bezüglich der durch die Irrlehrer geprägten äußeren (oder sogar – ähnlich wie nach Matthies – inneren?) Situation dieser
Gemeinde zu erfahren: Heißt es zunächst, die Warnung des
Apostels ziele in 3,2-16 auf "befangene Judenchristen", während Paulus in den Versen 17-21 "Menschen unlautern Sinns
aus Eigennutz" im Blick habe, so heißt es sogleich im Anschluß hieran: "Paulus denkt diese Gesinnungen immer zusammen; sie mochten sich auch gewöhnlich beisammen finden.
Uebrigens könnte sich h i e r auch jüdische und h e i d n i -
s c h e Denkart vereinigt haben." [76]   Werden darum "von
V.17 an bis 4,1 ... die Irrlehrer von der anderen Seite
dargestellt, als unlautere, sinnliche Menschen, indem sie eine strenge, finstere Lehre für Andere predigten" [77], so ist
der Wendung οὓς πολλάκις ἔλεγον ὑμῖν zu entnehmen,
daß diese sich also "schon persönlich dem Paulus zu Philippi vorgestellt (haben), wenn er nicht früher eine allgemeine
Schilderung gegeben hat" [78].

Wieder deutlichen Einfluß hat die Untersuchung von Schinz
auf den Kommentar von J.T.A. WIESINGER (1850) genommen. In der von H. OLSHAUSEN übernommenen und lediglich von Wiesinger selbst mit als solche gekennzeichneten

---

75   Ebd, S. 30.

76   Ebd, S. 65.

77   Ebd, S. 85.

78   Ebd, S. 86; in der Einleitung stellt Baumgarten-Cru-
     sius der schon von Chrysostomos vertretenen Ansicht,
     "Paulus spreche blos von der M ö g l i c h k e i t jüdi-
     schen Widerstandes" gegenüber fest: "Dazu sind aber
     die Ausdrücke zu bestimmt, 3,1 ff" (S.5).

Ergänzungen versehenen Einleitung wird zunächst das besonders gute Verhältnis zwischen dieser Gemeinde und Paulus
hervorgehoben, das sich nicht zuletzt seitens der Gemeinde
in deren Liebesgabe, seitens des Apostels in dem primär als
Dankschreiben verfaßten Brief widerspiegelt. Die philippische Gemeinde hatte sich "besonders rein im christlichen
Leben entwickelt", wovon der Brief Zeugnis gibt, denn "der
Apostel sagt von ihr sehr viel Gutes und lobt sie mehr als irgend eine andere Gemeinde (Phil. 1,3-8; 4,1) ... Aus dieser
Beschaffenheit der Gemeinde in Philippi und der Veranlassung des Schreibens (...) erklärt sich, daß dieser Brief,
mehr als irgend ein Schreiben Pauli, einen rein brieflichen,
herzlichen und wahrhaft freundschaftlichen Charakter hat." [79]
Auch für Wiesinger selbst ist es über einzelne Briefstellen
hinaus der Ton des gesamten Briefes, der erkennen
läßt, "wie sehr der Apostel Ursache hatte, mit dieser Gemeinde im Ganzen zufrieden zu seyn. Es hatte sich bei dieser Gemeinde das Verhältniß zwischen dem Apostel und ihr
persönlicher und inniger gestaltet, als es bei irgend einer anderen der Fall war. Er war ihnen nicht bloß Apostel und Lehrer, wie anderen Gemeinden auch, sondern ein Band inniger
persönlicher Theilnahme und Zuneigung verband ihn und sie
mit einander. Das ist es, was in der Haltung des Briefs allent-
halben durchblickt; was aber zugleich auch auf den Zustand der Gemeinde das beste Licht wirft." [80]
Wenn darum Eichhorns und Rheinwalds Sicht des inneren Zustandes dieser Gemeinde [81] als falsch, weil am Brieftext
nicht ausweisbar, abgelehnt wird, so erhellt andererseits doch
auch aus diesem Schreiben, "daß Uneinigkeiten in der Gemeinde obgewaltet zu haben scheinen (Phil. 2,2ff.; 4,2)"; darum
"warnt der Apostel (1,27ff.) sehr ausführlich und nach-

---

79 J.T.A. Wiesinger, Kommentar, S. 5.
80 Ebd, S. 5 (Hervorhebung von mir).

drücklich vor geistlichem Hochmuth und stellt den Erlöser
als Beispiel tiefer Demuth den Philippern vor" [82] . Ist dieser
Brief primär als Dankschreiben, zugleich aber auch – wohl
aufgrund des Berichts des Epaphroditus – als Mahnschreiben
angesichts der angedeuteten "Mängel(n) des christlichen Lebens bei ihnen und ... (der) Gefahren von außen" [83] konzipiert, so bestimmen sich hieraus Aufbau und Inhalt.

Nach Danksagung und Fürbitte gibt Paulus der Gemeinde zunächst Nachricht über seine eigene und die mit ihr eng verknüpfte Lage des Evangeliums am Ort seiner Gefangenschaft;
"der rasche Uebergang zu diesen Nachrichten über sich läßt
uns vermuthen, daß das, was er schreibt, Antwort auf ge-
schehene Anfrage ist" [84] . Zwar inhaltlich durch die äußere
und innere Situation der Philipper, im Blick auf die Stellung
im Kontext des Briefes jedoch durch die "trotz aller Drang-
sal und Anfeindung" in V.19b ff zum Ausdruck gebrachte
Glaubensfreude des Apostels und seiner Hoffnung motiviert,
die Gemeinde bald selbst zu sehen, kommt Paulus anschließend von V.27 an auf die Angelegenheiten der Philipper
selbst zu sprechen, die nach Meinung des Apostels die von
ihm gewünschte Glaubensfreude der Gemeinde zu gefährden
drohten. Damit es zu dieser Glaubensfreude auch bei ihnen
komme – "seine eigene Freude, sein Ruhm hängt ihm davon
ab" [85] – liegt zunächst alles daran, den 'Widersachern' zu
widerstehen, unter denen mit de Wette und Meyer nicht

---

81   "Daß (nämlich) judaisirende und heidnisch gnostisieren-
     de Irrlehrer in Philippi wirksam gewesen wären" (S.6).

82   Ebd, S.6.

83   Ebd, S.7.

84   Ebd, S.43.

85   Ebd, S.57.

"Judaisten oder überhaupt böswillige Irrlehrer ... sondern
vielmehr Nichtchristen, Feinde des Evangeliums überhaupt" [86]
zu vermuten sind. Hatte Paulus "als Bedingung eines gedeih-
lichen Kampfes ... das Stehen in Einem Geiste bezeichnet" [87],
so ist damit zugleich deutlich auf die (einzige) schwache Stelle im Leben der Gemeinde hingewiesen; denn "eben daran
fehlte es noch in der Gemeinde zu Philippi. So beschwört sie
denn jetzt der Apostel,diese Bedingung in ihrem Verhalten zu
einander zu erfüllen" [88]. Da zu diesem von ihm geforderten
"Einsseyn" nur "demüthige, selbstverläugnende Liebe" be-
fähigt, erinnert er an den "menschgewordenen, aber eben um
solcher selbstverläugnender Liebe willen erhöhten Christus" [89].
So wie auch "Christus nur durch Selbstverläugnung zu seiner
Herrlichkeit gelangt(e)", sollen auch die Philipper "jenes
hochfahrende eitle und sichere Wesen (der ἐριθεία (!)
und κενοδοξία   V.3; der Gegensatz ταπεινοφροσύνη)
ablegen und ihre σωτηρία μετὰ φόβου und τρόμου   , dem
Gegentheil jener falschen Sicherheit, zu bewirken suchen" [90].

---

86   Ebd, S. 60.

87   Ebd, S. 63.

88   Ebd, S. 63 (Hervorhebung von mir).

89   Ebd, S. 63.

90   Ebd, S. 86. Aus der diesen Versen zugrunde liegenden
      Gemeindesituation und der daraus resultierenden Inten-
      tion des Apostels erhellt auch, daß V.13 im Anschluß
      an V.12 "nicht als eine Ermuthigung oder als ein Trost
      gefaßt werden (darf)" (S.87). Wenn Paulus der Gemein-
      de vorhält, daß Gott selbst es ist, der "Wollen
      und Wirken gebe", so unterstreicht er damit, daß nicht
      die mindeste Veranlassung besteht, die eigene "Person
      geltend (zu) machen". Wiesinger verweist folgerichtig
      darauf, daß die Interpretation des V.13 als Ermutigung
      oder als Trostwort Leser voraussetzt, "denen es nahe
      lag, an sich zu verzagen". Im Blick auf die Philipper aber
      "verräth ihr Streben, sich geltend zu machen, daß sie
      glaubten, mit ihrer σωτηρία habe es keine Gefahr, die-
      se verstehe sich bei ihnen von selbst" (S.87).

Nur so können sie, ohne Murren und Streit – beides ist auf
das Verhältnis der Philipper untereinander, nicht etwa auf ihre Haltung Gott gegenüber, zu beziehen [91] – ihre Bestimmung,
"ἄμεμπτοι καὶ ἀκέραιοι κτλ. , zu werden" [92], erreichen.

Stand die bisherige Ermahnung unter der Prämisse der in
1,25f ausgesprochenen Hoffnung, "daß der Apostel am Leben
bleiben und die Gemeinde wiedersehen werde" [93], so hebt im
folgenden, eingeleitet mit ἀλλ' εἰ καί , "der Apostel diese Vorstellung auf, um zu sagen, daß er auch in dem anderen
Falle, des Todes nehmlich, sich freue und mit ihnen sich
freue, und dasselbe sollen auch sie thun. Die Freude, die ihm
wie ihnen aus der Erfüllung seiner Ermahnung erwachse, sey
nicht an die Bedingung seines Lebens geknüpft" [94]. Hatte
also dieser ganze Abschnitt seinen Ursprung in der Glaubensfreude des Apostels und dessen Wunsch, daß es auch bei den
Philippern zu dieser Glaubensfreude komme, "so schließt
er nun auch, nachdem der Apostel seine Leser ermahnt und,
wie er hofft, nicht umsonst ermahnt hat, mit χαίρω und
der Aufforderung χαίρετε , selbst für den Fall, daß des
Apostels Hoffnung, am Leben erhalten zu werden, sich nicht
erfüllt" [95]. Aber auch der nächste Abschnitt knüpft nicht an
1,26 an, wie etwa de Wette meinte, sondern Paulus hat weiterhin die konkrete Situation der Adressatengemeinde vor
Augen, wenn er ihnen den Besuch des Timotheus ankündigt.
Ihnen in ihrer gegenwärtigen Lage diesen als Helfer zu senden, ist seine Absicht. Schließlich findet auch die inhaltliche

---

91   Vgl. ebd, S. 88.

92   Ebd, S. 89.

93   Ebd, S. 91.

94   Ebd, S. 91.

95   Ebd, S. 91.

Ausgestaltung des die Rückkehr ihres Abgesandten Epaphroditus ankündigenden Abschnitts 2,25ff in den 2,1ff angesprochenen innergemeindlichen Mißständen ihre Erklärung; denn
"die Neigung, sich zu überschätzen, hat zur Kehrseite, Andere zu gering zu schätzen. V. 30 hält er ihnen als Grund
solcher Empfehlung d a s Verdienst des Epaphrodit um die
Sache Christi noch vor, für das die Gemeinde ihm zu besonderem Dank verpflichtet ist." [96]

Im Anschluß hieran hat Paulus die Gemeinde "noch zu warnen vor solchen, die sie um diese Freude bringen wollen, und
zwar in doppelter Beziehung" [97] : 3,1-16 beinhalten die Warnung vor "judaistischen Irrlehrern", die V. 17-21 zielen auf
"unsittlich Wandelnde(r)" [98]. Wiesinger korrigiert zwar im
Kommentar die in der Einleitung (von Olshausen übernommene) Ansicht, daß diese Warnung vor den judaistischen
Häretikern lediglich im Wissen darum ausgesprochen werde,
daß diese herumziehenden Irrlehrer "auch in Philippi seiner
(des Paulus) Wirksamkeit würden entgegentreten wollen" [99],
indem er zu ihrer Aktualität nun bemerkt: "Es ist eine den
Lesern schon bekannte Gefahr, vor welcher der Apostel warnt,
sey es, daß in der Gemeinde selbst (!), oder in deren Nähe
solche Judaisten Eingang zu gewinnen versuchten" [100]; nichts
desto weniger ist diese somit in aktueller Gefahr motivierte
Warnung zu dem mit τὸ λοιπόν eingeleiteten Schlußteil
des Briefes zu rechnen, der mit 3,1 beginnt, nachdem
Paulus a l l e s d a s , was ihm "zunächst auf dem

---

96   Ebd, S. 97.

97   Ebd, S. 98.

98   Ebd, S. 98.

99   Ebd, S. 6.

100   Ebd, S. 103.

Herzen lag" [101], der Gemeinde mitgeteilt hat.
Alle Überlegungen, die zum Ziel haben, dieses Kapitel trotz
des τὸ λοιπόν doch in den Hauptteil des Schreibens mit
einzubeziehen, indem man etwa annimmt, "der Apostel lasse
den V.1 eingeleiteten Schluß in demselben Augenblick wieder fallen" oder "der Apostel (habe) das Folgende erst nach
einer Unterbrechung hinzugefügt" [102], sind als völlig unnötig
zurückzuweisen: "Warum soll denn die folgende Warnung nicht
auch mit zu dem gehören, was noch zu sagen übrig war?
Daß noch viel zu sagen übrig war, oder vielmehr, daß das
noch Uebrige so ausführlich besprochen wird, kann doch kein
Grund dagegen seyn." [103]   Dessen freilich, daß mit der Zuordnung eines solchen Briefabschnittes zum Schlußteil, genauer: zu dem, was noch anzufügen ist, nachdem Paulus alles das, was ihm zunächst auf dem Herzen lag, bereits gesagt hatte, eine bestimmte Gewichtung und Wertung
seines Inhaltes - und nota bene auch der Relevanz des situativen Kontextes im Blick auf die Gestaltung des Briefinhaltes
- verbunden ist, scheint Wiesinger sich nicht bewußt gewesen
zu sein.

H. EWALD (1857) nennt in der Einleitung seines Kommentars als Motivierungen des Apostels zu diesem Brief neben
dem Wunsch, den Philippern für ihre erneut an ihn ergangene
Liebesgabe zu danken, die Absicht, "die ihm so theure gemeinde vor dem eindrange der Judenchristen und ihrer irr-
lehren zu warnen, sowie ihr einige nähere nachrichten über
seine verhältnisse in Rom zu geben" [104]. Geschieht letzte-

---

101   Ebd, S. 98 (Hervorhebung von mir).
102   Ebd, S. 99.
103   Ebd, S. 99.
104   H. Ewald, Kommentar, S. 432.

res sogleich im Anschluß an das Proömium, so setzt Paulus mit dieser Warnung V. 27 des ersten Kap. ein. Zwar besteht zu ihr kein direkt in der augenblicklichen Situation der Gemeinde begründeter Anlaß, da jene judaistischen Irrlehrer, "soviel dieses sendschreiben schließen läßt (,) damals in Philippi nochnicht gefährlich geworden (waren) : aber sie regten sich sonst schon sehr stark, und auch in Rom umgaben sie den Apostel" [105]. Wenige Zeilen später entnimmt Ewald allerdings den V. 1,27 ff und 2,14 [106], daß die Gemeinde in der Situation der Bedrückung, des Leidens stehe, von Heiden verursacht [107]. Später interpretiert er den Abschnitt 1,27 - 2,18 erneut insgesamt als Warnung vor den Judenchristen. Denn nachdem Paulus eigentlich beabsichtigte, das Schreiben mit 2,30 zu beenden, jedoch wohl "plözlich verhindert worden seyn (muß,) es völlig zu schließen" [108], sieht er sich doch genötigt, als er es nach einigen Tagen der Unterbrechung erneut zur Hand nimmt, "die warnungen und ermahnungen welche er ihnen schon im zweiten theile 1,27 - 2,18 gab hier nur noch deutlicher und offener auszusprechen 3,2 - 4,3 . Und weil er hier bei alle dem doch nur nachträge geben will, so mag er hier sogleich vorne in tiefer herzensbewegung das ernstwarnende trübe wort welches ihm schon

---

105   Ebd, S. 443.

106   "Die leiden und kämpfe welche nach 1,27-30 j e t z t
       zu bestehen sind, rufen leicht murrende gedanken
       (γογγυσμοί) und allerlei zweifel hervor" (S. 446;
       Hervorhebung von mir).

107   "... dass ihr leidet ist solchen gegnern (den Heiden) ein
       beweis eures verderbens" (S. 443); in diesem Zitat
       scheint ein Versehen vorzuliegen; es muß natürlich hei-
       ßen: i h r e s Verderbens.

108   Ebd, S. 432. "Vielleicht war eine neue störung durch
       die ihm feindlichen Christen plözlich hinzugekommen,
       wenn man die sache nach den worten 3,2 ff. betrachten
       will" (S. 448).

bei den obigen ermahnungen gegen die umtriebe der Judenchristen auf ihrer hut zu seyn wie auf der zunge lag, nicht
zurückhalten: sehet die hunde! ..."[109]. 3,18f stellt noch
einmal eine Verdeutlichung des in 3,2ff Gesagten dar[110].

Erwähnt Ewald die Frage nach dem i n n e r e n Zustand schon
in der Einleitung seines Kommentars nicht, so scheint sie auch
in der Auslegung für das Verständnis des Briefes irrelevant.
Auch wenn er bemerkt, daß 2,3f "schön beschrieben" werde,
daß "einmüthigkeit ... nur möglich durch vermeidung aller
streit- und ruhmsucht durch selbstbescheidung und selbst-
entsagung (ist)"[111], und die Verse 12-15 des dritten Kap.
durch die Sorge des Apostels motiviert sind, das zuvor Gesagte könne "aufsneue vielleicht zu unerwarteten mißverständ-
nissen führen"[112], so stellt sich ihm die Frage nach dem
'inneren Zustand' der Gemeinde nicht.

1859 legte B. WEISS[113] seinen Kommentar zum Philipperbrief vor, in dem er die Untersuchung von W.H. Schinz insoweit zustimmend aufnimmt, als er durch sie unwiderleglich
dargetan sieht, daß die These von der Spaltung der Gemeinde
in Judenchristen und Heidenchristen ebenso unhaltbar ist wie
die andere von ihrer aktuellen Gefährdung durch Irrlehrer;
ablehnend steht er auch ihr dort gegenüber, wo auch Schinz
meint, innergemeindliche Mißstände aufgrund der Verse
1,27ff, besonders 2,1ff, festzustellen zu müssen[114].

---

109   Ebd, S. 449.

110   Vgl. ebd, S. 453.

111   Ebd, S. 444; darum verweist Paulus auch anschlie-
      ßend auf "das vorbild Christus" (S. 445).

112   Ebd, S. 452.

113   Vgl. auch oben S. 28 Anm. 57.

114   Vgl. B. Weiß, Kommentar, S. 10.

Mit Verweis auf J.A. Bengel (Gnomon Novi Testamenti (Tübingen 1742, [3]1855)) wird nunmehr die Freude als die
Grunddominante des gesamten Briefes erkannt, "die Erhebung der Philipper zu der wahren Christenfreude"[115] als
die dem Schreiben in allen seinen Teilen zugrunde liegende
Intention des Apostels herausgestellt. Freude und Dank erfüllen Paulus sogleich zu Beginn des Briefes, wenn er sich
"den blühenden Zustand der philippischen Gemeinde"[116], ihren
"vom ersten Tage an großen Eifer für die Sache der evangelischen Verkündigung"[117] vergegenwärtigt, von dessen augenblick-
lichem Vorhandensein die "so eben ... von der Gemeinde übersandte Unterstützung ihm einen neuen Beweis"[118] liefert.
Zugleich bittet der Apostel darum, daß diese "in ihrem Mis-
sionseifer, wie in der Theilnahme an seinen Leiden und Wirken sich beweisende Liebe der Philipper ... immer
mehr und mehr noch reich werde"[119]. Die diese
Liebe dankbar erwidernde Liebe des Apostels veranlaßt ihn
im Anschluß hieran, zunächst die Besorgnis der Gemeinde in
bezug auf seine eigene Lage zu zerstreuen "und sie zu der
freudvollen Zuversicht zu erheben, die ihn selbst in Betreff
seines Schicksals erfüllte"[120]. Zwar beschließt Paulus diesen Abschnitt mit der freudigen Nachricht, daß er aus der Gefangenschaft freikommen und sie sehen werde und stellt ihnen
als Folge dessen "ein Wachstum ihres Ruhmes in Aussicht",
doch verknüpft er diese Aussicht sogleich im Folgenden mit
der Bedingung, daß auch die Gemeinde das Ihre dazu zu tun

---

115   Ebd, S. 11.

116   Ebd, S. 39.

117   Ebd, S. 41.

118   Ebd, S. 41.

119   Ebd, S. 62.

120   Ebd, S. 73.

habe, nämlich "d e s durch ihn verkündigten E v a n g e l i u m s
v o n C h r i s t o w ü r d i g (zu) w a n d e l n"[121] . Bezug nehmend auf die durch 'Widersacher' gekennzeichnete Gemeindesituation, ermahnt Paulus darum zur Standhaftigkeit[122] .
Unter diesen 'Widersachern' sind "ungläubige(n) Feinde und
Verfolger des Christenthums"[123] zu verstehen. Nach einem
kurzen Exkurs "über den segensreichen Erfolg des standhaften
Duldens"[124] knüpft Paulus mit der folgenden Ermahnung,
"ihm auch in seiner Abwesenheit durch einen des Evangeliums
würdigen Wandel Freude zu machen"[125] , an 1,27f an. Wenn
er ihr "dieses Ideal christlichen Gemeindelebens"[126] vor-
hält, dann geschieht dies jedoch nicht aufgrund aktueller Ge-
meindemißstände, die aus dieser Ermahnung kontrapunktisch
ablesbar wären[127] , sondern weil diese Gemeinde, "so treu
und wohlbewährt sie war, doch eines fortgesetzten Antriebes
zum eifrigen Trachten nach demselben (sc. Ideal christlichen
Gemeindelebens) nicht weniger bedurfte, wie jeder, in dem
noch die Macht der Sünde wohnt, deren Wesen ja die Selbstsucht und der Hochmuth ist, aber freilich auch nicht mehr, wie

---

121   Ebd, S. 117.

122   Nach B. Weiß "läßt das durch die Ausdrücke στήκειν-
      συναθλεῖν- πτύρεσθαι hindurchgehende Bild vom
      Athleten oder von dem Soldaten auf seinem Posten von
      selbst die S t a n d h a f t i g k e i t als das eigentliche Haupt-
      moment der Ermahnung hervortreten"; die Ermahnung
      zur Eintracht, von vielen als die eigentliche Intention
      dieser Paränese angesehen, ist ihr funktional insofern
      untergeordnet, als es sich "um die einträchtige Stand-
      haftigkeit (handelt), die eben durch Eintracht stark
      wird" (S. 122).

123   Ebd, S. 124.

124   Ebd, S. 129.

125   Ebd, S. 129.

126   Ebd, S. 131.

127   Vgl. ebd, S. 141.

jede andere Gemeinde" [128]. Gereicht es Paulus zur Freude, wenn sich die Gemeinde gegenüber äußeren Feinden als standhaft erweist, so kann doch das Maß seiner Freude erst vollkommen sein, wenn "sie auch in ihrem inneren Leben des Evangeliums würdig wandelt" [129]. "Damit nun auch die Philipper aufs Eifrigste jenen Tugenden nachjagen möchten, welche die Eintracht allein bleibend sichern, verweist sie Paulus auf das stärkste Motiv, das es für den Gläubigen geben kann, auf das Vorbild Christi. Er fordert ja nur, daß dieselbe Gesinnung in ihnen sein soll, welche in Christo Jesu auch war" [130]. Um ihnen zugleich auch zu zeigen, "welch ein herrlicher Lohn derer wartet, die ihm nachfolgen", läßt es Paulus nicht damit bewenden, "auf das Vorbild der selbstverleugnenden Demuth Christi" [131] hinzuweisen, sondern erinnert sie ebenfalls an dessen Erhöhung.

In einer "zusammenfassende(n) Schlußermahnung" [132] kommt Paulus zunächst (V. 12-14) auf zwei mögliche Verhaltensweisen zu sprechen, die beide den Erfolg seiner zuvor gegebenen Mahnung, durch Standhaftigkeit im Glauben und selbstverleugnende Demut seine Freude vollkommen zu machen und ihre eigene Heilsvollendung zu bewirken, in Frage stellen könnten: Es gilt zum einen, "alle fleischliche Sicherheit und alles hochmüthige Selbstvertrauen zu meiden" [133], zum an-

---

128   Ebd, S. 131.

129   Ebd, S. 130.

130   Ebd, S. 142.

131   Ebd, S. 157.

132   Ebd, S. 164.

133   Ebd, S. 165; Weiß macht jedoch nicht einmal eine Andeutung darüber, ob dieser Hinweis einen konkreten Anhalt im Verhalten dieser Gemeinde hat, vgl. jedoch Weiß' kritische Bemerkung auch zu Schinz (S.10).

deren, auch alle "kleinmüthige(r) Verzagtheit" [134], die den Christen bei seinem "Streben nach der Heilsvollendung" angesichts "der Größe und Mannichfaltigkeit der Gefahren und Hindernisse" auf diesem "Wege zur Seligkeit" überkommt, abzutun, und statt dessen einer "Freudigkeit und Glaubenszuversicht Platz (zu) machen, die mit dem Muthe der wahren Demuth auf den Herrn allein schaut und vertrauensvoll sich ergiebt in seine Wege" [135]. Noch einmal fordert der Apostel von seiner Gemeinde, "daß sie sich des ihnen verkündigten Evangeliums von dem wahren Leben in Christo würdig zeigen sollen" [136]; denn "je mehr sie jenes Ziel erreichen, um so mehr gereicht ihm dies zu einer triumphirenden Freude im Blick auf den Tag Christi hin, wo einst der Herr seinem treuen Arbeiter für das bewährte Werk den Lohn geben wird" [137].

Mit Ende des zweiten Kap. hält Weiß den "Hauptgegenstand des Briefes" für "erschöpft" [138]; Paulus hat zunächst die um sein Geschick besorgte Gemeinde beruhigt, ihr anschließend "gezeigt, wie sie selbst durch Befolgung seiner Ermahnungen seine Freude fördern können, und sie aufgefordert, seine hohe Freudigkeit gegenüber allem, das ihn treffen könnte, zu theilen" [139], und ihr schließlich den Besuch des Timotheus angekündigt, um ihnen den Weg aufzuzeigen, auf welche Weise er von ihren Bemühungen, seine Freude zu vervollkommnen, erfahren werde. Zuletzt hatte er ihnen die bal-

---

134   Ebd, S. 164.

135   Ebd, S. 166.

136   Ebd, S. 177.

137   Ebd, S. 177.

138   Ebd, S. 214.

139   Ebd, S. 214f.

dige Rückkehr des Epaphroditus noch in Aussicht gestellt, "um von ihrer Freude den letzten Schatten der Besorgniß zu verscheuchen"[140]. Ein letztes gilt es indessen für ihn noch zu verdeutlichen. Nochmals "den Grundton seines Briefes"[141] anschlagend, verweist er die Gemeinde auf den unverzichtbaren, einzigen Grund dieser Freude, indem er sie auffordert, "sich zu freuen, aber zu freuen – in dem Herren"[142]. Daß diese Präzisierung der von ihm gemeinten Freude keine überflüssige ist, lehrt die E r i n n e r u n g an die vielen Menschen rings um sie her, "welche ihre Freude und ihren Ruhm auf verkehrten Wegen suchen und darum den Grund der wahren Freude nicht finden"[143]. Wenn Paulus sie mit dem Wort 'Hunde' belegt, so verweist er die Gemeinde auf "die Heiden, die, weil sie von Gott nichts wissen, nur ihren bösen Lüsten dienen, die noch im Schlamme der Sünde sich wälzen und ihre Freude und Ehre in dem suchen, was doch in Wahrheit Schande bringt"[144]. Nennt Paulus an zweiter Stelle 'schlechte Arbeiter', so erinnert er die Philipper daran, daß es auch unter den Christen nicht an solchen fehlt, "die noch in dem ihre Freude suchen, was Gott nicht wohlgefällig ist, wenn auch in feinerer Weise"[145]. Schließlich verweist er drittens

---

140 Ebd, S. 215.

141 Ebd, S. 215.

142 Ebd, S. 215 (im Original teilweise hervorgehoben).

143 Ebd, S. 215.

144 Ebd, S. 215f. Daß in diese Beschreibung bereits Elemente aus 3,18f eingeflossen sind, ohne daß Weiß hier schon angedeutet hätte, daß er in 3,18f Paulus noch einmal auf diese Leute Bezug nehmen sieht, ist offenkundig.

145 Ebd, S. 216. Hier ist nach Weiß etwa an das über einen Teil der ihn in Rom umgebenden Prediger Gesagte zu denken, "von denen er oben klagen mußte, daß sie in Neid und Streit ihre Freude haben und selbst im Dienste Christi nur die Befriedigung ihrer persönlichen Interessen suchen, so daß er sie mit Recht s c h l e c h t e A r b e i t e r im Ackerfelde des Herrn nennen kann"(S. 216).

auf "die Juden, die von Gott das Bundeszeichen der Beschneidung empfangen haben und darin einst mit Recht ihren Stolz
und ihre Freude suchten" [146], jetzt aber nicht wahrhaben wollen, daß "Christus des Gesetzes Ende sei und darum auch dem,
worin sie einst ihre Freude fanden, ein Ende gemacht hat" [147].
Nach dieser knappen Erinnerung noch ausführlicher auf die der
Freude im Herrn kontradiktorisch gegenüberstehende "unrei-
ne(n) Freude an dem Sündhaften, oder ... (die) jener schlechten Arbeiter an ihren egoistischen Zielen" [148] einzugehen,
erübrigt sich für Paulus. "Allein den Gegensatz der Freude
an dem Herrn zu der Freude an den zwar gottgeschenkten,
aber dennoch im Vergleiche mit Christo völlig werthlos gewordenen Gütern und Gaben des natürlichen Menschen, wie der
Apostel ihn eben an dem Gegensatze der ungläubigen Juden und
der gläubigen Christen dargestellt, den hatte Paulus zu tief
in seiner eignen Entwicklung durchlebt, als daß er ihn nicht
ergreifen sollte, um an ihm aus seiner eigensten Lebenserfah-
rung es zu bewähren, wie in Christo allein das höchste Gut
zu finden sei." [149]   "Um es aber seinen Philippern recht eindrücklich zu machen, wie dieser Christus wirklich unser
höchstes Gut ist, entfaltet er noch einmal (in 3,8-11) den
ganzen Reichthum dessen, was es im Besitz und in der Gemeinschaft desselben zu erfahren giebt" [150].   Könnte es jedoch nach dem bisher Gesagten so scheinen, "als sei damit,
daß man im Glauben Christum ergriffen hat und in Gemeinschaft mit ihm getreten ist, das Ziel der Vollendung erreicht",
so stellt Paulus nun weiterhin an seinem eigenen Beispiel dar,

---

146   Ebd, S. 216.

147   Ebd, S. 216.

148   Ebd, S. 227.

149   Ebd, S. 227.

150   Ebd, S. 241.

"daß gerade die Erkenntniß Christi, als des höchsten Gutes,
ein stetes Vorwärtsstreben bedinge" [151]. Um die anschließende Forderung, diese soeben an seinem eigenen Beispiel
exemplifizierte Gesinnung ebenfalls zu hegen, d h seine Nach-
ahmer zu werden, e contrario zu unterstreichen, kommt
Paulus "noch einmal auf jene profanen, unreinen 'Hunde' zu
reden, die er schon im Eingange des Capitels den Lesern als
lebendiges Exempel davon vorgeführt hatte, wie es da aus-
sieht, wo man in Christo nicht seine Freude und sein höchstes
Gut findet" [152]. So wie ihr Wandel ihrem Ende (Ziel) entspricht, so der der Christen dem ihrigen. Das Ende jener ist
die $\dot{\alpha}\pi\dot{\omega}\lambda\varepsilon\iota\alpha$, das Ziel dieser "die Errettung durch ihren
erhöhten Herrn Christus" [153]. Mit "lobenden Prädicate(n)" [154]
beschließt Paulus diese Briefeinheit.

Bevor er von V.10 an "auf Dasjenige zu sprechen (kommt),
was wohl die nächste äußere Veranlassung des ganzen Briefes
gewesen war, auf die ihm Seitens der Philipper übersandte
Unterstützung" [155], reiht er "noch einzelne Ermahnungen
verbindungslos an einander" [156], auch hier jedoch "noch einmal auf das Hauptthema seines Briefes zurück(kommend),

---

151   Ebd, S. 261. Gegen alle die, die hier eine Bezugnahme
       auf Gemeindemängel erblickten (vgl. ebd, S. 260 f),
       wendet Weiß ein, daß in diesen Versen "der positive
       Gesichtspunkt eines stetigen Weiterstrebens ... viel
       stärker hervortritt als jener negative einer Polemik
       wider übertriebene Selbstschätzung" (S. 261).

152   Ebd, S. 276. Vgl. jedoch ebd, S. 227!

153   Ebd, S. 283.

154   Ebd, S. 295. 'Diese lobenden Prädicate', die, wie Weiß
       ausdrücklich betont, "der ganzen Gemeinde beigelegt
       werden", zeugen "auf's Schlagendste gegen alle Lehr-
       differenzen und sittlichen Verirrungen, die man dersel-
       ben angedichtet hat" (S. 295).

155   Ebd, S. 321.

156   Ebd, S. 297.

der ja fast in allen Theilen den Zweck gehabt hatte, die echte
Christenfreude in seinen Lesern anzufachen" [157]. Hatte der
Apostel in 3,1 ff alles Gewicht darauf gelegt, daß diese Freude eine Freude im Herrn sei, so betont er nun, daß sie
sich allezeit freuen sollen, "auch da, wo Leiden und Trübsal aller Freude ein Ende zu machen scheinen" [158].

B. Weiß meint an W.H. Schinz' Untersuchung tadeln zu müssen, daß "der Versuch, die Entstehung des Briefes wesentlich aus den durch die Verirrungen der Gemeinde hervorge-
rufenen Bedürfnissen zu erklären, ... noch nicht aufgegeben
(ist), nur daß man dieselben auf der sittlichen Seite und nicht
auf der Seite der Lehre sucht" [159]. Diese Kritik trifft zwar
sachgemäß weder Schinz, da dieser selbst keinerlei Überlegungen bezüglich der Motivierung(en) dieses Schreibens und
somit auch nicht der etwaigen Relevanz dieses zweiten Kapitels im Blick auf diese Frage anstellt, noch die bisher angeführten Ausleger, soweit sie dessen Auffassung von den Ge-
meindeverhältnissen der philippischen Christen übernehmen,
da bei diesen, wie versucht wurde aufzuzeigen, die aufgrund
der Verse 2,1 ff; 3,12-14 zu konstatierenden innergemeindlichen Mißstände hinsichtlich der Frage nach der Motivierung
des Briefes k a u m in Betracht gezogen wurden; wichtig und
aufschlußreich ist darum diese Kritik allein für Weiß' eigene Sicht, läßt sie doch erkennen, daß er es jedenfalls für unzutreffend hält, die Existenz dieses Briefes wesentlich aus
irgendwelchen in Philippi herrschenden Mißständen zu erklären.

---

157   Ebd, S. 303.

158   Ebd, S. 303. Sollte Weiß mit dieser Bemerkung auch
      auf die 1,27 ff zugrunde liegende spezifisch philippi-
      sche Gemeindesituation der äußeren Bedrückung anspie-
      len, so käme d i e s e m Situationsaspekt erstmals
      hier Text profilierender Charakter zu; vgl. auch S. 117 f.

159   Ebd, S. 10 (Hervorhebung von mir).

Damit will jedoch B. Weiß nicht bestreiten, daß der Brief sei-
ne Motivierung und inhaltliche Prägung durch die spezifischen
Gemeindeverhältnisse seiner Adressatengemeinde empfangen
hat, stellt er sich doch wenig später selbst die Aufgabe, eine
Exegese zu bieten, "die sich in die Erklärung jedes einzelnen
Ausdrucks, wie des fortlaufenden Zusammenhangs, in das Ver-
ständniß der Composition und die Aufhellung der sie
bedingenden Verhältnisse mit Treue und möglichster
Unbefangenheit vertieft"[160]. Dies also scheint für Weiß die
Frage zu sein, ob die von Schinz vollzogene Korrektur der
Rheinwaldschen Beschreibung der den Brief bedingenden Gemeindeverhältnisse umfassend genug war.
Auch er setzt wie vor ihm schon H. Schinz ein bei den 'Lobsprüchen', die Paulus dieser Gemeinde in reichlichem Maße
zukommen lasse, geht dann jedoch über Schinz darin hinaus,
daß er es nicht dabei bewenden läßt, aufgrund des aus diesen
Lobsprüchen erschlossenen Gemeindebildes die sich im zweiten Kapitel aussprechende Gemeindesituation in ihrer Wertigkeit zu relativieren, sondern er es sich verboten sein
läßt, "in das Bild der Gemeindezustände ... einen Zug hinein (zu mischen), der wenig zu dem Lobe stimmt, welches ihnen
anderweitig der Apostel spendet"[161]. Das noch von Schinz
in seinen einleitenden Sätzen konstatierte 'andere Moment'
in diesem Brief existiert somit für Weiß nicht; es darf nicht
existieren, weil das durch die Lobsprüche repräsentierte
'eine Moment' die gleichzeitige Existenz eines diese in ihrer Berechtigung in Frage stellenden 'anderen Moments' ausschließt; inhaltlich ist es für ihn tatsächlich nicht vorhanden,
weil er eine Auslegung der betreffenden Verse bietet, die die
Annahme, spezifisch philippische Mißstände bildeten ihren

---

160   Ebd, S. 17 (Hervorhebung von mir).

161   Ebd, S. 10.

konkreten Hintergrund, als unsachgemäß bezeichnet [162]. So
gelingt es ihm, den Weg dafür zu ebnen, diesen Brief ausschließlich "seinem eigentlichsten Wesen nach als einen rein
persönlichen, als einen Ausfluß des Gemüths, als ein Wort
der innigsten Liebe an die engverbundenen Freunde zu fassen",
dessen ausschließliche Intention "die Erhebung der Philipper zu der wahren Christenfreude" ist; "die
Verfolgung dieses Liebeszweckes ist (sc. des Apostels) Dank
für die Freude, die sie ihm durch ihre Liebesgabe bereitet
haben" [163].

Wie es die Konsequenz dieser Motivierung und Intention
des Briefes ist, alle Vermutungen bezüglich innergemeindlicher Mißstände als unsachgemäß abzutun, so auch, eine äußere Gefährdung der Gemeinde als unzutreffend abzulehnen.
Auch hier läßt es Weiß nicht bei einer Relativierung der Aktualität des dritten Kapitels bewenden, sondern er erkennt in
ihm "keinerlei Polemik gegen judaistische Irrlehrer oder
fleischlich lebende Christen ..., sondern den eigentlich lehr-
haften Abschnitt unseres Briefes [164], der aber wegen der

---

162   Wenn auch B.Weiß (S.130) nicht umhin kommt,etwa im Blick
       auf Phil 2,3 ein hier von Paulus ins Auge gefaßtes
       Streben zu erkennen, "dessen Motive eigennützige
       Partheisucht sind, oder hochmüthiger Ehrgeiz,
       der noch in den eitlen, irdischen Dingen seinen Ruhm
       sucht", so deutet dies vielleicht darauf, daß diesen Ver-
       sen eine gewisse Aussageintensität eignet, die im Voll-
       zug der Auslegung in diesem Falle stärker ist als das
       den Ausleger B. Weiß leitende Interesse der Einebnung;
       dieses kommt auch bei ihm erst in der anschließenden
       Wertung voll zur Geltung; vgl. S.140f.

163   Ebd, S. 11 (Hervorhebung von mir).

164   Freilich erstaunt den Leser dieses Kommentars der
       erste Satz, mit dem Weiß die Auslegung dieses im ei-
       gentlichen Sinne lehrhaften Abschnitts beginnt, daß
       nämlich mit Ende des zweiten Kapitels "der Hauptgegen-
       stand des Briefes ... erschöpft (sei)" (ebd, S. 214).

durchaus praktischen Natur seines Gegenstandes theils mehr indirect theils direct doch wieder paränetisch ist" [165] . Hatte Paulus der um sein Schicksal so besorgten Gemeinde zunächst die erfreuliche Nachricht mitgeteilt, "wie erfreulich es um die Sache des Evangeliums in Rom stehe (1,12-18) und wie hoffnungsvoll er der Entscheidung über sein persönliches Schicksal entgegensehe, was sie auch bringe, Leben oder Tod (1,19-26)" [166] , ihnen anschließend gezeigt, "wie sie selbst durch Befolgung seiner Ermahnungen seine Freude fördern können, und sie aufgefordert, seine hohe Freudigkeit gegenüber allem, was ihn treffen konnte, zu theilen" [167] , so ist,damit "sachlich der begonnene Gegenstand wirklich möglichst allseitig abgehandelt wird" [168] , nun noch nötig, "auf den rechten einigen Grund" wahrer Christenfreude zu verweisen; "darum fordert er noch einmal seine Brüder auf, sich zu freuen, aber zu freuen - in dem Herrn" [169] . Die E r - i n n e r u n g - bezeichnenderweise spricht Weiß ja nicht von einer Warnung - an die vielen Menschen rings um sie her, als κύνες , κακοὶ ἐργάται und ἡ κατατομή   von Paulus bezeichnet, haben darum in diesem Zusammenhang ausschließlich f u n k t i o n a l e n Charakter, nämlich diese Näherbestimmung der christlichen Freude als einer Freude im H e r r n zu profilieren.

Für unsere Frage nach dem Situationsbezug des dritten Kapitels bedeutet dies: Seine Notwendigkeit liegt nicht in der Aktualität der Warnung vor Irrlehrern (eine solche liegt nicht vor), sondern darin begründet, in einer traktatähnlichen Abhandlung über den G r u n d g e d a n k e n w a h r e r C h r i s t e n -

---

165   Ebd, S. 214 Anm.1.

166   Ebd, S. 28.

167   Ebd, S. 214f.

168   Ebd, S. 214 Anm.1.

169   Ebd, S. 215 (im Original zum Teil hervorgehoben).

freude nicht auf diese fundamentale Näherbestimmung verzichten zu dürfen [170]. Wenn Weiß im Blick auf Kap. 4 betonen kann, daß Paulus nun - "nach der Erledigung jener speciellen Angelegenheit" [171] (gemeint ist V. 2f des vierten
Kapitels) - einen letzten Aspekt der wahren Christenfreude
nenne, nämlich daß diese Freude allezeit währen solle, "auch
da, wo Leiden und Trübsal aller Freude ein Ende zu machen
scheinen" [172], wiederum ohne jeglichen Hinweis darauf, daß
solches Leiden ja einen wesentlichen Aspekt der spezifisch
philippischen Situation kennzeichnet, so verstärkt sich der
Eindruck, daß Weiß bemüht ist, diesen Brief als eine umfassende Abhandlung über das Thema: "Von der echten Christenfreude" zu interpretieren, allerdings insofern betontermaßen
im spezifischen Zustand der Adressatengemeinde und deren
besonders innigem Verhältnis zu Paulus motiviert, als
'Freude' dieses schlechterdings umfassend kennzeichnet.
Ihre Einzelaspekte sind jedoch - im Gegensatz zum Gesamt-
thema - nicht von der spezifischen Situation der Gemeinde,
sondern vom Thema selbst abhängig.
Wenn Homogenität im Blick auf die Auslegung dieses Briefes
ein in sich selbst und nicht am Text zu rechtfertigendes Ziel
wäre, hätte der Kommentar von B. Weiß dies den anderen
auf der Untersuchung von W.H. Schinz aufbauenden Kommentaren voraus, daß er die Spannungen, die sich für diese
aufgrund des Inhalts dieses Briefes und ihres Verständnisses vom Zustand dieser Gemeinde ergaben, nicht erst wie
diese auf der Ebene der Wertung, sondern schon auf der
Ebene der deskriptiven Erfassung weitestgehend
abbaut. Ob Weiß damit seinem eigenen Anspruch, "mit Treue

---

170   Vgl. ebd, S. 215f.
171   Ebd, S. 303.
172   Ebd, S. 303.

und möglichster Unbefangenheit" auch "die Aufhellung der sie
(sc. die Composition) bedingenden Verhältnisse" [173] zu be-
treiben, gerecht wird, muß bezweifelt und statt dessen gefragt werden, ob nicht auch seine Auslegung doch auch von
primär apologetischem Interesse geleitet und darum wiederum
als Grenzaussage zu würdigen ist. Dieser Frage ist im Folgenden nachzugehen.

Exkurs

F.C. Baurs Bestreitung der Echtheit des Philipperbriefes

Ferdinand Christian Baur [174] hatte in seinem 1845 erschienenen Werk "Paulus, der Apostel Jesu Christi. Sein Leben
und Wirken, seine Briefe und seine Lehre. Ein Beitrag zu einer kritischen Geschichte des Urchristenthums" erstmals
die Authentizität des Philipperbriefes in Zweifel gezogen. Es
waren, wie er selbst in einem späteren Beitrag bemerkt, in
diesem Werk vor allem 'drei Hauptmomente', auf die sich
seine Bedenken gegen die Echtheit dieses Briefes stützten:
"1. de(r) Anklang an gnostische Ideen in der Stelle 2,6-9.

---

173   Ebd, S. 17.

174   Die auf Baurs Untersuchung basierenden und diese wei-
      terzuführen sich bemühenden Arbeiten von Planck, Ju-
      denthum und Urchristenthum, Theologische
      Jahrbücher 6, 1847, S. 481 f, Koestlin, Zur Geschich-
      te des Urchristenthums, Theologische Jahrbücher 9,
      1850, S. 263-265, sowie die Bemerkungen Schweglers
      zum Philipperbrief in seinem Werk "Das nachapostoli-
      sche Zeitalter in den Hauptmomenten seiner Entwick-
      lung", Bd I, S. 168 f, 298; Bd II, S. 133-135, und
      schließlich der Aufsatz von Volckmar, Ueber Clemens
      von Rom und die nächste Folgezeit mit besonderer Be-
      ziehung auf den Philipperbrief, Theologische Jahrbücher
      15, 1856, S. 287-369 (bes. S. 309-316) sind hier nur
      insofern von Belang, als sie für B. Weiß die fatalen Kon-
      sequenzen sichtbar werden lassen, die Baurs eigene Be-
      merkungen in sich bergen (vgl. B. Weiß, Kommentar,
      S. 27).

2. de(r) Mangel an einem ächt paulinischen Inhalt, 3. das Auffallende in einigen geschichtlichen Angaben" [175]. Ist "die Verwandtschaft des Inhalts (sc. dieses Briefes) mit der Gnosis" [176] nur auf den Christushymnus in Kap. 2 beschränkt, so trifft der zweite Vorwurf, der "Mangel an einem ächt paulinischen Inhalt", vornehmlich das dritte Kapitel, in dem Baur lediglich eine mehr als blasse Kopie von 2 Kor 11,18ff zu erblicken vermag. Während jedoch der 2 Kor 11,18ff motivierende, situative Hintergrund, das καυχᾶσθαι κατὰ τὴν σάρκα seiner judaisierenden Gegner, dem Leser unmittelbar evident ist, werde in Phil 3,2ff nur darum gegen jüdische Irrlehrer polemisiert, "weil es einmal zum stehenden Character der paulinischen Briefe zu gehören schien. Es fehlt dieser Polemik durchaus an Frische und Natürlichkeit, an der Objectivität der gegebenen Verhältnisse" [177]; dies erwecke den Eindruck, als sei 3,1ff einzig von der Intention geprägt, Paulus Gelegenheit zu geben, von sich selber zu reden; dies jedoch geschehe in einer Weise, daß es "besonders deutlich (ist), wie gering der Verlust (ist), welchen der Apostel erleide(t), wenn ein solcher Brief nicht unter die Erzeugnisse seines Geistes gerechnet (wird)" [178]. Neben der vorherrschend als primäre Motivierung zu diesem Brief genannten Liebesgabe der philippischen Gemeinde, deren Widersprüchlichkeit zu 1 Kor 9,15 aufgewiesen und die darum als historisch nicht glaubwürdig abgetan wird [179], ist es vor allem

---

175   F.C. Baur, Zur neutestamentlichen Kritik. Uebersicht über die neuesten Erscheinungen auf ihrem Gebiete, Theologische Jahrbücher 8, 1849, S. 299-370, 455-534 (Zitat S. 502).

176   F.C. Baur, Paulus, S. 464.

177   Ebd, S. 464f.

178   F.C. Baur, Zur neutestamentlichen Kritik, S. 522.

179   F.C. Baur, Paulus, S. 468f; vgl. auch Ders.: Zur neutestamentlichen Kritik, S. 527.

ein weiteres Moment historischer Art, das ihm einerseits endgültig den Beweis für die Unechtheit des Briefes als eines Paulusbriefes, andererseits aber den entscheidenden Hinweis auf die geschichtliche Motivierung und die Intention dieses Schreibens liefert. In Phil 1,12 wird vom autor ad Philippos "über den tiefen Eindruck (berichtet), welchen die Gefangenschaft des Apostels und seine Verkündigung des Evangeliums in dem ganzen Prätorium und in ganz Rom hervorgebracht habe"[180]. Mit dieser emphatisch vorgetragenen Nachricht ist unmittelbar Phil 4,22 zu verbinden, wo Paulus indirekt zum Ausdruck bringt, "daß es nun sogar Glaubige in dem kaiserlichen Hause selbst gab"[181], und "ohne Zweifel hat der Verfasser auch schon in den λοιποὶ πάντες 1,13. ganz besonders diese ἐκ τῆς καίσαρος οἰκίας im Auge"[182]. Ist nun einerseits mit dieser Notiz vom Verkündigungserfolg sogar im Kaiserpalast die in 1,12 so euphorisch mitgeteilte Nachricht von der προκοπὴ τοῦ εὐαγγελίου eindrucksvoll unter Beweis gestellt und darum "mit dieser das innige Gefühl der Freude ..., das sich als die Grundstimmung des Apostels in dem ganzen Briefe ausspricht"[183], hinlänglich motiviert, so gibt doch die Tatsache Anlaß zu Bedenken, "daß wir von einem solchen für die Geschichte des Christenthums so merkwürdigen[184] Erfolge der Wirksamkeit des Apostels während seiner römischen Gefangenschaft gerade nur aus dem Briefe an die Philipper Kunde erhalten"[185]. Den entschei-

---

180   F.C. Baur, Paulus, S. 469.

181   Ebd, S. 469.

182   Ebd, S. 470.

183   Ebd, S. 473.

184   Hier wohl in dem heute nicht mehr geläufigen Sinne merk-würdig zu verstehen.

185   Ebd, S. 470.

denden Hinweis zur Lösung dieser Ungereimtheit gewinnt Baur
aus der Erwähnung des Clemens in 4,3; denn durch
Identifizierung dieses Mannes mit dem Clemens der nach diesem benannten clementinischen Homilien sowie der Auswertung der von K (614) pl gig vertretenen Lesart ὁ ἑκατόντ-
αρχος παρέδωκεν τοὺς δεσμίους τῷ στρατοπεδάρχῳ (- χη
614 pm), τῷ δε Παύλῳ ἐπετράπη zu Apg 28,16 erhellt
zum einen, daß der Philipperbrief erst zu einer Zeit geschrieben worden sein kann, als der den Clemenslegenden als historische Gestalt zugrunde liegende Flavius Clemens bereits
zeitgeschichtlich weiter nach vorn gerückt worden und "aus
einem Verwandten Domitians zu einem Verwandten des Tiberius" gemacht worden war, um ihn überhaupt "zum Genossen
der Apostel und zum Nachfolger des Apostels Petrus in der
römischen Gemeinde"[186] machen zu können; zum anderen
erhellt hieraus auch die dem Schreiben zugrunde liegende Intention: Es kann "nicht ohne besondere Absicht geschehen
seyn, daß der Verfasser unsers Briefs den römischen Clemens, diesen ächten Petrusjünger, wofür er sonst immer gilt,
hier dem Apostel Paulus als συνεργός zur Seite stellt.
Auch er soll ein neues Band des harmonischen Verhältnisses
der beiden Hauptapostel seyn, die man immer enger miteinander zu verknüpfen suchte, und wie hätte denn dieser für die
römische Kirche so wichtige Mann dem Apostel Paulus so
fremd seyn sollen, wenn doch das Christenthum nur durch
das Prätorium den Weg in das kaiserliche Haus, zu welchem
Clemens gehörte, gefunden haben kann?"[187]
Als Antwort auf die kritischen Erwiderungen von Brückner[188],

---

186   Ebd, S. 473.

187   Ebd, S. 474f.

188   B.B. Brückner, Epistola ad Philippenses Paulo auctori
      vindicata contra Baurium. Commentatio a summe ve-
      nerabili theologorum Lipsiensium ordine in certamine
      academico praemio regio ornata, Lipsiae 1848.

Lünemann [189] und Ernesti [190] stellt Baur in dem schon angeführten Beitrag "Zur neutestamentlichen Kritik" in den Theologischen Jahrbüchern 8, 1849, eine noch umfangreichere Liste von Beobachtungen zusammen, die in ihrer Gesamtheit den Verdacht gegen die Authentizität des Briefes erhärten sollen, nachdem er zuvor seine These vom gnostischen Hintergrund des Christushymnus vor allem aufgrund der genannten Arbeit von Ernesti modifiziert hatte. Baur sieht sein früheres Urteil bestätigt: "Kein anderer Brief enthält so viele Stellen, in welchen es irgend einen Anstoss gibt, so viele unklare, lose zusammenhängende, in Wiederholungen und allgemeinen Wahrheiten bestehende Sätze" [191]. Weder lasse sich ein klares Bild von jenen Leuten gewinnen, die Christus nur προφάσει verkündigen, über deren Tun sich der Apostel aber dennoch freut [192], noch könne man sich so recht eine klare Vorstellung von dem den Grund dieser Freude bezeichnenden τοῦτο machen. "Ist der ganze Abschnitt V. 20-26 (sc. des ersten Kapitels) nichts als eine allgemeine Betrachtung über Tod und Leben, die durch nichts motivirt ist, was der speciellen Lage des Apostels entnommen wäre" [193],

---

189   Pauli ad Philippenses epistola. Contra F.Chr. Baurium defendit G.C.A. Lünemann e collegio Repetentium ac Dr. Phil., Gottingae 1847.

190   H.Fr.Th.L. Ernesti, Philipp. II, 6 ff., Aus einer Anspielung auf Genes. II.III., Theologische Studien und Kritiken, 1848, Heft 4, S. 858-924.

191   F.C. Baur, Zur neutestamentlichen Kritik, S. 517.

192   Ohne Meyer namentlich zu nennen, vermag Baur dessen von ihm angeführte Erklärung, des Apostels Milde diesen Leuten gegenüber sei aus der Tatsache heraus zu verstehen, daß es sich ja bei der römischen Gemeinde um keine von Paulus selbst gegründete handle, ebenso wenig zu akzeptieren wie die andere, ebenfalls von Meyer vorgebrachte, "es habe ihm (Paulus) in seiner damaligen Lage die Wichtigkeit der Verbreitung des Evangeliums in Rom selbst in judaistischer Form einleuchten müssen" (Baur, ebd, S.517).

193   F.C. Baur, Zur neutestamentlichen Kritik, S. 518 f.

so erweise sich die nachfolgende Paränese von so allgemeiner
Art, "dass sie ebenso gut in jedem andern Briefe stehen
könnte" [194].

Unverständlich erscheine auch der Wunsch des Apostels, Timotheus sobald wie möglich nach Philippi zu senden, "damit
auch er guten Muth fasse dadurch, dass er erfahre, wie es
bei ihnen stehe" [195], und Baur fragt: "Wie kann der Apostel
diess so sehr wünschen, da er ja nicht lange (sc. zum besseren Verständnis: Zeit vorher) durch Epaphroditus Nachrichten aus Philippi erhalten hatte?" [196]   Diese Frage erhält dadurch noch mehr Gewicht, wenn man sich des Urteils
erinnert, das Paulus im unmittelbaren Zusammenhang über
seine übrigen Mitarbeiter fällt [197], so daß man den Eindruck
gewinnt, Paulus entließe den einzigen von seiner Seite, "der
als wahrer Freund die gleiche Gesinnung mit ihm theile, und
es mit ihm und der Sache des Evangeliums aufrichtig meine" [198].

Die Gedankenarmut des dritten Kapitels werde sogleich mit
der Wendung τὰ αὐτὰ γράφειν selbst eingestanden, die Ausdrücke κύνες , κατατομή sollen der Polemik die ihr feh-
lende Aktualität verleihen, wobei man jedoch nicht einmal

---

194 Ebd, S. 519.
195 Ebd, S. 519.
196 Ebd, S. 519.
197 Dieses Urteil ist auch in sich für Baur höchst Bedenken erregend, da es auch nicht dadurch an Schärfe
verliert, daß man beteuert, Lukas sei damals nicht
mehr in Rom gewesen, da es für Baur doch von so
allgemeiner Art ist, "dass man nicht umhin kann, es
auch auf ihn und Titus zu beziehen. Auf solche Ueber-
treibung kann ein Schriftsteller kommen, welcher die
Situation seines Briefs nur aus sich selbst heraus
entwirft" (ebd, S. 520).
198 Ebd, S. 520.

zweifelsfrei ausmachen könne, ob die hier gemeinten Gegner
in Philippi oder in Rom zu suchen seien; V. 9 ff muten wie
ein rezitiertes Glaubensbekenntnis an, "einer absichtlichen
Zusammenfassung des Allgemeinsten, das sich aus dem Lehr-
inhalt der paulinischen Briefe abstrahiren lässt, gleich" [199].
Am befremdlichsten jedoch erscheine "das zweifelnde εἴπως
καταντήσω εἰς τὴν ἐξανάστασιν τῶν νεκρῶν , das an das
Vorhergehende angehängt wird, um durch die Auseinander-
legung dieses Zweifels die Rede weiter fortzuführen" [200];
und nachdem Baur auf Röm 8,10; 2 Kor 4,11 und Röm 6,5
verwiesen hat, fragt er: "Wie lässt sich denken, dass ihm
diese in seinem innersten Selbstbewusstsein so tief wurzeln-
de Anschauungsweise je sollte fremd geworden sein, dass er
in jenem Zeitpunkt nicht dieselbe Gewissheit seiner Todes-
und Lebensgemeinschaft mit Jesus, dieselbe Gewissensfreu-
digkeit wie sonst so oft im Hinblick auf die letzte Entscheidung von sich sollte bezeugt haben?" und vermag darum nur
zu dem Ergebnis zu kommen: "Kann irgend etwas der Apostel nicht geschrieben haben, so ist es gewiss jenes zweifelnde, seine ganze Gemeinschaft mit Christus in Frage stellende εἴπως καταντήσω εἰς τὴν ἐξανάστασιν τῶν νεκρῶν." [201]
Auch daß Paulus hier die Auferstehung "in die ferne Zukunft" [202]
rückt, bestärkt seine Überzeugung, daß hier ein anderer als
der Apostel selbst zu Wort kommt. Dieselbe Unsicherheit wie
V. 10 zeichne ebenfalls die V. 11-14 aus, "die gleichfalls
gar nicht paulinisch aussehen" [203]. Baur sieht in dem Bekenntnis des Apostels, daß Christus ihn ergriffen, er selbst

199   Ebd, S. 523.

200   Ebd, S. 523.

201   Ebd, S. 524.

202   Ebd, S. 525.

203   Ebd, S. 525.

es aber noch nicht ergriffen habe, "zwei Sätze, die sich ge-
genseitig so limitiren, dass man nichts sieht, was eigentlich
gesagt werden soll" [204], und meint darum, Demut sei zwar
"gewiss eine Grundeigenschaft des Apostels, aber wo hat er
denn je, auch wenn er am demüthigsten von sich sprach, ein
solches οὐχ ὅτι ἤδη ἔλαβον von sich bezeugt?" [205]

Auch weiterhin vermißt Baur die konkrete historische Situation, die diesen Brief veranlaßt haben könnte, da für ihn —
wie er schon in seinem 'Paulus' dargelegt hatte — das von
Epaphroditus überbrachte Geldgeschenk zu viele historische
Schwierigkeiten in sich berge; eine andere Veranlassung wird
indessen von ihm erst gar nicht erwogen.

Es scheint mir nicht lediglich dieser letzte Punkt erneut aufgegriffen, sondern ein wesentlicher Aspekt der Ge-
samtkritik Baurs am Philipperbrief und seiner Auslegung
getroffen zu sein, wenn man sie darin zusammenfaßt, daß
der Brief durchgängig den Bezug auf eine ihm zugrunde
liegende konkrete Situation vermissen läßt und
darum sein Inhalt den Eindruck vermittelt, den Baur selbst
charakterisiert mit "Armuth an Gedanken, Mangel an ge-
schichtlicher Motivirung, Zusammenhangslosigkeit, nichts
Specifisches und Konkretes, nichts was den Eindruck der
Originalität macht, nur ein matter, farbloser Reflex" [206] .

Baur hat unbestreitbar erneut scharfsichtig auf solche Stellen des Philipperbriefes hingewiesen, die in der Philipperbriefauslegung seiner Zeit seit der Untersuchung von W.H.
Schinz in zunehmendem Maße von einer deutlich in der Ten-

---

204   Ebd, S. 525.

205   Ebd, S. 526.

206   Ebd, S. 528.

denz der Harmonisierung befangenen Exegese in der Konsequenz ihrer Aussage ignoriert worden waren [207].

B. Weiß greift diese Hinweise Baurs jedoch nicht kritisch auf,
schließt sich vielmehr ausdrücklich seinem R e s u l t a t an,
daß sich nämlich "immer klarer heraus(stelle), welcher noch
nicht genug erkannter, unendlich großer Abstand zwischen den
unwidersprechlich echten Briefen des Apostels und den gleichfalls seinen Namen tragenden kleineren in Hinsicht der Gedanken und des Ausdrucks, der Composition u n d d e r g e -
s c h i c h t l i c h e n M o t i v i r u n g stattfinde(t)" [208]. Er unternimmt also in seinem Kommentar erst gar nicht den Versuch, dieses Resultat der Baurschen Kritik als möglicherweise diesem Brief nicht gerecht werdend zu hinterfragen, sondern er stellt sich die Aufgabe nachzuweisen, daß lediglich
die Schlußfolgerung Baurs, diese 'beiden Klassen' von Briefen müßten "auch verschiedenen Zeiten und Personen (angehören)" - soll Paulus nicht plötzlich ein ganz anderer geworden sein [209] - kurzschlüssig und falsch ist. Auch für Weiß
sind "die großen Lehr- und Streitbriefe des Apostels" ge-

---

207   Baur scheint freilich mit seiner Kritik weniger die Ab-
      sicht zu verbinden, die Inadäquatheit dieser Auslegung
      dem Text gegenüber aufzudecken und sich selber um
      eine textgemäßere Auslegung zu bemühen; er wertet
      vielmehr solche Exegese als E r w e i s für die
      Richtigkeit seiner eigenen Sicht des Philipperbriefes,
      die wiederum allein im größeren Rahmen seiner Kon-
      zeption der Geschichte des Urchristentums sachgemäß
      kritisch zu würdigen ist. Insofern jedoch ist das Urteil
      von B. Weiß zutreffend, ihm komme es ausschließlich
      darauf an, die zuvor gefaßte Entscheidung von der Un-
      echtheit des Philipperbriefes durch Argumente zu un-
      termauern, wenn diese auch einander zum Teil wieder
      aufhöben (vgl. B. Weiß, Kommentar, S. 12 ff).

208   Ebd, S. 532; vgl. B. Weiß, Kommentar, S. 15 f
      (Hervorhebung von mir).

209   Ebd, S. 532.

kennzeichnet durch "Polemik, Dialektik, Argumentation und
concret veranlaßte(r) Paränese"[210]. Das die kleineren Briefe
– und hier keinen von diesen in höherem Maße als den Philipperbrief – Auszeichnende aber ist "ein(en) mehr persön-
lich-freundschaftliche(r), höchstens allgemein didaktische(r)
und paränetische(r) Charakter"[211]. Weiß macht Baur darum zum Vorwurf, daß er sich keine paulinischen Gemeinden
vorzustellen vermöge, "in denen jene allgemeinen Principien
im Wesentlichen feststanden und keiner neuen Begründung
oder Vertheidigung gegen Mißverstand oder reactionäres Par-
teitreiben bedurften"[212]. Da diese Gemeindebeschreibung
aber insbesondere für Philippi zutrifft, erklärt sich hierin
seine Andersartigkeit gegenüber den "unwidersprechlich echten" Paulusbriefen in bezug auf "Gedanke und Ausdruck,
Composition und geschichtliche Motivirung" – "ist doch nichts
natürlicher, als daß man einen Freundesbrief anders schreibt,
als einen, worin man für die heiligsten Güter kämpfen muß,
als daß eine durch Kampf und krankhafte Symptome erregte
Situation schärfere Conturen trägt, als eine friedliche, ge-
sunde, in den einfachsten, natürlichsten Verhältnissen sich
abzeichnende"[213].

Dieses Urteil über die philippische Gemeinde, von dessen Richtigkeit somit einzig und allein die Echtheit dieses Briefes als
eines Paulusbriefes abzuhängen scheint, da es allein
seinen spezifischen Charakter zu erklären vermag, als zutreffend zu erweisen, bemüht sich Weiß in seinem Kommentar; diesem Bemühen opfert er auch die von H. Schinz noch
zugestandenen Bezüge auf eine aktuelle gemeindliche Situa-

---

210 B. Weiß, Kommentar, S. 15.

211 Ebd, S. 15f.

212 Ebd, S. 16.

213 Ebd, S. 16.

tion. Ob er so diejenigen von Baurs Fragen, die es wert sind,
gehört und erneut aufgegriffen zu werden, wie etwa die mit
der Sendung des Timotheus verbundene oder die nach der
Funktion von Phil 3,4ff, bes. V.11-14, textgemäß beantwortet hat, ist zu bezweifeln.

2.   Zusammenfassung und kritische Würdigung

Der von B. Weiß vorgelegte Kommentar stellt aufgrund seiner
Eigenart einen gewissen vorläufigen Abschluß und Einschnitt
in der Auslegung des Philipperbriefes dar. Es ist darum sachgemäß, an dieser Stelle zunächst innezuhalten und im Rückblick auf die seit der Untersuchung von W.H. Schinz erschienenen Kommentare die unsere Untersuchung primär leitende Frage zu stellen, inwieweit in ihnen die Einsicht in der Auslegung dieses Briefes realisiert wird, daß die spezifisch philippische Gemeindesituation diesen Brief motiviert und darum inhaltlich geprägt habe, daß also seinen Aussagen ihre
K o n k r e t h e i t   und   G e z i e l t h e i t   nur dann erhalten werden kann, wenn der situative Hintergrund, auf den sie treffen
sollen, transparent gemacht zu werden vermag. Da zur Erhellung dieses situativen Hintergrunds unter Umständen keine
anderen Quellen als der Brief selbst zur Verfügung stehen,
ist zugleich zu fragen, inwieweit methodisch der dann hier
verborgene Zirkel erkannt und wie ihm begegnet wurde; diese Fragen zu stellen, heißt auch, nach der Wirkungsgeschichte
der Untersuchung von W.H. Schinz zu fragen.
Zunächst ist als Ergebnis des Vorhergehenden zu notieren,
daß   a l l e   angeführten Ausleger in den Einleitungen ihrer
Kommentare betonen, daß der Brief sowohl seine Existenz
als auch seine inhaltliche Prägung dem spezifischen Zustand
der philippischen Gemeinde verdanke.   M e t h o d i s c h e

Überlegungen indessen, auf welche Weise diese dem Brief
zugrunde liegende, ihn motivierende und dann auch inhaltlich
bestimmende Gemeindesituation zu eruieren sei, werden von
keinem dieser Kommentatoren angestellt. Die bei Schinz
im Ansatz vorhandene Einsicht, daß diese für die Auslegung des Briefes relevante Frage eine je gänzlich ver -
schiedene Beantwortung erfahre, wenn 'das eine oder das
andere Moment', d h die 'ausgezeichneten Lobsprüche'
oder die paränetischen Passagen des Schreibens, stärkere
Berücksichtigung fänden, wird von niemandem aufgegriffen,
das hierin liegende und von Schinz angedeutete Problem erfährt keine weitere Aufmerksamkeit. Es ist vielmehr zum
einen – vordergründig – die von den Philippern übersandte
Liebesgabe, für die Dank zu sagen Paulus sich zu diesem
Brief veranlaßt sieht, es sind zum anderen die durch eben
diese Liebesgabe sowie die Tatsache, daß Paulus diese an -
genommen hat, hinreichend ausgewiesenen vertrauten
und darum völlig ungetrübten Beziehungen zwischen
dem Apostel und dieser Gemeinde, welche den Philipperbrief letztlich motivieren. Sie indizieren eine 'treff-
liche', 'sehr lobenswerthe' Gemeinde. Mit diesem
Urteil stimmt dann auch der ganze Ton des Schreibens
überein, der "gewiß mehr noch als einzelne Aeußerungen über
den Zustand der Gemeinde (erkennen) läßt ..., wie sehr der
Apostel Ursache hatte, mit dieser Gemeinde im Ganzen zufrieden zu seyn"[1] .

---

1 Wiesinger, Kommentar, S.5. Es könnte allerdings im Blick
   auf diese Aussage Wiesingers die Frage aufgeworfen werden, wie hier die Redewendung "im Ganzen" zu verstehen
   sei, entweder im Sinne von: 'nach Abwägung aller Aspekte' oder im Sinne von: 'mit dieser Gemeinde insgesamt'. M.E. ist sie im letzteren Sinn zu nehmen.

In offenkundiger Spannung zu dieser Motivierung des Briefes
und der aus ihr deduzierten Gemeindesituation sowie dem
angenommenen Gesamtton des Schreibens sehen sich
alle [2] Ausleger aufgrund von Phil 2,1 ff und die meisten
auch aufgrund von 3,12 ff genötigt, diese paränetischen Teile auf dem Hintergrund 'sittlicher Verfehlungen in der Gemeinde' zu sehen [3], wobei es an dieser Stelle nicht um die Frage
nach der Richtigkeit der den angeführten Briefpassagen entnommenen Hinweise auf den inneren Zustand der Gemeinde
geht, sondern um die Frage nach deren Stimmigkeit bezüglich
des dem Brief entnommenen Gemeindebildes, d h nach deren
Wertigkeit im Blick auf die Eruierung der ihm zugrunde
liegenden Gemeindesituation.

Während noch Matthies die Danksagung für die in Empfang ge-
nommene Liebesgabe als vordergründige Veranlassung des
Briefes ansah, dessen eigentlichen Zwecke der Intention seines
Verfassers gemäß jedoch darin erblickte, u.a. "den wahren
Glaubensgrund noch mehr (zu) befestigen, vor Abwegen (zu)
warnen", wenngleich dies alles "unter überschwänglichen
Freudenergüssen über den im Ganzen lauteren Zustand der Gemeinde", und damit eben doch versucht, beiden s.E. sich
im Brief aussprechenden dominanten Situationskomponenten
Rechnung zu tragen, so ist nunmehr festzustellen, daß der
der Paränese zugrunde liegenden Situationskomponente
lediglich noch bei Wiesinger eine gewisse - untergeordnete
- Bedeutung insofern beigemessen wird, als neben der betonten Hervorhebung des Dankes sowie der im besonders
engen persönlichen Verhältnis zwischen dieser Gemeinde und
dem Apostel motivierten Nachrichten über die eigene Lage
in Rom auch die Ermahnung an die Gemeinde als Konstitu-

---

2 Hier ist lediglich B. Weiß auszunehmen. Dies ja allerdings darum, da er in diesen Versen keine Gemeinde-
   mißstände angesprochen sieht.

3 Vgl. de Wette, Kommentar, S. 181 f; Meyer, Kommentar, S. 47.

tivum des Briefes genannt wird.

Es ist darum als Ergebnis bezüglich der Frage nach der inneren
Gemeindesituation und deren Relevanz im Blick auf die Motivierung und inhaltliche Prägung des Briefes zu konstatieren,
daß der Auslegung das methodisch unreflektiert gewonnene Bild einer in rühmlichem Zustand befindlichen Gemeinde vorangestellt wird und der Brief in ihm seine Motivierung erhält; in der Auslegung dann jedoch dieses Gemeindebild aufgrund der paränetischen Briefpassagen – auf
der Ebene der deskriptiven Erfassung des Textes –
in geradezu in Frage stellender Weise ergänzt und korrigiert
wird – ohne daß diese Korrektur als eine solche empfunden
würde und darum Bedeutung hinsichtlich der Motivierung des
Briefes erlangte, sondern vielmehr eindeutig auf der Ebene,
auf der die Entfaltung der Gezieltheit und Konkretheit dieses
Textes innerhalb der 'Koordinaten' des situativen Kontextes
erfolgen müßte, aufgrund des der Auslegung vorangestellten
Verständnisses vom Zustand der Gemeinde relativiert
wird [4].

Ähnliches ist nun auch im Blick auf die Frage zu beobachten,
ob und wenn ja, inwieweit sich im dritten Kapitel des Briefes
eine die äußere (oder vielleicht sogar innere (!)) Situation
der Gemeinde repräsentierende Situationsdominante ausspricht.
Auch hier wird sich die Frage nach deren Relevanz bezüglich
der Motivierung des Briefes anzuschließen haben. Daß die
letztere nur bei ganzheitlicher Sicht des Briefes sinn-
vollerweise gestellt werden kann, versteht sich von selbst.
Eine zwar einheitliche, nicht aber ganzheitliche Sicht
des Briefes vertreten von den hier charakterisierten Ausle-

---

4 Vgl. in diesem Zusammenhang die stets wiederkehrende
'Beteuerung', es gehe in 2,1 ff ja nicht um Mißstände
dogmatischer Art, sondern (nur) um sittliche Verfehlungen in der Gemeinde.

gern lediglich Meyer und Ewald [5]. Alle übrigen halten an
der ganzheitlichen Integrität des Philipperbriefes fest.
Zunächst ist auch hier daran zu erinnern, daß alle [6] Ausleger
darin übereinstimmen, daß Paulus die hier in Frage stehenden Verse als ein inhaltlich straff strukturiertes Kapitel verfaßt, in dem er sich je nach Sicht des Auslegers mit entweder zwei unterschiedlichen Gegnerfronten oder einer einzigen
Gegnerfront, jedoch unter verschiedenen Aspekten, in Phil
3,1b ff und 3,17ff auseinandersetzt, so daß sich die Frage
nahelegt, ob die Einsicht in die   Struktur   dieses Kapitels
nicht zugleich die Einsicht zur Konsequenz hat und auch implizit zum Ausdruck bringt, daß Paulus hier eine Frage von
für ihn nicht geringer Wichtigkeit zur Sprache bringt. Diese
Folgerung zu ziehen, scheint indessen nach Ansicht aller Ausleger verfehlt zu sein; denn hinsichtlich der Frage der Motivierung dieses Briefes mißt diesem Kapitel keiner von ihnen
größere Bedeutung bei. Diese   Wertung ist darum möglich, weil entweder die Frage nach einem möglicherweise
gegebenen aktuellen situativen Hintergrund gar nicht in den
Blick genommen [7] oder als nicht entscheidbar beurteilt
wird [8]. Auch die Annahme einer rein prophylaktischen Warnung ist hier zu nennen, da ja auch sie mit keinem direkten

---

5 Ohne daß Meyer oder Ewald diese Termini selbst gebraucht oder im Blick auf die durch sie angezeigten Sachverhalte differenziert hätten, ist aufgrund der in den methodischen Vorüberlegungen zu Beginn dieser Untersuchung
   (vgl. S.21f) dargelegten Begriffsdefinitionen die Position beider Exegeten bezüglich der literarkritischen Frage
   so sachgemäß zu umschreiben.

6 Als Ausnahme ist hier wieder B. Weiß zu nennen, der in
   seinem Kommentar, wie aufgezeigt, zu einer gänzlich
   anderen Sicht dieses Kapitels kommt.

7 Vgl. etwa de Wette.

8 So etwa Meyer.

Anhalt dieser Verse an der zur Zeit der Abfassung tatsächlich
bestehenden Wirklichkeit rechnet. Daß die Relevanz des situativen Kontextes, genauer gesagt: bestimmter dominanter
Aspekte dieses Kontextes, offensichtlich nicht in das Blickfeld des Auslegers tritt, wenn sie nicht mit dem zuvor unreflektiert gewonnenen Bild der Gemeinde übereinstimmen,
machen freilich diejenigen Ausleger deutlich, die durchaus in
der Lage sind, es für wahrscheinlich zu halten, daß dieses
dritte Kapitel von Paulus angesichts einer die Gemeinde be-
drohenden Gefahr durch die hier ins Auge gefaßten Irrlehrer
geschrieben sei; sei es nun, daß diese Bedrohung von außerhalb unmittelbar bevorstand[9] oder gar, daß diese Irrlehrer in der Gemeinde selbst (!) zu suchen seien und hier ihr
Werk der Zerstörung zu verrichten trachteten[10], diese Ausleger gleichzeitig jedoch betonen, diesen Briefteil habe Paulus geschrieben, nachdem er alles das, was ihm "zunächst
auf dem Herzen lag", gesagt habe[11], Matthies (und auch
Baumgarten-Crusius) nichtsdestotrotz einen "im Ganzen
lauteren Zustand der Gemeinde" konstatierten[12]. Es drängt
sich die Frage auf, ob nicht in der Tat auch diese Wertung
des dritten Kapitels eine Konsequenz der der Auslegung vorgeordneten Sicht der Gemeinde ist: Eine in jeder Hinsicht
lobenswerte Gemeinde kann nicht zugleich in der Gefahr stehen, auftretenden Irrlehrern anheimzufallen; wenn diese Gefahr aber nicht besteht (oder nicht bestehen k a n n aufgrund der vorgeordneten Prämisse), verliert folgerichtig eine solche Warnung an Aktualität und damit auch an Konkret-

---

9   Vgl. Wiesinger, Kommentar, S. 103.

10 So etwa Matthies und - obwohl nicht mit Sicherheit zu
    entscheiden - auch Baumgarten-Crusius.

11 Wiesinger, Kommentar, S. 98.

12 Matthies, Kommentar, S. 13.

heit und Gezieltheit (sie hätte sie dann auch nie besessen).
Methodisch ergibt sich aus dem Gesagten, daß im Blick
auf keinen der vorgestellten Ausleger des Philipperbriefes
– unter Respektierung der graduell erheblichen immanenten
Verschiedenheit im Blick auf andere Aspekte der Auslegung
untereinander – von methodisch reflektiertem Bemühen, motiviert und angeleitet durch die Einsicht in die Bedeutsamkeit
dieser Aufgabe für die Auslegung, gesprochen werden kann,
aus dem gesamten Brief [13] die Situation der philippischen Gemeinde deskriptiv zu erfassen und diese sodann der
einzelnen Textaussage zu konfrontieren, um einerseits ihre
Richtigkeit am Einzeltext zu überprüfen, andererseits der
Einzelaussage durch die Konfrontation mit der ihr zugrunde
liegenden Gemeindesituation ihre Konkretheit und Gezieltheit
dem 'heutigen' Leser zu erhalten. Es scheint vielmehr so,
daß alle Kommentatoren 'ihr' anhand bestimmter Textpassagen, die in der 'ersten' Begegnung mit dem Text dominierenden Charakter für die Ganzheit des Briefes gewan-
nen [14], sich gestaltendes Gemeindebild an die Auslegung dieses Schreibens herantragen und die ihm entsprechenden Textpassagen durch dieses aktualisieren, andere Brief-

---

13 Dies gilt auch für Ewald und Meyer, für die sich ja ledig-
    lich das 'Briefganze' und damit die aus ihm insgesamt
    zu eruierende Gemeindesituation zunächst auf die beiden
    ersten Kapitel (und das, was Paulus noch beabsichtigte
    anzufügen) begrenzt.

14 Vgl. E. Staiger, Die Kunst der Interpretation, in: Ders.,
    Die Kunst der Interpretation. Studien zur deutschen Lite-
    raturgeschichte, Zürich [5]1967 (= [1]1955), S. 9–33, bes.
    32. Es kann nur darauf verwiesen werden, daß im Blick auf
    die Frage, inwiefern gerade d i e s e bestimmten Text-
    passagen in einer solchen 'ersten' Begegnung mit dem
    Textganzen dominierenden Charakter annehmen, auch in
    starkem Maße das Moment des Geprägtseins des Ausle-
    gers von bestimmten theologie- und geistesgeschichtlichen
    Strömungen in Anschlag zu bringen wäre (vgl. auch die
    methodischen Vorüberlegungen), ohne daß dieser Frage hier
    weiter nachgegangen werden kann.

teile ohne jeglichen Situationsbezug erläutern oder aber aufgrund dieses Gemeindebildes die ihm nicht entsprechenden
oder ihm gar entgegenstehenden Textpassagen in ihrer Aussage relativieren. Das durchgängig an den Brief herange-
tragene Gemeindebild einer untadeligen Gemeinde hat ja ohnehin zur Folge, daß es sehr viel weniger Aktualisierung fordert und sich weitaus weniger direkt im Brief selbst – abgesehen von den 'ausgezeichneten Lobsprüchen' – ausspricht [15],
als dies etwa bei einem solchen durch innergemeindliche Mißstände oder äußere Gefährdung geprägten der Fall wäre; hier
wären Bezugnahmen zwingend von der Sache her gefordert.

Wenn abschließend noch die Frage nach der Wirkungsgeschichte
der Untersuchung von W.H. Schinz zu beantworten ist, so
dürfte – auch abgesehen von den vielen Einzelhinweisen auf
diese Untersuchung in den Kommentaren – deutlich geworden
sein, daß seine Sicht der philippischen Gemeinde bei im einzelnen durchaus vorgenommener Modifizierung durchgängig
der je eigenen Auslegung zugrunde gelegt wurde: Für S c h i n z
hatte sich aufgrund seines G e s a m t e i n d r u c k e s , den dieser Brief in ihm erweckt hatte, das Bild einer Gemeinde ergeben, mit der Paulus alle Ursache hatte, "in einem vorzüglichen Grade zufrieden zu seyn" [16]. Dies hatte zum einen
hinsichtlich der 'nachdrücklichen Rügung gewisser Streitigkeiten' zur Konsequenz, diese "von minder wichtigen Ursachen herzuleiten" [17], zum andern im Blick auf die Warnung
vor Irrlehrern im dritten Kapitel, hier lediglich eine in der
fürsorglichen Liebe des Apostels zu dieser Gemeinde begründete prophylaktische Warnung zu erblicken und somit bezüglich ihrer Aktualität geradezu zur Bedeutungslosigkeit zu

---

15 Vgl. etwa die Sicht der Gemeindesituation und die Aus-
    legung des Briefes von B. Weiß.

16 Schinz, aaO, S. 7.

17 Ebd, S. 8.

relativieren.

Dies alles bedeutet im Blick auf die Wirkungsgeschichte dieser
Untersuchung, daß zwar das von uns als   Grenzaussage
gewürdigte Ergebnis dieser Arbeit auslegungsgeschichtlich
große Wirkung erlangte, nicht jedoch seine die eigene Untersuchung als solche motivierende Einsicht in die große Bedeutung der zugrunde liegenden Fragestellung für die Auslegung dieses Briefes. Ihr Ergebnis wurde mit all seinen einer
Grenzaussage anhaftenden Einseitigkeit für die je eigene Auslegung übernommen, sie entband jedoch offensichtlich ihre Rezipienten von der Notwendigkeit, die i h r zugrunde
liegende Einsicht je neu in ihrer Relevanz zu verifizieren, je neu am Text methodisch zu reflektieren und in ihrer
sachlichen Aussage zu kontrollieren.

C.   Die Frage nach dem situativen Kontext des Philipper-
      briefes in der Geschichte der Auslegung von B. Weiß
      bis E. Lohmeyer

1.   Darstellung

Ist das Ergebnis der vorangehenden kritischen Zusammenfassung und Würdigung der Philipperbriefauslegung — spezifiziert auf die diese Untersuchung leitende Frage und deren Konsequenzen für die Exegese — seit W.H. Schinz dahingehend
knapp zusammenzufassen, daß auslegungsgeschichtlich die
Zeit nach W.H. Schinz weder methodisch noch in-
haltlich-sachlich über diesen hinauszugelangen in der
Lage war — man eher umgekehrt wohl feststellen muß, daß
mancher in seinem Gefolge in beiderlei Hinsicht den von ihm
repräsentierten Stand der Exegese nicht beizubehalten ver-
mochte —, so soll im folgenden die durch die Kommentare von

B. Weiß und E. Lohmeyer begrenzte Zeit der Auslegungsgeschichte unseres Briefes in den Blick genommen werden. Dies
wird in der Weise geschehen, daß jetzt, nachdem im vorange-
gangenen Kapitel die in den 'Vorüberlegungen' skizzierte
Fragestellung in Konfrontation mit den hier charakterisierten
Philipperbriefauslegungen auf die im Rahmen dieser
Fragestellung entscheidenden Auslegungsprobleme
dieses Briefes präzisiert und profiliert wurde, die soeben
in ihren Granzen angegebene Zeit auf ihre Beiträge zu
diesen offenen Fragen der Philipperbriefexegese gehört werden soll [1].

Alle genannten Ausleger bringen zum Ausdruck, daß der Brief
seine Existenz wie seine inhaltliche Prägung der besonderen
Situation der philippischen Gemeinde verdanke [2] . So stellt

---

1   Es handelt sich um folgende Kommentare, die diesem Ka-
    pitel zugrunde gelegt wurden: Aug. Bisping, Erklärung
    der Briefe an die Epheser, Philipper und Kolosser, Mün-
    ster 1866; J. Chr.K. v.Hofmann, Der Brief an die Phi-
    lipper, Nördlingen 1871; C. Holsten, Der Brief an die Phi-
    lipper, Exegetisch-kritische Studie I, Jahrbücher für pro-
    testantische Theologie, 1.Jahrgang 1875; P.W. Schmidt,
    Neutestamentliche Hyperkritik, an dem jüngsten Angriff ge-
    gen die Aechtheit des Philipperbriefes auf ihre Methode hin
    untersucht. Nebst einer Erklärung des Briefes, Berlin
    1880; A.H. Franke, Der Brief an die Philipper, Göttingen
    [5]1886; J.B. Lightfoot, Saint Paul's Epistle to the Philip-
    pians. A Revised text with introduction, notes, and disser-
    tations, London. New York [11]1890; R.A. Lipsius, Der
    Brief an die Philipper, Freiburg [2]1892; A. Klöpper, Der
    Brief des Apostels Paulus an die Philipper, Gotha 1893;
    E. Haupt, Der Brief an die Philipper, Göttingen [6]1897;
    K.J. Müller, Des Apostels Paulus Brief an die Philipper,
    Freiburg 1899; P. Ewald, Der Brief des Paulus an die Phi-
    lipper, Leipzig [1.2]1908; W. Lueken, Der Brief an die
    Philipper, Göttingen [2]1908; M.R. Vincent, Critical and
    Exegetical Commentary on the Epistle to the Philippians
    and to Philemon, Edinburgh 1922; M. Dibelius, An die
    Philipper, Tübingen [2]1925; K. Barth, Erklärung des Phi-
    lipperbriefes, Zürich [5]1947 (=1927); E. Lohmeyer, Der
    Brief an die Philipper, Göttingen 1928. Der Gesamtband
    (Meyer IX, 8.Aufl.), neben dem Kommentar zum Philip-
    perbrief auch die Auslegung des Kolosser- und des Phile-
    monbriefes enthaltend, erschien 1930.

HAUPT dem Leser – wie er ausdrücklich hervorhebt – im
Unterschied zu den älteren Auslegungen in Meyers kritisch-
exegetischem Kommentar eine "psychologische Auslegung
(in Aussicht), welche zu verstehen sucht, nicht nur was der
Verf.(asser) sagt, sondern auch w a r u m e r u n t e r d e m
E i n f l u s s d e r j e d e s m a l g e g e b e n e n V e r h ä l t n i s s e
und seiner individuellen Eigenart es grade   s o sagt" [3] .
Wenn sich für A.H. FRANKE im Blick auf unseren Brief der
Eindruck aufdrängt, es handle sich um ein Gelegenheitsschrei-
ben, "ganz beherrscht von den praktischen Fragen und Interessen, welche Schriftsteller und Empfänger im Augenblicke
bewegen", und sich darum, "deutlicher fast als in irgend einem
anderen Sendschreiben, alle einzelnen Theile der Darstellung
aus den konkreten Verhältnissen der Gemeinde (begreifen),
wie sie der Brief selbst jeden unbefangenen erfassen lehrt" [4] ,
so stellt sich die hier angedeutete Aufgabe für C. HOLSTEN,
wiewohl von ihm nicht minder betont, doch ungleich schwieri-
ger dar, erkennt er doch, daß ein Brief "keine geschichtliche
Urkunde für die Zukunft (ist), sondern eine Zuschrift für Mitlebende, Mitwissende, denen jedes Wort, jede Anspielung,
alles, was steht und nicht steht, Leben und Verständniss ist" [5] .
Wenn dennoch auch er immer wieder in seiner Studie zu dem
Urteil kommt, daß "alles trefflich (ist), weil zweckmässig
in der g e g e b e n e n L a g e " [6] , so darum, weil auch nach

---

2   Dies gilt auch für den Kommentar von M. Dibelius, wenn-
    gleich diese Einsicht hier nur 'negativ' formuliert begeg-
    net, wenn Dibelius etwa im Blick auf Phil 3,15 sagt: "Den
    Worten eine besondere Beziehung auf die uns nun doch einmal
    unbekannte Briefsituation zu geben ..., ist nicht geboten"
    (S.71); zu M. Dibelius s.auch unten S. 202 f.

3   E. Haupt, Kommentar, Vorw. S. III (Sperrung von mir).

4   A.H. Franke, Kommentar, S. 14,13.

5   C. Holsten, aaO, S. 493.

6   C. Holsten, ebd, S. 483 u.ö. (Sperrung von mir).

seiner Meinung der Brief "doch klar genug ... (spricht), für
jeden, der in den Inhalt desselben einzudringen die Mühe nicht
scheut"[7].

Finden sich auch bei keinem dieser Ausleger Überlegungen
methodologischer Art bezüglich der Erhellung dieser "konkreten Gemeindeverhältnisse"[8], so erweist sich Phil 4,1 als
die entscheidende Aussage des Apostels, aufgrund deren der
Zustand der philippischen Gemeinde zu erschließen ist; können doch "diese Prädikate nur dadurch erworben sein, daß
eine Abirrung vom Glauben, eine Verleugnung christlichen
Wesens in erheblichem Maße und in weiteren Kreisen in ihr
nicht vorgekommen war, vielmehr ... im großen und ganzen
eine feste Stellung derselben in der einmal eingenommenen
Position zu konstatieren gewesen sein muß"[9]. Aber auch
weiterhin ist es mehr noch als einzelne Verse der Gesamtton des Briefes, der das Gemeindebild in ersten Konturen
bestimmt, ohne daß erste Anzeichen eines methodisch reflek-
tierten Erfassens dieses Gesamttons erkennbar wären. Ist
der Brief nach J.B. LIGHTFOOT noch am ehesten mit dem
ersten Brief an die Thessalonicher zu vergleichen, da beide
"the pervading tone of satisfaction, even the individual ex-
pressions of love and praise" auszeichnen, so gilt doch: "But

---

7 C. Holsten, ebd, S. 493.

8 Bei KLÖPPER begegnet jedoch die These, "daß eine gewisse, stark optimistisch gefärbte Plerophorie der Aus-
   drucksweise in den Eingängen einzelner Briefe des Apostels, wie auch in dem unsrigen (1,3-7), einem nüchtern
   urteilenden Exegeten keinHindernis in den Weg legen darf,
   gelegentliche, in spätern Teilen jener Schriftstücke her-
   vortretende Symptome, die als mit jener Ausdrucksform
   wenig in Einklang stehende ihm entgegentreten, doch in dem
   Sinne zu nehmen, der ihrem Wortlaut und ihrem Zusammenhang am meisten entsprechend ist." (Klöpper, aaO
   S. 221).

9 Klöpper, ebd, S.7; vgl. auch v.Hofmann, Kommentar,
   S.173; Franke, Kommentar, S.6f; Lipsius, Kommentar, S. 208; Haupt, Kommentar, Einl. S. 89.

in the Epistle to the Philippians the Apostle's commendation
is more lavish, as his affection is deeper. He utters no mis-
givings of their loyalty, no suspicions of false play, no re-
proaches of disorderly living, no warnings against grosser
sins." [10]   Diesem Gesamteindruck steht offenbar nicht entgegen, daß Lightfoot nicht umhin kommt, dem Brief auch zu
entnehmen, daß "there was one drawback to his (the apostle's)
general satisfaction. A spirit of strife had sprung up in the
church; if there were not open feuds and parties, there were
at least disputs and rivalries." Jedoch - so fügt Lightfoot
einschränkend hinzu - bezogen sich diese Feindseligkeiten
nicht auf "doctrinal but to social questions." [11]   Ganz ähnlich
wie hier begegnet   d i e s e r Aspekt der inneren Gemeindesituation auch bei A.H. FRANKE, R.A. LIPSIUS und A.
KLÖPPER, wenngleich auch diese Ausleger unmittelbar nach
Konstatierung dieses sich im Brief aussprechenden Sachverhalts um eine Nivellierung zugunsten des von ihnen empfun-
denen Gesamttons des Briefes bemüht sind. So betont FRAN-
KE, daß die von Paulus angesprochenen Mißstände "bei den
Philippern (gewiss) noch unentwickelt, wenig zu Tage tretend
(waren)" [12]. Für LIPSIUS verbietet sich insbesondere aufgrund von Phil 4,1, aber auch 1,5f und 4,9 zwar die Annahme, "dass die Gemeinde in zwei einander grundsätzlich be-
fehdende Parteien, eine paulinisch-heidenchristliche und eine
antipaulinisch-judaistische, zerfallen wäre", aber er bezieht
dann doch mit Holsten "die sehr eindringlichen und wiederholt
eingeschärften Aufforderungen zur Eintracht, zur Demuth,
zur Selbstverleugnung ... auf die beiden Gruppen der Heidenchristen und Judenchristen"; wenn es auch noch nicht zum of-

---

10 Lightfoot, Kommentar, S.66f; vgl. auch Franke,
    Kommentar, S.6; Lipsius, Kommentar, S. 208.

11 Lightfoot, ebd, S. 67.

12 Franke, Kommentar, S. 12.

fenen Konflikt zwischen ihnen gekommen sei, so habe wohl
doch die Gefahr bestanden, daß von außerhalb der Gemeinde
agierende Juden den "judaistische(n) Eifer" der Judenchristen
erwecken konnten, zumal die "Versuchung hierzu ... anknüp-
fen (konnte) an allerlei Eifersucht des einen Theils der Gemeinde auf den anderen, an allerlei Selbstüberhebung der Einen über die Anderen, kurz an allerlei inneren Unfrieden, welcher beweist, dass es der Gemeinde im Ganzen noch an der
rechten praktischen Erkenntniss und an dem rechten brüderlichen Gemeingeiste gebricht". [13] KLÖPPER, der davon
ausgeht, daß die Gemeinde zur Zeit der Abfassung des Philipperbriefes "einen ungefähr zehnjährigen Bestand" hatte [14],
sieht die Ermahnungen des Apostels stärker von der Intention
des "zum vollkommenen Abschluß bringen von bereits einge-
leiteten, dem Vollendungsziel sich entgegenstreckenden sittlichen Bestrebungen, als ... (vom) Eintreten in eben erst
eröffnete neue Bahnen" geprägt. Dieser Sachverhalt bietet
ihm auch die Erklärung dafür, daß sogar der dringlichen Mahnung zur Eintracht - von Paulus gewichtig unterstrichen
"durch den Hinweis auf das erhabene Beispiel Christi" - zunächst durchaus eine gewisse Undurchsichtigkeit insofern an-
haftet, als aus ihr selbst "die Differenzpunkte in der Gemeinde", auf die sie Bezug nimmt, nicht erschlossen werden können. Sie erhellen erst aus dem 3. Kap. [15].

Aus dieser 'Analyse' des Zustandes der Gemeinde und der daraus deduzierten Briefsituation ergeben sich folgerichtig die
verschiedenen Intentionen, die Paulus mit diesem Brief verband und die ihrerseits dann maßgeblich die inhaltliche Aus-
prägung dieses Schreibens bestimmten. So stellt der Philipper-

13 Lipsius, Kommentar, S. 209.
14 Klöpper, Kommentar, S. 9.
15 Klöpper, ebd, S. 10.

brief nach FRANKE in erster Linie, wie er aus Phil 2,25ff
entnimmt, ein Empfehlungsschreiben für den nach
Philippi zurückkehrenden Epaphroditus dar. Aufgrund dieses
Anlasses ohnehin zur Abfassung eines Schreibens an diese
Gemeinde genötigt, nutzt Paulus die Gelegenheit, den längst
überfälligen Dank für die Liebesgabe zum Ausdruck zu bringen sowie Nachricht über seine eigene Lage zu geben, um die
nicht gerechtfertigte Besorgnis der Gemeinde bezüglich seines
eigenen Geschicks zu zerstreuen. Schließlich dient ihm der
Brief noch dazu, auf die Situation der Bedrückung, der die
Philipper ausgesetzt sind, einzugehen und sie zur Einigkeit
zu ermahnen [16]. Entsprechend ihrer etwas stärkeren Ak-
zentuierung der inneren Mißstände in Philippi, als dies bei
Franke der Fall ist, werten LIPSIUS und KLÖPPER d i e -
s e n Aspekt auch hinsichtlich der Frage nach den Motivierungen dieses Briefes. So heißt es bei LIPSIUS: "Mit jener
Danksagung und diesen Nachrichten verbindet der Apostel aber
weiter eine Reihe von eindringlichen Mahnungen und Warnungen, wie sie ihm durch die inneren Zustände der philippischen
Gemeinde geboten erschienen." [17] Etwas schwächer formuliert KLÖPPER gemäß seiner Sicht dieses Situationsaspektes: "Andererseits erhielt er (Paulus) so erwünschte Gelegenheit, auf mancherlei Punkte, die im philippischen Gemein-
dewesen der Förderung resp. Besserung noch bedurften, be-
lehrend und überwiegend mahnend hinzuweisen." [18] Aus dem
angedeuteten Bündel von Motivierungen will E. HAUPT indessen gerade diesen letztgenannten Aspekt getilgt wissen.
Dezidiert stellt er fest: "So wird es also dabei sein Bewenden
behalten, dass unser Brief in der Rücksendung des Epaphrodit

---

16 Vgl. Franke, Kommentar, S. 8f.

17 Lipsius, Kommentar, S. 209f.

18 Klöpper, Kommentar, S. 15.

seine Veranlassung hat und nicht durch besondere Verhältnisse in Philippi oder eine besondere Stimmung der Gemeinde
gegen P.(aulus) seine Erklärung findet, sondern in erster
Linie nur eine beruhigende Mitteilung über ihn
selbst ist."[19]

Eine genauer beschreibbare Sicht der den Brief motivierenden
Gemeindesituation meinen v. HOFMANN, in seinem Gefolge
P. EWALD und, wenngleich eine gänzlich andere Position als
diese beiden vertretend, C. HOLSTEN eruieren zu können.
v. HOFMANN wartet mit der von ihm neu begründeten These
auf, Paulus antwortete mit diesem Brief auf ein der Liebesgabe der Philipper beigelegtes Schreiben dieser Gemeinde, und
sieht nunmehr "durch den Empfang der Gabe, durch den Inhalt
des sie begleitenden Schreibens und durch das, was er (Paulus)
von Epaphroditus über die inneren Zustände der Gemeinde und
über Vorkommnisse[20] ... erfahren haben mochte, ... Inhalt
und Gang des Briefes bestimmt"[21]. In ihrem an Paulus gerichteten Schreiben, "dessen Inhalt sich aus dem Schreiben
des Apostels entnehmen läßt"[22], hatte die Gemeinde zum einen ihre Besorgnis über die veränderte Situation der Haft des
Apostels, die sie als eine Veränderung zum Schlechteren miß-
deutete, zum Ausdruck gebracht[23] sowie "ihre Bekümmerniß

---

19 E. Haupt, Kommentar, Einl. S.103 (Hervorhebung von mir).

20 Als Beispiel nennt v. Hofmann "die Uneinigkeit jener bei-
    den über ihre christlichen Bestrebungen sich nicht verstän-
    digenden Frauen" (S.171).

21 v. Hofmann, Kommentar, S.171.

22 v. Hofmann, Kommentar, S.170.

23 Diese Mutmaßung seitens der Philipper über die eingetre-
    tene Veränderung in der Gefangenschaft des Paulus als ei-
    nerWende zum Verhängnisvollen erschließt v. Hofmann
    aus Phil 1,12ff; aus diesen Versen gehe zweifelsfrei her-

wegen ihrer eigenen Lage ausgesprochen, indem sie nicht blos
wegen ihres Christenstands angefeindet, sondern auch über
so Manches rathlos sei, was es bei ihr zu schlichten und zu
ordnen gäbe oder worin sie besserer Belehrung bedürfte"[24].
Paulus eröffnet darum, der gedrückten Stimmung der Gemeinde Rechnung tragend, nach Danksagung und Fürbitte seinen
Brief damit, daß er die Fehldeutung seiner veränderten Lage
seitens der Gemeinde sogleich korrigiert und ihr voller Freude mitteilt, daß insbesondere für die Verkündigung des Evangeliums eine Wende – zum Besseren eingetreten sei. Auf ihre eigene Situation Bezug nehmend, fordert Paulus im Anschluß hieran die Gemeinde zu einmütigem und unverzagtem
Widerstand gegen solche auf, die "den Glauben an die Heils-
botschaft ausrotten wollen"[25]. Da zur Einmütigkeit nach
außen jedoch die Eintracht nach innen die unabdingbare Voraussetzung ist, reiht sich die Mahnung des Apostels an, "daß sie
unter sich christliche Liebe pflegen, in Demuth und Selbst-
losigkeit einträchtig auf das Eine gerichtet sind, worauf Christen gerichtet sein müssen"[26]. Daß es hieran in der Gemeinde

vor, daß die Gemeinde eine andere Vorstellung von der
augenblicklichen Lage ihres Apostels hatte, als in Wirklichkeit zutreffend war. Dies könne aber nur daher rüh-
ren, daß diese in letzter Zeit eine entscheidende Veränderung erfahren hatte, und als naheliegendste Veränderung sei begründet zu vermuten, daß der Prozeß gegen Paulus nun endlich in Gang gekommen sei, was einerseits zur Konsequenz hatte, daß nun für jedermann offenkundig wurde, daß Paulus nicht um eines gemeinen Ver-
brechens willen, sondern lediglich um der Verkündigung
des Evangeliums willen und damit widerrechtlich gefangen-
gehalten wurde; zum anderen, "daß man ihn aus seiner
bisherigen Miethswohnung in das Gefangenenhaus überge-
siedelt hatte" (S.169). Letzteres war Anlaß und Ursache
für die Philipper, eine Verschlechterung der Situation
ihres Apostels zu befürchten.

24   Ebd, S. 170.

25   Ebd, S. 48.

26   Ebd, S. 172.

mangelt, erweisen die anschließenden Verse, in denen Paulus diese Mißstände innerhalb der philippischen Gemeinde darum eingehender zur Sprache bringt. Wird die Dringlichkeit dieser Paränese nicht zuletzt auch durch ihre zentrale Stellung im Aufriß des Briefes unterstrichen, so ist es doch nach v. Hofmann gänzlich verfehlt, "auf eine Uneinigkeit in der Gemeinde (zu schließen), die in thörichtem Dünkel und geistlichem Hochmuth Etlicher oder Vieler oder gar in einem Gegensatze heidnischer und jüdischer Christen ihren Grund hatte"[27], zumal dieses Bild kaum zu d e r Gemeinde passen dürfte, "die er (Paulus) seine Freude und Krone nennt"[28]. Lassen diese Verse darum zwar erkennen, daß es in Philippi "an liebender Hingabe des Einen an den Andern, an demüthiger Selbstunterordnung des Einen unter den Andern"[29] fehlte, so ist dieser Mangel ja schon dann gegeben, "wenn auch nur eine Verstimmung Ueberhand genommen hatte, welche dem Verkehre jene Herbigkeit des Tons gab, der die Ermahnung 2,1 gilt"[30]. Da diese 'Verstimmung' auch der paränetischen Passage Phil 2,12ff motivierend zugrunde liegt, beendet Paulus diese situationsgerecht mit der Aufforderung zur Freude als gezielter Kontradiktion zur Verstimmung. P. EWALD nimmt in seiner Sicht der den Brief motivierenden Gemeindesituation vielfach Bezug auf J.Chr.K. v. Hofmann. Anders als dieser setzt er zwar als selbstverständlich voraus, daß Paulus unmittelbar nach Erhalt der Liebesgabe der Gemeinde zumindest in einer knappen Notiz diese bestätigt und seinen Dank abgestattet

---

27   Ebd, S. 173.

28   Ebd, S. 173.

29   Dieser Aspekt erhellt aus der Tatsache, daß Paulus andernfalls "nicht so ausführlich den Weg der Selbstentäußerung und Selbsterniedrigung gezeichnet hätte, den Christus Jesus gegangen sei" (173).

30   Ebd, S. 173.

habe [31]. Zugleich mit diesem vermutlich nur sehr kurzen Dankschreiben, das möglicherweise auch die Nachricht von der Erkrankung des Epaphroditus beinhaltete, ist die Kunde nach Philippi gelangt, "daß Pl die Mietswohnung mit einem eigentlichen Haftlokal zu vertauschen genötigt worden war und sich entsprechend in seinem Verkehr mit dritten Personen und besonders in der eigentlich   evangelisatorischen Tätigkeit stark eingeschränkt sah" [32]. Entscheidend für die Abfassung des Philipperbriefes ist nach Ewald, daß zwischen beide Briefe des Apostels an die philippische Gemeinde, d h zwischen jenen kurzen Dankbrief und den uns erhaltenen Philipperbrief, "noch ein Moment einzuschalten ist, d.i. eine sei es briefliche, sei es durch Boten mündlich vermittelte Rückäußerung der Philipper auf die erhaltenen Nachrichten des verlorenen (Quittungs-) Briefes" [33]. Diese Rückantwort bietet nach Ewald die eigentliche Folie, auf der der Philipperbrief verstanden sein will, sie vermittelt Paulus die spezifische Gemeindesituation, die er seinem Schreiben an diese Gemeinde zugrunde legt, die dieses motiviert und inhaltlich bestimmt. Auf diesem Hintergrund ist der Philipperbrief zu charakterisieren als "eine zur Beruhigung und Aufmunterung der Philipper geschriebene Epistel angesichts des Umstandes, daß sie sich selbst wegen ihrer Lässigkeit angeklagt und über die sie niederschlagende Kunde von des Ap(ostels) veränderter Lage aufgeregt und nach Zusprache Verlangen gezeigt hatten, während sie andrerseits betr. Epaphroditus, wie es scheint, eine gewisse Unzufriedenheit durchblicken ließen, wohl in der Annahme, daß seine Erkrankung nicht so gar schlimm sein werde" [34]. Fällt auf, daß Ewald den paräneti-

---

31   Vgl. P. Ewald, Kommentar, S. 19f.

32   Ebd, S. 18f (Zit. S.18).

33   Ebd, S. 20.

34   Ebd, S. 22 (im Original gesperrt).

schen Passagen des Briefes hinsichtlich dessen Motivierung
keinerlei Gewicht beimißt, so liegt dies darin begründet, daß
er versichert, nachweisen zu können, "daß es ein durch seine große Verbreitung nicht gerechtfertigter Irrtum ist, wenn
man annimmt, es handle sich vor allem um die Beilegung von
mehr oder weniger tiefgehenden Streitigkeiten in der Gemeinde" [35]. In einer Anmerkung (!) notiert er zu Phil 2,1ff:
"Wenn man überhaupt bestimmte Veranlassung für diese Ermahnungen anzunehmen hat, was ja nicht unwahrscheinlich ist, so handelt es sich sicher nicht um derartige Differenzen [36]; eher vielleicht um einen Mangel an einheitlicher
Betätigung und gemeinschaftlicher Arbeit im Dienste des Reiches Gottes, wie dies 4,2f. in einem besonderen Fall berück-
sichtigt wird. Doch spricht die Formulierung kaum dafür, sondern für Äußerungen des Egoismus im allgemeinen." [37] Für
C. HOLSTENs [38] Sicht der Paulus vorgegebenen und ihn
zu diesem Brief motivierenden Lage in Philippi ist zunächst
(wie ja auch für alle übrigen Ausleger) des Apostels eigene
Situation als der eines Gefangenen und Angeklagten von grund-
sätzlicher Bedeutung. Holsten unterscheidet sich jedoch von
allen übrigen Auslegern hinsichtlich der Konsequenzen, die

---

35   Ebd, S. 23.

36   Ewald geht von der These aus, Phil 2,1ff beziehe sich
     auf rivalisierende judenchristliche und heidenchristliche
     Gruppen innerhalb der Gemeinde.

37   Ebd, S. 100 Anm.2 (Hervorhebung von mir).

38   Hier auch C. Holstens ersten Beitrag zum Philipper-
     brief in den Jahrbüchern für protestantische Theologie
     einzubeziehen, ist darum gerechtfertigt, da er in dieser
     exegetischen Studie von der Authentizität des Philipper-
     briefes als eines Paulusbriefes ausgeht, jedenfalls
     vorgibt auszugehen; vgl. hierzu bes. Jahrbücher für
     protestantische Theologie 2, 1876, S.58. Im übrigen
     sei hier auf den Anhang "Die Bestreitung der Echtheit
     des Philipperbriefes",unten S.317ff, verwiesen.

für ihn die Lage des Apostels impliziert; hatte diese doch für seine Gemeinden "die Gewissheit eines unersetzlichen Verlustes für die Sache des paulinischen Evangeliums und eine allgemeine Niedergeschlagenheit der Gemüther zur Folge" [39]. Zudem kam hinzu, daß nun die Gegner des Paulus, die Juden und Judaisten, die Lage des Heidenapostels in dessen eigenen Gemeinden dahingehend zu interpretieren willkommene Gelegenheit hatten, daß nun "das endliche Strafgericht Gottes über den feindseligen Mann, über den Lügenlehrer" [40] hereinbreche. Aus dieser Skizze der 'Grundsituation' a l l e r paulinischen Gemeinden zur Zeit der Gefangenschaft ihres Apostels sind die aus ihr erwachsenden Aufgaben eines Paulusbriefes ablesbar: "Es galt zuerst der Entmuthigung in den paulinischen Gemeinden entgegenzuarbeiten " [41]; dazu war es nötig zu betonen, daß diese Gefangenschaft mitnichten ein Strafgericht Gottes darstellte, sondern sich vielmehr als "göttlicher Zweck zur Förderung des Evangeliums" erwies. Des weiteren "musste das Bild der Persönlichkeit des Apostels in seiner Reinheit hergestellt und erhalten werden, um die Gemüther an der Persönlichkeit des Apostels festzuhalten ... Es galt weiter die innere Einheit in den gemischten paulinischen Gemeinden zu fördern, um der Bearbeitung der Judaisten und Juden den Boden zu entziehen und den Zerfall der Gemeinden zu verhüten: es musste dem Evangelium des Paulus mit Zurückstellung der Anstösse namentlich für die jüdischen Gläubigen eine Form gegeben werden, in welcher die Parteien zu Einem Geiste und Einem Bewusstsein sich verbinden konnten; es musste das Verletzende, was das Evangelium und die Persönlichkeit des Apostels für die Judenchri-

---

39   C. Holsten, aaO, S. 439.
40   Ebd, S. 439.
41   Ebd, S. 440.

sten gehabt hatte, gemildert, getilgt werden ..., es
mussten die jüdischen Christen von den Juden losgerissen
werden, indem man diese allein als die Feinde auch des paulinischen Evangeliums und des Paulus hinstellte" [42] . Es ist
offenkundig, daß mit diesem Aufgabenkatalog f u n k t i o n a l
zugleich die inhaltlich dominierenden Passagen des Philipperbriefes beschrieben sind. Die sich für diese nicht im Blick
auf eine bestimmte Gemeinde skizzierte 'Grundsituation' -
insbesondere in ihrem letzten Teil - geradezu als conditio sine qua non erweisende These - soll sie auch für die   p h i l i p -
p i s c h e Gemeinde und damit für diesen Brief in Geltung stehen -, daß es sich auch in Philippi um eine aus Heiden- u n d
Judenchristen gemischte Gemeinde handle, glaubt Holsten vor
allem an der Wendung τὸ αὐτὸ φρονεῖν- im Unterschied zu
οὐδὲν ἄλλο φρονεῖν , mit der Paulus sich an die nach
Holsten rein heidenchristlichen Gemeinden Galatiens wendet,
- durchschlagend beweisen zu können. Besteht darum die Voraussetzung, diese 'Grundsituation' auch für die philippische
Gemeinde und damit für den Philipperbrief in Anschlag zu
bringen, so ist es für Holsten nur folgerichtig, daß Paulus
zunächst auf seine eigene Situation als Gefangener zu sprechen
kommt, um mit der unerwartet freudigen Nachricht von der
Förderung des Evangeliums gerade aufgrund dieser Gefangenschaft "die Trauer der Gemeinde über sein und seines Evangeliums Geschick ... zur Freude empor (zu heben), um durch
die Freude die Thatkraft wieder zu wecken" [43] . Wenn er anschließend die Mahnung zur Eintracht, einander zuvorkommen-
der Achtung und wechselseitiger Liebe beschwörend an die
Gemeinde richtet, so trägt er damit der inneren Situation einer
gemischten Gemeinde Rechnung; denn "alle diese Forderungen
sind unmittelbar aus der Wirklichkeit eines in Gegensätze zer-

---

42   Ebd, S. 440.
43   Ebd, S. 440.

spaltenen Gemeindelebens erwachsen" [44] . Daß die konkrete philippische Gemeindesituation nicht im einzelnen
aus diesen ermahnenden Worten des Apostels zu erhellen ist,
hat nach Holsten einen doppelten Grund: Zum einen brauchte
Paulus die Mißstände nur anzudeuten, um von den Philippern
verstanden zu werden, zum anderen konnte es nicht in der Absicht des Apostels liegen, die zwischen beiden Gemeindepar-
teien strittigen Punkte deutlicher zu kennzeichnen, um sie auf
diese Weise erneut scharf ins Bewußtsein der Streitenden zu
rufen. Dennoch: "... wo der Ruf nach Einheit des Bewusstseins in der Gemeinde so laut ertönt, da muss ein Objekt gewesen sein, an welchem der Unterschied sich geltend machte:
und wo die Streitsucht der Rechthaberei und Eitelkeit des
Besserwissens und Besserseins verurtheilt wird, da muss ein
Objekt gewesen sein, an welchem diese Rechthaberei und diese Eitelkeit sich bethätigten" [45] .

Es wurde bisher in diesem Kapitel zunächst grundsätzlich nach
der Relevanz der spezifischen Gemeindesituation und deren
Erhellung anhand des Brief ganzen sowohl hinsichtlich des
methodischen wie des sachlich-materialen Aspekts gefragt.
Hieran schloß sich die Frage nach den konkreten Motivierungen und schließlich die nach der Relevanz und Wertigkeit zunächst der die innere Gemeindesituation berührenden
Textpassagen an. Diese voranstehenden Gesprächskreise werfen bereits richtungsweisendes Licht auf die Beantwortung der
nun anzuschließenden Frage nach der Relevanz und Wertigkeit des mit dem 3.Kap. dieses Briefes vom Text aufgegebenen Problems der äußeren (oder möglicherweise sogar
auch inneren) Gemeindesituation und der damit eng verbundenen Frage nach der literarischen Integrität des Schrei-

---

44   Ebd, S. 459.
45   Ebd, S. 459.

bens. Letztere soll aus noch deutlich werdenden methodischen Gründen vorangestellt werden. Für eine zwar einheitliche, nicht aber ganzheitliche Sicht des Briefes plädiert lediglich J.B. LIGHTFOOT [46]. Er erkennt eine Briefunterbrechung unmittelbar nach Phil 3,1b, die s.E. möglicherweise durch die Nachricht "of some fresh attempt of the Judaizers in the metropolis to thwart and annoy him (s.c. Paulus)" [47] verursacht worden sein könnte. Der durch sie in Paulus geweckte Gedanke: "What, if they should interfere at Philippi as they were doing at Rome, and tamper with the faith and loyalty of his converts?" [48] motiviert Paulus zu diesem zu Beginn der Abfassung des Briefes also nicht vorgesehenen Kapitel. Alle übrigen Kommentatoren halten an der Ganzheitlichkeit [49] des Philipperbriefes fest. Die Frage nach der Aktualität, d h Relevanz und Wertigkeit dieses 3. Kap. soll zuerst an C. HOLSTEN gerichtet werden, weil die Geltung der bei ihm stets wiederkehrenden Formel "... alles treffend, weil zweckmässig in der Lage" [50] auch für dieses Kapitel behauptet wird. Zum einen erkennt er in ihm das Bemühen des Apostels, "an seinem Beispiele und seinem Vorbilde den Philippern ... (darzustellen), was er in liebender Sorge zur Sicherung ihres christlichen Glaubens und ihrer christlichen Gesinnung für nothwendig hält. Zur Sicherung! Denn an sich stehen die Philipper nicht in Widerspruch mit dem, was sein Beispiel und sein Vorbild besagt" [51]. Wenige

---

46 Gemäß der oben S. 21 f gegebenen Begriffsdefinitionen ist die Position Lightfoots so sachgemäß zu kennzeichnen.

47 L.B. Lightfoot, Kommentar, S. 69.

48 Ebd, S. 69 f.

49 Hier gilt entsprechend Anm. 46.

50 C. Holsten, aaO, S. 441; vgl. auch S. 461, 465, 483.

51 Ebd, S. 482.

Zeilen später jedoch sieht Holsten in diesen Versen "auch den wesentlichen Inhalt dessen gegeben, was er (sc. Paulus) früher nur der Form nach in dem τὸ ἓν φρονεῖν und dem τὸ αὐτὸ φρονεῖν gefordert hatte" [52]. Dieser offenkundig zwischen beiden Aussagen zur Aktualität dieser Verse im Blick auf die spezifisch philippische Gemeindesituation bestehende Widerspruch provoziert die Frage, ob nicht auch hier in weitaus stärkerem Maße als der Rekurs auf die spezifisch philippische Gemeindesituation Holstens Rekonstruktion der 'Grundsituation' ihn zu seinem Urteil der Situationsgemäßheit führt. Bestand nach dieser eine wesentliche Aufgabe des Apostels darin, die jüdischen Christen von den Juden zu trennen, "indem man diese allein als die Feinde auch des paulinischen Evangeliums und des Paulus hinstellte" [53], so sieht Holsten das 3. Kap. von dieser Intention entscheidend geprägt: In scharfem Gegensatz zur "jüdischen, unwahren Gerechtigkeit" exemplifiziert hier Paulus an seiner eigenen Person "das Wesen der wahren christlichen Gerechtigkeit" [54], um gerade so die Christen jüdischer Provenienz in der Gemeinde anzuspornen, sich "an des Apostels, des Juden Beispiel um so eher ... dazu (zu) erheben ..., ihre vermeintlichen religiösen Vorrechte und Güter mit dem Juden (sc. zum besseren Verständnis: Paulus) um Christi willen hinzuwerfen" [55]. Hatte R.A. LIPSIUS im Blick auf Phil 2,1 ff die Gefahr von außerhalb der Gemeinde agierender Juden für das Zusammenleben von Juden- und Heidenchristen in Philippi herausgestellt, so sind seine Auskünfte zu Phil 3,2 ff sehr spärlich. Zwar hält er es mit H.J. Holtzmann

---

52 Ebd, S. 483.

53 Ebd, S. 440.

54 Ebd, S. 466.

55 Ebd, S. 483.

für wahrscheinlich, daß Paulus hier   J u d e n   als Irrlehrer
vor Augen hat und daß er auf "das Treiben der, wenn auch
kleinen, Judengemeinde zu Philippi" Bezug nimmt [56], aber
diese Notiz ist zugleich die einzige hinsichtlich der Aktualität
und Wertigkeit dieses Kapitels. Auch A. KLÖPPER hatte
schon aufgrund der paränetischen Passagen des 2. Kap. auf
Kap. 3 verwiesen, da s.E. erst aufgrund dessen, was Paulus hier zur Sprache bringt, die Mahnungen in Phil 2,1 ff an
Profil, d h an Konkretheit und Gezieltheit, gewinnen. Sieht
Klöpper darum auf dem Hintergrund von 3,2 ff in der Ermahnung zur Einigkeit die dringende 'Bitte des Apostels, "die
Verschmelzung von   noch   immerhin in einer gewissen disparaten Haltung einander gegenüberstehenden Gemeindegruppen,
deren trennenden Besonderheiten zum größten Teil mit ihrer
Provenienz aus Juden- oder Heidentum zusammenhingen, zu
größerer, die Glieder zu einem Körper zusammenfassenden
Eintracht" zu vollziehen, so sieht er es nunmehr dem inneren Duktus des Briefes gemäß als geboten an, daß Paulus sich jetzt mit den
Ursachen auseinandersetzt, die "sich der engern Verschmelzung
der disparaten Bestandteile bisher in den Weg gestellt hatte(n)" [57].
Diese Ursachen sind, wie Kap. 3 deutlich macht, judaistischer
Einfluß auf die Judenchristen und libertinistischer Einfluß auf
die Heidenchristen. Bezüglich der Frage nach der Aktualität
dieser dringlichen Ermahnung des Apostels kann darum die
Antwort nur lauten, daß sowohl die Judaisten wie die Libertinisten als in Philippi wirksam zu denken sind, ja, letztere
wohl sogar der Gemeinde selbst angehören. Geht dies im
Blick auf die ersteren   s p r a c h l i c h   aus dem

---

56   R.A. Lipsius, Kommentar, S. 234.

57   A. Klöpper, Kommentar, S. 20. Ist darum der Über-
     gang von Kap. 2 zu Kap. 3 zwar als "etwas unvermittelt"
     zu bezeichnen, so kann keinesfalls hierin die Berechti-
     gung zu literarkritischen Überlegungen erblick werden
     (vgl. S. 20 f).

hervor, mit dem der Apostel also "den Blick der Leser auf
Persönlichkeiten (lenkt), die jedenfalls im Gesichtskreis derselben gelegen haben, also in Philippi aufgetreten sein müssen" [58], so schließt Klöpper aus der Wendung κλαίων λέγω
daß diese zweite Gruppe "der Gemeinde selbst schon seit lange angehört" haben müsse, da "psychologisch in keiner Weise anschaulich gemacht werden kann, wie Paulus im Hinblick auf
solche Elemente, die ja in außerchristlichen Kreisen in unge-
zählten Scharen vorhanden waren, sich einer so tiefgreifenden
Gemütsbewegung hätte hingeben können, aus welcher er neben-
her, da jene ihm ja überall, wohin er nur kam, vor Augen standen, nie herauszukommen vermocht hätte" [59]. Wenn nach
Meinung der übrigen Ausleger eine direkt aus der Situation der
philippischen Gemeinde abzuleitende Motivierung für diese zu
Beginn des 3. Kap. so vehement ausgesprochene Warnung vor
diesen Irrlehrern (wer mit diesen auch immer gemeint sein
mag) n i c h t statthaft ist, so stellt sich die Frage, welche
anderen Überlegungen Paulus zu diesen Versen bewogen haben
könnten. Hier geben diese Kommentatoren reichlich und viel-
fältige Antwort: So rechnet v. HOFMANN damit, daß zwar
die Gemeinde in ihrem Schreiben Paulus darum gebeten habe,
"über so manches Einzelne von ihm belehrt zu werden, worü-
ber sie nicht richtig zu denken befürchtete" [60], doch habe
es der Apostel für zweckmäßiger erachtet, nachdem er die
Rückkehr des Epaphroditus angekündigt, den Besuch des Timotheus in nächster Zukunft angesagt und sogar seinen eigenen in Aussicht gestellt hatte, "ihr die in den Zuruf χαίρετε
ἐν κυρίῳ gefaßten Ermahnungen zugehen zu lassen, d i e
i h r n i c h t s N e u e s w a r e n" [61]. Heißt Paulus darum die

---

58   Ebd, S. 174.
59   Ebd, S. 219f.
60   v. Hofmann, Kommentar, S. 152.
61   Ebd, S. 152. (Hervorhebung von mir).

Philipper in diesem Zusammenhang vor denen auf der Hut zu
sein, "die ihres Judenthums sich berühmen" [62], und ermahnt
er sie im Anschluß hieran, "im Gegensatze gegen diejenigen,
die den Bauch ihren Gott sein lassen und dem, was irdisch ist,
leben, ihm selbst und denen, die nach apostolischem Vorbilde
wandeln, nachzufolgen" [63], so ist hieraus nicht der Schluß
zu ziehen, "daß jüdische Lehrer des Christenthums, die sich
den heidnischen Christen gegenüber ihres Judenthums als eines Vorzugs vor Gott berühmten, in ihr Eingang und Anhang
gefunden hatten", noch, "daß sich Feinde des Kreuzes Christi in ihrer Mitte fanden" [64]. Nach A.H. FRANKE bereitet
Paulus mit Phil 2,19ff zwar das Ende des Briefes vor, das
dann auch mit 3,1a unmittelbar bevorzustehen scheint, aber
"wie ein Luther im Angesicht des Todes nicht scheiden kann,
ohne den Seinen mit dem Segen Gottes auch den Hass gegen
den Papst anzuwünschen, so kann auch P.(aulus) in gleicher
Lage einer Gemeinde gegenüber, der sein ganzes Herz offen-
steht, nicht anders als noch einmal zurückkommen auf den
Gegensatz, der sein ganzes Berufswirken erfüllte. Es ist
eben sein ceterum censeo." [65] Daß dieses Kapitel n i c h t
aus einer aktuellen Gemeindesituation erwachsen sein kann,
zeigen neben Phil 4,1 auch 3,3.20 [66], die nach Franke
deutlich den Beweis dafür liefern, daß "P.(aulus) sowohl der
einen, wie der anderen der hier bekämpften Formen der Ver-
kehrung des religiösen Prinzips gegenüber sein Bewusstsein
als mit dem der Gemeinde einig aussprechen (4,3.20), ja
von diesem Bewusstsein aus die Verwerfung des gegnerischen
vollziehen (kann)" [67].   E. HAUPT bestreitet zunächst "dass

---

62 Ebd, S. 175.
63 Ebd, S. 143.
64 Ebd, S. 175f. 175.
65 A.H. Franke, Kommentar, S. 13.
66 In Frankes Kommentar (S.13) heißt es irrtümlich: 4,3.20.
67 Ebd, S. 13.

P.(aulus) überhaupt sich 3,2 ff. in leidenschaftlicher Stimmung befindet",und betont statt dessen, "dass die ganze Ausführung 3,4 ff. [68] ... einen gehobenen, begeisterten Charakter trägt" [69]. Er sieht den Apostel allein aufgrund der Tatsache zu den Ausführungen in Phil 3,2 ff genötigt, daß die
Gemeinde in Philippi, "obwohl judaistischen Tendenzen ganz
fernstehend, doch die überaus harten Urteile des P.(aulus)
über die Vertreter desselben für zu scharf hält und dieser
demgegenüber sein Urteil festhält und begründet" [70]. Daß
Paulus im dritten Kapitel nicht auf die Gemeinde bedrängende
Fragen zu sprechen kommen kann, daß somit die hier von ihm
thematisierten Fragen keinen Anhalt an der aktuellen Situation
dieser Gemeinde haben können, ergibt sich schlagend aus der
Tatsache, daß der Apostel e r s t in Phil 3,1 b ff, als er im
Begriff ist, den Brief abzuschließen, auf die Judaisten bzw.
im Anschluß hieran auf die Libertinisten zu sprechen kommt [71].

---

68   Warum Haupt diese 'Ausführung' erst bei 3,4 einsetzen
     läßt, bleibt in diesem Zusammenhang unerfindlich.

69   E. Haupt, Kommentar, Einl. S. 99.

70   Ebd, Einl. S. 89; Bereits zu Phil 1,9 ff hatte Haupt an-
     gemerkt, Paulus warne hier "vor einem gutmütigen Wohl-
     wollen, welches, wenn es nicht mit dieser ἐπίγνωσις
     und αἴσθησις verbunden ist, den Menschen zu einer fal-
     schen Stellungnahme verführen kann" (S.18), und schon
     hier erkennt er darum einen ersten leisen Tadel seitens
     des Apostels, daß die Gemeinde das überaus harte Urteil
     gegen die Judaisten in dieser Schärfe nicht zu
     akzeptieren vermochte.

71   Haupt zieht also ganz bewußt – wie nach ihm auch K.J.
     MÜLLER – aus der Ganzheitlichkeit (vgl. oben
     S. 152 Anm.46) des Briefes einen Schluß auf die Wertig-
     keit und Aktualität dieses Kapitels. Weil allein dieses
     Richtungsgefälle der Überlegungen zu finden war und kei-
     ner der Ausleger den denkbaren umgekehrten Weg ging,
     von der Einsicht in die Aktualität dieses Kapitels die Ganz-
     heitlichkeit des Briefes anzuzweifeln, war es methodisch
     geboten, die Frage der literarischen Integrität zu-
     nächst abzuhandeln.

Auch die anschließende Mahnung, "sich vor Fleischessinn zu hüten", berechtigt darum nicht vorauszusetzen, "dass solche krass libertinistischen Sünder, wie er sie schildert, in der Gemeinde selbst vorhanden gewesen sind" [72]. Dagegen spricht für Haupt auch, daß Paulus "dann in viel direkterer Weise denselben zu Leibe gegangen sein würde", und auch, daß das οὓς πολλάκις ἔλεγον ὑμῖν[es ausschließt, daß die Phil 4,18f Gemeinten selbst Glieder der Gemeinde sind. Die Motivierung zu der Warnung vor solchen Leuten liegt einfach in der Tatsache begründet, daß es sie überhaupt gibt [73]. P. EWALD schließlich vermutet, daß Paulus entweder aufgrund der letzten Verse des 2. Kap. dazu veranlaßt wurde, das folgende Kapitel noch anzufügen, oder aber – und dies ist ihm die wahrscheinlichere Lösung –, daß jemand aus dem Kreis um den Apostel herum, und hier ist am ehesten an Timotheus zu denken, es Paulus nahelegte, doch auch diesmal nicht von einer Warnung vor judaistischen Irrlehrern abzusehen. Diese Lösung gewänne nach Ewald noch erheblich an Wahrscheinlichkeit, wenn tatsächlich mit Th. Zahn das in 3,3 auf Paulus und Timotheus einzuschränken wäre [74]. Jedenfalls wird man aus der Tatsache, daß diese ausführliche Warnung nicht unmittelbar auf Phil 2,18 folgt, schließen dürfen, "daß dieselbe nicht ursprünglich prämeditiert ist" [75].

Ist – gewissermaßen als Abschluß dieser Gesprächskreise – nun noch danach zu fragen, inwieweit es diese Ausleger unter-

---

72   E. Haupt, Kommentar, S. 161.

73   Vgl. ebd, S. 161. Sie waren für Paulus ein "stechende(r) Dorn", weil "man auf sie als auf einen Beweis für die Gefährlichkeit der paulinischen Gnadenlehre hinwies" (S. 160).

74   Vgl. P. Ewald, Kommentar, S. 148. Ewald verzichtet auf einen genaueren Quellenhinweis.

75   Ebd, S. 148.

nommen haben, in der Auslegung des Textes den ihn prägenden situativen Kontext mit zur Sprache kommen zu lassen,
ihn also in sein "Koordinatennetz" einzuzeichnen, so
trägt dies zum einen dem Rechnung, daß die bisherigen Antworten zum überwiegenden Teil den den eigentlichen Kommentaren vorangestellten Einleitungen entnommen sind, zum anderen bedeutet dies auch, erneut im Blick auf den einzelnen
Ausleger nach seinem Bemühen um Erweisbarkeit seiner Sicht des Gemeindekontextes im Brief selbst zu fragen. Finden sich in v. HOFMANNs Kommentar die Überlegungen des Autors bezüglich der "Veranlassung" des Briefes sowie des "dadurch bestimmte(n) Inhalt(s) und Gang(es)
desselben"[76] gewissermaßen als Ertrag der exegetischen
Bemühungen am Schluß des Kommentars, so überraschen seine Ergebnisse zum einen darum, weil dieser durchgängig als
(bloße) grammatisch-syntaktische Analyse des Briefes und
weitgehend als der Versuch zu charakterisieren ist, die gram-
matisch-syntaktischen Beziehungen sowohl auf der Ebene der
Einzelelemente der Satzteile und Sätze als auch der Sätze
zueinander zum Teil völlig neu zu bestimmen[77], so daß
v. Hofmann hier die Frage nach dem zugrunde liegenden und
sich darum im Text möglicherweise direkt oder als Kontra-
akzent aussprechenden situativen Kontext fast gar nicht in
den Blick nimmt, zum anderen überraschen sie darum, weil
sie in offenkundigem Widerspruch stehen zu seinen wenigen
im Kommentar gegebenen Hinweisen auf die situative Aktualität des einzelnen Textabschnitts. Heißt es etwa im Blick
auf Phil 3,1ff, daß Paulus es trotz des Wunsches der Phi-

---

76 v. Hofmann, Kommentar, S. 170, 171.

77 Vgl. die Besprechung dieses Kommentars durch H.J.
    Holtzmann in ZWTh 15, 1872, S. 593-594, der solche
    Bemühungen als "Abenteuer" und "syntaktische(n) Veits-
    tanz" sowie im Blick auf 2,1 als "ein Bravourstück
    hals- und beinbrechender Auslegung" (S.594) bezeichnet.

lipper, über einzelne konkrete Fragen ihrerseits von ihm Belehrung zu erfahren, für besser erachtet habe, "ihr die in den
Zuruf χαίρετε έν κυρίῳ gefaßten Ermahnungen zugehen zu
lassen, die ihr nichts Neues waren", und somit lediglich 1,12
-2,30 dasjenige beinhalte, was durch konkrete Gemeindesituation veranlaßt war [78], so daß v. Hofmann zu dem oben
angeführten Urteil bezüglich der Aktualität der im dritten
Kapitel ausgesprochenen Warnungen kommen kann, so führt
er im Blick auf 2,15ff aus, daß Paulus darum der Gemeinde
ihren Abgesandten Epaphroditus so nachdrücklich meint empfehlen zu müssen, weil die Philipper "geneigt war(en), diejenigen, die sich solchen Leistungen unterzogen wie er, nicht
so in Ehren zu halten, wie sie es verdienten, oder vielmehr
..., daß sie geneigt war(en), Andere mehr in Ehren zu halten,als sie". Wer diese "Anderen" waren, entnimmt er dem
dritten Kapitel; die Intensität, mit der dort von Paulus "Andere ... in ihrer wahren Gestalt gezeichnet werden", läßt ihn
vermuten, "daß sie (die Gemeinde) auf Solche mehr als recht
zu halten und zu geben versucht war" [79].   Diesen Gedanken
erneut aufnehmend, heißt es zu 3,2ff : "Wenn es der Apostel
für angezeigt achtet, die Gemeinde so zu warnen und zu mahnen, und zwar mit der ausdrücklichen Bemerkung, daß er
es geflissentlich immer wieder thue; so dürfen wir entnehmen
daß er sie in Folge Mangels an derjenigen Unterscheidungs-
gabe, von der er 1,9f. gesagt hat, daß er sie ihr erbitte,
in Gefahr wußte, auch auf solche Lehrer zu hören, die das
rechte Hauptstück des Christenthums verdarben, indem sie
auf diejenigen, von denen sie Etwas lernen zu können mein-
te(n), mehr Werth legte(n) als nach 2,29 auf solche That-
christen wie Epaphroditus" [80].

---

78 Vgl. v. Hofmann, Kommentar, S. 152f.

79 Ebd, S. 95.

80 Ebd, S. 132.

Ebenfalls aufschlußreich im Blick auf die Tatsache, welch geringes Maß von am Text geschärfter Reflexion dem subjektiven Eindruck vom Gesamtton des Briefes eignet, sind die Überlegungen J.B. LIGHTFOOTs, die dieser bezüglich der stets aufs neue diskutierten Frage anstellt, worauf vom Kontext her Phil 3,1b zu beziehen sei. Er kommt zu folgendem Ergebnis: Wiewohl es durchaus verständlich, weil naheliegend ist, wenn in der Philipperbriefauslegung immer wieder das τὰ αὐτὰ γράφειν auf die wiederholte Aufforderung zur Freude bezogen wird, so hat doch dieser Lösungsversuch auszuscheiden, denn: "such an injunction has no very direct bearing on the safety of the Philippians; its repetition could hardly be suspected of being irksome to the Apostle". Da vielmehr alles dafür spricht, daß "the words seem obviously to refer to some actual or threatened evil, against which a reiterated warning was necessary", und da "such an evil existed in the dissensions among the Philippians" und "this topic either directly or indirectly has occupied a very considerable portion of the letter hitherto".[81], kommt er zu der These, daß Paulus unmittelbar vor Beendigung des Briefes eine nochmalige Ermahnung zur Eintracht beabsichtigte und diese auch schon mit Phil 3,1b vorbereitet hatte, dann jedoch an dieser Stelle in der Abfassung des Schreibens unterbrochen wurde. Diese These sieht Lightfoot gestützt durch die auch in anderen Briefen des Apostels erkennbare Gewohnheit "to conclude with a warning against the prevailing danger of his correspondents"[82]. Wohl nur als kontradiktorisch zu dieser Charakterisierung des Briefes und – hierin implizit enthalten – der Gemeinde, an die dieses Schreiben gerichtet

---

81 Lightfoot fügt noch an: "... and it appears again more than once before the close" (S.125f) (Hervorhebung von mir).

82 Ebd, S.126.

ist, kann J.B. Lightfoots Eindruck vom Gesamtton des
Schreibens gewertet werden. Waren es schon für W.H. Schinz
einerseits die "ausgezeichneten Lobsprüche", andererseits
die ermahnenden Worte des Apostels, die notwendigerweise
das Bild dieser Gemeinde verschieden ausfallen lassen
mußten, so kennzeichnen die hier verborgenen Schwierigkeiten auch den Kommentar von R.A. LIPSIUS und lassen auch
ihn zu einander ausschließenden Beschreibungen der inneren Gemeindesituation gelangen: Heißt es zu Phil 1,3ff,
daß Paulus hier seine Freude und Dank zum Ausdruck bringe
und daß diese Freude begründet sei "in den inneren fried-
lichen Verhältnissen der philippischen Gemeinde, speciell
in dem brüderlichen Zusammenleben und -wirken
der dortigen Heidenchristen und Judenchristen" [83], so sieht
er sich aufgrund von Phil 2,1ff genötigt festzustellen: "Die
Häufung der Worte, die Wiederholung des εἴ τις und die
Instanzen, auf welche der Apostel bei seiner Mahnung sich
beruft, machen die Dringlichkeit der letzteren für die Leser
besonders fühlbar, zeigen aber zugleich, dass die Zustände der
Gemeinde, besonders das Verhältniss der beiden Theile derselben zu einander, diese Dringlichkeit rechtfertigen" [84]. Und
wenn Paulus meint, niemand anderen als Timotheus nach
Philippi schicken zu können, dann darum, weil kein anderer
seiner Gehilfen sich seiner Sorge um diese Gemeinde so angelegen sein läßt wie gerade er. "Diese Sorge aber wird, wie
der Zusammenhang fordert, vor Allem auf Herstellung der
Eintracht zwischen Judenchristen und Heidenchristen gerichtet sein." [85] Nennt der Apostel die Philipper in Phil 4,1 jedoch seine Freude und seinen Ruhmeskranz, dann nur "wegen
ihres im Vergleiche mit manchen anderen Gemeinden erfreu-

83 R.A. Lipsius, Kommentar, S. 217 (Hervorhebung von mir).
84 Ebd, S. 225.
85 Ebd, S. 231.

lichen inneren Zustandes"[86]. Schloß Lipsius aus der Intensität der Ermahnung in 2,1ff auf innere Mißstände in
Philippi, ohne diese näher als durch die Notiz zu erhellen,
daß es sich um Streitigkeiten zwischen Juden- und Heidenchristen handle, so widmet A. KLÖPPER insbesondere dieser Frage längere Ausführungen, wobei er sein Gemälde von
den Streitigkeiten in Philippi in reichlichem Maße mit Moti-
ven aus allen übrigen Paulusbriefen auffüllt. Zwar schließt
er aus der mit dieser Ermahnung verbundenen Intention, des
Apostels Freude voll zu machen, daß ihr "nicht geradezu ... betrübende, sondern nur ... noch nicht ganz befriedigende Zustände rücksichtlich der Eintracht in dem Ge-
meindebürgerleben der Philipper"[87] zugrunde liegen könnten, näher kennzeichnet er diese 'Zustände' dann jedoch als
die Neigung beider Gruppen, "in der Verfolgung gewichtigerer
Lebensinteressen nach verschiedenen Richtungen auseinander-
zustreben, sodaß die eine Partei dies, die andere jenes ihr
bedeutsam erscheinende Moment ihres Glaubenslebens in dem
Maße zum Gegenstand ihres Strebens macht, daß sie mit Bei-
seiteschiebung oder mindestens starker Unterschätzung dessen, was auf der Gegenseite als Wertgut in Geltung steht, lediglich dem Eigenen eine Berechtigung zuzuerkennen gewillt
ist"[88]. Als dieses 'Moment' erkennt er für die Judenchristen das, "was Paulus in fast allen seinen Briefen als
mit der äußerlichen Zugehörigkeit zum theokratischen Bunde
verwachsene, auf Gesetz und Beschneidung beruhende Präro-
gativen der Juden namhaft macht"[89]; für die Heidenchristen findet er "in der σοφία τοῦ κόσμου, τοῦ αἰῶνος τούτου

---

86 Ebd, S. 242.
87 A. Klöpper, Kommentar, S. 102.
88 Ebd, S. 103.
89 Ebd, S. 107.

(1 Kor. 1,20; 2,6; vgl. συνζητὴς τοῦ αἰῶνος τούτου 1,20) ge-
eignetes Material, dem sie ihr spezifisches Interesse zu-
wandten (1 Kor. 1,22b), sodaß sie auf von dieser Weisheit
eingegebene 'überredende Worte' (1 Kor. 2,4) zu ungun-
sten einer schmucklosen, aber den 'Aufweis von Geist und
Kraft' (ibid.) bringenden Verkündigung des Wortes vom Kreuz
(1 Kor. 1,18) einen ungebührlichen Wert legten und auf Grund
ihrer höheren Bildung ihren Sinn derartig in die Höhe richteten (Röm. 11,20), daß sie sich auf Unkosten der Juden, als
der ausgebrochenen Zweige des Ölbaumes, rühmten (11,18),
daß sie, von einer der Liebe entbehrenden γνῶσις aufge-
bläht (1 Kor. 8,1), es mit der Teilnahme an heidnischen
religiösen Riten oder wenigstens mit ihnen in naher Beziehung
stehenden Geselligkeitsformen leichter nahmen, als es im
Hinblick auf die dämonische Verführung ihrer alten Religions-
gebräuche, sowie auf die zu befürchtende Schädigung des ge-
bundenen Gewissens ihrer judenchristlichen Brüder zuträg-
lich war (vgl. besonders 1 Kor. 8; Röm. 14)." [90]   Mit Verweis auf 1 Thess 4,7 und 1 Kor. 5,1; 6,12-20; 8,1 ff vermag
Klöpper ebenfalls nicht auszuschließen, daß "von eitler Ruhm-
begierde aufgeblähte Heidenchristen" gegenüber ihren "an
ihr Gesetz gefesselten schwachen Brüder(n) aus der Beschneidung ... als die Freien und über beschränkte Vorurteile Erhabenen auch in sittlicher Hinsicht manche Gegenstände für
ἀδιάφορα zu erklären sich getrauten, die mit ihrer κλῆσις
οὐκ ἐπὶ ἀκαθαρσίᾳ ἀλλ' ἐν ἁγιασμῷ (1 Thess. 4,7) in
grellem Kontrast standen". [91]   Endlich ist unter Heranziehung
von 1 Kor 11,18-21 zu erwägen, ob es in der Gemeinde aufgrund sozialer Unterschiede zu erheblichen Spannungen gekommen ist. Phil 2,14 erhellt Klöpper mit Hilfe von 1 Kor
2,16; Röm 11,33f; 1 Kor 6,12; 10,23 (πάντα μοι

---

90   Ebd, S. 107f.

91   Ebd, S. 108.

ἔξεστιν   )! [92]   Phil 2,19.20 jedoch veranlaßt Klöpper,
in der Sendung des Timotheus den Wunsch des Apostels zu erkennen, "durch die von Philippi ihm zukommenden Mitteilungen, die er seinen bisher über den religiös-sittlichen Zustand
der Leser gewonnenen und in unserem Brief mehrfach anerkannten Anschauungen gemäß als im wesentlichen befriedigende voraussetzen darf, in eine gehobene Stimmung
versetzt (zu werden)" [93] . E. HAUPT hatte in der Einleitung seines Kommentars bestritten, daß "besondere Verhältnisse in Philippi" möglicherweise für die Abfassung dieses
Briefes mit verantwortlich sein könnten. Provoziert eine solche These das Interesse des Lesers im Blick auf die Auslegung eines Textes wie Phil 2,1ff, und das heißt ihre Verifizierung anhand eines solchen Textes, so muß
er enttäuscht sein, wenn er lediglich in einer Anmerkung, die
überdies ihrer eigentlichen Intention nach dazu bestimmt ist,
nach Meinung des Autors Falsches abzuwehren, eine Bemerkung zur Aktualität dieser Ermahnung erhält. Für falsch
hält Haupt die zwar von den meisten Kommentatoren und zuletzt "mit so glänzendem Scharfsinn" von C. Holsten vertretene These, Paulus ermahne hier zur Einigkeit auf dem Hintergrund von Parteistreitigkeiten, und er führt dann korrigie-
rend aus, hier lägen Gemeindeverhältnisse zugrunde, "die zu
jeder Zeit und in jeder Gemeinde notwendig (!) wiederkehren
..., dass nämlich der natürliche Egoismus auch bei dem
Christen nachwirkt und es infolge dessen zu persönlichen Miss-
helligkeiten und Differenzen kommt, die schlechterdings keinen dogmatischen Charakter zu haben brauchen und doch den

---

92 Vgl. ebd, S. 148f; vgl. zu diesem methodischen
    Vorgehen K.J. MÜLLER, Kommentar, der zu einem
    auch sachlich ganz ähnlichen Ergebnis kommt.

93 Ebd, S. 160 (Hervorhebung von mir). Vgl. in diesem
    Zusammenhang auch das oben zu Kap. 3 Ausgeführte und
    insbesondere die von A. Klöpper im Zusammenhang mit
    3,19 gemachte Bemerkung methodologischer Art.

Frieden in der Gemeinde empfindlich stören können. Von dergleichen ist hier die Rede." [94] Ist Kap. 3 - wie oben ausgeführt - ausschließlich darin motiviert, daß die Philipper,
"obwohl judaistischen Tendenzen ganz fernstehend, doch die
überaus harten Urteile des P.(aulus) über die Vertreter desselben für zu scharf halten und dieser demgegenüber sein Urteil festhält und begründet" [95], so gewinnen für Haupt doch
die im Zusammenhang dieser apologetischen Polemik geschriebenen Verse 3,12-15 "einen sehr viel zutreffenderen Sinn,
wenn man annimmt, dass τέλειος ein bei den Phil.(ippern)
im Schwange gehendes Stichwort war, sodass sie von der
Vollkommenheit eines Christenmenschen viel zu reden wuss-
ten" [96], und Paulus daher im Wissen um "eine zu grosse
Selbstschätzung, die Einbildung eines Fertigseins" [97], befürchten mußte, das zuvor Gesagte könne in Philippi mißverstanden
werden. Jedoch ist diese "eingeflochtene Mahnung, vor Selbst-
überschätzung sich zu hüten", nicht überzubewerten; denn diese Erörterung 3,12ff hat k e i n e n selbständigen Wert,
sondern ist nur zur Abwehr eines möglichen Mißverständnis-
ses des zuvor Gesagten bestimmt [98] . Wie Haupt hatte auch
P. EWALD die im Blick auf Phil 2,1ff die Auslegung beschäftigende Frage nach einem möglichen Situationsbezug dieser Paränese in einer Anmerkung abgetan; auch für ihn kann
Kap. 3 nicht in einem aktuellen Bezug auf die Gemeinde irgend-

---

94   E. Haupt, aaO, S. 63 Anm.2.

95   E. Haupt, ebd, Einl., S. 89.

96   Ebd, S. 152.

97   E. Haupt, ebd, S. 149.

98   Vgl. ebd, S. 155. Es drängt sich jedoch die Frage auf,
     ob die inhaltliche Aussage dieser Zwischenpassage, die
     Haupt in diesen Versen erkennt und auch zunächst andeu-
     tet, es leidet, anschließend zur Bedeutungslosigkeit ab-
     gewertet zu werden.

wie tangierende Ereignisse motiviert sein, wenn es einerseits
"nicht ursprünglich prämeditiert ist"[99], andererseits aber
auch nicht von Paulus gewissermaßen ad hoc aufgrund neuer
ihm zugetragener Informationen aus Philippi entstanden ist[100].
Dennoch gewinnt nach Ewald die Aufforderung des Apostels,
ihn und die wie er Wandelnden zum Vorbild zu nehmen, ihre
Aktualität durch die Einsicht, daß Paulus mit dem Hinweis auf
sich und die in 3,17 Gemeinten "in Gegensatz zu anderen
trete(n), die gleichfalls sich als Autoritäten und Vorbilder geltend machen möchten. Dies paßt nun vorzüglich, wenn es sich
um 'Judaisten' handelt, deren Eindringen bevorsteht"[101].
Schließlich gewinnt auch für   W. LUEKEN   der Abschnitt
3,12ff "bedeutend an Verständlichkeit", wenn er auf dem Hintergrund gesehen wird, daß es in Philippi solche gab, "die
sich schon am Ziele glaubten"[102]. Vollkommenheit scheint
ein Schlagwort einiger Philipper gewesen zu sein[103]. Dennoch aber konnte Lueken anläßlich des Verses 1,5 versichern:
"Nichts trübt die Erinnerung"[104], und schließt er daraus, daß Paulus in 2,1ff "fast wie ein Flehender" schreibt,
daß mit diesen Versen "doch ein Schatten auf das Bild der
Philipper" falle, so versichert er doch sogleich: "Es wird sich
um Reibereien und Streitigkeiten handeln, wie sie überall
vorkommen."[105]

---

99   P. Ewald, aaO, S. 148.

100 Vgl. Ewald, ebd, S.23f; vgl. jedoch auch S.150,
     bes. S. 150 Anm. 1.

101 P. Ewald, ebd, S. 185; diese plötzlich hier behauptete
     Aktualität des Verses 17 erhält also ihre Brisanz durch
     die Annahme Ewalds, daß Paulus im gesamten 3.
     Kap. dieselben Gegner vor Augen hat!

102 W. Lueken, aaO, S. 385.

103 Vgl. W. Lueken, ebd, S. 386.

104 W. Lueken, ebd, S. 374.

105 W. Lueken, ebd, S. 378.

Mit K. BARTHs "Auslegung des Philipperbriefes" erscheint
1927 ein Kommentar zu unserem Brief [106], der sich in seiner
ganzen Art erheblich von den vorangehenden Philipperbriefkommentaren unterscheidet. Auch in dieser exegetischen Arbeit Barths steht offenkundig das seit dem Beginn der dia-
lektischen Theologie neu in den Vordergrund gerückte Bemühen um ein theologisches Verstehen dieses Briefes. Diese
Philipperbriefauslegung entbehrt ebenso einer der eigentlichen
Auslegung vorangehenden Erörterung der mit diesem Brief
verknüpften 'Einleitungsfragen' – und dies heißt auch: der
Leser erfährt nichts über Barths Sicht der den Brief motivierenden und inhaltlich prägenden Gemeindeverhältnisse –
wie diesen letzten Aspekt betreffender methodischer
Überlegungen jeglicher Art. Daraus jedoch zu schließen, daß
für ihn diese dezidiert historische Fragestellung belanglos
gewesen oder erst gar nicht in seinen Blick gerückt sei, erweisen wenige Seiten Lektüre dieses Kommentars als unhaltbar. Hierfür liefert nicht nur seine Bemerkung den Beweis,
daß etwa der Abschnitt Phil 1,12-26 nur unter der Voraussetzung verständlich sei, daß Paulus wisse, "daß die Philipper unruhig, besorgt um ihn, sein Schicksal und seine Zukunft an ihn denken und in diesem Sinn auch für ihn beten" [107],
sondern mehr noch seine in diesem Kommentar wiederholt
eingestandene Einsicht, daß es "mit der Anschaulichkeit der
konkreten Angelegenheit, in denen wir hier den Apostel das
Wort ergreifen hören, ... , leider nicht weit her (sei)" [108].

---

106   Dieser Kommentar stellt die gedruckte Fassung einer
      im Wintersemester 1926/27 gehaltenen exegetischen
      Vorlesung dar und soll, wie Barth ausdrücklich im
      Vorwort erklärt, "auch für Nicht-Theologen lesbar"
      sein.

107   K. Barth, ebd, S.5; vgl. auch ebd Anm. 1.

108   So formuliert Barth S.75 im Blick auf Phil 2,25ff;
      vgl. noch S.19.23.41.46.48.69.107. Weder würdigt
      W. Lindemann, "Karl Barth und die kritische Schrift-

Dennoch spürt der Leser, daß Barth trotz (oder besser: unter Berücksichtigung) dieser Einsicht stets bemüht ist, die
'Oberfläche' des Brieftextes zu durchstoßen, um wenigstens
– in aller Vorsicht – in K o n t u r e n des ihn motivierenden
situativen Kontextes ansichtig zu werden. Jedoch: Barth
zeichnet seine Sicht dieses situativen Kontextes nicht in deutlichen Linien aus, er weist sie ebenfalls nicht im (kontrollie-
renden) Rückbezug zum Text aus, sie bleibt in s e i n e r
Auslegung des Philipperbriefes ebenso F o l i e , wie für Paulus selbst die Situation der Gemeinde K o n t e x t seines
Briefes bleibt.

Deutlich erkennbar für Barth – und ebenso aus seinem Kommentar für den Leser – sind die beiden grundlegenden situativen Voraussetzungen, die für die Abfassung des Briefes
k o n s t i t u t i v e Bedeutung haben: die Kenntnis des Apostels
von der Sorge dieser Gemeinde um ihren gefangenen Apostel,
nicht zuletzt durch ihre Liebesgabe und die Bereitstellung
ihres Abgesandten Epaphroditus zum Ausdruck gebracht, und
sein Wissen darum, daß diese Gemeinde selbst unter Bedrükkung zu leiden hat [109]. Diese Grundskizze erweist sich jedoch als noch nicht feinmaschig genug, um dem Brief in seinen inhaltlichen Akzentuierungen gerecht zu werden. Schim-
mert zwar in der Danksagung als konkreter Anlaß die L i e -

---

auslegung" d i e s e n Aspekt, noch wird seine 14-Zeilen
Bemerkung diesem Kommentar unter dem Blickwinkel
seiner Einordnung in den auslegungsgeschichtlichen Kontext der Philipperbriefexegese gerecht; wenn Lindemann ausgerechnet auf W. Luekens Kommentar verweist, um dem Leser die 'zeitgenössische Auslegung'
als (richtungweisende) Folie im Blick auf diesen Kommentar K. Barths vor Augen zu halten, so kann dies im
Blick auf d i e s e n Kommentar nur als ein Mißgriff gewertet werden und wird der Auslegung Barths in keiner
Weise gerecht (vgl. Lindemann, S. 54).

109 Vgl. etwa K. Barth, ebd, S. 74 f.

besgabe und damit die besorgte Anteilnahme der philippischen Gemeinde am Geschick ihres Apostels beherrschend
durch [110], so wird schon hier das Bemühen des Paulus deutlich, den Blick der Philipper entschlossen auf G o t t, auf
Gottes Treue [111] zu lenken und ostentativ darauf zu verweisen, daß im Blick auf dieses Subjekt D a n k s a g u n g die
einzig angemessene Möglichkeit der Hinwendung ist; ist sie
doch auch im Blick auf die besorgte Fürbitte der Gemeinde
für ihren Apostel "geradezu die Probe darauf, ob sie sich mit
dem, was sie zu b i t t e n haben, wirklich an ihn, den Herrn,
und nicht etwa an einen selbstgemachten Gott wenden" [112].
Wenn Paulus am Schluß dieses Abschnitts als Inhalt seiner
Fürbitte die Zunahme ihrer Liebe "an Erkenntnis und allsei-
tiger Einsicht, um zu unterscheiden, worauf es ankommt ...
damit ihr lauter und fleckenlos seid, dem Tag des Christus
entgegen" [113], nennt, so sieht Barth hier, ohne daß s.E.
Paulus vorläufig schon konkreter wird – "er wird es noch
werden" [114] – erstmals S o r g e des Apostels zum Ausdruck gebracht. Möglicherweise auf dieselben hier noch nicht
greifbar werdenden Konturen d e r Gemeindesituation, die
Paulus Anlaß zu dieser Sorge gibt, weist für Barth, ohne
daß dies jedoch bei ihm irgendwie durch einen Hinweis erkennt-
lich würde, der Abschnitt Phil 1,12-26, in dem Paulus der
Gemeinde die z w e i t e Antwort auf ihre sorgenvolle Anfrage nach seinem Ergehen gibt. Paulus hatte in Vers 7,
sicherlich überraschend für die Gemeinde,seine derzeitige

---

110 Vgl. oben S. 168 Anm. 107.

111 V.6 bezeichnet Barth als "Kardinalsatz" des ganzen
     Abschnitts (S.15).

112 Ebd, S. 6.

113 So die Umschreibung K. Barths S. 14(im Original her-
                                      vorgehoben).
114 Ebd, S. 14.

Situation als G n a d e bezeichnet und die Sorge der Gemeinde mit dem pointierten Hinweis beantwortet, er d a n k e
Gott. Barth erkennt in dem anschließenden Briefabschnitt
1,12-26 das Bemühen des Apostels, V. 7 "nicht als para-
doxe Behauptung stehen ..., sondern durch konkrete Füllung
für den Leser sinnvoll werden" zu lassen [115]. Faßt Paulus
mit τὰ κατ' ἐμέ alles das zusammen, "wonach die Leser
offenbar in erster Linie gefragt haben" [116], so schickt er sich
jetzt an, nunmehr eine zweite d i r e k t e Antwort zu geben.
Aber auch diese erweist sich sogleich - jedenfalls mit den Augen der Philipper betrachtet - als eine i n d i r e k t e, denn
Paulus antwortet "derart, daß er der Frage der Leser stillschweigend die rechte, die allein angemessene Form gibt".
"In deutlicher Korrektur der vorausgesetzten Frage" spricht
Paulus wiederum nur indirekt, beiläufig von s e i n e r Lage, indem er d i r e k t von deren Auswirkung - auf die
Situation der Verkündigung des E v a n g e l i u m s am Ort
der Gefangenschaft [117] berichtet. "Auf die Frage, wie es
i h m gehe, m u ß ein Apostel reagieren mit dem Bescheid
darüber, wie es dem E v a n g e l i u m geht." [118] Von d i e-
s e r Bewertungskategorie ist anschließend auch allein die
Auskunft über den Ausgang dieser seiner Situation als Ange-
klagter geprägt: Paulus vermag sich auch im Blick auf seine Zukunft zu freuen, da er weiß, daß er 'in keiner Weise
zuschanden werden wird', denn auch dieser Ausblick steht
exklusiv unter dem Blickwinkel, daß mit jedwedem Ausgang
eine weitere προκοπὴ τοῦ εὐαγγελίου verbunden sein möge.

---

115 Ebd, S. 17.

116 Ebd, S. 17.

117 Dieser ist für Barth, ohne daß er der Frage größere
     Bedeutung beimißt, Rom.

118 Ebd, S. 17f.

Solche Art der Beantwortung der Anfrage der Philipper nach seinem persönlichen Ergehen läßt erkennen, "daß Paulus mit h e i m l i c h e r U n r u h e dabei ist, die Leser zu veranlassen, mit ihm d a s E i n e, was not tut, das, was man u n b e d i n g t wissen kann und wissen muß: 'Christus wird groß werden!'" [119]   Mit Phil 1,27ff kommt der Apostel auf die äußere Situation der Gemeinde zu sprechen. Auch die Philipper stehen — wie er in Rom — im Kampf für das Evangelium; sie haben unter 'Widersachern' zu leiden [120]. Diese Gleichartigkeit der Situation sowohl des Apostels als auch der Gemeinde gewährt den inneren Zusammenhang zwischen Phil 1,27–30 und dem vorangehenden Abschnitt 1,12–26. "Indem sie (die Philipper) sich um sein Ergehen ... sorgen, sollen sie doch ja nicht vergessen (er hat ihnen stillschweigend gesagt, welche s e i n e 'Verfassung' in s e i - n e m Kampf sei!) in ihrem e i g e n e n Kampf fest zu stehen." [121]   Welches die den Versen 1,27ff zugrunde liegenden und Paulus bezüglich i h r e r Verfassung in ihrem Kampf Sorge bereitenden Vorkommnisse in Philippi sein könnten, deutet Barth zunächst lediglich durch das Zitat einer Bemerkung J.A. Bengels an: "Est interdum inter sanctos naturalis aliqua antipathia!" [122]   In 2,1ff wird diese schon

---

119 Ebd, S. 36 (Hervorhebungen von mir, im Original ist "unbedingt" gesperrt gedruckt).

120 Wer diese Widersacher sind, ist nach Barth dem Text nicht zu entnehmen. Sie scheinen jedoch "kein selbständiges Interesse" zu haben (S.41), d h Paulus setzt sich nicht mit ihnen auseinander, sondern redet der Gemeinde zu, wie sie sich angesichts solcher Gegner zu verhalten habe. Hier darum einen ersten Hinweis auf die in Kap.3 thematisierten Irrlehrer zu finden, hält Barth für unwahrscheinlich.

121 Ebd, S. 40.

122 Zit. nach K. Barth, ebd, S. 40 (J.A. Bengel, Gnomon Novi Testamenti).

in 1,27ff anklingende Forderung nach "Realisierung der Gemeinschaft, der Einheit der Christen untereinander" von Paulus derart in den Mittelpunkt der weiteren Ausführungen gerückt, daß "2,1-11 als ein(en) Exkurs zu jenen Worten auf-
(zu)fassen" ist. "Darum geht es offenbar im Besonderen bei jenem Kampf für den Glauben."[123] Welcher konkrete Hintergrund Paulus zu dieser Paränese motiviert haben könnte, ist allerdings dem Brief nicht zu entnehmen.
Angesichts "der auffallenden Tatsache, daß die Mahnung zum
Frieden- und Gemeinschafthalten in einer großen Stereotypie in
fast allen neutestamentlichen Sendschreiben irgendwo auf-
taucht", scheint es ihm jedoch hilfreich, "sich klarzuma-
chen, daß eine 'Bewegung' wie die, in der sich diese Gemeinden befanden, jedenfalls durchgängig auch eine starke
zentrifugale Wirkung hatte"[124]. Barth will sagen, daß in
dem Augenblick, in dem sich der einzelne vor Gott erkennt, er sich zugleich erschreckend deutlich als einzelner erkennt und sich mitnichten sogleich auch schon als
Glied der Gemeinde sieht; dies letztere bedeute "einen
zweiten besondern Schritt", der immer erst folgen könne,
wenn der erste wirklich getan sei. "Aber dieser zweite Schritt
muß kommen. Der Gegensatz des Einzelnen zur Gemeinschaft in Gott kann doch immer nur darauf beruhen, daß der
Einzelne auch sich selbst noch nicht recht versteht."[125]
Als entscheidende, weil für alles weitere schlüsselhaf-
ten Charakter tragende Wendung ist darum die paulinische
Forderung zu werten, auf das Eine zu sinnen. Muß
man "dieses Gebot zunächst in seiner Allgemeinheit stehen
lassen", so ist es doch darum keinesfalls inhaltsleer: "Ge-

---

123 Ebd, S. 45.
124 Ebd, S. 47.
125 Ebd, S. 47.

meint ist doch sehr prägnant d a s Eine, neben dem es kein
Anderes gibt." [126]   Es ist "die richtende Gnade, unter der die
Gemeinde steht" [127] . D i e s e s E i n e "steckt der zentrifu-
galen Wirkung, unter der die Einzelnen zunächst stehen, ihre
Grenze" [128] . Weil der Mitmensch Träger und Repräsentant
dieser richtenden Gnade ist, darum ist er mir gegenüber ein
ὑπερέχων   [129] .   Wird in einer Gemeinde dieses letztere
nicht praktiziert, kann das erstere noch nicht in seinem vollen
Ernst erkannt sein. Barth nimmt darum an, "obwohl alles
Konkrete für uns im Dunkel bleibt, daß es sich ... in Philippi
um grundsätzliche Uneinigkeit gehandelt hat"; zumal Paulus
"gegen rein persönliche Zwistigkeiten ... doch nicht den nun
folgenden gewaltigen Apparat aufgeboten" hätte [130] .   Es geht
Paulus also im folgenden durchgängig und einzig darum, die
Gemeinde an d a s E i n e zu erinnern, an "die Wirklichkeit,
in der sich die Streitenden, die sich jede Mahnung sollen ge-
fallen lassen, befinden" [131] , nämlich an ihr Sein ἐν Χριστῷ
'Ιησοῦ , um aus dem konkreten Inhalt dieses ἐν Χριστῷ
'Ιησοῦ , nämlich der κένωσις und ταπεινοφροσύνη , "in
der Jesus Christus von Gott erhöht ist zum Haupt seiner Gemeinde" [132] , die Demut der philippischen Gemeindeglieder
untereinander abzuleiten und letztgültig zu begründen [133] .

---

126   Ebd, S. 47.

127   Ebd, S. 50 (im Original ist "Gnade" hervorgehoben).

128   Ebd, S. 47.

129   Vgl. ebd, S. 50.

130   Ebd, S. 47f.

131   Ebd, S. 53.

132   Ebd, S. 63.

133   Vgl. auch bes. Barths Auslegung der V. 12f S. 65ff.

Wenn darum in Phil 2,12 ff eine direkte Wiederaufnahme der
durch den Christushymnus nicht abgeschlossenen, sondern nur
indikativisch begründeten Ermahnungen von 2,1 ff anzunehmen und somit 2,1 ff und 2,12 ff ganzheitlich auf ein und
dieselbe 'Gemeindeverfassung' zu beziehen sind, überrascht
freilich im Blick auf unsere Frage nach dem situativen Kontext dieser Gesamtparänese, daß Barth nunmehr, angeleitet
durch die Wendung καθὼς πάντοτε ὑπηκούσατε, erklärt: "Er
(Paulus) darf sie anerkennend daran erinnern, daß sie, mit ihm
in derselben Wirklichkeit lebend, seinem Wort schon gehorcht
haben und daß es sich   n u r   darum handelt, in der Linie,
die ihre eigenste Lebenslinie ist, zu b l e i b e n" [134], denn
die in diesen Worten implizit enthaltene Notiz zur inneren Gemeindesituation dürfte bereits eine Nivellierung der zuvor nur
unbestimmt angedeuteten Konturen der diesen Abschnitt motivierenden Gemeinde m i ß s t ä n d e   bedeuten. Diese Akzent-
minderung, durch V. 12 b ff scheinbar wieder rückgängig gemacht, da hier die Erinnerung zur Demut, "auf die er (Paulus) von 1,27 an hinauswollte ... ihren Höhepunkt" erreicht [135], scheint jedoch auch durch den anschließenden
"Jubelruf" geboten, "mit dem Paulus seine Mahnrede abbricht
im Bewußtsein, daß die, zu denen er redet, wirklich sein
Ruhm sein werden auf den Tag des Christus, daß er um ihret-
willen nicht umsonst gelaufen sein und gearbeitet haben wird,
V. 16 " [136]. Nachdem Paulus auch nach Barth in Phil 3,1 a
"bereits zum Schluß angesetzt hatte", entschloß er sich "offenbar erst nachträglich" zu dem zwar durch Phil 3,1 b vorbe-
reiteten, nichts desto trotz mit 3,2 "immer noch abrupt und
erschreckend genug" [137] angezeigten neuen Thema: der War-

---

134   Ebd, S. 64 (Hervorhebung des 'nur' von mir).

135   Ebd, S. 76. Zur umfassenderen Motivierung des V. 17
      im Gesamtaufriß des Briefes vgl. S. 76 ff.

136   Ebd, S. 77.

137   Ebd, S. 87.

nung vor judaisierenden Irrlehrern. Weisen V. 2 und 5 f "ganz
unzweideutig in die Richtung des Judentums", so legen
V. 7 f es nahe, an jüdische Christen, an "Vertreter und
Propagatoren eines judaisierten Christentums" zu
denken [138]. Barth sieht Paulus während des gesamten
3. Kap. in der Auseinandersetzung mit diesen Irrlehrern begriffen. Die Intensität dieser Auseinandersetzung spiegeln
sowohl "der sich erneuernde Temperamentausbruch" in V. 18
als auch V. 1 des 4. Kap. "als beschwörender Schluß" [139]
wider. Wie darum von seinem Inhalt her das gesamte Kapitel
allein als durchgängige Kontradiktion auf die Verkündigung
dieser judaisierten Christen in seiner Gezieltheit begriffen werden kann [140], so seine Intensität (und Ausführlich-
keit), das heißt aber: seine Aktualität und Konkretheit auf
dem Hintergrund einer der Gemeinde tatsächlich unmittelbar
drohenden Gefahr seitens dieser Irrlehrer. Dies scheint in der
Tat zunächst auch K. Barths eigene Sicht des situativen Kontextes dieses Kapitels zu sein. Dann jedoch wird auch erwogen, "daß die anhebende Warnung nicht durch die gegenwärti-
ge Lage der philippischen Gemeinde, sondern entweder durch
die Erinnerung an ihre frühere Lage oder durch gleichzeitige
Ereignisse in andern Gemeinden oder durch Dinge, die sich
am Aufenthaltsort des Apostels unter seinen eigenen Augen
abspielten, oder durch einen allgemeinen Rückblick auf seine
Lebenstätigkeit und ihr schwerstes Problem veranlaßt" sei,
um mit einem: "Wie dem auch sei: vor diesen, diesen soll
nun noch einmal gewarnt werden" [141] diese für das Verstehen dieses Kapitels nicht unerhebliche Frage abzuschließen.

---

138   Ebd, S. 88.

139   Ebd, S. 110. 115.

140   Vgl. etwa S. 92. 108.

141   Ebd, S. 88.

Scheint diese Hinwendung Barths zu einer Position der Indifferenz bezüglich des situativen Hintergrunds dieses Kapitels
auf den ersten Blick allein aus der Ignoranz der Bedeutsamkeit
historischer Fragestellung für die Exegese zu erklären zu sein,
so könnte doch eine von Barth zwischen beiden soeben skizzierten Positionen eingeflochtene Überlegung Anlaß sein, mit
diesem vorschnellen Urteil zurückzuhalten, dem darüber hinaus die Gesamtausrichtung des Kommentars zuwiderliefe.
Nachdem er aufgrund von 3,2 festgestellt hat, daß der Gemeinde "von ganz bestimmter, in den drei Scheltworten cha-
rakterisierter Seite" [142] Gefahr droht, erwägt er die Möglichkeit eines inneren Zusammenhangs von Phil 1,28 und dieser Warnung, kommt aber auch hier erneut [143] zu dem Schluß,
daß es sich dort um V e r f o l g e r der Gemeinde, nicht aber
wie hier um V e r f ü h r e r handle, daß es somit in 3,2ff
um ein völlig neues Thema gehe. Hinter dieser Erwägung
k ö n n t e sich die Überlegung verbergen, daß es unter Zugrundelegung einer g a n z h e i t l i c h e n [144] Sicht des Briefes (Barth vermutet ja zwischen Kap. 2 und Kap. 3 keine
zeitliche Unterbrechung, sondern sieht in Kap. 3 einen zu Beginn des Briefes noch nicht geplanten 'Nachtrag') wenig
wahrscheinlich ist, daß Paulus erst in einem 'Nachtrag' auf
eine schon zu Briefbeginn existente, ihm auch bekannte aktuelle Gefährdung dieser Gemeinde zu sprechen kommt. Als
eigentliche Ursache für Barths indifferente - und in dieser
Indifferenz im Blick auf die uns bewegende Frage nach dem
konkreten situativen Kontext eben doch beredte - Position bezüglich dieser Frage erweist sich darum letztlich die Tatsache, daß er meint, "die Frage nach der literarischen Ein-

---

142   Ebd, S. 87.

143   Vgl. oben S. 172 Anm. 120 .

144   Vgl. oben S. 152 Anm. 46, die analog für Barth gilt.

heit unseres Briefes ... auf sich beruhen (lassen) "[145] zu
können, was er dann zwar doch nicht tut; denn in Kap. 3 einen 'Nachtrag' zu sehen, ist ja auch ein Lösungsversuch,
der von Barth in seinen exegetischen Konsequenzen jedoch
offensichtlich nicht bedacht wurde [146].

Während sich der von K. Barth lediglich in vorsichtigen Konturen angedeutete situative Kontext schwerlich zu einem deutlich erkennbaren Bild von der Situation der Gemeinde, die
Paulus zu diesem Brief mit all seinen inhaltlichen Akzentuierungen veranlaßt hat, zusammenfügen läßt, zeichnet E.
LOHMEYER in seinem 1928 erstmals erschienenen Kommentar ein in sich eindrücklich geschlossenes Bild der diesem
Schreiben zugrunde liegenden Gemeindesituation: Paulus,
selbst in Cäsarea in Haft, schreibt an diese ihm vertrauteste
Gemeinde aus der Situation eines Märtyrers in die Situation einer ebenfalls durch das Martyrium gekennzeichneten Gemeinde. Nachdem Epaphroditus – wohl einer der Vor-
steher der philippischen Gemeinde –, mit der Überbringung
der Liebesgabe an Paulus beauftragt, zum Apostel unterwegs
ist und diesem am Ort der Haft zur Hand gehen soll, "sind
in Philippi heftige Verfolgungen ausgebrochen" [147], die zum

---

145   K. Barth, ebd, S. 86 Anm. 1.

146   Für Barths Auslegung dieses Kapitels scheinen mir
      seine ihr vorangehenden Erwägungen allerdings von we-
      nig Belang, da der Leser eigentlich durchgehend den
      Eindruck gewinnt, daß Barths Auslegung weit eher
      der Folie einer auf konkretem aktuellem Hinter-
      grund geführten Auseinandersetzung des Apostels mit
      diesen Irrlehrern gerecht wird als den von ihm auch noch
      erwogenen anderen Motivierungen. Vgl. etwa S. 107f,
      wo es zu 3,15f heißt: "V 15f ist die Anwendung des
      V 4-14 Gesagten ad hominem, ein Zuruf des Paulus
      an die Philipper, mit ihm in dieser Situation als der
      christlichen zu verharren, sich durch jene Propaganda
      nicht in ein anderes Verhältnis zu Gott drängen zu las-
      sen" (S. 107f).

147   E. Lohmeyer, Kommentar, S. 4.

einen bewirken, daß viele Gemeindeglieder ihrer Gemeinde den Rücken kehren, zum anderen, daß manche derjenigen, die unmittelbar von den Verfolgungen betroffen sind, einen gewissen Märtyrerstolz entwickeln und sich im Gegensatz zu den anderen aus der Gemeinde, die solchen unmittelbaren Leidens nicht gewürdigt waren, als die Vollkommenen betrachten. Da überdies diese Bedrückungen - "wie in späteren Zeiten"[148] - als erste wohl die Leiter der Gemeinde trafen und diese sich darum aller Wahrscheinlichkeit nach in Haft befanden[149], bittet die Gemeinde ihren Apostel, sich helfend ihrer anzunehmen, sowohl was die äußere, schwere Situation der Verfolgungen als auch die aus diesen resultierenden inneren Gemeindeprobleme anbelangt[150]. Dieser Bitte der Philipper zu entsprechen, wenn auch zunächst aufgrund der eigenen Gefangenschaft nur mittels dieses Briefes, ist darum dessen "wichtigster Zweck und sein einziger Anlaß, der seine Sätze bis in alle Einzelheiten durchwirkt"[151]. Nach Lohmeyer "darf (man) deshalb den Philbrief ein Schreiben von dem Sinn des Martyriums, seinen Verheißungen und Forderungen nennen", in dem sich "nichts Vereinzeltes findet", sondern "ein jeder Teil ... seine notwendige und bestimmte Stelle (hat)"[152].

---

148   Ebd, S. 12.

149   Diese Vermutung zieht Lohmeyer auch als Erklärung der alle Ausleger vor Fragen stellenden Tatsache heran, daß Paulus im Eingangsgruß die ἐπίσκοποι und διάκονοι gesondert erwähnt - eben weil sie zur Zeit der Verlesung des Briefes sich in Haft befinden (vgl. S. 12).

150   Daß diese Bitte von Philippi aus an Paulus herangetragen wurde, schließt Lohmeyer aus Phil 1,8 und 2,19ff (vgl. dazu Lohmeyer, S. 28.114ff).

151   Ebd, S. 4.

152   Ebd, S. 37.

Findet sich diese l e t z t e These auch schon v o r Lohmeyer in den Einleitungen zu Philipperbriefkommentaren,
so doch seit Chr.T. Seidel bei niemandem ein derart inten-
sives Bemühen, diese These anschließend in der A u s l e -
g u n g des Briefes zu verifizieren. In beeindruckender Ge-
schlossenheit präsentiert sich sein Versuch, dem Schreiben
sowohl in seiner Ganzheit als auch in allen seinen Einzelpassagen die ihm unter Voraussetzung und ständiger Berücksichtigung dieses situativen Kontextes eignende Konkretheit und
Gezieltheit zu erhalten. Es ist eine häufig wiederkehrende Bemerkung, daß etwa die "Intensität des Ausdrucks" [153] oder
die Wahl einer bestimmten Wendung unbegreiflich bleiben müßte, sähe man sie nicht auf der Folie dieser spezifischen Situation des beiderseitigen Martyriums. Ist darum in Lohmeyers Kommentar in ganzer Radikalität Ernst gemacht mit
der These, daß Paulus seine Briefe nicht gleichsam 'im luft-
leeren Raum', sondern unter dem Eindruck und Druck konkreter, die jeweilige Gemeinde betreffender Ereignisse verfaßt hat, die darum auch,sei es direkt oder gebrochen,in
Form von Kontradiktionen gestaltend auf den Briefinhalt Einfluß nehmen, und führt Lohmeyer diese These durch unter der
Annahme nicht eines Bündels von Situationsaspekten, sondern
einer e i n z i g e n den Brief in allen seinen inhaltlichen Verästelungen beherrschenden Situationsdominante, so stellt
sich um so dringlicher die Frage, w o h e r er die Einsicht
von diesem situativen Hintergrund nimmt. Auch in seinem
Kommentar finden sich keinerlei Überlegungen methodischer
Art bezüglich des Zirkels von Erhellung des Textes unter
Zugrundelegung seines situativen Kontextes, durch den er erst
eigentlich zum 'Text' wird, und Eruierung dieses situativen
Kontextes aus eben diesem Text. Lohmeyer gibt auch nicht an,
aufgrund welcher Überlegungen er zu der Einsicht kommt, die

---

153   Ebd, S. 119.

doppelte Martyriumssituation sei das Koordinatennetz, in das
der Brief als ganzer ebenso wie alle seine Einzelpassagen
einzuzeichnen seien. Der Kommentar legt nahe anzunehmen,
daß sich für Lohmeyer selbst die Richtigkeit seiner These
darin erweist, daß sich s.E. nicht nur k e i n Briefabschnitt,
keine Aussage im Text ihr w i d e r s e t z t , sondern umgekehrt manche Bemerkung gerade erst in ihrem Licht an Profil gewinnt. Die Berechtigung, a l l e Briefpassagen in dieser
Situationsdominante   motiviert zu sehen, mag sich ihm aus
ihrer E x k l u s i v i t ä t ergeben haben. Lohmeyers These
hat k e i n e Anerkennung gefunden. Sie hier einer ausführ-
lichen kritischen Würdigung zu unterziehen, könnte nur bedeuten, den gesamten Brief auf ihre Textgemäßheit zu befragen.
Dies kann an dieser Stelle nicht geschehen [154]. R. BULT-
MANN gibt in einer Rezension dieses Kommentars als seinen
Eindruck wieder: "Macht diese Interpretation im Anfang Eindruck und wirkt sie etwa bestechend, wenn in ihrem Sinne die
Anrede an die Philipper als die 'Gefährten meiner Gnade'
verstanden wird als Anrede an die durch das Martyrium mit
Paulus Verbundenen: - Schritt für Schritt ist meine Bereit-
willigkeit, auf das Verständnis des Verf.s einzugehen, geringer geworden, um schließlich unter dem Eindruck der ge-
häuften Künstlichkeiten und Gewaltsamkeiten in den stärk-
sten Widerspruch überzugehen." [155] Bultmann führt exemplarisch einige Briefstellen an, die sich s.E. zum Teil nur
mühsam, zum Teil nur gewaltsam, das heißt g e g e n den
Text im Sinne der These Lohmeyers interpretieren lassen.
So führt dieser etwa zu Phil 2,25ff aus - dies sei der Liste
Bultmanns hinzugefügt -, daß es zwei Gründe seien, die die Rückkehr des Epaphroditus notwendig machten. Einer davon sei
dessen Sehnsucht nach seiner Gemeinde. Unmöglich ist es

154   Vgl. die Textanalyse S. 221 ff.
155   R. BULTMANN, DLZ 51, 1930, Sp. 775.

nun aber, "diese 'Sehnsucht' als 'Heimweh' zu deuten, das
ein dem Urchristentum völlig fremder Begriff ist. Sie muß
einen sachlichen Grund haben, und nichts liegt näher, als ihn
in den vielleicht erst während seiner Abwesenheit ausgebrochenen Verfolgungen zu suchen. Dann ist auch klar, was von
vorn herein wahrscheinlich ist, daß Epaphroditus zu den
'Vorstehern' der Gemeinde gehört, als welcher er sich verpflichtet weiß, ihr in ihrer schweren Lage beizustehen ...
Epaphroditus ist es durch seine Krankheit unmöglich gemacht,
der Gemeinde zu Hülfe zu eilen; und das verwandelt seine
Sehnsucht in verzweifelte Unruhe. Die Intensität des Ausdrucks bleibt unbegreiflich, wenn das Motiv nur in dem Ge-
rücht von seiner Krankheit bestehen sollte." [156]   Eine weitere, auch von R. Bultmann genannte Briefpassage, Phil 3,18f,
soll noch aufgegriffen werden, scheint doch gerade im Blick
auf sie die Interpretation Lohmeyers doppelt problematisch:
Kann es schon R. Bultmann "für höchst künstlich ... nur halten, wie 3,18f. die 'Feinde des Kreuzes Christi' auf die
L a p s i , die das Martyrium scheuen, gedeutet werden" [157] -
dem Text wird diese Deutung in der Tat nicht zu entnehmen
sein -, so scheint es darüber hinaus weiterhin, daß diese Verse in Lohmeyers Deutung auch hinsichtlich der h i s t o r i -
s c h e n Rekonstruktion seiner eigenen These höchst problematisch sind: Geht Lohmeyer davon aus, daß die das Martyrium der Gemeinde bewirkenden Verfolgungen n a c h der
Abreise des Epaphroditus zum gefangenen Apostel begonnen
haben, - was für diese These auch naheliegend oder gar notwendig ist, da andernfalls Epaphroditus als einer der Vor-
steher der Gemeinde diese Reise wohl erst gar nicht angetre-
ten hätte - muß er notwendigerweise die Wendung in V.18
οὒς πολλάκις ἔλεγον ὑμῖν ignorieren, bzw., da er dies

---

156   E. Lohmeyer, ebd, S. 119.

157   R. Bultmann, aaO, Sp. 775.

nicht tun will, in höchstem Maße gekünstelt interpretieren [158].

2.   Kritische Würdigung

Ist auch im Blick auf die in diesem Kapitel befragten Philipperbriefauslegungen als erstes zu betonen, daß a l l e Kommentatoren - unterschiedlich deutlich - von der Einsicht geleitet sind, daß Paulus diesen Brief in eine k o n k r e t e Gemeindesituation hinein geschrieben hat, so vermag diese
Feststellung weder den Eindruck zu verwischen, daß die Skizzierung dieser konkreten Gemeindesituation von Auslegung zu
Auslegung mehr oder weniger stark differiert, noch den, daß
sie i n n e r h a l b der jeweiligen Auslegung uneinheitlich ist,
wobei 'uneinheitlich' n i c h t d e n Sachverhalt umschreibt,
daß innerhalb e i n e r Auslegung aufgrund der jeweiligen
Textpassagen des Briefes unterschiedliche Situationsaspekte
erhoben, sondern einander a u s s c h l i e ß e n d e Beschreibungen der Gemeindeverhältnisse gegeben werden.

Beide zu konstatierenden Sachverhalte hängen m.E. eng zusammen mit einem bereits von W.H. Schinz argumentativ verwandten, aber wohl schon früher existenten "neuralgischen
Punkt" der Briefexegese: der subjektiven Empfindung des Gesamteindrucks des Briefes, seines Gesamttons. Daß bereits
hier e n t s c h e i d e n d e Weichen für die Auslegung des Briefes gestellt werden, dürfte durch das Bisherige deutlich geworden sein; aus ihm leitet sich in ersten dominanten Konturen die innere Verfassung der Gemeinde ab; von dieser wiederum ist wesentlich die Frage nach der (den) Motivierung(en)
des Briefes, und damit eng verknüpft, den mit diesem Schreiben verbundenen Intentionen des Apostels abhängig. Kommt

---

158   Vgl. Lohmeyer, ebd, S. 152f.

somit der eigenen subjektiven Empfindung des Gesamteindrucks
dieses Briefes propädeutische Funktion in bezug auf die Er-
schließung des Textes zu, so unterstreicht dies die Notwendigkeit einer diesen Vorgang kritisch begleitenden Reflexion [1]. Seinen zeitlichen Ort wird man in der ersten echten Begegnung des Auslegers mit diesem Brief sowie
seiner Überlieferungs- und Auslegungsgeschichte anzusetzen
haben. Gilt nun die hermeneutische Einsicht, daß wir das Ganze nur aus dem Einzelnen, das Einzelne nur aus dem Ganzen
verstehen können, so wird zugleich nicht zu bestreiten sein,
daß es in dieser (entscheidenden) ersten echten Begegnung
mit dem Brief und seiner Auslegungsgeschichte immer nur zu
einer subjektiv begründeten Auswahl von Einzelnem
kommt, abhängig von der subjektiven Sensibilität für bestimmte, dem eigenen Empfinden des Textganzen somit zu Dominanten werdenden Textpassagen [2].
Man wird also als Ausleger in dieser ersten echten Begegnung mit dem Brief als Textganzem nicht nur nicht die
Summe alles Einzelnen erfassen, sondern man wird aufgrund
der eingebrachten subjektiven Sensibilität auch damit zu rechnen haben, daß man das Wahrgenommene nicht in der dem
Brief eigenen Wertigkeit erfaßt. Nichts desto trotz fungiert

1 Zum Folgenden vgl. E. Staiger, Die Kunst der Interpretation, in: Ders.: Die Kunst der Interpretation. Studien
zur Deutschen Literaturgeschichte, Zürich ⁵1967 (= 1955),
S. 9–33.

2 Diese voranstehenden Überlegungen, motiviert durch die
zuvor skizzierte Philipperbriefauslegung und angeregt
durch den in Anm.1 genannten Aufsatz von E. Staiger,
wollen nicht dem Ausleger das Bemühen abspre-
chen, 'sine ira et studio' den ihm vorgegebenen Text auszulegen. Im Blick auf etwaige diese Sensibilität des Auslegers mit prägende Faktoren ist zum einen auf die Auslegungsgeschichte dieses Textes, zum anderen – und hier
ist zu Beginn der 'methodischen Vorüberlegungen' Ange-
führtes aufzunehmen – auf das jeweilige Geschichts- und
Wirklichkeitsverständnis hinzuweisen.

im weiteren Verstehens- und Auslegungsprozeß das subjektiv Wahrgenommene zunächst als erkenntnisleitendes Empfinden des Textganzen, auch im Blick auf die in dieser ersten Begegnung nicht wahrgenommenen, möglicherweise aber
seitens des Verfassers des Briefes intentional gewichtigen
Textpassagen. Aus alledem jedoch den Schluß zu ziehen, daß
es dann doch besser wäre, auf das vage Gefühl eines ersten
Gesamteindrucks zu verzichten und sogleich mit der Analyse
des Einzelnen zu beginnen, hieße nicht nur einen entscheidenden Zug menschlichen Erkennens überhaupt zu verleugnen,
sondern auch, wieder spezifiziert auf die uns in dieser Untersuchung beschäftigenden Fragen, daß in der Tat der Gesamt-
brief auch die Gesamtsituation der Gemeinde spiegelt;
ohnehin übernähme die erste bewußt wahrgenommene Textpassage die Funktion des Gesamteindrucks (wie ja auch deutlich wurde, daß in der Tat Phil 1,5 neben Phil 4,1 schlüs-
selhaften Charakter für den Gesamtton des Briefes hatte).
Kann es also nicht darum gehen, das Vorhandensein dieses
jedenfalls u.U. n i c h t das Briefganze repräsentierende
subjektive Gefühl vom Gesamteindruck des Briefes zu leugnen, so kommt alles darauf an, es am Brief zu kontrollieren;
denn in der subjektiven Empfindung des Gesamteindrucks und
im anschließenden Nachweis am Einzelnen, daß es stimmt,
erfüllt sich der hermeneutische Zirkel, vor dem wir hier stehen [3]. Dies schließt allerdings die Bereitschaft und Fähigkeit ein, es notfalls aufgrund eines ihm entgegenstehenden
Einzeltextes zu korrigieren. Wurde auch aus dem Voranstehenden deutlich, daß solche Korrekturbereitschaft und -fähigkeit
durchaus bei fast allen Auslegern [4] dieser auslegungsgeschichtlichen Zeitspanne vorhanden war, so ist sogleich dahingehend

---

3 Vgl. E. Staiger, aaO, S. 18.

4 Eine solche Bereitschaft zu bezweifeln ist m.E. bei
   E. Haupt und P. Ewald.

zu differenzieren, daß diese Bereitschaft und Fähigkeit bei den einen (zugleich den meisten) lediglich auf die Ebene der d e s k r i p t i v e n Erfassung der sich im Einzeltext ausspre- chenden Gemeindesituation begrenzt blieb; denn es kam im Anschluß hieran nicht zu der Konsequenz, den G e s a m t - e i n d r u c k des Briefes, d h die aus ihm abgeleitete Skiz- ze der Gemeindeverfassung aufgrund dieses Einzeltextes zu korrigieren, sondern infolge der Dominanz des Gesamtein- drucks die am Einzeltext gemachten Beobachtungen bezüglich der Gemeindesituation zu r e l a t i v i e r e n [5]. Oder aber man war weitergehend bereit, das an einem bestimmten Einzelab- schnitt des Briefes neu gewonnene Gemeindebild, auch wenn es n i c h t mit dem aus dem Gesamtton des Briefes abge- leiteten übereinstimmte, für d i e s e n E i n z e l t e x t gelten zu lassen, sah   sich jedoch   n i c h t zu der Konsequenz genötigt, daß bei g a n z h e i t l i c h e r [6] Sicht des Briefes (oder eines Briefkomplexes wie Kap. 1 und 2) d i e s e Ge- meindewirklichkeit dann auch im Blick auf die vorangehenden und/oder nachfolgenden Briefpassagen in Geltung gewesen sein muß [7].

---

5 Vgl. vor allem A.H. Franke und W. Lueken, aber auch v. Hofmann, R.A. Lipsius und A. Klöpper, wiewohl ge- rade bei letzterem dessen Gemälde der Gemeindeverhält- nisse aufgrund des 3. Kapitels diese Relativierung weit überholen.

6 Vgl. oben S. 152 Anm. 46, die analog für diese Ausleger gilt.

7 Hier ist n i c h t die Auffassung intendiert, daß eine e i n - z i g e Situationsdominante, d h ausschließlich ein domi- nanter Situationsaspekt, den Brief in a l l e n seinen Ein- zelpassagen und inhaltlichen Verästelungen motiviert und inhaltlich geprägt haben müsse, es kann natürlich damit ge- rechnet werden, daß Paulus in seinen Briefen v e r s c h i e - d e n e Situations a s p e k t e zur Sprache bringt, die entwe- der verschiedenen Textabschnitten zugrunde liegen oder in intentional verschiedenen Aussagen e i n e s Textabschnitts zum Ausdruck kommen (letzteres könnte beispielsweise in Kap. 3 des Philipperbriefes der Fall sein); gemeint ist, daß methodisch nicht damit gerechnet werden darf, daß Pau-

Auf den Briefinhalt Bezug nehmend, ist damit abgehoben auf
das – wie schon mehrfach betont – bereits von W.H. Schinz
formulierte, wenn anschließend auch von ihm nicht weiter be-
achtete Problem der "ausgezeichneten Lobsprüche" in diesem Brief einerseits und seiner paränetischen Passagen andererseits, die die bisher in Blick genommene Philipperbriefexegese vor unüberwindliche Hindernisse stellte (sofern
man jedenfalls Klöppers Lösungsvorschlag für k e i n e Lösung dieses Problems hält).
Ein ebenfalls weiterhin o f f e n e s Problem ist mit dem 3.Kap.
des Briefes angezeigt. Hier ist nicht nur keine Übereinstimmung in der Beurteilung der von Paulus in den Blick genom-
menen Irrlehrer, sondern auch in der grundsätzlicheren Frage nach der W e r t i g k e i t, d h Aktualität der in diesem
Kapitel ausgesprochenen Warnung zu verzeichnen. Auch diese
letztere Frage hängt zum einen, wie versucht wurde aufzuzeigen, eng mit der subjektiven Empfindung des Gesamteindrucks
des Briefes zusammen: Die Annahme einer a k t u e l l e n
Gefährdung der Gemeinde seitens solcher Irrlehrer entwirft
zugleich das Bild einer für solche Irrlehre empfänglichen, d h
n i c h t in der Verkündigung des Apostels f e s t gegrün-
deten Gemeinde und steht somit im Gegensatz zum Gesamteindruck, der dominant von den "ausgezeichneten Lobsprüchen" bestimmt ist. Hinzu kommt, als Argument reflektiert
von Haupt und Müller eingebracht, daß bei ganzheitlicher Sicht
des Briefes Paulus ja erst gegen Ende, nachdem er bereits
den Briefschluß als unmittelbar bevorstehend angezeigt hat,
auf diesen Punkt zu sprechen kommt, es sich mithin n i c h t
um ein für die Gemeinde brisantes Thema handeln kann. Ob
man jedoch Kap. 3 gerecht wird, wenn man a priori bestrei-

_____

lus in einem ganzheitlich abgefaßten Brief oder Brief-
komplex den Einzelabschnitten e i n a n d e r a u s s c h l i e-
ß e n d e Gemeindeverhältnisse zugrunde gelegt habe, wie
dies Klöpper expressis verbis behauptet (vgl. Klöpper,
Kommentar, S. 221).

tet, "dass P.(aulus) überhaupt sich 3,2ff. in leidenschaftlicher
Stimmung befindet" [8], es als des Paulus "ceterum censeo" [9]
erklärt oder sich damit begnügt zu behaupten, Paulus habe
es an Stelle der Beantwortung weiterer Anfragen der Philipper für zweckmäßiger erachtet, sie unter dem Leitmotiv der
Freude im Herrn "vor den Lehrern gesetzlicher Gerechtigkeit" zu warnen und "zu einem dem Christenstande entsprechenden Wandel" [10] zu ermahnen, wird zumindest mit Klöpper gefragt werden müssen. Im Blick auf diesen freilich ist
zum einen an die lange vor ihm betont vertretene methodische
Forderung zu erinnern, daß hinsichtlich der Frage nach dem
situativen Kontext des Philipperbriefes allein dieser als
Quelle befragt werden darf; zum anderen drängt sich die
Frage auf, ob sich – sollte es sich tatsächlich beide Male,
sowohl Phil 3,2ff als auch 3,18f, um in der augenblicklichen Situation der Gemeinde begründete, d h aktuelle
Ermahnung handeln [11] – dann die Anfügung dieses 3.Kap.
als zwar "etwas unvermittelt", aber doch insofern dem inneren Duktus des Briefes entsprechend erklären läßt, daß Paulus sich zunächst in Kap. 2 mit der Gemeindewirklichkeit,
d h Zwietracht zwischen Judenchristen und Heidenchristen
auseinandersetzt und die Gemeinde zur Eintracht ermahnt

---

8   E. Haupt, Kommentar, Einl. S. 99.

9   A.H. Franke, Kommentar, S. 13.

10 v. Hofmann, Kommentar, S. 143. Wenn v. Hofmann
    fortfährt, daß Paulus zwar sowohl die Warnung wie die
    Ermahnung schon oft an die Gemeinde gerichtet habe,
    sie hier aber in jenem χαίρετε ἐν κυρίῳ begründet
    lägen, da "solches, das Fleisch ist, seine Zuversicht
    vor Gott und solches, das irdisch ist, seines Tichtens
    und Trachtens Gegenstand sein zu lassen, beides ...
    das Widerspiel der Freude im Herrn (sei)" (ebd, S.
    143), so nähert er sich damit deutlich der Auslegung die-
    des Kapitels von B. Weiß an.

11 Vgl. A. Klöpper, Kommentar, S. 174, 219.

und anschließend auf die Ursache dieser Zwietracht,
nämlich judaistischen Einfluß auf die Judenchristen und libertinistischen Einfluß auf die Heidenchristen, zu sprechen
kommt, d h hier stellt sich bei dieser Sicht des 3. Kap.
die Frage nach der literarischen Ganzheitlichkeit
des Briefes.

Wirft insbesondere K. Barths [12] Auslegung die Frage auf, ob
sich – wenngleich seine Warnung, "das was da steht, (nicht)
novellistisch zu ergänzen" [13], streng beachtend – nicht dennoch aus dem Brief selbst ein deutlicheres Bild von der Gemeindesituation erheben läßt, auf deren Folie ja doch dieser
Text erst eigentlich zum "Text" wird, so daß zwar ein Zu-
viel, aber ebenso ein Zuwenig an möglicher Erhellung
des situativen Kontextes der Auslegung dieses Briefes nicht
gerecht wird, so weist E. Lohmeyers Kommentar auf ein
anderes Problem: Wurde soeben die Forderung erhoben, daß
die sich in der 'ersten echten Begegnung' mit dem Brief
einstellende Empfindung vom Gesamteindruck dieses paulinischen Schreibens, auf unsere Frage spezifiziert: die sich in
ersten Konturen abzeichnende Gemeindesituation anschließend
an den Einzelabschnitten als zutreffend ausgewiesen oder nöti-
genfalls korrigiert werden müsse, so scheint E. Lohmeyer
s.E. eben dieser Nachweis sowohl hinsichtlich des Briefes
als Textganzem als auch im Blick auf alle Einzelaussagen des
Schreibens mit ihren unterschiedlichen inhaltlichen Akzentuierungen gelungen zu sein. Man wird es sich verboten sein
lassen, a priori Lohmeyer sowohl die Bereitschaft wie die
Fähigkeit abzusprechen, seine These entscheidend zu revidieren, falls er sich aufgrund einer ihr entgegenstehenden Briefpassage dazu veranlaßt gesehen hätte. Er meint, eine solche
Textpassage im Brief nicht gefunden zu haben. Nichts desto

---

12 Hier wäre auch der Kommentar von M. Dibelius zu
     nennen.

13 K. Barth, Kommentar, S. 75.

trotz hat seine These keine Anerkennung gefunden, und es wurde gezeigt, daß nicht nur bestimmte Aussagen des Briefes
derart ausgelegt werden können, daß sie keinen Anhalt
für seine These bieten, sondern daß sie eine andere ihr entgegenstehende Auslegung fordern. Dann aber macht insbesondere dieser Kommentar deutlich, was schon bei K. Barth
im Vorwort zur englischen Ausgabe seiner Römerbriefauslegung anklingt, daß niemand auszulegen vermag, ohne auch ein-
zulegen [14], ohne sich selbst als Ausleger mit in s e i n e
Auslegung des Textes einzubringen. Worum es in jeder neuen
Auslegung a l l e i n gehen kann, ist auch im Blick auf die uns
beschäftigenden Fragen, "den Text s e l b s t reden zu lassen, b e s s e r reden zu lassen, als es jeweils bis zur Stunde gelang" [15]; nicht zuletzt, um in dieser Metapher zu bleiben, mit einem durch die Auslegungsgeschichte eines Textes
verfeinerten Gehör.

---

14 Vgl. Zwischen den Zeiten 10, 1932, S. 480.

15 G. Eichholz, Der Ansatz K. Barths in der Hermeneutik,
    in: Ders.: Tradition und Interpretation, S. 193.

III. Noch einmal : Die Erhellung des situativen Kontextes des Philipperbriefes als Aufgabe der Philipperbriefexegese

A. Die Frage nach dem situativen Kontext des Philipperbriefes in der Diskussion seit E. Lohmeyer

1. Die Relevanz des situativen Kontextes in der Diskussion
   um die Integrität des Philipperbriefes

Leitet W. Schmithals das zweite Kapitel seines Aufsatzes
" Die Irrlehrer des Philipperbriefes"[1], das der l i t e r a r -
k r i t i s c h e n Problematik dieses Schreibens gewidmet
ist, mit der Bemerkung ein: " Daß der Philipperbrief ... von
einem Redaktor aus mehreren Paulusbriefen zusammengefügt
sei, ist eine Behauptung, die auch heute noch g e l e g e n t -
l i c h vertreten wird"[2], so dürfte nunmehr zwei Jahrzehnte
später fast eher umgekehrt zu notieren sein: Auch heute noch
halten (gelegentlich) Exegeten an der Ganzheitlichkeit dieses
Briefes fest[3].

---

1 Dieser Aufsatz ist zuerst erschienen in ZThK 54, 1957
  S. 297 – 341 und wurde vor seinem Wiederabdruck in dem
  Band "Paulus und die Gnostiker. Untersuchungen zu den
  kleinen Paulusbriefen", 1965, S. 47 – 87, überarbeitet.
  Den nachfolgenden Ausführungen ist diese überarbeitete
  Fassung zugrunde gelegt.

2 Ebd, S. 49 (Hervorhebungen von mir).

3 So bemerkt J.-F. Collange, Kommentar, S. 4: "But the
  climate of opinion seems to habe changed today so that
  there is a wealth of studies which regard the epistel as
  a compoute collection of texts which were originally in-
  dependent. " Vgl. auch P. Vielhauer, Literaturgeschichte,
  S. 160 Anm. 5, Anm. 6; ebenfalls W.G. Kümmel, Einleitung, S. 292 Anm. 31,33. Zwar wird von den an der Integrität des Briefes festhaltenden Exegeten nicht der Begriff
  "Ganzheitlichkeit" gebraucht, doch ist die von ihnen vertretene
  Position gemäß der S. 21 f gegebenen Begriffsdefinition sachgemäß mit "Ganzheitlichkeit" zu umschreiben.

Diese knappe und auf unsere Fragestellung begrenzte Über-
sicht über die Forschungslage zum Philipperbrief seit E. Lohmeyer mit d i e s e m den Philipperbrief wohl am frühesten
von allen Paulusbriefen berührenden Problem zu beginnen[4],

---

4   C. Clemen nennt in seiner Untersuchung, die Einheitlich-
    keit der paulinischen Briefe an der Hand der bisher mit
    bezug auf sie aufgestellten Interpolations- und Compila-
    tionshypothesen, 1894, als frühesten Vertreter der Kompi-
    lationsthese Stephan le Moyne, Varia sacra, 1685, II,
    S. 332 ff. Wie oben angeführt (vgl. S. 46 f) vertrat an-
    schließend Heinrichs in seiner Auslegung dieses Briefes
    die Meinung, 1, 1-3, 1; 4, 21-23 sei von Paulus an die
    ganze Gemeinde, 3,2-4, 20 jedoch nur an die dem Apostel
    näherstehenden und vertrauteren Gemeindegliedern gerich-
    tet. H.E.G. Paulus variierte in den Heidelberger Jahr-
    büchern 1812, S. 702 f diese These lediglich dahinge-
    hend, den beigefügten Brief an die vertrauteren Glieder
    mit 4,9 enden zu lassen (vgl. C. Clemen, S. 133).
    K. Schrader, Der Apostel Paulus V, 1836, S. 233, hält
    es für "möglich, daß das ganze τὸ λοιπόν c. III, 1 -
    IV, 9. eingeschoben ist; denn c. IV, 10. schließt sich ge-
    nau an c. II, 30. an, und der ganze Brief würde so mehr
    abgerundet". Bezüglich des Schreibens 3, 2 - 4, 9 erhebt
    Schrader Bedenken gegen die paulinische Verfasserschaft
    (vgl. S. 233 ff). Auch A. Hausrath , Der Apostel Paulus,
    Heidelberg^2 1872, erkennt in dem vorliegenden Philipper-
    brief zwei Schreiben, beide von Paulus in der römischen
    Gefangenschaft verfaßt. Das erste umfaßt die Kap. 3 und
    4, das später geschriebene die Kap. 1 und 2. Er begründet
    diese These damit, daß 3,1b voraussetze, daß Paulus
    offenkundig auf einen früheren Brief Bezug nehme, der
    aber nicht mit dem in den Kap. 1 und 2 enthaltenen identisch
    sein könne, da 3,2 ff sich in Ton, Stimmung und Inhalt von
    diesem unterscheide. Einmal den Blick geschärft für die
    Kompilationsthese "werden wir (nun) auch gewahr, daß der
    ganze Abschnitt von 2,19 an, wie eine Verabschiedung klang
    und persönliche Bestellungen enthält, wie sie sonst bei
    Paulus nur am Ende seiner Briefe zu stehen pflegen" (S. 486).
    Beide Briefe sind "im Frühjahr, einige Wochen nach der An-
    kunft in Rom geschrieben" (S. 486 Anm. 2). Völter, Zwei
    Briefe an die Philipper, Tht, 1892, S. 10 ff. 117 ff, teilt
    nach C. Clemen den Philipperbrief in zwei Schreiben, "einen
    echten Brief, 1,1 - 7. 12-14. 18^{e}f. - 26.2, 17-29. 4, 10-21.23
    umfassend und einen unechten, aus 1,1 f. ... 8-10. 27-30.
    2, 1-16. 3, 1^d-4, 9.22 f. bestehend" (C. Clemen, S. 133).
    C.Clemen selbst erkennt im vorliegenden Philipperbrief

ist darum gerechtfertigt, weil zur Beurteilung der literarkritischen Frage ein Argument von nicht unerheblicher
Relevanz ist und auch in der Tat mehr oder weniger gewichtig immer wieder angeführt wird, dem in dieser Untersuchung
vorrangige Bedeutung zuerkannt wird: die Frage nach dem
situativen Hintergrund dieses Schreibens. E. Lohmeyer hatte die li terarische Integrität des Briefes mit dem Hinweis auf
den ihm in allen seinen Passagen zugrunde liegenden Marty-
riumsgedanken verteidigt . " Erwies sich (aber) Lohmeyers
Begriff des Martyriums als wenig brauchbarer Zugang zur im
Phil vorausgesetzten Situation des Absenders wie der Empfänger, so ist er .., auch wenig geeignet, die li terarische
Einheit des vorliegenden Briefes zu begründen. Damit entfällt
aber das letzte (und - träfe es zu - freilich auch zwingendste)
Argument gegen die Teilungshypothesen. "[5] Gilt auch heute
noch H.J. Holtzmanns klassische Formulierung: "Ein Stein
des Anstosses liegt ungehoben noch immer 3,1 ... Das Aufrauschen aller Wasser der Kritik an dieser Stelle lässt vermuthen, dass hier eine Klippe verborgen ist" [6] als Einstieg
für diejenigen, die die These der Briefkompilation vertreten,
so trägt doch neben dem Hinweis auf den "in der Tat über-
raschenden Wechsel des Tones Phil 3,2 ff. " [7] und den damit
verbunden abrupten Stilbruch [8] d e r Hinweis die
Hauptlast der Argumentation zugunsten dieser These, daß Kap.

"in 2, 19-24. 3,2-4, 3.8 f. Bruchstücke eines ältern
Philipperbriefs, der, ähnlich wie der vorkanonische
Corintherbrief, später in den späteren eingearbeitet
wurde" (S. 141).

5   A. Suhl, Paulus und seine Briefe, S. 149.

6   H. J. Holtzmann, Einleitung, S. 270.

7   J. Müller-Bardorff, Zur Frage der literarischen Einheit
    des Philipperbriefes, Wissenschaftliche Zeitschrift der
    Universität Jena 7, 1957/58, S. 591-604, Zit. S. 591.

8   Vgl. W. Schmithals, Irrlehrer, S. 52

3 gegenüber Kap. 1 und 2 eine v e r ä n d e r t e – jedenfalls

in den Augen des Paulus veränderte, wenn auch objektiv

gleichbleibende [9] – Situation der philippischen Gemeinde

voraussetze [10].

---

9   So die Sicht von W. Schmithals, ebd, S. 57 f.

10   Dieser Hinweis auf die veränderte Situation gilt auch für
     F.W. Beare (Kommentar, S. 24 f. 100 f), der im übrigen
     weitgehend auf Argumente zur Begründung seiner Auftei-
     lung des Briefes verzichtet (vgl. auch W. Schmithals:
     "Seine (Beare's) Begründung für diese Operation ist frei-
     lich nur sehr kurz" (W. Schmithals, Irrlehrer, S. 58
     Anm. 59)); Beare, nach dessen Ansicht Phil 3,2–4,1
     ä l t e r e n Datums als die beiden anderen Briefteile 4,10-
     20 und 1,1–3,1; 4,2–9.21–23 ist, rechnet zudem damit,
     daß dieses ursprünglich selbständige Schreiben 3,2–4,1
     u.U. gar nicht nach Philippi gerichtet war (vgl. die von
     J.H. Michael im Blick auf 3,1b–19 geäußerten Überle-
     gungen). Auch B.D. Rahtjen wird man kaum eine stich-
     haltige Begründung seiner Teilungshypothese zuerkennen
     können: Er übernimmt die von ihm selbst angeführte Auf-
     teilung J.E. Symes' (vgl. S. 168) mit dem einzigen von
     ihm kaum stichhaltig begründeten Unterschied, daß Symes
     den eingeschobenen Kampfbrief mit 3,2 beginnen läßt,
     wohingegen er selbst für 3,1 als Beginn plädiert. Auch
     er verweist auf Stilbrüche zwischen Kap. 2 und 3 sowie
     zwischen 4,9 und 4,10; sodann darauf, daß 3,4–4,9
     "follows the classical pattern of the Testament of a dying
     father to his children" (S. 171), so daß dieser Brief ge-
     wissermaßen das Vermächtnis des Apostels an seine ihm
     am nächsten stehende Gemeinde ist – da Rahtjen das
     χαίρετε in 3,1 im Sinne dieser These als "farewell"
     benötigt, erklärt sich hieraus wohl die einzige Abweichung
     von der Aufteilung, die Symes vorgeschlagen hatte, und
     auch die ungenaue Behauptung eines Stilbruches zwischen
     Kap. 2 und 3, anstatt genauer zwischen 3,1 und 3,2 !
     Als weiteres Argument zugunsten der Teilungshypothese
     führt er an, daß in 4,3, d h aber im Kampfbrief, hinter
     der Anrede γνήσιε σύζυγε   Timotheus zu vermu-
     ten sei; und dieser befand sich zum Zeitpunkt der Nieder-
     schrift des Briefes 1,1 ff noch am Ort der Gefangenschaft
     des Apostels (vgl. S. 171). Hinzugefügt sei, daß nach
     Meinung Rahtjens Paulus den Kampfbrief 3,2 ff aus der
     Situation der Christenverfolgung unter Nero schrieb. Die
     Tatsache, daß Paulus seinen Märtyrertod vor Augen sieht,
     an dem indirekt allein die Juden schuld sind, erklärt den
     heftigen Ausfall in 3,2 gegen diese; denn sie hindern ihn
     an der Vollendung seines Lebenswerkes (vgl. S. 171).

Nach W. SCHMITHALS schreibt Paulus den Brief 1,1–3,1; 4,4–7 aufgrund unzureichender Informationen, die lediglich Mitteilung geben von in der Gemeinde aufgetretenen Spaltungen und vom Wirken von 'Widersachern'[11]."Zu einem wohl nicht sehr viel späteren Zeitpunkt erfährt er (Paulus) Näheres über die Leute, die die Schwierigkeiten in Philippi hervorrufen", so daß er nun in der Lage ist, "konkreter seine Mahnungen zu wiederholen"; zugleich muß er es "aber auch besorgter und eindringlicher tun"[12]. "In e i n e m Brief aber paßt die so unterschiedliche Stellungnahme zu demselben Problem, wie sie 1,27–2,18 einerseits und 3,2 ff. andererseits bieten, nicht hinein. Paulus konnte nicht so vorsichtig und allgemein zum Festhalten an der Einheit des Glaubens mahnen, wie er es 1,27–2,18 tut, wenn ihm bereits die Informationen zur Verfügung gestanden haben, die er in 3,2 ff. in leidenschaftlicher Erregung verwertet."[13] Mit einer dem Schreiben 3,2–21; 4,8 f zugrunde liegenden "total veränderte(n) Situation ... in der Adressatengemeinde gegenüber der des im großen und ganzen Kap. 1 und 2 unfassenden Briefes argumentiert auch J. MÜLLER-BARDORFF[14].

Zwar läßt auch diese dem 'Kampfbrief' vorangehende Korrespondenz insbesondere in 1,27–2,16 " eine gewisse Gefährdung der Gemeinde erkennen" und "Paulus ist auch hier in geheimer Sorge", aber in 3,2 ff ist die zur Zeit der Abfassung dieser Verse augenblickliche Situation, wie das V. 18 beweist, "derart, daß der Apostel nur noch weinen kann"[15].

"Dieses mit Pathos bezeugte Weinen, verbunden

---

11 Vgl. W. Schmithals, Irrlehrer, S. 57

12 Ebd, S. 57 f; ähnlich auch J.-F. Collange, Kommentar, S. 10,14.

13 Ebd, S. 53

14 J. Müller-Bardorff, Zur Frage der li terarischen Einheit des Philipperbriefes, S. 591.

15 Ebd. S. 591.

mit dem apostrophierten νῦν   , würde befremdlich, ja geradezu abstoßend wirken – unverständlich auch wäre das plötzlich hereinbrechende cave canem   βλέπετε τοὺς κύνας [16]
V.2, wäre nicht tatsächlich irgend etwas in der Gemeinde pas-
siert, das den Grundton der Freude in den vorangehenden Ab-
schnitten verbietet. Man wird darum zumindest annehmen
müssen, daß Paulus nicht nur eine schlaflose Nacht, sondern
neue erschreckende Nachrichten aus der Gemeinde erfuhr." [17]
Sowohl die veränderte Situation als auch den abrupten Wechsel im Ton mit dem Eintreffen solcher neuer, erschreckender
Nachrichten erklären zu wollen, reicht indessen nicht hin, da
die unmittelbar anschließenden Verse 4,1ff "nichts von dieser Kampfessituation mehr erkennen lassen" [18]. "Will man
darum nicht von neuem eine Diktatpause annehmen, während
deren Paulus sich besonnen hätte, um die Lage wiederum in
einem veränderten Licht zu sehen, mit anderen Worten: will
man nicht annehmen, daß Paulus 3,2ff. voreilig und unbeacht
gesprochen hat, ohne die Nachricht recht zu besinnen, und sich
schließlich unter Umständen in recht gewagte Konstruktionen
und psychologische Vermutungen verlieren, bei denen eventuell Überreizung der Nerven durch Gefangenschaft oder Nach-
lassen der seelischen Spannkraft durch fortschreitendes Alter
eine Rolle spielen würden, so wird man meines Erachtens den
nächstliegendsten Schluß zu erwägen haben, nämlich, daß der
Abschnitt 3,2ff. Einsprengsel eines Briefes oder Brief-
fragmentes ist, das zu anderer Zeit und in anderer Situation
entstand als der Gefangenschaftsbrief Phil. 1,1ff." [19]

Ist darum nach W. Schmithals und J. Müller-Bardorff die

---

16   Bei J. Müller-Bardorff heißt es vermutlich infolge
     eines Druckfehlers κύνες .

17   Ebd, S. 592.

18   Ebd, S. 593.

19   Ebd, S. 593.

Teilung des Philipperbriefes durch den abrupten Stilwechsel
zwischen 3,1 und 3,2 zwingend angezeigt und aufgrund des
Nachweises, daß beiden Briefteilen eine unterschiedliche Ab-
fassungssituation zugrunde liegt, hinreichend begründet, so
gilt es nun, diesen eingeschobenen 'Kampfbrief' nach hinten
abzugrenzen; denn daß dessen Ende mit dem des jetzigen
Philipperbriefes gleichzusetzen wäre, scheidet darum aus,
weil zumindest 4,10ff, aber "auch im überwiegenden Maße
Phil. 4,1ff. ... nichts von dieser Kampfessituation mehr erkennen lassen"[20]. Beide Exegeten sehen den "3,1 unter-
brochene(n) Faden des Briefes ... in 4,4 unvermittelt wieder
aufgenommen"[21] und kommen zu demselben Schluß: "3,1
und 4,4 passen so genau zusammen, daß man bei nüchterner
Überlegung zu dem Schluß kommen muß, daß eine spätere
Hand beide Verse auseinandergerissen hat. Die mit 3,1 eingeleiteten Schlußermahnungen finden in 4,4-6 ihre unmittelbare Fortsetzung und werden mit einem Segenswunsch abgeschlossen (4,7), der zugleich den Briefschluß zu bilden
pflegt."[22] Da nun aber 4,8f ebenfalls ganz den Eindruck
eines Briefschlusses machen, liegt es nahe, in ihnen den
Schluß des 'Kampfbriefes' zu sehen[23], zumal V. 8f "auf
den sittlichen common sense" verweisen und darum "zweifellos ein wirksames Bollwerk gegen den Libertinismus (dar-
stellen), zumal wenn man die Traditionsgebundenheit des
Denkens jener Zeit bedenkt"[24]. Da auch die in 4,10-20

---

20 Ebd, S. 593.

21 W. Schmithals, Irrlehrer, S. 52; nach J. Müller-
    Bardorff ist 3,1b jedoch vom Redaktor gebildet.

22 W. Schmithals, Irrlehrer, S. 52; ähnlich J. Müller-
    Bardorff, aaO, S. 593. 594.

23 Vgl. W. Schmithals, Irrlehrer, S. 54.

24 J. Müller-Bardorff, aaO, S. 594.

enthaltene Danksagung des Paulus für die Gabensammlung der
Philipper ein in sich geschlossenes Schreiben bildet, das aber
nicht erst "mit monatelanger Verspätung geschrieben" sein
kann und dann auch nicht "nur aus lauter Vergeßlichkeit des
Paulus einem seiner Briefe noch eben rechtzeitig angehängt"
worden wäre, drängt sich geradezu zwingend auf, auch **4, 10 ff**
als ein eigenständiges Schreiben, nämlich als das sogleich
nach Erhalt der Gabensammlung von Paulus nach Philippi geschickte Dankesbillett anzusehen [25].
In seinem Aufsatz "Der Philipperbrief als paulinische Briefsammlung" [26] übernimmt G. BORNKAMM weitgehend die
von W. Schmithals vorgeschlagene Aufteilung unseres Briefes,
korrigiert sich jedoch in einer überarbeiteten Fassung dahingehend, daß er 4,4-7 nicht länger dem Brief 1,1 ff, sondern
dem 'Kampfbrief' zuweist, so daß dieser V. 3,2-4,9 umfaßt,
"weil es mißlich ist, 4,4   u n m i t t e l b a r auf 3,1 folgen
zu lassen. Eine dreifache wortgleiche Wiederholung würde
eher abschwächend als verstärkend wirken (man braucht es
nur laut zu lesen!)" [27]. Auch für G. Bornkamm gewinnt neben
"dem ... jähen Stilbruch von 3,1 auf 3,2 und von 4,9 auf 4,10"
das Argument "der Verschiedenheit der Situation, die jeder
Briefteil voraussetzt" [28], das entscheidende Gewicht, und
er versucht aufzuzeigen, daß von Brief B (1,1-3,1) nach Brief
C (3,2-4,9) sowohl eine

---

25 Vgl. W. Schmithals, Irrlehrer, S. 57; ähnlich J. Müller-
Bardorff, aaO, S. 596; J.-F. Collange, Kommentar, S.
5,8,148 ff.

26 Zuerst erschienen in: Neotestamentica et Patristica.
Freundesgabe an Oscar Cullmann, Leiden 1962, S. 192-
202; dann nach einer Überarbeitung wiederabgedruckt in:
G. Bornkamm, Geschichte und Glaube. Zweiter Teil, Gesammelte Aufsätze Bd. IV. München 1971, S. 195-205.

27 G. Bornkamm, ebd, S. 197. S. 197 Anm. 11.

28 Ebd, S. 198.

Veränderung der Situation des Apostels als auch der der Gemeinde zu konstatieren ist. Ist der Brief B eindeutig aus der Situation der Haft des Paulus geschrieben, so verlautet in Brief C "von einer Gefangenschaft des Paulus ... nichts, obwohl eine daran erinnernde Wendung in den in erster Person Singularis gehaltenen Aussagen mindestens denkbar wäre"[29]. Deutlich spricht Brief C in eine Gemeindesituation, die von inneren Gegnern gekennzeichnet ist, und zwar nicht nur im Sinne einer prophylaktischen Warnung vor möglicher Bedrohung, sondern mit dem Ziel, aktuelle Gefahr von der Gemeinde abzuwenden[30]. Von solcher Gefahr aber verlautet in Brief B noch nichts, und "daß schon in 1,28; 2,15 dieselben Gegner gemeint seien, von denen Paulus inzwischen genauere Kunde erhalten hätte, und es sich also bei diesem Abschnitt aus B und dem später geschriebenen Brief C 'um zwei getrennte Stellungnahmen zu denselben Fragen' handle", entspricht nicht dem Textbefund, denn die in 1,28 genannten 'Widersacher' sind "offensichtlich Juden oder Heiden, die die Gemeinde mit Verfolgungen bedrohen"[31]. Auch G. Bornkamm greift den Einwand auf, daß unter Voraussetzung der Ganzheitlichkeit[32] des Briefes der Dank für die Liebesgabe der Gemeinde "reichlich spät" käme, "und zwar nicht nur im Zuge dieses einen Briefes, sondern auch im Verlaufe der intensiven und längeren Beziehungen zwischen Paulus und der Gemeinde"; zumal 2,15ff deutlich erkennen lassen, daß Brief B erst Wochen, wenn nicht Monate nach Eintreffen des Epaphroditus mit der Gabensammlung verfaßt sein kann[33].

---

29 Ebd, S. 199.

30 Vgl. ebd, S. 200.

31 Ebd, S. 200.

32 Auch hier ist gemäß der S. 21f erfolgten Begriffsdefinitionen sachgemäß von 'Ganzheitlichkeit' zu reden.

33 Vgl. G. Bornkamm, aaO, S. 198.

Darum schließt auch er sich der These an, 4,10–20 sei als
selbständiges Dankschreiben relativ bald nach der Ankunft
des Epapharoditus an die Gemeinde zu Philippi abgesandt
worden.

Auch vier der fünf neuesten Kommentare zum Philipperbrief,
nämlich die Auslegungen von G. FRIEDRICH, J. GNILKA,
J.F. COLLANGE und G. BARTH schließen sich der Teilungshypothese an [34], um zum einen der "veränderte(n) Stimmung und
(dem) andere(n) Tonfall" zwischen 3,1 und 3,2,vor allem aber dem
von Phil 1,1 ff gegenüber 3,2 ff unterschiedlichen Urteil "des
Paulus über die Gemeindesituation" [35] Rechnung zu tragen.
Denn Paulus kann erst in Kap. 3 "vom Einbruch der Häresie
in die Gemeinde" erfahren haben, "und zwar nicht bloß als
einer drohenden Möglichkeit, sondern als einer bereits eingetretenen Tatsache. Nur so erklärt sich seine scharfe Sprache." [36]
In den ersten beiden Kap. des Briefes aber spricht Paulus
der Gemeinde "ruhig und gelassen" zu [37]; sie legen "Zeugnis ab
für das gute Einvernehmen, das beim Schreiben dieser Zeilen
zwischen dem Apostel und den Philippern besteht und noch durch
keinen Schatten getrübt ist" [38]. Darum ist der Schluß unausweich-
lich, daß beide unterschiedlichen Beurteilungen der Gemeindesituation nicht e i n e m Brief zugrunde liegen können. Hinzu
kommt, daß auch die Situation des Paulus selbst in 3,2 ff

---

34 Zu dem dritten der neueren Kommentare, von J. Ernst
    vorgelegt, siehe unten S. 204 ff.

35 J. Gnilka, Kommentar, S. 7 f; vgl. auch G. Friedrich,
    Kommentar, S. 126; J.-F. Collange, Kommentar, S. 4 f;
    G. Barth, Kommentar, S. 10.

36 J. Gnilka, Kommentar, S. 8

37 Ebd, S. 8.

38 Ebd, S. 9, ähnlich S. 151.

nicht mehr mit der in 1,1 ff identisch zu sein scheint, da von

einer Gefangenschaft hier (3,2 ff) nichts mehr verlautet [39].

Auch nach G. Friedrich hat sich in 3,2 ff "die Situation der

Philipper ... auf jeden Fall stark verändert. Entweder ist

die Gemeinde schon direkt durch Irrlehrer gefährdet, oder

Paulus warnt vor der in Korinth sich breitmachenden Irrlehre,

damit diese nicht auch in Philippi Fuß faßt"[40]. Während

J. Gnilka und G. Friedrich darin übereinstimmen, daß Phil

4,10 ff nicht als selbständiges Dankschreiben abzutrennen

ist, vertreten J.-F. Collange und G. Barth ebenfalls die

Dreiteilung des Briefes [41].

---

39   Vgl. ebd, S. 13; ebenso J.-F. Collange, Kommentar,
     S. 4,14.

40   G. Friedrich, Kommentar, S. 131. Die Frage, ob sich
     auch die Situation des Apostels dahingehend verändert
     habe, daß er bereits aus der Gefangenschaft freigekom-
     men ist, läßt G. Friedrich offen (vgl. S. 131).

41   Es werden somit von den genannten Exegeten folgende
     Aufteilungen des Philipperbriefes vertreten:

W. Schmithals: Brief A: Phil 4,10-23
                        Brief B: Phil 1,1-3, ߭ 4,4-7
                        Brief C: Phil 3,2-4,3; 4,8 f

J. Müller-Bardorff: Brief A: Phil 4,10-20
                        Brief B: Phil 1,1-26; 2,17 f; 1,27-
                                 2,16; 4,1-3; 2,19-30; 3,1 a
                                 4,4-7; 4,21-23
                        Brief C: Phil 3,2-21; 4,8 f

B.D. Rahtjen: Brief A: Phil 4,10-20
                        Brief B: Phil 1,1-2,30; 4,21-23
                        Brief C: Phil 3,1-4,9

F.W. Beare: Brief A: Phil 3,2-4,1
                        Brief B: Phil 4,10-20
                        Brief C: Phil 1,1-3,1; 4,2-9. 21-23

202   Noch einmal: Die Erhellung des situativen Kontextes

Dürfte deutlich geworden sein, daß gerade im Blick auf die
Frage nach der literarischen Integrität des Philipperbriefes
von seiten der Vertreter der Teilungshypothesen der s i t u a -
t i v e K o n t e x t dieses Schreibens gewichtig in Anschlag
gebracht wird, so liegt es auf der Hand, d i e s e m Aspekt
nunmehr innerhalb der Argumentation derer, die diese These
bestreiten, in besonderem Maße Aufmerksamkeit zu schenken.
Hatte M. DIBELIUS noch in der zweiten Auflage (1925) seines
Kommentares die These, "in 3,1 ff. oder 3,2 ff. das Fragment eines anderen Briefes zu sehen", indirekt mit dem Hinweis abgelehnt, daß "der Stil der Paränese zusammenhanglose Aneinanderreihung von Mahnungen mit sich "[42] bringe,
so greift er diese Frage in der erneut überarbeiteten und sich
insbesondere mit E. Lohmeyers These auseinandersetzenden
dritten Auflage seines Kommentars (1937) nicht mehr auf.
Allerdings widmet er auch hier der Frage nach dem situativen

G. Bornkamm:	Brief A: Phil 4,10–20 Brief B: Phil 1,1–3,1 Brief C: Phil 3,2–4,9
J.-F. Collange:	Brief A: Phil 4,10–20 (4,10–23) Brief B: Phil 1,1–3,1a; 4,2–7 + (4,21–23 Brief C: Phil 3,1b–4,1 + 4,8–9.
G. Barth:	Brief A: Phil 4,10–20 Brief B: Phil 1,1–3,1; 4,4–7 (+4,21–23? Brief C: Phil 3,2–4,3 + 4,8–9.
G. Friedrich:	Brief A: Phil 1,1–3,1a;4,10–23 Brief B: Phil 3,1b–4,9
J. Gnilka	Brief A: Phil 1,1–3,1a; 4,2–7.10–23 Brief B: Phil 3,1b–4,1.8f

Der Briefaufteilung G. Friedrichs schließt sich A. Suhl,
Paulus und seine Briefe, an (vgl. S. 161).

42   M. Dibelius, Kommentar, ^{2}1925, S. 67,66.

Kontext des Briefes keine große Aufmerksamkeit[43]. Zwar
fügt er an die Auslegung von 1,27-30 einen Exkurs an, den
er mit dem Satz einleitet: "In dieser Stelle ist die S i t u a -
t i o n   d e r   G e m e i n d e angedeutet"[44]; jedoch erfährt
der Leser über die (negative) Auskunft hinaus, daß Lohmeyers
Kennzeichnung dieser Gemeindesituation als der des Martyriums nicht am Text auszuweisen sei, lediglich, daß die Gemeinde es mit Widersachern zu tun hat und in einem wirklichen
Kampf stehe. "Andererseits spricht das Fehlen eines eigentlich tröstenden Abschnitts in dem Briefe dagegen, daß Paulus
die Gemeinde in unmittelbarer Gefahr weiß"[45]. Kommentiert
Dibelius 2,3 mit dem einen Satz: "$\dot{\varepsilon}\rho\iota\vartheta\varepsilon\iota\alpha$ s. 1,17 steht
auch hier, neben $\kappa\varepsilon\nu o\delta o\xi\iota\alpha$, mit Beziehung auf die Selbstsucht"[46], so bemerkt er bezüglich der Aktualität der Warnung
vor jüdischen Agitatoren[47]: "Jedenfalls aber sind die Gegner
außerhalb des Leserkreises zu suchen, da von einer inneren
Gefährdung der Gemeinde nicht die Rede ist."[48] Auch in 3,18 f
"handelt (es) sich ... nicht um eine brennende Frage, sondern
mehr um eine beiläufig vorgebrachte Klage"[49].
Auch W. MICHAELIS hält in seinem zwei Jahre zuvor (1935)
erschienenen Kommentar an der Integrität des Philipperbriefes
fest und erklärt zum einen die Beobachtung, "daß zwar nicht
Kp 3.4 im Ganzen, wohl aber einzelne Abschnitte (etwa

---

43 Wenn darum auch M. Dibelius die im Blick auf 3,15 ge-
    machte Bemerkung, daß es nicht geboten sei, "den Worten
    eine besondere Beziehung auf die uns nun doch einmal un-
    bekannte Briefsituation zu geben" (^{2}1925, S. 71), in der
    dritten Auflage nicht wiederholt, so gilt dennoch die Anfrage
    von W. Schmithals auch im Blick auf diese Neubearbeitung
    zu Recht, "wie uns denn die Briefsituation bekannt werden
    soll(e), wenn wir nicht die Situationshinweise beachten, die
    der Brief selbst an die Hand gibt" (W. Schmithals, Irr-
    lehrer, S. 72).

44 M. Dibelius, Kommentar, ^{3}1937, S. 71.

45 Ebd, S. 71.   46 Ebd, S. 72.

47 Vgl. ebd, S. 86.   48 Ebd, S. 87.

49 Ebd, S. 93.

3,2.18 f im Vergleich mit 1,15 ff) sich von Kp 1.2 abheben",
mit dem Hinweis darauf, "daß den Apostel jeweils ganz verschiedene Fragen beschäftigen"; zum anderen den Wechsel
im Ton mit dem Vermerk, " daß der Brief nicht hintereinander
diktiert worden sein wird" [50]. Da 3,1 unmittelbar an 2,18 an-
knüpft und somit die Paränese wieder aufnimmt, ist auch "das
unvermittelte Auftreten der Imperative 3,2 gerechtfertigt"; denn
diese "(liebt) eine zusammenhanglose Aneinanderreihung von
Einzelermahnungen" [51]. Da außerdem, wie schon angedeutet,
"vielleicht... auch mit einer D i k t a t p a u s e zu rechnen
(ist)" [52], lösen sich für Michaelis so zumindest die formalen
Probleme, die der Übergang von 3,1 nach 3,2 ff mit sich bringt.
Hatte er durchaus hinsichtlich der inhaltlichen Seite das Argument
der Vertreter der Teilungshypothesen notiert, daß die Kap. 3
und 4 "auch nicht notwendig dieselbe Situation vorauszusetzen
schienen" wie das 1. und 2. Kap. [53], so wird eine Widerlegung
dieses Hinweises nicht deutlich. Ähnlich wie K. Barth nennt auch
er mehrere mögliche Überlegungen, die Paulus zu dieser Warnung
vor Juden [54] motiviert haben könnten, die jedoch alle gemeinsam
haben, daß sie eine Nivellierung der Aktualität des dreimaligen
βλέπετε   intendieren [55].

Aber nicht nur diese beiden mehr als zwei Jahrzehnte vor Beginn
der forcierten Argumentation zugunsten der Teilungshypothesen
verfaßten Kommentare halten unter weitgehendem Verzicht auf die
Frage nach dem situativen Kontext an der Ganzheitlichkeit [56] des
Briefes fest, auch der 1974 erschie-

---

50   W. Michaelis, Kommentar, S. 6.

51   Ebd, S. 53; vgl. M. Dibelius, Kommentar, [2] 1925, S. 66.

52   Ebd, S. 53.   53   Ebd, S. 6.

54   Vgl. ebd, S. 53 f.   55   Vgl. ebd, S. 53.

56   Auch hier ist wieder darauf zu verweisen, daß die in diesen
     Kommentaren inhaltlich vertretene Position gemäß der S.
     21 f gegebenen Begriffsdefinition sachgemäß mit 'Ganzheit-
     lichkeit' zu beschreiben ist.

nene Kommentar von J. ERNST verteidigt unter scheinbar intensiver Auseinandersetzung mit den Argumenten der Befürworter der These von der Briefkompilation seine Ganzheitlichkeit [57] wie vor ihm schon J.J. Müller [58] und K. Staab [59].
Seine Ausführungen hinterlassen zunächst einen nicht eindeu-
tigen Eindruck. Scheint er anfangs die Aufteilung des Philip-
perbriefes betonen zu wollen, so stellt er anschließend fest: [60]
"Die Quellenscheidungshypothesen gehen allesamt von der recht
fragwürdigen Voraussetzung aus, Paulus hätte sich bis in die
Einzelheiten hinein an die Regeln der Logik halten müssen und
Abweichungen seien einfach undenkbar." [61] Dem stellt er den
Hinweis entgegen, "der Philipperbrief ... (sei) kein systematischer
Traktat, sondern ein situationsbedingtes Schreiben, das von den
Zufälligkeiten und konkreten Umständen des persönlichen Lebens
bestimmt (sei)", und es sei darum "durchaus nicht einzusehen,
warum es dem Apostel verwehrt sein soll, nach freundlichen Mahnungen plötzlich das Thema zu wechseln und einen anderen Ton
anzuschlagen" [62]. Da auch Ernst solche Erklärungsversuche ablehnt, "die sich auf die besondere psychische Verfassung des
Paulus berufen", jedoch s. E. die Vertreter der Teilungshypothesen eben diesen Weg auch beschreiten, indem auch sie "von einem
vorgeprägten modernen Persönlichkeitsbild ausgehen" [63], versucht
er, die Integrität des Briefes durch den Erweis durchgehender
Motive innerhalb der Paränese zu begründen. Ist hier zunächst auf
den Aufruf zur Freude zu verweisen, so ist zwar einzugestehen,
daß sich dieser gerade nicht in 3,2-4,1 findet – was sich jedoch
aus dem besonderen Thema dieses Abschnittes hinreichend
erklärt –: " aber selbst die ernste Warnung vor der
Verführung ist doch noch von dem Grundmotiv

---

57 Anm. 56 gilt auch im Blich auf die von J.Ernst vertretene
    Position.
58 Vgl. J.J. Müller, Kommentar, s. 18 f.
59 Vgl. K. Staab, Kommentar, S. 169 .
60 Vgl. J. Ernst, Kommentar, S. 27f.   61 Ebd, S. 29.
62 Ebd, S. 29.   63 Ebd, S. 29.

der Freude eingerahmt. Es handelt sich nicht um Gegensätze,
wohl aber um Kontraste!"[64] Gerade in diesem die "emotionale Warnung vor den Gegnern" beinhaltenden paränetischen
Abschnitt finden sich – hier lediglich von Paulus verstärkt –
Motive, die bereits in 1,27–2,16 anklangen. "Das gilt besonders für das im Christushymnus vorgegebene General-
thema 'Gehorsam' (2,8), das nicht nur in 2,12, sondern
auch in der Warnung vor den stolzen Gegnern, die nicht 'im
Geiste Gottes dienen' (vgl. 3,2ff.), wieder aufgenommen wird.
Wenn der Apostel die Philipper mahnt, mit Furcht und Zittern das Heil zu wirken (2,12), spielt er vielleicht auf das
Vollendungsbewußtsein jener Leute an, die sittliche Anstrengungen für überflüssig halten (3,12–15). Es ist nicht ausge-
schlossen, daß eben diese Gruppe, die Paulus in 3,18 'Feinde des Kreuzes Christi' nennt, ihn zu dem Hinweis auf das
'verkehrte und verdrehte Geschlecht' veranlaßt hat, von dem
sich die Philipper fernhalten sollen (2,15). Der Verweis
auf das Vorbild des Apostels ist in 3,17 zwar auffallend,
aber nach 1,30 durchaus nicht neu. Der eschatologische Ausblick in 3,21 greift wichtige Begriffe des Hymnus auf
(Niedrigkeit, gleichgestaltet, Herrlichkeit, Hoheitsstellung
des Christus). Das Fehlen einer Anspielung auf die Gefangenschaft wird schließlich erst zum Problem, nachdem man das
Kapitel aus dem Kontext des ganzen Briefes herausgelöst
hat."[65] Vermag außer dieser letzten zweifellos richtigen

---

64   Ebd, S. 29.

65   Ebd, S. 29 f. Hier sei auch auf die ähnlichen Versuche
     von B.S. Mackay, Further Thoughts on Philippians,
     NTSt 7, 1960/61, S. 161-170; V. Furnish, The Place and
     Purpose of Philippians III, NTSt 10, 1963/64, S. 80-88;
     T.E. Pollard, The Integrity of Philippians, NTSt 13,
     1966/67, S. 57-66; R. Jewett, The Epistolary Thanks-
     giving and the Integrity of Philippians, NovTest 12, 1970,
     S. 40-53, verwiesen. Vgl. dazu W.G. Kümmel, Einlei-
     tung, S. 293: "..., doch können wir diese Einheitlich-
     keit auch nicht beweisen, indem wir auf Motive, die
     durch alle Teile des Briefes hindurchgehen, aufmerksam
     machen."

Bemerkung keine der übrigen Beobachtungen zu überzeugen [66],
so überrascht zudem, daß J. Ernst, um solche Verklamme-
rungen zwischen dem 2. und 3. Kap. zu finden, bereit ist, in
2,3 und dann auch in 2,12 "jene Heilsenthusiasten (zu sehen),
die sich für die 'Vollkommenen' hielten und deshalb sittliche
Anstrengungen für überflüssig hielten (3,15f.)" [67]; geht es
nämlich zuvor in 2,1ff "um die Stärkung in den Anfechtungen,
die gewissermaßen zum 'Gemeindealltag' gehören" [68], so
wehrt J. Ernst sich im Blick auf 3,15 dagegen, "in dem Stichwort 'die Vollkommenen' eine Selbstbezeichnung jener Gegner
(zu) sehen", "welche die Gemeinde in Philippi arg in Verwirrung versetzt haben", und führt aus: "Die schwierige Stelle
findet ihre einfachste Erklärung, wenn man ohne über mögliche Gemeindesituationen im einen oder anderen Sinne Vermutungen anzustellen, von dem normalen Empfinden des
Seelsorgers ausgeht." [69] Am wenigsten freilich überzeugt
die Annahme, Paulus wende sich mit 3,2ff "innerhalb seiner
Mahnungen einer ganz konkreten Situation zu, die
ihn zu besonders scharfen und polemischen Äußerungen veranlaßt" [70]. Damit ergibt sich folgender schwer
vorstellbarer Sachverhalt: Paulus wußte schon zu Beginn seines Briefes konkret, daß judenchristliche Gegner, die auf
Beschneidung, Eigenleistung und Gesetz pochen [71], die Gemeinde zu verwirren suchten. Er verfaßt dennoch zunächst
zwei Kapitel dieses Briefes, deren Charakteristikum ihre

---

66 Hier muß im einzelnen auf die nachfolgende Textanalyse
    verwiesen werden.

67 J. Ernst, Kommentar, S.80; vgl. auch S.64 (zu V.2,3).

68 Ebd, S.63.

69 Ebd, S.103f.

70 Ebd, S.90 (Hervorhebung von mir).

71 Vgl. ebd, S.92f, 111.

"überaus herzliche(n) Stimmung" und in denen von Spannungen nichts zu merken ist [72], um in 3,1 alles Vorangehende
noch einmal in den Aufruf zur Freude zusammenzufassen und
sich dann im nächsten Vers unvermittelt dieser aktuellen Gefährdung der Gemeinde zuzuwenden. "Das Thema Freude klingt
nirgendwo an, die persönlichen Gefühle treten völlig zurück,
man hat eher den Eindruck, daß Paulus mit gefährlichen Gegnern hart abrechnet." [73]   Zwar versucht J. Ernst das 3. Kap.
von dieser konkreten Situation soweit wie möglich zu lösen,
indem er betont: "Es handelt sich um eine grundsätzliche Stellungnahme, die zwar durch bestimmte konkrete Umstände
hervorgerufen wurde, aber an Bedeutung und Gewicht wahrscheinlich weit darüber hinausgeht." [74]   Aber diese Erklärung
ist nicht nur eine bloße Vermutung, sie steht auch in offenkundigem Widerspruch zu anderen Aussagen bezüglich der
Aktualität dieses Kapitels im selben Kommentar, so daß J.
Gnilkas Bemerkung ihr volles Gewicht behält: "Es bliebe unverständlich, daß er (Paulus) nicht bloß mit der Attacke so
lange zurückgehalten hätte, sondern auch so ruhig und gelassen der Gemeinde (s.c. in den beiden ersten Kapiteln) zu-
spricht." [75]

Ein ähnliches, noch deutlicheres Bild bezüglich der zunehmen-
den Befürwortung der Briefkompilationsthese vermitteln die

---

72 Ebd, S. 27 (obwohl sich der Apostel gegen 'Heils-
    enthusiasten' in der Gemeinde selbst wenden muß!).

73 Ebd, S. 27.

74 Ebd, S. 91, ähnlich S. 112.

75 J. Gnilka, Kommentar, S. 8; ob dieses Urteil, Paulus
    rede in den beiden ersten Kapiteln der Gemeinde ruhig
    und gelassen zu, sachlich zutrifft, ist eine andere Frage;
    J. Ernst jedoch stimmt mit dieser Charakterisierung
    Gnilkas völlig überein.

Einleitungen in das Neue Testament. Klang J.H. HOLTZ-
MANNs klassische Formulierung: "Ein Stein des Anstosses
liegt ungehoben noch immer 3,1 . ... Das Aufrauschen aller
Wasser der Kritik an dieser Stelle lässt vermuthen, dass
hier eine Klippe verborgen ist" [76], schon an, so ist hinzuzufügen, daß er selbst sich weder für die These der Briefkompilation noch die der Integrität des Schreibens ausspricht.
Dezidiert für die Ganzheitlichkeit sprechen sich dagegen A.
JÜLICHER - E. FASCHER aus. Sind in den von Paulus in
1,15.17 ins Auge Gefaßten keine schroffen Judaisten zu sehen und erklärt sich darum das auffallend milde Urteil des
Apostels über sie, so genügt ihnen bezüglich des zu konstatierenden Wechsels im Ton der Hinweis: "Gewöhnen wir uns doch,
Stimmungen des gefangenen, kränklichen, einsamen Mannes
psychologisch zu würdigen!" [77] P. FEINE - J. BEHM verweisen zur Lösung des mit 3,1 aufgegebenen Problems darauf, daß "Pls. nach dem Ansatz zum Briefschluß (3,1a)
das Diktat unterbrochen u.(nd) bei der Fortsetzung sich spon-
tan veranlaßt gesehen hat, noch verschiedenes vorher nicht
Beabsichtigte hinzuzufügen, die Warnung vor den Judaisten
usw." [78]. W. MICHAELIS setzt sich erst aufgrund der
Untersuchung von W. Schmithals in dem Ergänzungsheft zur
3.Auflage seiner "Einleitung in das Neue Testament" intensiver mit der Frage der Integrität dieses Briefes auseinander;
die von W. Schmithals vorgebrachte Beobachtung, daß "es

---

76 H.J. Holtzmann, Lehrbuch der historisch-kritischen
    Einleitung in das Neue Testament, Freiburg [3]1892,
    S. 270.

77 A. Jülicher, Einleitung in das Neue Testament, siebente
    Auflage, neubearbeitet in Verbindung mit E. Fascher,
    Tübingen 1931, S.124; auch ihre Position ist gemäß der
    oben S. 21 f gegebenen Begriffsdefinition sachgemäß mit
    'Ganzheitlichkeit' zu umschreiben.

78 P. Feine, Einleitung in das Neue Testament, neunte Auf-
    lage, neubearbeitet v. J. Behm, Heidelberg 1950,
    S. 186.

sich in 1,27 – 2,18 und 3,2ff um zwei verschiedene Stellungnahmen zu den gleichen Fragen handeln muß" und daß diese
darum nicht "in einem und demselben Brief gestanden haben
können", nennt er zwar "eine sehr ernsthafte Überlegung",
geht aber auch hier nicht weiter auf sie ein [79].   W. MARXSEN
übernimmt weitgehend sowohl die Aufteilung als auch deren
Begründung von   W. Schmithals [80]. In der von   A. ROBERT
und   A. FEUILLET herausgegebenen"Einleitung in die Heilige
Schrift II. Neues Testament", findet sich lediglich die Notiz,
in die "ursprüngliche Fassung(des Briefes)... (seien) zwei
Abschnitte eingeschoben", nämlich 3,2–4,1 sowie 4,2f und
4,4–9, ohne daß im Anschluß hieran die Frage nach der Integrität des Briefes gestellt wird [81].   A. WIKENHAUSER –
J. SCHMID vertreten die These der Briefkompilation, ohne
daß jedoch letztlich deutlich wird, ob das vorliegende Schreiben aus ursprünglich drei oder nur zwei selbständigen Briefen zusammengesetzt ist. Dieser Einleitung zufolge liegt
"der wirkliche Grund für die Teilungshypothesen ... einmal
in der Dispositionslosigkeit und sprunghaften Gedankenfüh-
rung des Phil, vor allem aber in dem längst beobachteten und
unbestreitbaren schroffen Bruch des Themas wie des Tones
bei 3,2" [82]. Aber auch die in Kap. 3 veränderte Situation
gegenüber Kap. 1 und 2 spricht für eine Aufteilung: "Paulus muß erst nach der Abfassung von Brief B (diese Kennzeichnung des Schreibens 1,1ff setzt allerdings die Auftei-

79   W. Michaelis, Einleitung in das Neue Testament, Er-
     gänzungsheft zur 3. Auflage, Bern 1961, S. 30.

80   Vgl. W. Marxsen, Einleitung in das Neue Testament.
     Eine Einführung in ihre Probleme, Gütersloh 1964, S. 59.

81   Einleitung in die Heilige Schrift II. Neues Testament,
     hg. v. A. Robert u. A. Feuillet, Wien. Freiburg. Basel
     1964, S. 436.

82   A. Wikenhauser – J. Schmid, Einleitung in das Neue
     Testament, Freiburg. Basel. Wien ^{6}1973, S. 501.

lung in drei Briefe bzw. Brieffragmente voraus) neue alar-
mierende Nachrichten über die Lage in Philippi erhalten haben" [83]; denn "aus der Heftigkeit der Polemik in 3,2 ff.
muß der Schluß gezogen werden, daß Paulus in den Irrlehrern eine aktuelle Gefahr für die Gemeinde sieht" [84]. Diese
Gegner aber sind von den in 1,28 genannten 'Widersachern'
zu unterscheiden [85]. Auch nach E. LOHSE erweist sich
der Philipperbrief als eine Briefkomposition aus ursprünglich drei selbständigen Stücken; die V. 4,10-20; 1,1-3,1
sowie 4,4-7.21-23; 3,2-4,3.8f umfassend [86]. Ähnlich urteilt auch P. VIELHAUER, der Brief A die Verse 4,10-20,
Brief B 1,1-3,1 sowie 4,4-9.21-23 und Brief C 3,2-4,3
zuordnet. Auch für ihn ist der unterschiedliche situative Kontext in Brief B und C das entscheidende Argument: "...
daß dem Apostel erst bei dem Ansatz 3,1 eingefallen sei,
daß er ein so akutes Gemeindeproblem wie die Wirksamkeit
der Irrlehrer vergessen habe, glaube wer will." Darum
"setzt die Ketzerpolemik eine andere Situation der Gemeinde voraus als der vorhergehende Teil. In diesem ist zwar auch
von einer Gefährdung der Gemeinde die Rede (1,27-30).
Aber die ἀντικείμενοι 1,28 sind äußere, nichtchristliche
Gegner, von denen die Gemeinde Verfolgungen zu gewärtigen
oder schon zu erleiden hat. In 3,2 ff dagegen handelt es sich
um eine innere Bedrohung durch Irrlehrer." [87] W.G. KÜMMEL,

---

83 Ebd, S. 503.

84 Ebd, S. 502.

85 Vgl. ebd, S. 503.

86 E. Lohse, Entstehung des Neuen Testaments, Theologische Wissenschaft. Sammelwerk für Studium und Be-
ruf 4, Stuttgart. Berlin. Köln. Mainz 1972, vgl. S. 50 f.

87 P. Vielhauer, Geschichte der urchristlichen Literatur.
Einleitung in das Neue Testament, die Apokryphen und
die Apostolischen Väter, Berlin. New York 1975, S.
160 (S. 159 ff).

einer der gewichtigsten Bestreiter der These der Briefkompilation, verweist bezüglich des Arguments, 3,2 ff setze einen
1,1 ff gegenüber verschiedenen situativen Kontext voraus,
lediglich darauf, daß "es .... nicht erwiesen (sei), daß Paulus in 1,28 nicht dieselben Widersacher im Auge haben könne
wie in 3,17 ff" [88]. H.-M. SCHENKE vertritt dagegen ebenfalls die Briefteilung,"weil die Analyse der Form zu genau
demselben Ergebnis (der Briefteilung) führt wie die Analyse
der Situation, die diese Stücke widerspiegeln." [89] Er teilt
den vorliegenden Philipperbrief ebenso wie E. Lohse auf.

2. Die Diskussion der Frage nach den Gegnern
   des Paulus in Phil 3

Die andere, die Philipperbriefexegese in starkem Maße beschäftigende Frage, die direkt mit unserer Fragestellung nach
dem situativen Kontext dieses Schreibens verbunden ist, ist
"die Bestimmung von Art und Frontstellung der Polemik in
3,2-21 " [90], d h die Frage nach den Irrlehrern im Philipperbrief. In der Lösung dieses Problems "gehen die Urteile weit
auseinander: Judaisten, 'neugebackene Proselyten', juden-

---

88 W.G. Kümmel, Einleitung in das Neue Testament, Heidel-
    berg [19] 1978, S. 293; zu W.G. Kümmels Einwand, daß
    die These der Briefkompilation notwendig "die Streichung
    von Präskripten und Postskripten" (S. 193) zur Folge habe,
    s. unten S. 304 f. Eine wirkliche Hilfe zu sachgemäßem
    Verstehen im Blick auf die literarkritischen Fragen des
    Philipperbriefes stellen auch die wenigen Bemerkungen A.
    Lindemanns, Paulus im ältesten Christentum, S. 23 f nicht
    dar. Auch im Blick auf sie gilt: Man vermag die durch den
    Text in seiner vorliegenden literarischen Gestalt aufgeworfenen
    Fragen nicht zu klären, indem man sie einebnet.

89 H.-M. Schenke - K.M. Fischer, Einleitung in die Schriften
    des Neuen Testaments I, Die Briefe des Paulus und Schriften
    des Paulinismus, Gütersloh 1978, S. 125.

90 H.-M. Schenke - K.M. Fischer, Einleitung, S. 131.

christliche Gnostiker libertinistischer Observanz oder auch
nomistischer Observanz, zwei verschiedene Gruppen: Judaisten und Libertinisten" [91], hinzuzufügen sind weitere Lö-
sungsvorschläge bis hin zur Annahme drei verschiedener Gegnerfronten: Juden, Enthusiasten und Libertinisten [92]. Daß
infolge solcher Hypothesenvielfalt die Lösung des mit dem 3.
Kap. unseres Briefes aufgegebenen Problems u. U. nicht
schärfer in den Blick kommt, sondern sich eher als ein un-
lösbares zu erkennen gibt, zeigt eine Bemerkung von W.G.
Kümmel an: "Es läßt sich überhaupt nicht mit voller Sicherheit feststellen, gegen wen sich diese Polemik richtet." [93]
Es bedeutet eine weitere Erschwerung unserer Fragestellung,
daß die Frage nach der Bestimmung der von Paulus ins Auge
gefaßten Gegner zu trennen ist von der nach der Aktualität
dieser Warnung (oder verschiedenen Warnungen). Überblickt
man die neuesten sich mit der Frage der Gegner des Philipperbriefes intensiver beschäftigenden Beiträge [94], so ist jedoch zumindest im Blick auf die Frage nach der Aktualität
dieser Warnung Übereinstimmung festzustellen: Die Motivierung zu ihr liegt in der augenblicklichen Situation der Gemeinde begründet. In einem weiteren Punkt ist eine mehr-

---

91   P. Vielhauer, Literaturgeschichte, S. 164.

92   So etwa M. Albertz, Die Botschaft des Neuen Testa-
     ments I/2, S. 171f.

93   W.G. Kümmel, Einleitung, S. 287, vgl. auch S. 288.

94   Hier sind zu nennen: W. Schmithals, Die Irrlehrer des
     Philipperbriefes; H. Köster, The Purpose of the Polemic
     of a Pauline Fragment (Philippians III), NTSt 8, 1961/
     62, S. 317-332, A.F.J. Klijn, Paul's Opponents in
     Philippians III, NovTest 7, 1964/65, S. 278-284; J.
     Gnilka, Die antipaulinische Mission in Philippi, BZ 9,
     1965, S. 258-276; G. Baumbach, Die von Paulus im
     Philipperbrief bekämpften Irrlehrer, in: Gnosis und
     Neues Testament. Studien aus Religionswissenschaft und
     Theologie, hg. v. K.-W. Tröger, Berlin 1973, S. 293-
     310; G. Friedrich, Kommentar, S. 131-134.

heitliche Übereinstimmung zu verzeichnen: Paulus warnt
vor e i n e r Gegnerfront [95]. Diese zuerst erneut nachdrücklich von W. SCHMITHALS vertretene These führte
diesen im Blick auf die Bestimmung der von Paulus ins Auge
gefaßten Gegner zu der Annahme, der Apostel bekämpfe hier,
wie schon zuvor "in der Korrespondenz ... mit Korinth und
Galatien" [96], judenchristliche Gnostiker libertinistischen
Couleurs, wobei insbesondere die Auswertung der V. 2 und
18f zu dieser Etikettierung führen; hinzu kommen – wiewohl
zu 3,8-11 bemerkt wird: "Direkte Hinweise auf die bekämpften Gegner enthält dieser Abschnitt nicht" [97] – die Stichworte γνῶσις (V. 8) bzw. γιγνώσκειν (V. 10), ἀνάστασις   (V. 10), τέλειοι bzw. τελειότης (V. 15)
und ἀποκαλύπτειν (V. 15), die auf d i e s e Gegner hinweisen.

Mit W. Schmithals' These setzt sich – auch unter methodischem Gesichtspunkt – H. KÖSTER auseinander. Sein
schwerwiegendster Einwand gegen sie ist zusammengefaßt in
dem Urteil: "Large portions of this chapter are not done ju-
stice and basic sentences are misinterpreted" [98]. Köster
bestreitet, daß die Invektive 'Hunde' – für W. Schmithals
erstes sicheres Indiz, daß die so bezeichneten Gegner einzig
und allein Gnostiker sein können [99] – sich überhaupt zur Bestimmung dieser Irrlehrer auswerten läßt [100]. Dagegen ist
aus den Invektiven κακοὶ ἐργάται und κατατομή
sowie aus den Kontradiktionen in V. 3 zu folgern, "that the
opponents of Phil. III.2 ff., like those of II Corinthians,

---

95 G. Baumbach wendet sich gegen die These einer einheit-
    lichen Gegnerfront (vgl. S. 304).

96 W. Schmithals, Irrlehrer, S. 84.

97 Ebd, S. 66.

98 H. Köster, aaO, S. 319.

99 Vgl. W. Schmithals, Irrlehrer, S. 61 f.

100 Vgl. H. Köster, aaO, S. 319 f.

were Jewish-Christian apostles who boasted of their special
spiritual qualities." [101]   Im Unterschied zu den Gegnern des
2 Kor äußert sich jedoch ihr Anspruch des Geistbesitzes in
der strengen Einhaltung des Gesetzes, "including circum-
cision as the unique sign of such fulfilment" [102]. Verfängt
die gesamte Argumentation des Apostels in 3,7-16 "only
if the opponents shared Paul's conviction that the ultimate
goal is 'to be found in Christ'" [103], dann kann offenkundig
nur dies die entscheidende Streitfrage zwischen Paulus und
seinen Gegnern sein: Stehen "'to be in Christ' or to fulfil
the Law" [104] in einem interdependenten oder einem einander
radikal ausschließenden Verhältnis zu einander? Es ist offenkundig, daß für die Gegner ersteres allein in Betracht kommt.
Dies unterstreicht auch, daß " τελειότης and δικαιοσύνη ,
in the terminology of the opponents, therefore, must have been
synonymous" [105]. Die Argumentation des Paulus in 3,10 f
ist in ihrer Konkretheit und Gezieltheit nur zur verstehen, wenn
er gegen eine Gruppe polemisiert, die meint, die Auferstehung
sei schon geschehen.

So zeichnet sich auf dem Hintergrund der Polemik und Argumentation des Paulus das Bild von Gegnern ab, die behaupten, "that the archievement of moral perfection and righteous-
ness by complete fulfilment of the law is identical with the
presence of those eschatological gifts which are promised as
a reward for such moral and religious perfection of the individual. Naturally, this presence of the resurrection would be
accompanied by 'spiritual' religious experience, as we have
assumed on the basic of Phil. III. 3." [106] Die anschließende
Frage, ob solche Gegner zutreffend als 'Gnostiker' zu be-

---

101   Ebd, S. 321.   102   Ebd, S. 322.

103   Ebd, S. 322.   104   Ebd, S. 322.

105   Ebd, S. 323.   106   Ebd, S. 324.

zeichnen seien, bejaht Köster "all the more since the terms
γνῶσις and γινώσκειν   do occur in this chapter in a
technical sense" [107]. Näherhin sind diese Gnostiker nicht
bloß als Häretiker jüdischer Provenienz zu beschreiben, sondern sie "developed their gnostic theology from elements of
late Jewish theology which they radicalized by means of a
misunderstood Christian message" [108]. Daß auch die V. 18 f
nicht dazu zwingen, entweder eine neue Gegnerfron libertinistischen Couleurs anzunehmen oder aber die These, es handle sich in Kap. 3 durchgängig um judenchristliche Gnostiker
gestrenger Gesetzesobservanz, zu revidieren, liegt entscheidend in der Prämisse begründet, daß Paulus in diesen Versen keine exakte Beschreibung der Gegner, sondern vielmehr
"a polemical description employing abusive language" ähnlich
wie in 3,2 im Sinn hat [109].

Mit H. Köster zumindest darin übereinstimmend, daß 3,18 f
nicht im Sinne eines hier von Paulus bekämpften Libertinismus zu interpretieren ist, daß im Blick auf die Bestimmung
der Gegner entscheidendes Gewicht auch auf die V. 5-11 zu
legen ist, vertritt A.F.J. KLIJN die Position, Paulus ar-
gumentiere im gesamten Kapitel gegen Juden, wobei er zur
Begründung dieser Sicht darauf verweist, daß Phil 3 seine
nächsten Parallelen nicht im 2 Korintherbrief, sondern im
Galater- und Römerbrief habe [110]. Nach J. GNILKA [111]

---

107   Ebd, S. 324.

108   Ebd, S. 324; in RGG[3] III, Art. Häretiker im Urchri-
      stentum, Sp. 17-21, vertritt Köster die These, daß
      erstmals Phil 3 judenchristliche Gnostiker bezeuge
      (vgl. Sp. 19).

109   Ebd, S. 324; zu den genaueren Einzelnachweisen vgl.
      S. 324-331.

110   Vgl. A.F.J. Klijn, Paul's Opponents in Philippians III,
      S. 279 ff.

111   Der nachfolgenden Skizze der Position Gnilkas ist sein
      Exkurs innerhalb des Kommentars zugrunde gelegt, in
      dem er im wesentlichen die in seinem Aufsatz dargeleg-
      te Sicht referiert (vgl. Kommentar, S. 211-218).

kreist die paulinische Polemik des 3. Kap. um drei Fragen,
die den entscheidenden Dissens zwischen Paulus und jenen
Irrlehrern markieren: "1. Wer ist die wahre Beschneidung?
2. Worin besteht die wahre Christuserkenntnis? 3. Ist die
Vollendung schon im gegenwärtigen Leben erreichbar?" [112]
Zeigen Stichworte wie 'Beschneidung' und das "ruhmvolle
Pochen auf jüdische Glaubensgüter" eindeutig den "judaisie-
rende(n) Charakter der philippischen Irrlehre" [113] an, so
sind insbesondere die Wendungen ' ἐκ γένους 'Ισραήλ '
und ''Εβραῖος ἐξ 'Εβραίων' aufschlußreich, "weisen doch
beide Begriffe in den Kontext jüdischer Propagandatätigkeit",
und darf man damit rechnen, "daß die Gegner die Titel Iraelit,
Hebräer als Selbstbezeichnungen verwendeten", so rücken sie
damit "in eine gewisse Nähe zu denen von 2 Kor" [114]. Daß
diese Irrlehrer sich in irgendeiner Weise auch des Gesetzes
rühmten, ist für Paulus Anlaß, "Grundsätzliches über das
Verhältnis von Glaubens- und Gesetzesgerechtigkeit zu sagen" [115]. Ein weiteres Kennzeichen ist die"falsche Selbst-
einschätzung"dieser Leute. "Sie ist getragen von dem Bewußtsein, bereits am Ziel zu sein, die Vollendung bereits erlangt
zu haben", und "läßt sich ... ganz allgemein als Vollkommen-
heitsenthusiasmus kennzeichnen" [116]. Fragt man nach ihren
Wurzeln, so weisen V.10 und später V.18 darauf, "daß
dieser Enthusiasmus über Kreuz und Auferstehung hinweg-
sah bzw. genauer: indem er sich am ärgerlichen Kreuz stieß,
Auferstehung als künftiges Ereignis leugnete und so ihre eigentliche Qualität verkannte" [117]. Stellt Gnilka im Anschluß

112   Ebd, S. 212f.
113   Ebd, S. 213.
114   Ebd, S. 213.
115   Ebd, S. 214.
116   Ebd, S. 214.
117   Ebd, S. 214.

an diese knappe Skizze der Gegner die Frage, ob diese als
Gnostiker zu bezeichnen seien, so steht dieser Etikettierung
entgegen, daß die Verwendung der Vokabel 'gnostisch' "heute ohne Zweifel eine recht unkontrollierte ist und man nicht
immer weiß, was die Autoren mit ihr präzise zu bezeichnen
wünschen" [118]. Vertritt Gnilka selbst die These, es handle
sich um Pseudomissionare einer θεῖος-ἀνήρ-Theologie,
es liegt hierfür das Hauptargument darin, "die Argumentation des Briefes B (gemahne) sowohl an 2 Kor als auch an
die hellenistisch-jüdische Literatur, in Sonderheit an Philo" [119].

Ebenfalls enge inhaltliche Übereinstimmungen zwischen der
Argumentation des Paulus gegen die Gegner des Philipperbriefes und der im 2 Kor sieht G. FRIEDRICH und kommt
aufgrund dieser "engste(n) Parallelen" zu dem Urteil: "Man
wird darum annehmen dürfen, daß die Gegner des Paulus in
Phil. 3 im großen und ganzen dieselben sind, mit denen er es
im zweiten Korintherbrief zu tun hat." [120] Zu einem dieser
Feststellung G. Friedrichs diametral entgegengesetzten Urteil kommt G. BAUMBACH, der betont: "Zu den Paulus-

---

118   Ebd, S. 214. Gnilka verweist, um dieses Urteil zu be-
      legen, auf Schmithals und Köster, die beide das Schlag-
      wort Gnostiker verwenden, obwohl für Schmithals die
      Kennzeichnung dieser Irrlehrer als Libertinisten anhand
      von 3,18 f ein Konstitutivum für diese Etikettierung be-
      deutet, Köster diese Behauptung aufgrund einer der
      W. Schmithals' entgegengesetzten Interpretation dieser
      Verse energisch bestreitet, dennoch aber auch meint,
      von einem "'Early Christian Gnosticism'" (S. 215)
      sprechen zu sollen, so daß Gnilka fragt, ob "Vollen-
      dungsbewußtsein ein ausreichendes Kriterium" (S. 215)
      sei.

119   Ebd, S. 215; Gnilka verweist hier auf D. Georgi, Die
      Gegner des Paulus im 2 Korintherbrief WMANT 11,
      1964.

120   G. Friedrich, Kommentar, S. 134 (vgl. G. Friedrich,
      Die Gegner des Paulus im 2. Korintherbrief, in: Abra-
      ham unser Vater. Festschrift für O. Michel, AGSU 5,
      Leiden 1963, S. 181 ff). Diese Sicht vertritt auch
      J.-F. Collange, Kommentar, S. 11 f, 12 f, 122 ff.

gegnern des 2. Korintherbriefes liegen kaum Berührungen vor,
wie sich uns schon bei der Betrachtung der Begrifflichkeit von
Phil 3 gezeigt hatte " [121]. Statt dessen sieht er "hinsichtlich
3,2-11 die meisten Berührungen in der Terminologie zum 1.
Korintherbrief vorliegen " [122]. Da er zudem die Beobachtung
macht, daß mit 3,12 ff "der sehr erregte Stil von 2 ff ......
einer ruhigeren Betrachtung (weicht), an die Stelle der schroffen Warnung ... eine bewegte Klage über die 'vielen' (tritt),
die nicht entsprechend dem von Paulus gegebenen Vorbild ihren Wandel führen" [123], kommt er zu der These, daß man
"von wirklichen Gegnern, d. h. von solchen, die von außen in
die Gemeinde eingedrungen sind und vor denen darum gewarnt
werden muß, ... nur im Blick auf die Verse 2 - 11 sprechen
(kann). Ab V. 12 handelt es sich um eine Richtung innerhalb
der Gemeinde, über deren Einstellung Paulus zutiefst trau-
rig ist und der er zum rechten Tun verhelfen will, vor der
er aber nicht warnt und die er nicht beschimpft." [124] Baumbach kennzeichnet die von außen in die Gemeinde eindringen-
den Gegner als "Judenchristen strengster Observanz" [125];
in den von Paulus von V. 12 an ermahnten Gemeindegliedern
sieht er solche, die "eine freiere Stellung" einnehmen "und
im Gegensatz zu der ängstlicheren Richtung" innerhalb der
Gemeinde stehen, "die dem Gesetz eine wichtige und bleibende
Bedeutung für den Christen zuschreibt" [126]. Da diese "ängst-

---

121   G. Baumbach, Die von Paulus im Philipperbrief be-
      kämpften Irrlehrer, S. 307.

122   Ebd, S. 307.

123   Ebd, S. 302.

124   Ebd, S. 304.

125   Ebd, S. 301.

126   Ebd, S. 303.

lichere, gesetzesstrenge   Richtung ..., wie 3,2 ff. erweist,
in der besonderen Gefahr des Verführtwerdens durch radikale
Judenchristen" war, beginnt Paulus mit einer scharfen Warnung vor diesen judenchristlichen Irrlehrern, bekennt sich
dann im zweiten Teil des 3. Kap. zunächst "als zugehörig
zur Gruppe der 'Vollkommenen', grenzt sich jedoch zugleich
von diesen ab, indem er wie in Röm 14 bis 15 und in 1.Kor
8 u. 10 – den Nachdruck auf das rechte Denken – das Bedenken des Unterwegsseins und des rechten Tuns (V. 16) –
legt" [127].

Es dürfte deutlich geworden sein, welche große Bedeutung die
Frage nach dem situativen Kontext des Philipperbriefes in
letzter Zeit im Blick auf die literarkritische Frage gewon-
nen hat; ebenso, daß die Frage nach den Gegnern und – mit
dieser unlösbar verknüpft – nach der Aktualität dieser Auseinandersetzung selbst ein entscheidender Aspekt dieser Frage nach dem situativen Kontext und nach der Motivierung zu
diesem Schreiben ist. Es ist noch hinzuzufügen, daß die stän-
dige Rückfrage nach einem m ö g l i c h e n Bezug auf und nach dem
Geprägtsein durch diesen situativen Kontext nicht allein –
wie es bisher den Anschein hätte gewinnen können – im Blick
auf diese beiden die Philipperbriefexegese zur Zeit in besonderem Maße beschäftigenden Problemkreise [128] von entschei-

---

127   Ebd, S. 303.

128   Daneben ist natürlich als dritte besonders diskutierte
      Frage die nach dem Abfassungsort (bzw. –orten) zu
      nennen, der aber im Rahmen dieser Untersuchung nicht
      nachzugehen ist; (vgl. die die gegenwärtige Diskussion
      zusammenfassende Darstellung bei W.G. Kümmel,
      Einleitung in das Neue Testament, S. 284 ff.). Da die
      nachstehende Textanalyse (vgl. S. 221 ff) auch solche
      Briefpassagen – wenn auch unter dem Aspekt unserer
      Fragestellung – zu analysieren hat, die zur Lösung
      d i e s e s Problems in besonderem Maße von Relevanz
      sind, nimmt sie i n d i r e k t auch an dieser Frage teil.

dender Bedeutung ist, sondern auch im Blick auf das Verständnis der Einzelaussagen des Briefes, d h für das inhaltliche Verstehen des Briefes insgesamt.

B.   Exegetische Analyse des Philipperbriefes unter besonderer
      Berücksichtigung der Frage nach seinem situativen
      Kontext [1]

Textanalyse Phil 1,1-2

Paulus beginnt sein Schreiben, damaliger Briefsitte folgend, stilgemäß [2] mit der Nennung seines Namens als des Verfassers und Absenders. Wie in anderen seiner Briefe wird auch Timotheus als Mitabsender genannt, wiewohl dieser offenkundig nicht als Mitverfasser zu gelten hat [3]. Paulus faßt dieses Schreiben nicht nur in der 1. Pers.sing. ab, er äußert sich

---

1   Es kann und soll nicht Ziel dieser Textanalyse sein, den Philipperbrief in allen seinen Aussageaspekten zu vernehmen, sondern ihn allein unter der diese Untersuchung primär leitenden Frage nach seinem situativen Kontext abzutasten; dieser Aufgabenstellung entsprechend, wird auch das Gespräch mit der exegetischen Literatur zu diesem Brief aufgenommen; dieses Gespräch auf inhaltliche Einzelfragen auszudehnen, würde den Rahmen einer Textanalyse bei weitem sprengen.

2   Vgl. G. Friedrich, Kommentar, S. 135; J. Gnilka, Kommentar, S. 29; F.W. Beare, Kommentar, S. 48; W. Michaelis, Kommentar, S. 9; E. Lohmeyer, Kommentar, S. 9.

3   Vgl. G. Friedrich, Kommentar, S. 135; J. Gnilka, Kommentar, S. 29; J. Ernst, Kommentar, S. 34; auch schon K. Barth, Kommentar, S. 1; W. Michaelis, Kommentar, S. 9; J.H. Michael, Kommentar, S. 1; J.J. Müller, Kommentar, S. 32. Zu den zahlreichen Versuchen, eine einleuchtende Erklärung für die Nennung des Timotheus als Mitabsender des Briefes zu geben, vgl. etwa K. Barth, Kommentar, S. 1; W. Michaelis, Kommentar, S. 10; J. Gnilka, Kommentar, S. 30; G. Friedrich, Kommentar, S. 135.

auch in 2,19ff über seinen Mitarbeiter und charakterisiert sein
Verhältnis zu ihm [4]. Sich selbst und Timotheus schließt er
unter dem Epitheton 'Knechte Christi Jesu' zusammen.
Hieraus ist immer wieder zu Recht gefolgert worden, daß der
Apostel – anders als in den Gemeinden von Korinth und Galatien – sich dieser Gemeinde gegenüber nicht vor die Notwendigkeit gestellt sah, sein Apostelamt gegen laut werdende Zweifel und Angriffe auf dessen Rechtmäßigkeit zu verteidigen und darum betont hervorzuheben [5]. Basiert diese
Folgerung auf der Einsicht, daß Paulus seine Briefeingänge
stets bewußt im Blick auf die jeweilige Adressatengemeinde
wählt [6], so ist nach dieser negativen Ausgrenzung nunmehr
zu fragen, welche Intention Paulus mit der Wahl dieser
Prädikation verknüpft, zumal zwar weder die 'gleichberech-
tigte' Nennung eines Mitarbeiters im Präskript noch die
Selbstbezeichnung des Paulus als δοῦλος Χριστοῦ 'Ιησοῦ (vgl.
Röm 1,1), wohl aber der Zusammenschluß mit einem Mitarbeiter unter diesem Titel 'Knechte Christi Jesu' "einmalig
innerhalb der gesamten brieflichen Hinterlassenschaft des
Apostels" ist [7]. Paulus knüpft mit dieser Selbstbezeichnung
an "die Terminologie alttestamentlicher Prophetenberufungen"
an. "Bereits von der LXX her bot ... (sie sich) zur Beschreibung eines absoluten Dienstverhältnisses gegenüber Gott
an." Schwingt "im Begriff δοῦλος auch immer die bereits
in seiner alttestamentlichen Verwendung mitgegebene Bedeu-

---

4 Vgl. etwa G. Friedrich, Kommentar, S. 135, 137; J.
   Gnilka, Kommentar, S. 29.

5 Vgl. etwa G. Friedrich, Kommentar, S. 135; J. Gnilka,
   Kommentar, S. 30; E.F. Scott, Kommentar, S. 15;
   J.J. Müller, Kommentar, S. 33; K. Barth, Kommentar,
   S. 2; E. Lohmeyer, Kommentar, S. 9.

6 Vgl. E. Lohmeyer, Kommentar, S. 9.

7 J. Gnilka, Kommentar, S. 30.

tung einer Ehrenstellung (mit)" [8], so ist er doch semantisch
dominant von dem zuerst genannten Aspekt geprägt, und
Paulus dürfte gerade mit ihm seine augenblickliche
Situation treffend kennzeichnen [9]. Nach ansprechender
Vermutung G. Friedrichs wählt er dieses Epitheton darüber
hinaus auch darum, um deutlich zu machen, daß er "sich nicht
als Herrn der Gemeinde aufspielen (will), sondern (daß er)
als Knecht Christi Jesu ... an die Heiligen in Christus Jesus
(schreibt), die in Gefahr stehen, die Demut zu vergessen
(2,3)" [10]. Dieser Gedanke wird noch unterstrichen, wenn der
Apostel in diese Selbstbezeichnung zugleich Timotheus mit
einschließt und damit auch Demut im Blick auf den Bruder
signalisiert.

Wenn Paulus diesen Brief an 'alle Heiligen in Christus Jesus,
die in Philippi sind, mit den Bischöfen und Diakonen' adres-
siert, so sind es vor allem zwei Momente in dieser Empfänger-
angabe, die die Aufmerksamkeit der Philipperbriefexegese
seit langem auf sich gelenkt haben. Zum einen begegnet hier
zum ersten Mal das Stichwort a l l e, das noch deutlicher
gehört sein will (vgl. 1,3) [11], zum anderen hebt Paulus hier

---

8   J. Roloff, Apostolat – Verkündigung – Kirche. Ursprung,
      Inhalt und Funktion des kirchlichen Apostelamtes nach
      Paulus, Lukas und den Pastoralbriefen, Gütersloh 1965,
      S. 121; beide Aspekte betonen auch etwa G. Friedrich,
      Kommentar, S. 136; J. Gnilka, Kommentar, S. 30;
      J. Ernst, Kommentar, S. 34; K. Barth, Kommentar,
      S. 2. W. Michaelis, Kommentar, S. 10, akzentuiert, wie-
      wohl auch er beide Aspekte nennt, stärker diesen Gesichts-
      punkt der "'Herrlichkeit' eines solchen Dienstes". Wer-
      den darum Paulus und Timotheus durch dieses Epitheton
      "nicht weniger autoritativ als mit dem Apo-
      stel-Prädikat eingeführt", so bestreitet W. Michae-
      lis darum dezidiert, hier liege eine "beabsichtigt demü-
      tige Selbstbezeichnung vor" (ebd).

9   Vgl. die nachfolgende Textanalyse besonders zu 1,12–26.

10   G. Friedrich, Kommentar, S. 136; diesen Gedanken der
      Demut betonen etwa auch E. Lohmeyer, Kommentar, S. 9;
      J.J. Müller, Kommentar, S. 34.

11   Wohl nicht hinreichend ist die Erklärung von W. Michaelis,

einzigartig im Blick auf alle seine Briefe als ἐπίσκοποι
und διάκονοι bezeichnete Gemeindeglieder besonders hervor. Geht man nicht a priori von der Annahme aus, Phil
4,10ff sei als selbständiges Brieffragment die Dankesbezeu-
gung des Apostels für die von Epaphroditus überbrachte Liebesgabe der Gemeinde, so daß Phil 1,1ff jedenfalls nicht in
unmittelbarem Zusammenhang zumindest a u c h mit diesem situativen Hintergrund zu sehen sei, so empfiehlt sich
als die einleuchtendste Erklärung für diese heraushebende
gesonderte Erwähnung dieser ἐπίσκοποι und διάκονοι,
daß sie an dem Zustandekommen der Gabensammlung besonderen Anteil hatten [12]. Führt Paulus die Gemeinde als Adressaten ein mit den Worten πᾶσιν τοῖς ἁγίοις ἐν Χριστῷ Ἰησοῦ,
so verweist er sie auf den und redet sie an im Machtbereich des
selben Herren, dem gegenüber er sich selbst soeben zusammen
mit Timotheus in dem Abhängigkeits- und Demutsverhältnis
eines δοῦλος charakterisiert hatte [13].

Kommentar, S. 10, daß Paulus darum 'a l l e Heiligen'
als Adressaten nenne, da neben der Gesamtheit der Gemeinde ja auch noch bestimmte Einzelne genannt würden;
E. Lohmeyer, Kommentar, S. 10 sieht hierin bereits eine erste Anspielung des Apostels auf die sich von der Gemeinde absondernden, weil eines besonderen Martyriums
gewürdigten τέλειοι . E.F. Scott, Kommentar, S.15f,
dagegen erkennt hierin die Intention des Paulus, im Vorgriff auf die später folgenden Bemerkungen zu den innergemeindlichen Streitigkeiten in Philippi von Beginn an deutlich zu machen, "that he favors no one party".

12 So etwa G. Friedrich, Kommentar, S.136f; W. Michaelis,
Kommentar, S. 10; M. Dibelius, Kommentar, S. 61;
K. Barth, Kommentar, S.3f; E. Haupt, Kommentar, S.3.
Zur Frage, inwieweit Paulus hier schon 'Amtsträger' im
Präskript eigens anredet, so daß diese Erwähnung nicht in
einer besonderen situativen Motivierung, sondern darin,
daß die philippische Gemeinde die erste war, der solche
'Amtsträger' vorstanden, begründet war, so etwa J. Gnilka,
Kommentar, S. 40; J. Ernst, Kommentar, S.36ff, vgl.
J. Roloff, TRE II, S. 522.

13 Auf "eine deutliche klangliche Korrespondenz zu der Wen-
dung 'Knechte Christi Jesu'" weist bereits E. Lohmeyer,
Kommentar, S.10,hin; vgl. auch J. Gnilka, Kommentar,
S. 31.

Textanalyse Phil 1,3–11

Auch hier wieder wie in anderen seiner Briefe allgemeinem
Briefstil folgend, schließt Paulus an das Präskript das Proömium an. Setzt sich dieses auch aus Einzelelementen zusammen, die mehr oder weniger vollständig in den Proömien der
anderen Paulusbriefe wiederkehren, so gilt doch auch hier,
daß die inhaltliche Gestaltung stets im Blick auf die jeweilige
Gemeinde variiert ist [14]. Wie im Blick auf andere Gemeinden auch, kann Paulus, "wenn er der jungen Kirche von Philippi vor Gott gedenkt, nur danken" [15]; auch die Versicherung des unablässigen Betens für diese Gemeinde – nur im
Philipperbrief jedoch fügt Paulus hinzu, daß er dieses μετὰ
χαρᾶς tue – findet sich in Röm 1,8 und 1 Thess 1,2bf.
Nennt Paulus anschließend den Grund seiner beständigen Dankbarkeit gegen Gott im Blick auf diese Gemeinde, so hat auch
dies seine Parallele in 1 Thess 1,3f und 1 Kor 1,5. Schließlich begegnet, wenn auch nur in formaler Entsprechung, auch
in Röm 1,10f der Wunsch des Apostels nach persönlicher
Begegnung mit der Adressatengemeinde. Dennoch eignet dem
Proömium des Philipperbriefs nicht nur in seiner Ganzheit
der Charakter der Einzigartigkeit (wie auch jedem anderen der
übrigen Paulusbriefe), sondern auch jedes seiner Einzelelemente findet sich so in keinem anderen Schreiben des Apostels.
Findet sich schon in keinem anderen Paulusbrief die Zusicherung, er, Paulus, danke seinem Gott ἐπὶ πάσῃ τῇ μνείᾳ ὑμῶν,
in dieser Stärke [16], so wird das in " πάσῃ " sich erstmals

---

14 Vgl. Friedrich, Kommentar, S. 137; Gnilka, Kommentar,
    S. 42. Den Extremfall stellt hier der Galaterbrief dar,
    in dem aufgrund der spezifischen Situation der Gemeinde
    das Proömium – wegfällt.

15 Eichholz, Bewahren und Bewähren, S. 139. Vgl. Röm
    1,8; 1 Kor 1,4; 1 Thess 1,2.

16 Vgl. Gnilka, Kommentar, S. 43.

andeutende Moment des 'zum Ausbruch drängenden Über-
schwangs' in kaum zu überbietender Weise gesteigert in
V.4 [17], wo die Leser zwar eigentlich die Angabe des besonderen Grundes für das εὐχαριστεῖν erwarten, statt dessen
aber die nochmalige, vor allem durch das gehäufte Vorkommen des Stammes παντ- (πάντοτε, πάσῃ, πάντων ὑμῶν), dazu zweimal eine Form von δέησις sprachlich höchst möglich intensivierte Versicherung der Gebetsverbundenheit des
Apostels mit ihnen erhalten. Nennt Paulus im Anschluß hieran
die κοινωνία εἰς τὸ εὐαγγέλιον der Gemeinde vom ersten
Tage an bis jetzt als Grund seiner Dankbarkeit gegen Gott, so
ist dies sachgemäß damit zu umschreiben, daß Paulus dafür
dankt, "daß das Evangelium auf seinem Lauf durch die Welt zu
den Philippern kam und bei ihnen Glauben fand, daß sie mit
dem Evangelium ihr Heil ergriffen und im Festhalten am
Evangelium ihr Heil festhielten" [18]. Dankt Paulus darum,
"schlechterdings umfassend, für die 'Teilhabe' der
Philipper am Evangelium" [19], so ist damit zwar hinreichend
die Motivierung zum εὐχαριστῶ gekennzeichnet [20], m.E.
jedoch noch nicht der besonderen Klangfarbe dieses Proömiums, am intensivsten in V.4 und dann noch V.8 angezeigt [21], Rechnung getragen. Spielt Paulus in dem "kleinen

---

17   Vgl. Gnilka, Kommentar, S. 43; Scott, Kommentar, S. 18;
     Michael, Kommentar, S. 10.

18   Eichholz, Bewahren und Bewähren, S. 142; vgl. Friedrich,
     Kommentar, S. 138; Gnilka, Kommentar, S. 45. Gnilka
     spricht auf S. 44 von der "Überfülle des Dankes".

19   Eichholz, Bewahren und Bewähren, S. 141 (Sperrung von
     mir).

20   Vgl. etwa 1 Thess 1,2ff.

21   Vgl. Gnilka, Kommentar, S. 50: "Daß Paulus so redet,
     läßt die Erregung seines Inneren erahnen"; vgl. auch Micha-
     elis, Kommentar, S. 14, der von einer "Pleophorie der
     Danksagung" spricht, wenn auch seine Vermutung, daß die
     Philipper ob dieser Pleophorie überrascht sein könnten,
     "da sie selbst sich vielleicht den Vorwurf machten, längst
     nicht genug an Anteilnahme und Hilfe geleistet zu haben",

Zwischenabschnitt" [22] V 7 "deutlich schon auf Hilfe durch

die Philipper" [23] an, d h stellen diese Verse, wie besonders

auch 1,12 ff nahelegen, die e r s t e Reaktion des Apostels

auf die durch Epaphroditus überbrachte Liebesgabe der phi-

lippischen Gemeinde dar, dann findet m.E. die spezifische

Klangfarbe dieses Proömiums einleuchtend ihre Erklärung

darin, daß Paulus noch ganz unter dem Eindruck des Über-

wältigtseins diesen Brief beginnt, den der (unverhoffte?)

Empfang der Gabensammlung gerade in seiner Situation als

Gefangener in ihm hervorrief. Es wird wesentlich nicht nur an

die materielle Gabe, sondern auch und vor allem, wie an-

schließend 1,12 ff anzeigen, die durch diese Gabe zum Aus-

druck gebrachte Fürsorge und Anteilnahme dieser Gemeinde

zu denken sein, die Paulus zu dem sich in diesen Worten aus-

sprechenden Gefühlsüberschwang veranlaßte. Im Vorgriff sei

hier zur Stützung dieser Sicht – vor allem auch der These,

daß 1,7 als Hinweis auf die Liebesgabe der Philipper zu wer-

ten ist – auf 1,19 verwiesen, wo Paulus wie selbstverständ-

---

und d a r u m Paulus V.8 anfüge, jeglichen Anhalts am
Brief entbehrt. Vgl. noch Beare, S. 52; Suhl, Paulus
und seine Briefe, S. 167 Anm. 90; zu V.8 auch Müller, Kommentar, S. 43 f.

22 Friedrich, Kommentar, S. 139.

23 W.G. Kümmel, Einleitung in das Neue Testament, S. 293;
Vgl. auch schon etwa M. Dibelius, Kommentar, S. 63.
M.E. wäre wenigstens die Möglichkeit zu erwägen, ob
entgegen dem üblichen Verständnis dieses Verses nicht
ὑμᾶς Subjektsakkusativ des AcI, die anschließende syn-
taktische Einheit ἐν τε τοῖς δεσμοῖς bis τοῦ εὐαγγελίου
anstatt zum folgenden Partizip (συγκοινωνούς...ὄντας)
zum AcI zu nehmen und der abschließende Partizipialsatz
συγκοινωνούς...ὄντας als Folgerung zu verstehen
ist, so daß dieser Vers in Übersetzung wiederzugeben wäre: 'Es ist ja nur recht und billig für mich, von euch allen
so zu denken, die ihr mich im Herzen tragt sowohl in meinen Fesseln als auch bei der Verteidigung und bei der Fe-
stigung des Evangeliums, so daß ihr alle Teilhaber meiner Gnade seid.'

lich voraussetzt, d a ß die Gemeinde seiner fürbittend gedenkt, sowie auf 4,14 , wo Paulus die Philipper ebenfalls als
συγκοινωνήσαντες   seiner augenblicklichen Situation bezeichnet [24]. Wofür Paulus dankt, ist u m f a s s e n d die
Teilhabe dieser Gemeinde am Evangelium, die besondere
Klangfarbe d i e s e s Proömiums aber läßt sich nur erklären
als geprägt von dem u n m i t t e l b a r e n Eindruck, unter dem
Paulus infolge dieses Liebesbeweises dieser Gemeinde steht [25].

Daß auch die anschließende Fürbitte (V. 9 ff) ebenfalls unter
d i e s e m Eindruck ihre inhaltliche Gestaltung erhalten hat,
zeigt der intensivierte Pleonasmus (ἔτι; μᾶλλον καὶ μᾶλλον;
περισσεύῃ) deutlich an. Paulus nennt als seinen Gebets-
wunsch im Blick auf diese Gemeinde dasjenige, was er soeben
in so überwältigender Weise von ihr empfangen hat: Die Liebe, die er im Blick auf diese Gemeinde in verschwenderischer
Fülle erbittet; daß es zugleich eben diese L i e b e ist, die
der philippischen Gemeinde i n n e r g e m e i n d l i c h so sehr
mangelt (vgl. 2,1 ff), mutet paradox an, und darum mag (ohne
daß schon hier Genaueres dem Text entnommen werden könnte)

---

24   Daß Paulus diese augenblickliche Situation in V. 7 als
     χάρις   , in 4,14 jedoch als θλῖψις kennzeichnet,
     ist durch den Kontext und die jeweilige unterschiedliche
     Aussageintention des Apostels bedingt; hier wird diese
     Situation theologisch profiliert.

25   Gegen die dezidierte Meinung G. Eichholz, Bewahren
     und Bewähren, S. 139, daß "sich die Eintragung eines
     Dankes für die finanzielle Unterstützung in den Kontext-
     eingang des Briefes (verbiete)"; vgl. dagegen auch J.
     Ernst, Kommentar, S. 39.
     Aufgrund des Stichwortes φρονεῖν in V. 7 "hier be-
     reits eine erste Andeutung der später erfolgenden Mahnungen
     (zu)erblicken",(so J. Gnilka, Kommentar, S. 48) er-
     scheint mir doch zweifelhaft, da dieses Wort an dieser
     Stelle doch eindeutig im Sinne "von fürsorglichem Handeln
     und Denken gebraucht" ist, während es später in 2,2 ff
     die "einheitliche Ausrichtung und einträchtige Gesinnung,
     Einheit von Denken und Wollen" intendiert (G. Bertram,
     ThW IX, S. 229).

diese Fürbitte gerade in ihrer Fortführung ... περισσεύῃ ἐν ἐπι-
γνώσει καὶ πάσῃ αἰσθήσει εἰς τὸ δοκιμάζειν ὑμᾶς τὰ δια-
φέροντα   ein erster Anklang an die innergemeindlichen Differenzen sein, auf die Paulus später deutlicher zu sprechen kommt[26].

Textanalyse Phil 1,12-18a

Kommt in der durch Epaphroditus überbrachten Liebesgabe der
Philipper deutlich die besorgte Anteilnahme dieser Gemeinde
am Geschick ihres Apostels zum Ausdruck, so nimmt es nicht
wunder, sondern entspricht diesem hierin liegenden und zunächst dominanten Situationsaspekt, daß Paulus, die sorgenvolle Anfrage hinter der Gabe erkennend, z u e r s t auf seine
e i g e n e Lage zu sprechen kommt. Sowohl dieser Ort im Kontext des Briefes als auch die betonte Hervorhebung[27] dieses
Einsatzes 'Γινώσκειν δὲ ὑμᾶς βούλομαι, ἀδελφοί, ὅτι τὰ κατ'
ἐμέ' lassen begründet vermuten, daß Paulus hier e r s t m a l s
a u t h e n t i s c h e Nachricht über seine derzeitige Situation als
Gefangener der philippischen Gemeinde zukommen läßt. Ist
es dieses τὰ κατ' ἐμέ , "das, was mir widerfahren
i s t , ... wonach die Leser offenbar in erster Linie gefragt
haben"[28] , so antwortet Paulus "in deutlicher Korrektur der
vorausgesetzten Frage"[29] , indem er sie wie selbstverständlich unter einem so nicht von vornherein zu erwartenden Aspekt

---

26   Vgl. vor allem 2,2 : "... τὴν αὐτὴν ἀγάπην ἔχοντες...";
     vgl. auch R.A. Lipsius, Kommentar, S. 218.

27   Vgl. J. Ernst, Kommentar, S. 44.

28   K. Barth, Kommentar, S. 17.

29   Ebd, S.18. Daß schon die Philipper selbst primär das
     Evangelium und nicht Paulus sorgenvoll im Auge gehabt
     hätten, also einen "schädlichen Einfluss seiner Gefangen-
     schaft auf die Sache des Evangeliums" befürchteten
     (so etwa noch E. Haupt, Kommentar, S.20), ist durch
     dieses τὰ κατ' ἐμέ gerade nicht angezeigt.

beantwortet: "Auf die Frage, wie es i h m gehe, m u ß ein
Apostel reagieren mit dem Bescheid darüber, wie es dem
Evangelium geht. Und so antwortet Paulus nun mit der
Erklärung, daß es dem Evangelium auf alle Fälle g u t geht.
Was ihm, dem Apostel, widerfahren ist, das ist auf einen Fort-
schritt, einen Vorstoß, einen Geländegewinn seiner Botschaft
und Sache hinausgelaufen." [30] Kündigt μᾶλλον   "das Moment des Unerwarteten an" [31], so weist dies darauf, daß wie
schon nicht die Antwort des Paulus unter diesem Aspekt
(des Ergehens des Evangeliums), so auch nicht ihrem positiven Inhalt nach selbstverständlich ist. Ἐν Χριστῷ   ist es
geschehen, "daß jetzt seine Gefangenschaft (τοὺς δεσμούς
μου) einem weiten Kreis bekannt wurde und daß diese Be-
kanntwerdung dem Evangelium dienlich war" [32]. Zugleich
wächst aufgrund dieses Geschehens "in der Gemeinde am Ab-
fassungsort des Briefes ... ein neuer Mut zu furchtloser Verkündigung des Wortes" [33], sie gewinnt "einen neuen Impuls

---

30   K. Barth, Kommentar, S.18. Die mit diesen Versen
      verbundene, in den Augen des Paulus ebenso selbstver-
      ständliche wie im Blick auf die Gemeinde notwendige
      Intention, den Blick der Philipper nunmehr von seiner
      Person weg und auf die Verkündigung des Evangeliums
      hin zu lenken, hindert ihn freilich zu Beginn des Briefes
      nicht, seinem Überwältigtsein durch die i h m geltende
      sorgenvolle Anteilnahme seitens dieser Gemeinde unge-
      hemmt Ausdruck zu geben.

31   J. Gnilka, Kommentar, S.56; ebenso schon Michaelis,
      Kommentar, S. 18.

32   J. Gnilka, ebd, S. 57; vgl. G. Friedrich, Kommentar,
      S.141; K. Staab, Kommentar, S. 174; M. Dibelius,
      Kommentar, S. 64; J.H. Michael, Kommentar, S. 32.
      Im Blick auf die seit v. Hofmann mit V.13 verbundene
      Frage, ob hier eine zu weiterreichenden Hoffnungen be-
      rechtigende Wende im Prozeß des Apostels angezeigt sei,
      vgl. J. Gnilka, Kommentar, S.56 Anm.12; neuestens
      vertritt auch A. Suhl, Paulus und seine Briefe, S. 162 f,
      S. 169 Anm. 98.

33   G. Eichholz, Bewahren und Bewähren, S.146; vgl. auch
      G. Friedrich, Kommentar, S.141; J.Gnilka, Kommentar,
      S. 58.

zur missionarischen Verkündigung" [34]. In einem kurzen Zwischenabschnitt sieht Paulus sich jedoch genötigt, hinsichtlich
der zuletzt gemachten Aussage zu differenzieren: Wird am
Ort seiner Gefangenschaft wieder intensiver das Evangelium
gepredigt, so lassen sich deutlich unterschiedliche Motivierungen nicht verkennen: Ist die Verkündigung der einen von
εὐδοκία , d h guter Gesinnung, aber darüber hinaus auch
Zuneigung und Wohlwollen, gegen Paulus [35] (wie V. 16 zeigt),
so die der anderen von φθόνος καὶ ἔρις , d h "Mißgunst
und Rivalität" [36], wiederum - wie V.16 deutlich macht -
gegen Paulus, geprägt [37]. Wenn dieser dennoch auch diese
Verse, wie 18a ausweist, mit unter die entscheidende Mitteilung, auf die es ihm allein ankommt, subsummiert, so
"ergibt der Zusammenhang, daß Paulus trotz aller Unfreund-
lichkeiten, die er zu spüren bekommt, die Substanz des Evangeliums hier nicht verletzt sieht" [38]. So oder so wird Christus

---

34 G. Eichholz, ebd, S. 147; ähnlich K. Staab, Kommen-
    tar, S. 174.

35 Vgl. J. Gnilka, Kommentar, S. 61.

36 So übersetzt G. Eichholz, Bewahren und Bewähren, S. 147.

37 Vgl. hinsichtlich der Frage, ob es sich hier um zwei von
    den zuvor genannten Brüdern (V.14) verschiedene Gruppen
    handelt, J. Gnilka, Kommentar, S. 59 f; auch schon R.A.
    Lipsius, Kommentar, S. 219 f; E. Haupt, Kommentar,
    S. 24; M. Dibelius, Kommentar, S. 65.
    Daß die V. 15-17 sich auf Verkünder in Philippi und nicht
    auf Prediger am Ort der Gefangenschaft des Paulus bezö-
    gen, wie etwa W. Schmithals, Irrlehrer, S. 54 Anm. 45,
    O. Merk , Handeln aus Glauben, S. 188, und G. Baumbach,
    Die von Paulus im Philipperbrief bekämpften Irrlehrer,
    S. 296 f, meinen, "ist ... durch nichts im Text angedeu-
    tet" (J. Gnilka, Kommentar, S. 12 Anm. 58).

38 G. Eichholz, Bewahren und Bewähren, S. 147 f; vgl. auch
    J. Gnilka, Kommentar, S. 60, 64; G. Friedrich, Kom-
    mentar, S. 142; aber auch schon R.A. Lipsius, Kommen-
    tar, S. 221; E. Haupt, Kommentar, S. 28 ff; K. Staab,
    Kommentar, S. 175. M. Dibelius, Kommentar, S. 65 f;
    W. Michaelis, Kommentar, S. 21; K. Barth, Kommentar,
    S. 23 f; F.W. Beare , Kommentar, S. 59;

verkündigt, d h kommt es zur προκοπὴ τοῦ εὐαγγελίου und darüber kann Paulus sich nur freuen.

Textanalyse Phil 1,18b - 26

Möchten die Philipper wissen, wie der Prozeß ausgehen wird[39], so scheint Paulus nun enger an seiner Person orientierte Auskunft geben zu wollen. Aber auch sie bewegt sich nicht auf der Ebene vordergründiger, menschlicher Voraussicht (ob der Prozeß gut oder schlecht enden wird)[40], sondern trägt theologisches Profil. Paulus "weiß sich in der Hand der Gnade und weiß, daß er in nichts zuschanden werden wird"[41], d h daß er aufgrund der Fürbitte der Philipper - daß diese Gemeinde seiner gedenkt, hat sie ja soeben erwiesen, daß sie seiner vor Gott gedenkt, dessen ist er gewiß - und der "Unterstützung, die der Geist Christi seinen Boten bei Verteidigung vor Gericht gibt"[42], des endgültigen Heils nicht verlustig gehen, sondern durch ihn Christus verherrlicht werden wird, sei es im Leben, sei es im Tod. Sind zwar damit die beiden Alternativen des Prozeßausganges genannt, so ist doch deutlich, daß Paulus nicht sagen will, wie nach dem derzeitigen Stand der Dinge der Prozeß enden wird, "zu deutlich spricht er von der doppelten Möglichkeit, von Leben und Tod. Aber er weiß: was er erfahren wird, wird (mit 1,7 zu reden): Gnade sein. ... Das

---

J.J. Müller, Kommentar, S. 52 ff; J.H. Michael, Kommentar, S. 44 f, erwägt die Möglichkeit, daß Paulus die Motivierung dieser Prediger u.U. verzeichne.

39 Vgl. G. Friedrich, Kommentar, S. 143.

40 Vgl. ebd, S. 143.

41 G. Eichholz, Bewahren und Bewähren, S. 148.

42 G. Friedrich, Kommentar, S. 143.

Entweder–Oder : Leben oder Tod ist für Paulus mit 'sei es –
sei es' koordiniert und so relativiert, nebengeordnet und so
entschärft" [43] . Ist diese Auskunft bezüglich seines zukünftigen
Geschicks auch für Paulus selbst keine solche, die wie selbstverständlich über seine Lippen geht (seine Sprache anschließend verrät es), so mag man um so mehr fragen, ob sie die
tröstliche Antwort ist, die die Gemeinde aus dem Mund ihres
Apostels zu erhalten hoffte. "Paulus begründet (darum) die
Relativierung, die er vorgenommen hat, in V. 21 : sie gilt
deshalb, weil Leben Christus heißt und Sterben G e w i n n
bedeutet." [44] Ist dieser Satz direkte Aufnahme und begründende Präzisierung dieser soeben vorgenommenen Relativierung, so scheint es, als wäre hier 'Leben' "im Sinn des
hier in dieser Welt gelebten leiblichen Lebens" wie auch das
Sterben als leibliches Sterben zu verstehen [45] . Für dieses
Verständnis spricht zunächst scheinbar die genaue Paralleli-
tät der Struktur der beiden Satzhälften, wobei es ja im Blick
auf die zweite nicht zweifelhaft sein kann, daß hier Sterben
im soeben beschriebenen Sinn zu verstehen ist. Die Intention
dieses Verses 21a wäre dann mit W. Michaelis zu umschreiben: "Der Inhalt dieses Lebens ist Christus allein", wobei dieser näherhin an die Verkündigungstätigkeit des Apostels denkt, in der Christus sich mächtig erweist [46] . Doch
diesem Verständnis des V. 21 stehen vor allem zwei Beobachtungen entgegen: Zum einen scheint "der Parallelismus der
beiden Satzhälften", die parataktisch durch καί verbunden

---

43   G. Eichholz, Bewahren und Bewähren, S. 148.

44   Ebd, S. 149.

45   Ebd, S. 149; vgl. zu diesem Verständnis von τὸ ζῆν
     R.A. Lipsius, Kommentar, S. 222; W. Michaelis, Kom-
     mentar, S. 24 f; F.W. Beare, Kommentar, S. 63;
     E.F. Scott, Kommentar, S. 36 f; J.H. Michael, Kom-
     mentar, S. 53.

46   W. Michaelis, Kommentar, S. 25.

sind, "darauf hinzuweisen, daß es beidemal um denselben
Sachverhalt geht, nicht um einen Gegensatz"; zum anderen
spricht Paulus in "V. 22 so betont vom 'Leben im Fleisch',
daß das Leben von V. 21 wohl nicht auch das irdische Leben
meinen kann, sondern nur das Leben im umfassenden Sinn, der
auch das Leben nach dem Tode einschließt" [47]. Ist darum
Χριστός zwar grammatisch Prädikatsnomen, so doch sachlich Subjekt des Satzes V. 21a [48]. Christus ist Leben im
umfassenden Sinn [49]. Von dieser zentralen Aussage her wird
nun zum einen deutlich, inwiefern die obige Relativierung in
bezug auf 'Leben' und 'Tod' zu Recht gilt, zum anderen aber
auch, inwiefern zu Recht V. 21b parataktisch gleichsam als
'synonymer Parallelismus' zu V. 21a angeschlossen werden
kann, ist doch τὸ ἀποθανεῖν 'notwendige Voraussetzung',
'Modus' des Empfangs dieses Lebens im umfassenden Sinne;
das aber heißt: V. 21b gewinnt sein Verständnis allein
von V. 21a her[50]. Aber wie Paulus bisher seine Existenz dominant unter dem Aspekt des Dienstes für Christus,
d h des Wirkens in der Verkündigung des Evangeliums sah,
so kommt diese Blickrichtung auch im Kontext dieser den
Apostel ganz unmittelbar zeigenden Gedankentiefe des V. 21
so gewichtig zur Geltung, daß dieser nicht weiß, was er wählen

---

47   P. Siber, Mit Christus leben. Eine Studie zur pauli-
      nischen Auferstehungshoffnung, Zürich 1971, S. 88;
      vgl. auch P. Hoffmann, Die Toten in Christus. Eine
      religionsgeschichtliche und exegetische Untersuchung
      zur paulinischen Eschatologie, NTA Neue Folge 2,
      Münster 1966, S. 288ff; dieses Verständnis von ζῆν
      vertreten auch G. Friedrich, Kommentar, S. 144;
      J. Gnilka, Kommentar, S. 71.

48   Vgl. P. Siber, aaO, S. 88; P. Hoffmann, aaO, S. 294;
      G. Friedrich, Kommentar, S. 144; J. Gnilka, Kommen-
      tar, S. 71.

49   Vgl. näherhin P. Siber, aaO, S. 89.

50   Vgl. J. Gnilka, Kommentar, S. 71.

soll: Ist für ihn das Leben im Fleisch gleichbedeutend mit
'missionarischer Existenz für Christus' [51], so bedeutet
Sterben σὺν Χριστῷ εἶναι [52]; und im Blick hierauf kann
Paulus nur sagen: πολλῷ γὰρ μᾶλλον κρεῖσσον   . Das
andere aber ist ἀναγκαιότερον   . Und da es nicht primär um Paulus, sein Wollen und Wünschen geht, ebenso wie
es schon in V. 12 ff nicht um die im Hinblick auf seine Person zumutbaren oder unzumutbaren Haftbedingungen ging,
sondern allein darum, welche Folgen diese für die προκοπὴ
τοῦ εὐαγγελίου zeitigten [53], so gibt auch diese 'Bewertungskategorie' hier den Ausschlag. Bezüglich des Aspektes
exegetischer Bemühungen, um den es in dieser Untersuchung
in besonderem Maße geht, wird man jedoch im Blick auf diesen Abschnitt zunächst die Einsicht E. Haupts festzuhalten
haben, daß "dieser ganze Gedankengang (1,18b -26) ... doch
garnicht darauf angelegt (ist), ein bestimmtes Urteil über die
Zukunft bei ihm (Paulus) hervorzurufen, sondern im Gegenteil ihm die Entscheidung gleichgültig zu machen. Es handelt
sich ihm gar nicht um die Frage, ob er leben oder sterben
werde, sondern um die Gewissheit, dass nichts eintreten könne, was ihm nicht zur Freude dienen müsste. Diesem Gedankengang liegt also ein definitives Urteil über die äussere Gestaltung seiner Zukunft völlig fern." [54]   Die entscheidende
Aussage f u n k t i o n dieses Abschnittes ist vielmehr, in kaum
zu überbietender Intensität den Philippern deutlich zu machen,

---

51 Vgl. G. Bertram, ThW II, S. 640; F. Hauck, ThW III,
    S. 618; P. Hoffmann, aaO, S. 292; G. Friedrich, Kom-
    mentar, S. 144; J. Gnilka, Kommentar, S. 72; J. Ernst,
    Kommentar, S. 50; G. Eichholz, Bewahren und Bewäh-
    ren, S. 149.

52 Mit τὸ ἀναλῦσαι ist erneut sachlich V. 21b auf-
    gegriffen.

53 Vgl. J. Ernst, Kommentar, S. 49.

54 E. Haupt, Kommentar, S. 44 f.

daß Christsein Existenz für Christus bedeutet, daß
somit "die Botschaft Vorrang vor allem anderen (hat)", und
so wird in der Tat "der große Zusammenhang von 1,12-26 ...
in seiner hohen Einheitlichkeit deutlich" [55]. Ob Paulus d i e -
s e Antwort einer um sein Geschick besorgten Gemeinde erteilt, weil er gar nicht anders antworten k a n n , da   s i e
die entscheidende Kategorie seines Denkens zum Ausdruck
bringt, oder ob er mit ihr auch (hier noch nicht evidente) Intentionen im Blick auf d i e s e Gemeinde verbindet, muß an
dieser Stelle (noch?) offenbleiben [56]. Paulus hatte seinen
exklusiv unter einem bestimmten Aspekt gesehenen Ausblick
auf sein weiteres Geschick mit der gewissen Zusicherung beendet, daß er erneut nach Philippi kommen und daß dieser
Besuch zu ihrer   προκοπή   und zur Freude des Glaubens dienen werde, damit ihr καύχημα   in Jesus Christus überreich
werde — ἐν   ἐμοί. Der Apostel wird diesen Gedanken, daß die
Gemeinde ihm am Tage Christi sein Ruhm sein werde, noch
einmal zur Sprache bringen (2,16). Ihn an dieser Stelle jedoch nicht zu übergehen, scheint darum geboten, weil durch
dieses Stichwort der I m p u l s für die nachfolgend einsetzen-
de P a r ä n e s e gegeben zu sein scheint. Paulus bedarf seiner
Gemeinden am Tage Jesu Christi, sie sind ihm die Frucht
seiner Arbeit [57], die Bestätigung, daß er nicht vergeblich gearbeitet hat, daß - und dies ist ihm wohl der entscheidende
Aspekt - die Gnade Gottes an ihm nicht vergeblich gewesen
ist [58]. Käme es nicht dazu, daß der Philipper καύχημα ἐν

---

55   G. Eichholz, Bewahren und Bewähren, S. 149f.

56   Vgl. etwa K. Barth, Kommentar, S. 36, der Paulus "mit
     heimlicher Unruhe dabei ... (sieht), die Leser zu veran-
     lassen, mit ihm das Eine, was not tut, zu denken, das, was
     man   u n b e d i n g t   wissen kann und wissen muß: 'Chri-
     stus wird groß werden!'"

57   Vgl. 1 Kor 3,8.14; 4,5; 2 Kor 1,14; 1 Thess 3,5; Gal
     4,11.

58   Vgl. 1 Kor 15,10.

Χριστῷ 'Ιησοῦ περισσεύῃ [59], so fiele dies auf ihn, den Apostel, zurück. Darum steht "in dem, was in Philippi sich ereignet, ... der Apostel mit auf dem Spiel"; denn es hätte zur Konsequenz, daß Paulus, jedenfalls im Blick auf diese Gemeinde, "in jener 1. Kor. 3,15 beschriebenen Nacktheit vor den Richterstuhl Christi treten (müßte). Dieser Gedanke ist dem Apostel unerträglich. Er hat an dieser Stelle die leeren Hände nicht gelten lassen und hat es deshalb nicht getan, weil er nicht die billige Gnade anerkannte." [60] Daß es darum auch in Philippi dazu komme, dem wird sein Besuch und dem soll – mehr assoziativ angeschlossen [61] – die nachfolgende Paränese dienen.

Textanalyse Phil 1,27 – 2,18

a) 1,27-30

Daß Paulus in der Tat V. 27 eng mit V. 25 f verknüpft, verdeutlicht der 'spontane Einschub' in V. 27b . Die Forderung, die Paulus mit diesem 'Signalwort' μόνον einleitet, zielt zunächst nicht auf bestimmte Aspekte des Gemeindelebens,

---

59 M.E. verwendet hier Paulus erstmals im Philipperbrief das rhetorische Mittel der 'Übertreibung', um auf diese Weise die Gemeinde anzuspornen, seinen Ermahnungen nachzukommen; vgl. etwa Gal 5,10a, dazu J. Eckert, Die urchristliche Verkündigung im Streit zwischen Paulus und seinen Gegnern nach dem Galaterbrief, BU 6, Regensburg, 1971, S. 44.

60 E. Käsemann, Philipper 2,12-18, in: Ders.: Exegetische Versuche und Besinnungen I, Göttingen 1960, S. 293-298 (Zitate S. 296).

61 Denn eine logische Verknüpfung mit dem Vorangehenden ist nicht zu erkennen, dazu reicht auch das einleitende μόνον nicht hin, auch wenn man es mit 'bloß', 'nur', 'allein' übersetzt; vgl. J. Gnilka, Kommentar, S. 96, der diese Verknüpfung mit dem Vorangehenden einsichtig dadurch versucht zu verdeutlichen, daß er das μόνον durch Doppelpunkt vom folgenden Imperativ abtrennt; vgl. auch J.H. Michael, Kommentar, S. 61; J. Ernst, Kommentar, S. 61.

sondern ist umfassend [62].   Wechseln bei dieser "Grundformel der
paulinischen Paränese" [63] auch die "Normen" [64], ohne daß
man daraus inhaltliche Differenzen abzuleiten berechtigt wäre,
so dürfte es doch kaum zufällig, sondern bereits durch den bisherigen Briefinhalt vorgezeichnet sein, daß Paulus hier das
Stichwort εὐαγγέλιον τοῦ Χριστοῦ als 'Norm' wählt.
Nimmt er für seine nachfolgende Paränese mit diesem Stichwort einen 'Einstieg', der sowohl "die sittliche Norm" wie die
"'motivierende Kraft'" [65] deutlich zum Ausdruck bringt, so
wird man ihn angemessen als alles folgende beherrschende und
beinhaltende Überschrift zu charakterisieren haben [66].   Dies
wird dadurch unterstrichen, daß der Apostel mit πολιτεύειν
ebenso wie mit anderen Ausdrücken dieses Abschnittes die
Sprache wählt, von der er sicher sein konnte, daß seine philippischen Leser sie verstehen würden [67], und so bis hin zur
Wahl seiner Sprache bemüht ist, seinem Anliegen im Blick auf
diesen konkreten Leserkreis Geltung zu verschaffen [68]. Inhaltlich konkretisiert er V. 27a unter betonter Hervorhebung eines bestimmten Aspekts in dem ὅτι - Satz in V. 27c und im
anschließenden V. 28 [69]. Ermahnt Paulus die Philipper als

---

62   Vgl. W. Michaelis, Kommentar, S. 29.

63   G. Eichholz, Bewahren und Bewähren, S. 150.

64   Vgl. J. Gnilka, Kommentar, S. 97; auch O. Merk,
     Handeln aus Glauben, S. 175.

65   O. Merk, Handeln aus Glauben, S. 175.

66   Vgl. ebd, S. 175.

67   Vgl. G. Friedrich, S. 147 : "Der Abschnitt ist gefüllt
     mit Ausdrücken aus dem politischen und militärischen
     Leben. Das ist eine Sprache, die die alten Soldaten in
     Philippi verstehen."

68   Vgl. hierzu G. Eichholz, Der missionarische Kanon des
     Paulus, S. 119.

69   Vgl. O. Merk, Handeln aus Glauben, S. 175; ungenau ist
     die Formulierung J. Gnilkas, Kommentar, S. 98: "Was
     damit in concreto gemeint ist, entfaltet der ἵνα - Satz";
     denn das ἵνα gehört zu V. 27b (ἵνα...ἀκούω τὰ περὶ ὑμῶν);

erstes, in e i n e m Geiste zu stehen, so ist damit kaum "an
den Gottesgeist zu denken"[70] - denn dann hätte Paulus wohl
nicht ἐν ἑνὶ πνεύματι formuliert - sondern als parallele
Aussage zu μιᾷ ψυχῇ συναθλοῦντες κτλ. zu werten und
dann sachgemäß zu umschreiben mit "einmütig für (Dat.com.)
den Glauben an das Evangelium zu kämpfen"[71]. Nachdem
der Apostel diese vordringliche Mahnung nach Einmütigkeit
an den Anfang gestellt hat, kommt er auf die konkrete äußere
Situation der Gemeinde zu sprechen: Die Philipper stehen
in Gefahr, sich durch ἀντικείμενοι[72] scheu machen zu
lassen. Dessen sollen sie sich erwehren; "denn das Stehen
in diesem Kampf erweist den Gegnern ewiges Verderben, aber

---

der 'spontane Einschub' beschränkt sich also auf εἴτε
ἐλθὼν καὶ ἰδὼν ὑμᾶς und - nun durch das vorangehende bedingt: εἴτε ἀπών.

70 Anders J. Gnilka, Kommentar, S.99, der für sein Verständnis auf Bonnard, Dibelius, Ewald-Wohlenberg und
Haupt verweist.

71 O. Merk, Handeln aus Glauben, S. 175.

72 Da diese Gegner in der Tat "kein selbständiges Interesse"
im Text für sich verbuchen können (K. Barth, Kommentar, S. 41), scheint es nicht wahrscheinlich, daß es sich
um Irrlehrer jedweder Art, sondern um heidnische Mitbürger handelt; vgl. auch G. Friedrich, Kommentar, S.
146; J. Gnilka, Kommentar, S. 102; so auch schon E.
Haupt, Kommentar, S. 51; J.H. Michael, Kommentar,
S. 69. Daß die Mahnung, sich von den 'Widersachern'
nicht einschüchtern zu lassen, "auf innere Auseinander-
setzungen hindeuten (könnte)", wie J. Ernst, Kommentar,
S. 61, erwägt, scheint mir weniger aus dem ' D a ß ' dieser Aufforderung als vielmehr aus dem ' W i e ', nämlich
ἐν ἑνὶ πνεύματι, μιᾷ ψυχῇ ,zu entnehmen zu sein; doch
vgl. dazu die Textanalyse bes. zu 2,1ff; dem Text nicht
zu entsprechen scheint mir die andere Überlegung von J.
Ernst (ebd), "unter Umständen (sei) der Hinweis auf die
Widersacher auch ohne konkreten Hintergrund. Drangsale
und Verfolgungen können ganz allgemein als Zeichen der
Endzeit verstanden werden." M. Dibelius, Kommentar,
S. 71, identifiziert diese 'Widersacher' mit den später in
3,2 genannten κύνες .

darin zugleich der Gemeinde ewige Rettung, und das von Gott,
wie das steigernde $\varkappa\alpha\acute{\iota}$ (V. 28c) hervorhebt"[73]. Diese
von Paulus so in betonter Endstellung in V. 28 den Philip-
pern nachdrücklich ins Bewußtsein gerückte theologische Qualifizierung ihrer Situation erläutert er in V. 29, wo die passi-
vische Wendung zu Beginn des Verses in direktem Bezug auf
V. 28c wiederum G o t t als logisches Subjekt umschreiben
dürfte. In diesem Vers versteht es der Apostel, auch s p r a c h -
l i c h die Situation der Gemeinde so gewichtig zum Ausdruck
zu bringen – wie sie sie selbst empfunden haben wird; er baga-
tellisiert nicht[74]. Zum anderen gelingt es ihm, dieses Leiden, dem die Gemeinde ausgesetzt ist, in die für eine christliche Gemeinde angemessene Dimension zu rücken, indem er
es als von Gott geschenktes $\pi\acute{\alpha}\sigma\chi\epsilon\iota\nu\ \dot{\upsilon}\pi\grave{\epsilon}\rho\ X\rho\iota\sigma\tau\sigma\tilde{\upsilon}$ qualifiziert
und es zugleich eng mit $\pi\iota\sigma\tau\epsilon\acute{\upsilon}\epsilon\iota\nu$ verbindet[75]. Wenn er
zum Schluß in V. 30 auf s e i n damaliges Geschick in ih-
rer Mitte und seine jetzige Lage als Gefangener um des Evangeliums willen verweist und so ihrer beider Situation auf ein
und dieselbe Ebene hebt, so mag dies zwar auch andeuten, daß
er zuvor nicht 'wie ein Blinder von der Farbe' redete[76],

---

73   O. Merk, Handeln aus Glauben, S. 175 f.

74   Vgl. bezüglich dieses Situationsaspektes der philippischen
     Gemeinde N. Walter, Die Philipper und das Leiden. Aus
     den Anfängen einer heidenchristlichen Gemeinde, in: Die
     Kirche des Anfangs. Für H. Schürmann, hg. v. R.
     Schnackenburg, J. Ernst und J. Wanke, Freiburg. Basel.
     Wien 1978, S. 417–433.

75   Diesen Überlegungen liegt also die Überzeugung zugrunde,
     daß es sich in V. 29 nicht um eine sprachlich 'verunglück-
     te' oder eine den Denkprozeß des Paulus "getreulich wie-
     der(gebende)" (so J. Gnilka, Kommentar, S.100), son-
     dern um eine in äußerster Prägnanz formulierte sprachliche
     Äußerung handelt.
     Auch im Blick auf diesen Vers ist zu erwägen, ob nicht
     $X\rho\iota\sigma\tau\acute{\sigma}\varsigma$ als prägnanteste Abbreviatur für das Evange-
     lium von Jesus Christus steht.

76   Vgl. G. Friedrich, Kommentar, S. 147.

primär jedoch wird dieser Hinweis wohl als eine Ermutigung
und Tröstung seitens des Apostels seiner Gemeinde gegenüber
zu werten sein [77].

b)   2,1-4

Weist οὖν in 2,1 bereits darauf, daß diese Verse in enger
Verbindung zu 1,27ff zu sehen sind [78], so findet diese Einsicht
in V. 2 ihre Bestätigung, wo Paulus in vierfacher Variation [79]
die schon in 1,27 als Konkretion des ἀξίως τοῦ εὐαγγελίου
τοῦ Χριστοῦ πολιτεύεσθε angeklungene Ermahnung nach Einmütigkeit nachdrücklich aufgreift. Schon eine nur in Ansätzen
skizzierte Analyse des Sprachstils der V. 1-4 macht die Intensität dieser Paränese eindrücklich deutlich: Wird man sofort auf das vierfache εἴ τις (bzw. εἴ τι) verwiesen, so
ist sogleich hinzuzufügen, daß insbesondere die Reduzierung
dieser kurzen Konditionalsätze auf ausschließlich semantisch
schwergewichtige Begriffe wie παράκλησις ἐν Χριστῷ; παρα-
μύθιον ἀγάπης; κοινωνία πνεύματος; σπλάγχνα καὶ οἰκτιρμοί,
infolge des Fehlens weiterer auffüllender Satzglieder in der ganzen Schwere ihrer Bedeutung empfunden [80], in Verbindung
mit dem jeweils neu hervorstechenden εἴ τις den Eindruck
höchst möglicher sprachlicher Verdichtung hervorruft.   Diese Empfindung erstreckt sich auch auf V. 2, hier
nach dem Auftakt-Satz πληρώσατέ μου τὴν χαράν   bewirkt
zum einen durch das stakkatoartige τὸ αὐτό ; τὴν αὐτὴν

---

77   Vgl. K. Staab, Kommentar, S. 180.

78   Vgl. O. Merk, Handeln aus Glauben, S. 177; J. Gnilka,
     Kommentar, S.103; auch schon E. Haupt, Kommentar,
     S. 55.

79   Syntaktisch regiert das τὸ αὐτὸ φρονῆτε des ἵνα -
     Satzes die nachfolgende Periode; vgl. J. Gnilka, Kommen-
     tar, S. 104; E. Haupt, Kommentar, S. 60; W. Michaelis,
     Kommentar, S. 32.

80   Vgl. E. Haupt, Kommentar, S. 55; vor allem K. Staab,
     Kommentar, S. 181.

(ἀγάπην); σύμ(ψυχοι); τὸ ἕν sowie die jeweils zugeord-
ηeten kurzen Satzelemente φρονῆτε; ἔχοντες; σύμψυχοι;
φρονοῦντες ; wiederum ohne sonstige die Wirkung vermin-
dernde Erweiterungen. Klingt diese Eindringlichkeit s c h e i n -
b a r in V. 3 f allmählich ab, jeweils doch erneut wachgeru-
fen durch die korrespondierenden Wendungen μηδὲν κατ' -
μηδὲ κατά - ἀλλά; μή - ἀλλά   ; so wird sie erneut ge-
bündelt in dem die gesamte bisherige Paränese zusammenfassenden, zugleich eines ihrer entscheidenden Stichworte erneut
aufnehmenden Imperativ: τοῦτο φρονεῖτε , der zudem in
seiner zweiten Hälfte (ὃ καὶ ἐν Χριστῷ Ἰησοῦ) sowohl Norm
wie auch motivierende Kraft dieser gesamten bisherigen Paränese erneut deutlich vor Augen stellt. Diese Beobachtungen
in einem Satz zusammenfassend, wird man mit G. Friedrich
sagen: "Paulus bittet und wirbt, drängt und beschwört die Philipper." [81] Legt Paulus mit V. 1 zunächst die gemeinsame
Basis fest, der auch die Philipper selbstverständlich zustim-
men werden, wenn anders sie nicht verleugnen wollen, daß sie
Christen sind [82] , so scheint der 'Zielpunkt' der nachfolgenden Paränese mit V. 2 a : πληρώσατέ μου τὴν χαράν gegeben, wobei jedoch offenkundig ist, daß die eigentliche p a r -
ä n e t i s c h e   S p i t z e dieses Abschnittes in der erneut auf-

---

81   G. Friedrich, Kommentar, S. 147; es sei in Erinnerung
     gerufen, daß auch die Kommentatoren des 19. Jh. diese
     Verse weithin als eine Beschwörung des Paulus charak-
     terisierten. Auch J. Gnilka formuliert, daß Paulus "vier
     Begriffe ... den Philippern beschwörend vor Augen (halte)"
     (Kommentar, S. 103), wenn er jedoch die Sprache dieses
     Abschnitts als eine "gehobene" und "feierlich(e)" (S.102)
     charakterisiert, so wird er damit diesem Sprachstil, der als
     'b e d r ä n g e n d' zu kennzeichnen ist, nicht gerecht. Eine
     solche Beschreibung des Sprachstils aber hat entscheiden-
     den Einfluß auf die Frage nach der Aktualität und Intensität
     dieser Paränese und damit auch auf die Erhellung des ihr
     zugrunde liegenden Gemeindebildes.

82   F o r m a l wäre hier der Anfang des 15. Kap. des 1 Kor
     zu vergleichen.

gegriffenen und dadurch nochmals verstärkten Aufforderung
nach Einheit, die zudem mehrfach variiert wiederholt wird,
gesucht werden muß [83]. Stellt der Apostel d i e s e seine
Forderung, auf die es ihm unbedingt ankommt, unter den persönlichen Aspekt, ihm durch ihre Erfüllung seine Freude vollkommen zu machen, so holt er die Gemeinde gleichsam ab,
behaftet er sie bei ihrem eigenen, sich in ihrer Gabensammlung so eindrücklich artikulierten Wunsch, ihm in seiner augenblicklichen Situation Liebe zu erweisen, F r e u d e zu erwecken [84].

Wird man die erste und dritte Explikation der im ἵνα - Satz
erhobenen Forderung τὸ αὐτὸ φρονῆτε als mit dieser nahe-
zu gleichbedeutend ansehen und etwa mit dem Bild verschiedener Wege beschreiben, die alle denselben Z i e l p u n k t
haben: die Einheit der Gemeinde [85], so bringt die zweite Explikation, zwar auch mit τὴν αὐτήν diesen Zielpunkt an-
visierend, einen konkreten Aspekt in den Blick: die Liebe.
Ist damit die entscheidende Grundkategorie brüderlichen Mit-
einanders genannt, so folgen in V. 3 zunächst zwei negative

---

83 Vgl. schon E. Haupt, Kommentar, S. 58. Zu sagen, Pau-
    lus schreibe diese Verse mit Blick auf den in 4,2 ange-
    sprochenen Streit der beiden namentlich erwähnten Frauen
    - so J. Gnilka, Kommentar, S. 105 - heißt, dieser Par-
    änese die Spitze abzubrechen, entbindet aber davon, die
    Frage nach dem situativen Kontext dieser Paränese schär-
    fer und dringlicher zu stellen.

84 So scheint m.E. sachgemäß die F u n k t i o n dieses
    'vorgeordneten Imperativs' zu beschreiben zu sein. Er hat
    kein Eigengewicht, da er von der anschließenden Forderung
    weit überholt wird. "Der Seelsorger Paulus wirbt für sei-
    ne Sache rhetorisch geschickt auf eine neue Art und Weise."
    Dieser von J. Eckert, Die urchristliche Verkündigung im
    Streit zwischen Paulus und seiner Gegner, S. 44, im Blick
    auf Gal 5, 10a formulierte Satz umschreibt m.E. treffend
    auch die Funktion dieses Imperativs; vgl. auch E. Haupt,
    Kommentar, S. 60.

85 Der 'Ort' dieser Einheit ist in der Überschrift der gesam-
    ten Paränese deutlich genannt: das Evangelium.

Ausgrenzungen: Nicht ἐριθεία und κενοδοξία , sondern ταπεινοφροσύνη soll das Gemeindeleben in seinen
zwischenmenschlichen Aspekten bestimmen. Es scheint kaum
möglich, dem Text die ihm zugrunde liegende, ihn motivierende und prägende Gemeindesituation zweifelsfrei zu entnehmen; denn weder lassen das Stichwort ἐριθεία , noch
κενοδοξία genauere Rückschlüsse zu [86]; allenfalls erlaubt
die zur ταπεινοφροσύνη ermahnende Forderung des Apostels einen Einblick, "wenn man ... (sie) auf dem Hintergrund
der 'spätantiken Sozialordnung' sieht, deren 'Charakteristikum' es 'ist, daß das Denken auf allen Gebieten in vorher
nicht gekannter Starre von der Vorstellung einer Rang- und
Stufenordnung beherrscht' und die menschliche Qualität des
Einzelnen nach seiner sozialen Stufe bestimmt wird" [87]. Ebenfalls die Annahme zugrunde legend, daß diese Verse auf konkrete Gemeindesituation zielen, erklären andere, indem sie
auf Kap. 3 vorausgreifen, Paulus habe Gemeindeglieder im
Blick, "die s i c h rühmten und Zwistigkeiten hervorriefen,
dadurch (daß) sie sich 'anderen, nicht aber andere sich über-
legen glaubten'" [88]. Beiden Auslegungen ist gemeinsam, daß
sie in 2,1ff eine von 1,27ff (der Situation des Leidens durch
die äußere Bedrückung seitens der heidnischen Mitbürger)
verschiedene und nicht mit ihr kausal verbundene, in-

---

86   Daß beide Begriffe zum traditionellen Bestand der Laster-
     kataloge gehören, wie J. Gnilka, Kommentar, S. 105
     hervorhebt – vgl. jedoch zu κενοδοξία O. Merk, Han-
     deln aus Glauben, S. 177! – m u ß nicht schon Grund
     genug für Paulus sein, sie ohne jeglichen Anhalt an der
     Gemeindewirklichkeit auch hier zu verwenden.

87   O. Merk, Handeln aus Glauben, S. 177f; vgl. auch G.
     Friedrich, Kommentar, S. 146.

88   E. Lohmeyer, Kommentar, S. 87; ähnlich J. Ernst,
     Kommentar, S. 64; W. Lütgert, Die Vollkommenen in
     Philippi und Die Enthusiasten in Thessalonich, BFChTh
     13, 6, Gütersloh 1909, S. 37ff; W. Schmithals, Irrleh-
     rer, S. 50, 71.

nere Gemeindesituation zugrunde legen. Die Tatsache, daß der
Apostel bereits in 1,27ff die Forderung nach Einmütigkeit
anbetracht der äußeren Situation erhoben hat, braucht in der
Tat nicht notwendig vorauszusetzen, daß beide Situationskomponenten in einem kausalen Verhältnis zu einander stehen:
In der Lage der Anfeindung von außen müssen jedoch innergemeindliche Mißstände geradezu potenzierende Wirkung haben.
In ihr ist es vielmehr erforderlich, daß die Gemeinde "wie
ein Mann" zusammenstünde [89]. Eine Entscheidung, welchem
der obigen Erklärungsversuche der Vorzug zu geben ist, scheint
mir - wenn überhaupt, so doch an dieser Stelle der Textanalyse noch nicht möglich [90].

c)   2,5-11

Ist 2,5 formal als "Bindeglied zwischen vorangehender Mahnung" [91] und dem folgenden Christushymnus zu charakterisieren, so greift er inhaltlich in seiner ersten Hälfte mit τοῦτο φρονεῖτε ἐν ὑμῖν (darauf richtet euren Sinn) das dominierende
Stichwort von V.2 auf, und τοῦτο dürfte darum in dieselbe Richtung weisen, die Paulus mit τὸ αὐτό bzw. τὸ ἕν
und zuvor in V. 27 mit ἑνί und μία intendierte und als
umfassende Überschrift der gesamten Paränese bereits genannt hatte: τὸ εὐαγγέλιον τοῦ Χριστοῦ. Erneut wird
an diese Norm erinnert in der zweiten Hälfte des V. 5 : Darauf richtet den Sinn in eurer Gemeinschaft, worauf man in
Jesus Christus, in dem Herrschaftsbereich, den die Botschaft

---

89   G. Eichholz, Bewahren und Bewähren, S. 151.

90   Die die Philipperbriefexegese des 19. Jh. weithin beherrschende Meinung, diese Paränese sei diktiert von
der Zwietracht zwischen Judenchristen und Heidenchristen in Philippi, scheidet zu Recht in den Überlegungen
der neueren Philipperbriefexegese aus.

91   O. Merk, Handeln aus Glauben, S. 178.

von Jesus Christus eröffnet, den Sinn zu richten hat [92]. Diese Erinnerung kann keine andere sein   als an diese Botschaft
selbst, die anschließend in der prägnanten Form des Hymnus
dargeboten wird [93].

Von entscheidender Bedeutung für die Frage nach dem Skopus
und, damit verknüpft, nach der Verwendbarkeit und Funktion
dieses Christushymnus' im Kontext des Philipperbriefes,
scheint mir eine Beobachtung zu sein, zu der die Analyse seiner Struktur ebenso wie seiner Sprache zwingt: Der von
Paulus in den Kontext der Paränese eingefügte
Christushymnus trägt seinen entscheidenden
Aussageakzent in der Betonung des Kreuzestodes Christi.   Die in V. 8c vorliegende Anadiplosis   ist weder bezüglich ihrer sprachstilistischen Funktion,
noch ihres inhaltlichen Gehalts innerhalb der Struktur dieses

---

92 Vgl. E. Käsemann, Kritische Analyse von Phil 2, 5–11,
    in: Ders.: Exegetische Versuche und Besinnungen I,
    Göttingen 1960, S. 51–95, S. 57:   φρονεῖν   meint
    nicht eine Gesinnung, sondern die Ausrichtung auf etwas.

93 Es kann in diesem Zusammenhang nicht darum gehen, die
    vielschichtige und diffizile Problematik dieses (vorpau-
    linischen) Hymnus aufzuarbeiten, sondern einzig um die
    Frage nach seiner Funktion im Kontext dieser
    Paränese; für die weitergehenden Fragen sei auf die
    Literatur zum Christushymnus verwiesen, besonders E.
    Lohmeyer, Kyrios Jesus. Eine Untersuchung zu Phil.
    2,5–11 SAH, Phil –hist. Kl., 1927/28, Nr. 4, Heidelberg
    1928; E. Käsemann, Kritische Analyse von Phil 2,5–11;
    E. Schweizer, Erniedrigung und Erhöhung bei Jesus und
    seinen Nachfolgern, AThANT 28, Zürich ²1962, S. 93–
    102; R.P. Martin, Carmen Christi. Philippians II. 5–11
    in Recent Interpretation and in the Setting of Early Chri-
    stian Worship, SNTSMS 4, 1967; R. Deichgräber, Got-
    teshymnus und Christushymnus in der frühen Christenheit,
    StUNT 5, 1967, S.118 ff, 219 ff; K. Wengst, Christologische
    Formeln und Lieder des Urchristentums, StNT 7, Güters-
    loh 1972, S. 144 ff; C.–H. Hunzinger, Zur Struktur der
    Christus-Hymnen in Phil 2 und 1 Petr 3, in: Der Ruf
    Jesu und die Antwort der Gemeinde, Festschrift J. Jere-
    mias, 1970, 142 ff; O. Hofius, Der Christushymnus Phi-
    lipper 2,6–11, WUNT 17, Tübingen 1976.

Hymnus' zu übergehen [94]. Sie aber bewirkt, daß σταυροῦ
den vollen Akzent der Gesamtperiode erhält. Diesem betonten
Kreuzestod Jesu Christi korrespondiert das Gott die Ehre
gebende Bekenntnis: Herr ist Jesus Christus [95]. Versucht
man darum, die Aussagestruktur des Hymnus' nachzuzeich-
nen, so kommt alles darauf an, "die Klimax der Verse 6 - 8
in V.8c" [96] herauszuarbeiten. Ist zu Beginn in zwei inhaltlich
kongruenten Aussagen das Gott-Gleichsein des präexistenten
Christus (ἐν μορφῇ θεοῦ ὑπάρχων ≐ τὸ εἶναι ἴσα θεῷ)
betont, so korrespondiert dem kontrastiv (auch durch
οὐχ - ἀλλά formal zum Ausdruck gebracht) die Aussage
μορφὴν δούλου λαβών [97]. Im Anschluß an diese
Aussage über Christus in primär funktionaler Sprache [98] folgt
mit V. 7c und 7d eine inhaltlich-anschauliche Aussage in

---

94 Die inhaltliche Intention eines Autors kann nur sprachlich, und in besonderen Fällen durch zusätzliche
   sprachstilistische Mittel zum Ausdruck gebracht
   werden.

95 Sollte, wie seit E. Lohmeyers Untersuchung weithin betont wird, Paulus durch die Zufügung des V. 8c: θανάτου
   δὲ σταυροῦ dem Hymnus "das Signum der theologica
   crucis aufgeprägt" haben (G. Eichholz, Bewahren und
   Bewähren, S.152), so kann dies nur bedeuten, daß - im
   Rahmen unserer Fragestellung - das damit gegebene,
   von Paulus intendierte Gefälle, d h das Ausgerichtet-
   sein der gesamten ersten Strophe auf dieses Interpreta-
   ment hin, zu berücksichtigen ist; sollte V. 8c ursprüng-
   licher Bestandteil des vor paulinischen Hymnus sein -
   diese These hat zuletzt O. Hofius m.E. stichhaltig zu
   begründen versucht; vgl. aber etwa auch O. Merk, Handeln aus Glauben, S. 179 Anm. 23 - so hätte diese soeben
   angedeutete Aufgabe für den bereits von Paulus übernommenen Hymnus zu gelten.

96 O. Hofius, Der Christushymnus Philipper 2,6-11, S. 56.

97 In dieser Beschreibung des äußersten Kontrastes liegt m.E.
   semantisch die Funktion dieser Wendung.

98 D h die inhaltliche Füllung dieser Aussage ist zu beschreiben im Kontrast zur vorangehenden.

Form eines synonymen Parallelismus, die über sich selbst
hinausdrängt auf die "Zielangabe 'bis zum Tod' (V. 8b), die
dann durch die Anadiplosis 'ja zum Tod am Kreuz' in V. 8c
noch eine Steigerung erfährt"[99]. Von dieser Zielangabe her erhält auch die partizipiale Wendung γενόμενος
ὑπήκοος   ihre inhaltliche Qualifizierung: Jesus
Christus erzeigte sich gehorsam gegen den Willen Gottes[100]
in dem Maße, daß er den Tod auf sich nahm – und zwar
den Tod am Kreuz[101]. Wenn der Hymnus, pointiert mit
διὸ καί neu einsetzend, anschließend die Erhöhung Christi
besingt, so geschieht dies dominant in einer Art Umkehrung
zu V. 6a und 7b, erneut mit ὑπερυψοῦν kontrastiv korre-
spondierend zur Zielaussage der ersten Strophe[102]. Ist so
die 'Erhöhung über alle Maßen' eng an θανάτου, θανάτου δὲ
σταυροῦ gebunden, so weist dies auf den Skopus des gesamten Hymnus: Gott hat den (ihm Gehorsam erweisenden) Ge-
kreuzigten zum Herrn gemacht; es ist kein anderer als
der Gekreuzigte, von dem die Gemeinde, und das heißt in
diesem Kontext: die Philipper bekennen: Herr ist Christus[103].

---

99   O. Hofius, Der Christushymnus Philipper 2,6–11, S. 63.

100   Vgl. O. Merk, Handeln aus Glauben, S. 181.

101   Im vorliegenden Hymnus darum den Hauptakzent auf
den Gehorsam zu legen, ohne ihn durch das nachfolgende
θανάτου, θανάτου δὲ σταυροῦ qualifiziert zu sehen, hieße dieses kontextsemantische Gefälle,
das hier sprachlich und in besonderer Weise sprachsti-
listisch zum Ausdruck gebracht ist, zu verkennen.

102   Auch hier liegt m.E. 'funktionale' Sprache vor, da auch
hier die Sprache in das nicht mehr Sagbare weist und
darum die Sprache der inhaltlich-anschaulichen Begrifflichkeit an ihre Grenze stößt; vgl. auch O. Weber, Pre-
digtmeditationen, Göttingen 1967, S. 296; O. Hofius,
Der Christushymnus Philipper 2,6–11, S. 59.

103   Vgl. O. Hofius, Der Christushymnus Philipper 2,6–11,
S. 65f; auch G. Friedrich, Kommentar, S. 153.

Bringt darum dieser Hymnus prononciert theologia crucis zum Ausdruck, so ist deutlich, daß er, auch wenn er in
seiner zweiten Strophe statt von Auferweckung von Erhöhung
spricht, doch für Paulus "nicht im Widerspruch zu seiner
eigenen Christusverkündigung" [104] steht, und es ist nunmehr
zu fragen, mit welcher Intention Paulus ihn in den Kontext des
Philipperbriefes integriert. Kommt bei Paulus dem 'Wort
vom Kreuz' wesentlich auch d e r Aspekt zu, seinen Gemeinden deutlich zu machen, daß sie "in der Gegenwart zwar am
Kreuz, nicht jedoch unmittelbar an der Auferstehungsherrlich-
keit teilhaben" [105], so daß "das Kreuz ... auch die Existenz
des Christen in der Geschichte (prägt)" [106], dann kann der
Bezug zum Kontext - und auch zum situativen Kontext nicht
mehr zweifelhaft sein: "Damit ist auch Phil. 1,27-30 konform:
daß die Zeugenexistenz die junge Kirche ins Leiden für Christus bringt" [107], das die Gemeinde gehorsam (V.12)
auf sich nehmen soll. Ist aber der mit dem pointierten, alle
vorherigen Ermahnungen bündelnden τοῦτο φρονεῖτε (darauf richtet euren Sinn in eurer Gemeinschaft ...) eingeleitete
Christushymnus auf die sich in 1,27-30 aussprechende und

---

104   O. Merk, Handeln aus Glauben, S. 179 Anm. 23.

105   E. Käsemann, Grundsätzliches zur Interpretation von
      Römer 13, in: Ders.: Exegetische Versuche und Be-
      sinnungen II, Göttingen ³1970, S. 213.

106   G. Eichholz, Bewahren und Bewähren, S. 153.

107   G. Eichholz, Bewahren und Bewähren, S. 153. Eine
      andere, nämlich im Hauptakzent durch das Stichwort
      Gehorsam ohne dessen inhaltlich qualifizierten Bezug
      zu θανάτου,θανάτου δὲ σταυροῦ gekennzeichnete Ver-
      bindung von Hymnus und paränetischem Kontext vertre-
      ten E. Käsemann, Kritische Analyse von Phil. 2,5-11,
      S. 95; J. Gnilka, Kommentar, S.148; G. Friedrich,
      Kommentar, S. 154; J. Ernst, Kommentar, S. 79;
      E. Lohmeyer, Kommentar, S. 101 ff, spezifiziert diesen
      Gehorsam als Gehorsam im Martyrium; G. Eichholz,
      Bewahren und Bewähren, S.152 erkennt in ihm vorallem
      durch "das paulinische Interpretament in 2,8 ...

in 1,29 von Paulus auch sprachlich exponiert zum Ausdruck
gebrachte Situation des Leidens bezogen, so wird
erneut ersichtlich, daß Paulus beide Situationsaspekte,
das Leiden und die innergemeindlichen Mißstände, eng miteinander verknüpft, ohne daß dem Text genauer entnommen werden kann, ob etwa diese in 2,1 ff angesprochenen innergemeindlichen Mißstände infolge der äußeren Bedrückung aufgetreten sind [108], noch wie sie konkreter zu kennzeichnen sind.

d)   2,12-18

Mit ˝Ωστε, ἀγαπητοί μου   setzt Paulus zwar in V. 12 betont neu ein [109], zugleich aber weist dieser Einsatz deutlich
aus, daß das Nachfolgende inhaltlich eng mit dem Vorangehenden verknüpft ist. Zieht er nun aus zuvor gegebener Begründung
die Folgerungen, so bezieht sich ὥστε   zwar in erster Linie
auf den Christushymnus, dürfte aber zugleich, da ja auch dieser mit seinem Kontext verbunden ist, die Gesamtparänese von
1,27 an umspannen [110]. Paulus hatte diesen Hymnus eingeleitet mit der Ermahnung (V. 5): Darauf richtet euren Sinn
in eurer Gemeinschaft ..., und zwar angesichts einer äußeren

(θανάτου δὲ σταυροῦ)"   eine antignostische Intention
des Paulus, besonders im Blick auf 3,8 - 11.20-21, wiewohl Eichholz der These der Briefkompilation eher zustimmend gegenübersteht (vgl. S. 139). O. Merk, Handeln aus Glauben, S. 182, sieht die Verknüpfung des Hymnus mit der vorangehenden Paränese in der Erinnerung
daran, daß das Heilshandeln Gottes in Jesus Christus
auch das Bereitsein zur ταπεινοφροσύνη   einschließt.

108   So - wenn auch spezifiziert auf die Situation des Mar-
tyriums- die These E. Lohmeyers.

109   Vgl. J. Gnilka, Kommentar, S. 147.

110   Vgl. G. Friedrich, Kommentar, S. 154; E. Käsemann,
Philipper 2,12-18, in: Ders.: Exegetische Versuche und
Besinnungen I, Göttingen 1964, S. 293-298; G. Eichholz,
Bewahren und Bewähren, S. 156,159; J.J. Müller,
Kommentar, S. 90 Anm. 1.

Situation, die zuvor als eine solche des Leidens gekennzeichnet worden war, die darum eine nach innen einmütige Gemeinde erforderte, wenn dieser Kampf für das Evangelium er-
folgreich sein sollte. Erweist sich aber in ihm ihre σωτηρία
so kann der Apostel jetzt im Anschluß an den Christushymnus
sagen, daß sie diese ihre σωτηρία - μετὰ φόβου καὶ
τρόμου wirken sollen [111], wobei die Wendung 'mit Furcht
und Zittern', wie 1 Kor 2,3 nahelegt, eine dem Inhalt
der Botschaft, und das heißt prononciert: dem Wort
vom Kreuz entsprechende Haltung der Gemeinde
umschreibt [112]. Dies wird dadurch unterstrichen, daß der
Apostel, wenn er V.12 mit dem Hinweis auf ihren bisherigen
Gehorsam einleitet, damit implizit die mahnende Bitte zum
Ausdruck bringt, auch j e t z t Gehorsam zu erweisen, wobei
dessen Konkretion in eben dieser Haltung gegeben sein dürfte.
Wie in 1,28 mit καὶ τοῦτο ἀπὸ θεοῦ, so verweist Paulus
hier in V.13 mit aller Deutlichkeit sogleich auf den, der in
der Kontinuität seiner Treue (vgl. 1,6) allein für diese
σωτηρία bürgt. Dieser nach dem parenthetisch eingeschobenen μὴ ὡς ... ἐν τῇ ἀπουσίᾳ μου auch sprachlich
in Spitzenstellung betont durch μετὰ φόβου καὶ τρόμου charakterisierten Haltung der Gemeinde steht die in V.14 durch
die Stichworte γογγυσμός und διαλογισμός gekennzeichnete diametral entgegen. Diese in aller Regel trotz aus-

---

111 Zu dem mit V.12b aufgegebenen grammatisch-syntak-
     tischen Problem vgl. O. Merk, Handeln aus Glauben, S.
     183f; es trifft darum nicht zu, daß es "keinen Zweifel
     (leide), daß das μή mit dem folgenden Imperativ
     κατεργάζεσθε zusammengehört", wie im Anschluß an
     O. Glombitza, Mit Furcht und Zittern, NovTest 3, 1959,
     S. 100f, erneut A. Suhl, Paulus und seine Briefe, S.177f,
     behauptet.

112 Vgl. G. Eichholz, Bewahren und Bewähren, S. 158.
     Inwiefern diese Wendung "menschliche Schwäche vor an-
     deren Menschen umschreibt" (so A. Suhl, Paulus und
     seine Briefe, S. 182), ist diesem Text, wenn man ihn in
     seinem Kontext liest, wohl kaum zu entnehmen.

führlicher Begriffsexegese in der neueren Philipperbriefauslegung abstrakt bleibenden Begriffe, weil scheinbar von Paulus
ohne erkennbaren Bezug auf diese Gemeinde verwandt, gewinnen dann ihre inhaltliche Konkretheit und Gezieltheit, wenn sie
auf dem Hintergrund der Situation des Leidens dieser Gemeinde gesehen werden, d h wenn sich in ihnen deren Haltung dieser äußeren Bedrängnis gegenüber ausspricht [113]. Dafür,
daß Paulus mit 2,12ff erneut die 1,27ff angesprochene Situation der Philipper aufgreift, könnte auch das zu 1,28 parallele Strukturelement sprechen, daß er erneut die Gemeinde
ihrer heidnischen Umwelt kontrastiert, wobei er mit dem be-
dingend feststellende(n) [114] λόγον ζωῆς ἐπέχοντες   wie
zu Beginn in 1,27 Norm und Begründung dieser Kontrastierung nennt. Mit dem eschatologischen Ausblick in V. 16 greift
Paulus, jetzt die Paränese abschließend, das Stichwort auf,
das zuvor den Impuls für die Hinwendung zur Situation der
philippischen Gemeinde gab. Erwägt er in V. 16b "einen
Augenblick lang", daß er "mit seinem Werke an der Gemeinde
zuschanden werden könnte" [115], so dürfte auch dieser Satz
bewirken, ihm 'zwischen den Zeilen' die mahnende Bitte des
Apostels zu entnehmen, seiner in ihre Situation hineingespro-

---

113   Vgl. in diesem Zusammenhang bes. J. Gnilka, Kom-
      mentar, S. 151, dessen allgemeiner Überblick über
      die V. 14-16 mit der Bemerkung abschließt: "Das Ver-
      hältnis Pauli zur Gemeinde ist ungestört", dessen se-
      mantische Beschreibung der beiden Stichworte anschlie-
      ßend, diesem Hintergrund konfrontiert, nur den Schluß
      zuläßt, daß sie wirklich n i c h t in einem Brief an die-
      se Gemeinde sinnvoll motiviert sein können; eine hilf-
      reiche Einsicht vermag da auch nicht sein Hinweis auf
      K.H. Rengstorf zu vermitteln, da dessen Charakteri-
      sierung des Philipperbriefes als "ein einziger Appell zur
      bedingungslosen Hingabe an Gott im Christus" (ThW I,
      S. 737) doch etwas zu grobmaschig sein dürfte.

114   Vgl. O. Merk, Handeln aus Glauben, S. 185.

115   E. Käsemann, Philipper 2,12-18, S. 297.

chenen Paränese Folge zu leisten [116]. Diese 'Funktion' der
Motivierung zur Befolgung seiner Bitten wird eindrucksvoll
verstärkt, wenn Paulus in V. 17 der Gemeinde   s e i n e , keine äußerste Grenze kennende   Bereitschaft zur Erreichung
dieses Zieles (vgl. 1,26), das für ihn mit seinem Auftrag, das
Evangelium zu verkündigen, zusammenfällt, signalisiert [117].
Weil er seine Existenz exklusiv unter dem Aspekt dieses Dienstes zu sehen vermag, kann   e r   in bezug auf sich selbst
mit der Versicherung schließen, daß er sich   f r e u e, und
sich in der Freude mit ihnen zusammenschließen und darum
auch die Philipper auffordern, sich ihrerseits – angesichts
ihrer Situation, die doch χάρις   ist (vgl. 1,29), zu freuen
und sich   m i t   i h m   in solcher Freude zu verbinden [118].

Textanalyse Phil 2,19-3,1

a)   2,19-24

Paulus führt seinen Brief fort mit der Mitteilung, daß er 'im
Herrn Jesus' hoffe, Timotheus bald nach Philippi zu senden,
damit auch er guten Mutes sei, wenn er erfahre, wie es um
sie stehe [119]. Bedenkt man, daß soeben ein Abgesandter aus

---

116   Vgl. W. Michaelis, Kommentar, S. 48.

117   Vgl. zu V. 17 E. Lohse, Märtyrer und Gottesknecht,
      S. 195 f.

118   Damit ist zum Ausdruck gebracht, daß m.E. auch V.
      17 b f auf dem Hintergrund der konkreten Situation der
      philippischen Gemeinde zu sehen sind, was allein dieser
      erneut auch sprachlich dominant ausgeformten Auffor-
      derung des Apostels als Abschluß dieser gesamten Par-
      änese 1,27 ff gerecht wird.

119   Nach dem Urteil E.F. Scotts, Kommentar, S. 67 ist
      dieser Abschnitt 2,19-30 der zentrale Teil des Briefes.
      Doch dürfte dies doch eine Überbewertung dieses Ab-
      schnitts wie umgekehrt eine Unterbewertung der voran-
      gehenden Paränese sein.

dieser Gemeinde bei Paulus eingetroffen ist [120], beachtet man
ferner, daß Paulus aufgrund neuer Nachrichten aus Philippi
hofft, guten Mutes zu sein (was im Umkehrschluß ja nur
heißen kann, daß er es zur Zeit nicht ist) [121], dann kann diese Notiz nur als eine Bestätigung der bisherigen Textanalyse
gewertet werden: Die philippische Gemeinde hatte aus großer
Zuneigung zu ihrem Apostel diesem in seiner notvollen Situation eine Gabensammlung zukommen lassen und damit zugleich
ihre besorgte Anteilnahme an seinem Geschick bekundet. Von
dem starken, noch Unmittelbarkeit spürbar werden
lassenden Gefühl des Überwältigtseins von diesem Liebeser-
weis der Gemeinde war das Proömium des Briefes geprägt.
Im Anschluß hieran berichtet Paulus den Philippern genauer
von seiner Lage, jedoch exklusiv unter dem Blickwinkel seiner
Zeugenexistenz für das Evangelium, und damit in gewisser
Weise Richtung anzeigend bezüglich ihrer eigenen Situation,
wie er sie aus dem Munde ihres Abgesandten Epaphroditus erfahren haben wird. Auf sie geht er in 1,27ff und dann erneut,
nun das durch den Christushymnus in Erinnerung Gebrachte
resümierend, in 2,12-18 ein. Die Gemeinde steht ebenfalls
im Leiden um des Evangeliums willen [122], läßt jedoch die insbesondere in dieser Situation notwendige Einmütigkeit vermissen (es mußte offenbleiben, ob diese innergemeindlichen Miß-

---

120 Vgl. schon F.C. Baur, Zur neutestamentlichen Kritik,
     S. 519.

121 Vgl. F.W. Beare, Kommentar, S. 96f, wiewohl seine
     ebd geäußerte Überlegung: "Probably Paul is not satis-
     fied that he has a clear and true picture of the spiritual
     condition of the Philippian church. He is, of course, de-
     pendent upon reports from visitors, which may be colou-
     red by their own personal sympathies" nicht befriedigt,
     da hier doch zunächst Epaphroditus als Berichterstatter
     in Frage käme; ähnlich wie Beare vermutet auch E.F.
     Scott, Kommentar, S. 67f.

122 Von einer Gleichartigkeit der Situation der Gemeinde und
     der des Paulus, so daß von der Lage des Apostels auf die
     der Gemeinde geschlossen werden könnte, kann unter
     strenger Beachtung dessen, was der Text zu erkennen gibt,

stände eine   F o l g e des äußeren Druckes sind oder ob sie
zwar u n a b h ä n g i g , so doch angesichts dieser schwierigen
äußeren Lage doppelt verhängnisvoll sind, ohne daß sie zweifelsfrei genauer zu konkretisieren wären). Vor allem scheint
ihr die Einsicht zu ermangeln, daß diese ihre L e i d e n s -
situation die einer unter dem Wort des Kreuzes sich versam-
melnden und dieses Wort bezeugenden Gemeinde g e m ä ß e
ist, so daß es in ihrer Mitte zum Widerspruch gegen diese Lage der Bedrückung kommt (vgl. 1,29; 2,12 f). Paulus hat gesagt, was 'theologisch' zu sagen war, und zentrale Bedeutung
kommt hier dem Christushymnus zu. Kündigt er nun noch den
Besuch des Timotheus an und hofft er, nach dessen Rückkehr
nicht allein zu hören, daß die Gemeinde sich in einem unge-
trübt guten Verhältnis zu ihm, ihrem Apostel, befindet – wovon dieser Brief in der Tat beredtes Zeugnis ablegt –, sondern
eben auch, daß sie seinen dringlichen, auf ihre Situation bemes-
senen Mahnungen Folge leistet, so ist damit die unmittelbare
Verknüpfung dieses Abschnitts mit der vorangehenden Paränese angezeigt [123]. Nimmt Paulus d i e s e s Ergebnis der
Rückkehr des Timotheus wie selbstverständlich voraus, so ist
auch hier erneut auf die Parallele Gal 5,10a zu verweisen [124].

---

nicht gesprochen werden; jedoch kennzeichnet Paulus die
Lage der Gemeinde als L e i d e n und als Kampf.

123 Dies übersieht J.H. Michael, Kommentar, S.111, wenn
er meint: "The section of the epistle in which the Philippians are urged to cast out the leaven of dissension and
discord has now come to an end. A fresh subject is intro-
duced."

124 Vgl. W. Michaelis, Kommentar, S. 50, der zwar nicht
auf Gal 5,10a verweist, aber diese Vorwegnahme des
positiven Berichts des Timotheus als "eine indirekte Aufforderung an die Philipper (wertet), die Voraussetzungen
dafür zu schaffen".
V. 21 stellt die Philipperbriefexegese immer wieder insofern vor ein schwieriges Problem, als Paulus hier sehr
harte Worte über seine engsten Mitarbeiter findet. Daß
die von ihm so hart Beschuldigten in d i r e k t e m Vergleich zu T i m o t h e u s gesehen werden, wenn er dies

Textanalyse Phil 2,25-3,1

An die Ankündigung des Besuches des Timotheus sowie die In-Aussicht-Stellung seines eigenen schließt Paulus die Nachricht an, daß er den Abgesandten der Gemeinde, Epaphroditus, umgehend nach Philippi zurücksenden will. Dies soll darum geschehen, weil Epaphroditus sich nach seiner Heimatgemeinde sehnt, und zwar dies umso mehr, da er weiß, daß die Philipper von seiner schweren Erkrankung erfahren haben. Paulus kann im Blick auf diese Kunde nur nachdrücklich hinzufügen, daß er in der Tat schwer erkrankt war, und zwar nahe dem Tode, nun aber - Gott sei Dank - wieder genesen sei. Dieser Notiz kommt in zweierlei Hinsicht geradezu schlüsselhafte Bedeutung zu: Bestätigt sie zum einen die sich schon aufgrund von 2,19ff nahelegende Vermutung, daß nicht nur ein intensiver Nachrichtenaustausch zwischen dem Ort der Gefangenschaft des Paulus und der philippischen Gemeinde möglich war, sondern auch tatsächlich stattgefunden hat [125],

---

auch nur negativ zum Ausdruck zu bringen vermag, indem er feststellt, daß sie - von Timotheus her geurteilt (und diese Blickrichtung des Apostels legt V. 22 zwingend nahe) - n i c h t ἰσόψυχοι sind, ist im Rahmen unserer Fragestellung darum allein von Belang, als durch diese Beobachtung die Möglichkeit, die hier Angesprochenen in P h i l i p p i wirksam zu sehen (vgl. O. Merk, Handeln aus Glauben, S. 188), nicht gegeben ist (vgl. auch J. Gnilka, Kommentar, S. 159). Bezüglich der Lösung des oben angedeuteten exegetischen Problems sei nur darauf verwiesen, daß es primär die Funktion dieses Abschnitts ist, Timotheus im Blick auf seine Mission lobend hervorzuheben - dem dient auch die Kontrastierung dieser anderen -; auch sei auf die erhellenden Bemerkungen J. Eckerts, Die urchristliche Verkündigung im Streit zwischen Paulus und seinen Gegnern nach dem Galaterbrief, S. 22ff, bes. S.24, hingewiesen, die m.E. auch bezüglich dieser von Paulus vorgenommenen Charakterisierung dieser anderen Mitarbeiter erhellend sind.

125 Folgendes entweder bereits stattgefunden habendes oder geplantes 'Hin-und-Her' zwischen Philippi und dem Ort der Gefangenschaft des Apostels wird kaum bestritten

so setzt sie zum anderen eine z e i t l i c h e D i f f e r e n z von
einigen Wochen oder gar Monaten ^{126} zwischen der Ankunft
des Epaphroditus und der Niederschrift d i e s e s A b s c h n i t t s
2,25 ff voraus – Epaphroditus ist in der Zwischenzeit schwer
erkrankt und mittlerweile wieder so weit genesen, daß er die
Heimreise antreten kann. Hat sich aber die insbesondere aufgrund des Proömiums und durch die betonte Wendung in 1,12
Γινώσκειν κτλ. nahelegende These als textkonform erwiesen,
daß der Brief Phil 1,1 ff unmittelbar nach Eintreffen der Liebesgabe geschrieben, genauer: begonnen wurde, so setzt der
Briefabschnitt 2,25 ff eine zeitliche Naht zum vorangehenden
voraus. Damit aber stellt sich die Frage, w o im bisherigen

---

werden können: 1. Die Philipper hören von der Haft des
Paulus (andernfalls wäre der indirekt aus dem Brief zu
entnehmende Auftrag der Gemeinde an Epaphroditus,
Paulus "als Gehilfe zur Verfügung zu stehen", unerklär-
lich (G. Friedrich, Kommentar, S. 157; vgl. auch J.
Gnilka, Kommentar, S. 161 Anm.29, S. 162; G. Bornkamm, Der Philipperbrief als paulinische Briefsammlung, in: Ders.: Geschichte und Glaube II. Gesammelte
Aufsätze IV, München 1971, S. 198; E. Haupt, Kommentar, S. 118; K. Staab, Kommentar, S. 189; E.F.
Scott, Kommentar, S.69; J.H. Michael, Kommentar,
S. 118 f; anders etwa A. Suhl, Paulus und seine Briefe,
S. 161)); 2. die Philipper schicken, von Epaphroditus
überbracht, eine Gabensammlung; 3. Paulus beabsichtigt die Entsendung des Timotheus nach Philippi (Hin-
und Rückreise); 4. die Gemeinde hört von der Erkrankung ihres Abgesandten Epaphroditus; 5. dieser erfährt
davon, daß seine Heimatgemeinde Kenntnis von seiner
schweren Erkrankung erhalten hat; schließlich läßt der
Abschnitt 2,25 ff darauf schließen, daß Paulus zu Ohren
gekommen ist, daß die Gemeinde "mit dem Abgesandten
nicht ganz zufrieden ist" (G. Friedrich, Kommentar, S.
158) und daß man die Nachricht von der Erkrankung jedenfalls bezüglich ihres Ernstes beargwöhnte (vgl. J. Gnilka,
Kommentar, S. 163) (dieser 2,25 ff zu entnehmende Hinweis kann natürlich mit der Epaphroditus selbst zu Ohren
gekommenen Nachricht identisch sein, daß die Philipper
von seiner Krankheit hörten (s.5.)); vgl. zu diesem 'Hin-
und Her' auch W.G. Kümmel, Einleitung in das Neue
Testament, S. 285, aber auch S. 286.

126   Vgl. O. Merk, Handeln aus Glauben, S. 188.

Brief diese Naht anzunehmen ist. O. Merk vertritt die These, daß diese zwischen 2,18 und 2,19 anzunehmen sei [127]. Aber fügt sich zum einen 2,19ff nahtlos an 2,12-18 an – daß im Prozeß gegen Paulus "eine Wendung zu seinen Gunsten einge- treten"[128] sei, ist m.E. 2,24 nicht zu entnehmen, zumal V. 23 einer solchen Annahme entgegensteht [129] -, so läßt sich auch kaum einsichtig machen, warum Paulus dann nicht mit der Nachricht über die Genesung des Epaphroditus begonnen hätte [130], da er doch dann nicht nur der dieser Mitteilung innewohnenden Aktualität Rechnung getragen, sondern auch die Notizen gemäß der zeitlichen Abfolge der Reisen so geordnet hätte, wie er es ja innerhalb von 2,19ff tut. Die wahrschein- lichere Lösung ist mir darum, daß der Brief unmittelbar nach der Ankunft des Epaphroditus begonnen und bis 2,24 geschrie- ben wurde, Paulus dann dieses unabgeschlossene Schreiben infolge der schweren Erkrankung dieses Abgesandten aus Phi- lippi liegen ließ und, erst nachdem dieser genesen und somit diese Sorge überstanden war, den begonnenen Brief fortführt und sogleich – was liegt näher – auf den Grund dieser Unter- brechung zu sprechen kommt [131]. Daß dies in der mit 2,25ff

---

127   Vgl. ebd, S. 188.

128   O. Merk, ebd, S. 188. Zu seinen Ausführungen zu V.21 vgl. oben S. 255 Anm. 124.

129   Vgl. J. Gnilka, Kommentar, S. 157,160.

130   Die Erklärung J. Gnilkas, Kommentar, S. 151, die Reise des Timotheus sei die wichtigere, darum werde sie zuerst erwähnt, entbehrt zumindest dann jeglicher Einsicht, wenn noch zuvor betont wird: "Das Verhältnis Pauli zur Gemeinde ist ungestört" (ebd, S. 151) und signalisiert wohl doch einen Bruch in J. Gnilkas Bild von dieser Gemeinde.

131   Zum Tempus dieses Abschnittes vgl. Blass-Debrunner, §334; so auch schon E. Haupt, Kommentar, S. 118; W. Micha- elis, Kommentar, S. 51; vgl. auch O. Merk, Handeln aus Glauben, S. 188 Anm. 89.

vorgegebenen Weise geschieht, findet seine einleuchtendste Erklärung darin, daß Paulus seitens der philippischen Gemeinde
Kritik an der Art der Durchführung des zusätzlichen Auftrags, Paulus als Gehilfe zur Verfügung zu stehen [132], und
damit zusammenhängend, Zweifel an dem Ernst der Nachricht
von dieser Erkrankung zu Ohren gekommen sind [133].
Wohl doch im Begriff, den Brief nunmehr abzuschließen, greift
Paulus noch einmal die in 2,18 eindringlich geäußerte Bitte
sich zu freuen, auf, indem er die Gemeinde erneut zur Freude
im Herrn auffordert. Alle Überlegungen, daß 3,1b ja wohl
kaum auf 3,1a bezogen werden könne, da Paulus sich für
"eine so schöne Aufforderung" [134] doch kaum zu entschuldigen
brauchte, verkennen die besondere Situation (des Leidens), in
die hinein dieser darum keineswegs selbstverständlich klingende Ruf zielt [135].

132 Vgl. G. Friedrich, Kommentar, S. 158; J. Gnilka,
Kommentar, S. 163, 164; auch schon K. Staab, Kommentar, S. 189; warum J. Ernst dies bestreitet
(Kommentar, S. 87f), vermag er nicht überzeugend
darzulegen.

133 Vgl. J. Gnilka, Kommentar, S. 163 Die Überlegungen
K. Barths, Kommentar, S. 83f, zu diesem Abschnitt
können wohl doch nur als novellistische Ergänzungen bewertet werden, trotz seiner vorangehenden (Selbst-)
Ermahnung (vgl. S. 75). Zu diesem und anderen Er-
klärungsversuchen vgl. J. Gnilka, Kommentar, S. 161f,
auch J.H. Michael, Kommentar, S. 121f.

134 G. Friedrich, Kommentar, S. 158.

135 Neben G. Friedrich lehnen den Bezug von 3,1b auf 3,1a
ebenfalls ab: J. Gnilka, Kommentar, S. 7,165,185; schon
R.A. Lipsius, Kommentar, S. 234; E. Haupt, Kommentar, S. 125; K. Barth, Kommentar, S. 86; F.W. Beare,
Kommentar, S. 142f; J.J. Müller, Kommentar, S.
104f; E.F. Scott, Kommentar, S. 72; V. Furnish, The
Place and Purpose of Philippians III, NTSt 10, 1963/64,
S. 80-88, der in diesem gesamten Aufsatz eigentlich nur
auf diese Frage eingeht. Nach J. Müller-Bardorff ist
3,1b redaktioneller Zusatz (Zur Frage der Literarischen
Einheit des Philipperbriefes, S. 593). Den Bezug auf
3,1a vertreten etwa M. Dibelius, Kommentar, S. 85f;

Textanalyse Phil 3,2-4,1

Paulus führt seinen Brief fort mit einer unerwartet stark
anmutenden Warnung vor Gegnern, vor denen die Gemeinde
sich in acht nehmen soll. Gewinnt diese ihre unerhörte Schärfe [136] auf der lautlichen Ebene durch das dreifache jeweils nur
durch einen kurzen Akkusativ von einander getrennte und darum für den Hörer unmittelbar aufeinander folgende βλέπετε,
so auf der inhaltlichen Ebene durch die schockierenden Invektiven κύνες, κακοὶ ἐργάται, κατατομή . Wird man in der
Invektive 'Hunde' zwar keinen Hinweis auf die Identität der
hier von Paulus ins Auge gefaßten Gegner erblicken können [137],
so zeigt doch diese Beschimpfung, die "bei Paulus keine Parallele (hat)" [138], deutlich den Grad der Erregung des Apostels

---

W. Michaelis, Kommentar, S. 52; W. Schrage, Die
konkreten Einzelgebote in der paulinischen Paränese.
Ein Beitrag zur neutestamentlichen Ethik, Gütersloh
1961, S. 34 Anm. 83; W. Schmithals, Irrlehrer, S.51;
O. Merk, Handeln aus Glauben, S. 189.
Zu dem Hinweis, daß dieser wiederholte Aufruf zur Freude angesichts der äußeren Lage dieser Gemeinde keine
Selbstverständlichkeit war, vgl. N. Walter, Die Philipper und das Leiden, bes. S. 433.

136   Vgl. J. Gnilka, Kommentar, S. 185.

137   Ebensowenig geht es allerdings an, aufgrund dieses
Schimpfwortes a priori bestimmte Gegner, Judaisten
oder Juden, aus dem Blickfeld möglicherweise hier von
Paulus ins Auge gefaßter Irrlehrer auszuscheiden, da der
Apostel unmöglich mit diesem Schimpfwort "sein Volk
insgesamt als 'Hunde' beschimpfen" könne (W. Schmithals, Irrlehrer, S.61; vgl. dazu auch H. Köster, The
Purpose of the Polemic of a Pauline Fragment (Philippians III), S. 319 Anm.7), sofern man nicht einer bloßen Behauptung die Kompetenz einer sachlich begründeten
Argumentation zuerkennen will. Vgl. zu dieser Invektive
auch J. Gnilka, Kommentar, S. 186; G. Baumbach, Die
von Paulus im Philipperbrief bekämpften Irrlehrer, S.
299.

138   W. Schmithals, Irrlehrer, S. 60; ähnlich J. Gnilka,
Kommentar, S. 186; H. Köster, aaO, S. 319f.

an und indiziert damit unübersehbar den seit langem zwischen
3,1 und 3,2 wahrgenommenen Bruch und Neueinsatz in 3,2 [139].
Ebenfalls im Blick auf die zweite Invektive ist kritisch zu fragen, ob sie etwas zur deskriptiven Erfassung der Gegner beizutragen vermag. Begegnet dieser Ausdruck in leicht abge-
wandelter Form auch 2 Kor 11,13 (ἐργάται δόλιοι), so
weisen dort sehr viel deutlicher die beiden anderen Kennzeich-
nungen darauf, daß Paulus mit ihm Irrlehrer christlichen
Couleurs bezeichnet; immerhin wird man dieser Invektive einen Hinweis auf missionarische Tätigkeit dieser Gegner entnehmen [140]. Unbestreitbar weist dagegen die dritte Prädikation der Irrlehrer als κατατομή auf solche Leute, deren
wesentliches Charakteristikum die Beschneidung war [141].
Daß in der Tat diese letzte Invektive im Blick auf diese Gegner
die gezielteste ist, erhellt dadurch, daß Paulus an sie anschließt und ihr kontradiktorisch die Behauptung entgegen-
stellt: ἡμεῖς γάρ ἐσμεν ἡ περιτομή , wobei offenkundig
das in Spitzenstellung sich befindliche ἡμεῖς und das in
Endstellung stehende περιτομή die Hauptakzente des Satz-
tones tragen [142]. Der Apostel scheint damit den Gegnern zu
entreißen, was sie meinten, als Privileg anführen zu können;

---

139   Diese in 3,2 'eruptiv' hervorbrechende Erregung des
      Apostels spricht zugleich gegen die Deutung des V. 3,1b
      als Überleitung zu dieser mit 3,2 einsetzenden Warnung
      vor den Irrlehrern.

140   Vgl. H. Köster, aaO, S. 320; G. Baumbach, aaO, S.300.

141   Auch hier wird man nicht a priori 'Juden' oder 'Juda-
      isten' als mögliche von Paulus in diesen Versen ange-
      sprochene Gegner ausschließen dürfen – mit der Be-
      hauptung, Paulus habe "damit weder über Juden noch
      über Judaisten ein grundsätzliches Urteil fällen wollen
      (können)" (W. Schmithals, Irrlehrer, S. 62).

142   Hinzu kommt, daß περιτομή durch seine Endstellung
      soweit von κατατομή weggerückt ist, daß es auch
      klanglich voll als Kontradiktion zur Geltung kommt.

er scheut sich nicht, zuvor dieses Privileg zu verunglimpfen

(κατατομή   ), und erläutert anschließend, inwiefern ἡμεῖς

γάρ ἐσμεν ἡ περιτομή . Drei Charakteristika hebt er im

Blick auf sie im Unterschied zur κατατομή   hervor: 'im

Geiste Gottes dienen'[143], das Rühmen ἐν Χριστῷ 'Ιησοῦ

und - wiederum wohl als gezieltestes Kriterium - das Nicht-

vertrauen auf das Fleisch als negierte Umschreibung des vor-

angehenden καυχᾶσθαι ἐν Χριστῷ 'Ιησοῦ und darin wohl

eine direkte Kontradiktion im Blick auf die Gegner, wie das

folgende ausweist; denn daß Paulus mit diesem zuletzt ge-

nannten Kriterium der Zugehörigkeit zur περιτομή   am

schärfsten die Gegner trifft, erhellt daraus, daß er es in zwei-

maliger Stichwort- oder besser: Reizwortassoziation aufgreift

und zum Ausgangspunkt der weiteren Auseinandersetzung

macht[144]. In einander überbietender Weise stellt Paulus

zweimal fest, daß auch er Grund zur πεποίθησις ἐν σαρκί ha-

ben könnte, ja sogar, wie er, in syntaktisch betonter End-

stellung und äußerster sprachlicher Redundanz in V. 4b die

vorangehende Aussage überbietend, hervorhebt: ἐγὼ μᾶλλον.

Derselbe intensive, d h jegliche sprachliche Redundanz und

damit verbundenen Intensitätsverlust vermeidende Sprachstil

kennzeichnet dominant den anschließenden V. 5 (und setzt da-

mit den Zorn des Paulus in Sprache um)[145], während V. 6,

wie schon V. 5e (κατὰ νόμον Φαρισαῖος), zusätzlich durch

---

143 H. Köster, aaO, S. 320 verkennt diesen die vorangehen-
     de übergeordnete Kontradiktion ἡμεῖς   ... περιτομή
     explizierenden Charakter dieser Wendung, wenn er meint,
     sie korrespondiere der zweiten Invektive κακοὶ ἐργάται.

144 Im folgenden (3,5ff) eine genaue Parallele zu 2,6ff zu
     sehen, wie dies T.E. Pollard, The Integrity of Philip-
     pians, NTSt 13, 1966/67, S. 58, 62f, tut, ist abwegig
     und verkennt die mit beiden Textpassagen verbundene,
     völlig verschiedene Intention des Paulus.

145 Vgl. J. Gnilka, Kommentar, S. 188, der von Erregt-
     heit spricht, die in diesem Sprachstil zum Ausdruck
     komme.

das dreimalige κατά geprägt ist, durch das sich Paulus syntaktisch die Möglichkeit bietet, jeweils einem in betonter Spitzenstellung befindlichen Reizwort (νόμος; ζῆλος; δικαιο-σύνη (ἐκ νόμου)) pointiert das jeweilige Epitheton zuzuord-nen: Φαρισαῖος; διώκων τὴν ἐκκλησίαν; ἄμεμπτος . Haben sowohl die ersten Glieder dieser Aufzählung wie auch der Be-ginn der Auseinandersetzung V. 3bf ihre nächste Parallele in 2 Kor 11,18.21 f [146], so die drei letzten mit κατά einge-leiteten in Gal 1,13 f. Man wird darum zurückhaltend sein müssen in der einfachen Übertragung der Gegner aus dem ei-nen Brief (sc.: 2 Kor) in unseren Text [147], zumal diese Aufzählung klimaktisch deutlich auf ihr letztes Glied zuläuft: κατά τὴν δικαιοσύνην τὴν ἐν νόμῳ γενόμενος ἄμεμπτος[148], wie noch zu zeigen sein wird [149]. Wird man es sich unter Be-rücksichtigung des funktionalen Charakters dieser Aufzählung – es geht um die Verifizierung der πεποίθησις ἐν σαρκί – versagen, in ihnen Glied für Glied Hinweise auf die Gegner aufzuspüren (daß diese etwa nicht am 8. Tage beschnitten wa-ren, es sich also möglicherweise um Proselyten handelt), da Paulus offensichtlich global mit ihnen argumentiert, sie jeden-falls anschließend global unter das Verdikt, ζημία zu sein,

---

146 Hierauf wurde in der Philipperbriefexegese immer wie-der hingewiesen; vgl. etwa E. Haupt, Kommentar, S. 132; W. Schmithals, Irrlehrer, S. 65f; J. Gnilka, Kommentar, S. 189; H. Köster, aaO, S. 321; G. Friedrich, Kommentar, S. 160.

147 Vgl. etwa H. Köster, der nur so die Basis dafür ge-winnt zu behaupten, daß diese Gegner "boasted of their special spiritual qualities" (aaO, S. 321). Nach W. Schmithals freilich ist es "angesichts dieses Tatbestan-des keine normale Lösung, an beiden Stellen verschie-dene Leute bekämpft zu sehen" (Irrlehrer, S. 65).

148 ´Άμεμπτος nimmt die syntaktisch betonte End-stellung ein.

149 Diesem Glied schenkt denn auch W. Schmithals keiner-lei Beachtung.

stellt, so tragen sie doch insgesamt unbestreitbar jüdisches, und zwar ausschließlich jüdisches Kolorit, so daß sie allein zum Tragen kommen in der polemischen Auseinandersetzung mit Gegnern dieses Couleurs. Gemessen an der syntaktischen Struktur der vorangehenden Aufzählung heben sich scheinbar beruhigter die anschließenden, durch 'argumentativen Sprachstil' gekennzeichneten Verse ab. Daß dieser Eindruck indessen täuscht, erweist sich sehr bald, wenn man die Verse unter semantischem – statt nur syntaktischem – Gesichtspunkt sieht [150]. So steht dem vorangehenden κέρδη zunächst ein dreifach (!) variiertes ζημία (das erste Mal als schroffe Antithese dadurch besonders zum Ausdruck gebracht, daß beide kontradiktorisch korrelierenden Begriffe in betonter Endstellung stehen) gegenüber (ζημίαν; ζημίαν εἶναι; ἐζημιώθην). Die Bewertungsnorm dieser vormaligen κέρδη als nunmehrige ζημία ist zunächst exklusiv mit τὸν Χριστόν , anschließend mit διά ... τῆς γνώσεως Χριστοῦ Ἰησοῦ τοῦ κυρίου μου und schließlich mit δι' ὃν (d h τὸν Χριστὸν Ἰησοῦν τὸν κύριον μου)angegeben. Ist die mittlere Formel zugleich die gefüllteste und fällt somit von deren Gewicht auch ein nicht zu überhörender Nebenton auf τῆς γνώσεως , noch verstärkt durch das vorangestellte ὑπερέχον , so legt sich die Vermutung nahe, d i e s e r durch die anschließende Formel Χριστοῦ Ἰησοῦ, verbunden mit dem Bekenntnis τοῦ κυρίου μου , profilierten Erkenntnis einen kontradiktorischen Akzent im Blick auf die 'Erkenntnis' der Gegner beizumessen. Offenkundig noch als Überbietung des dreifach variierten ζημία ist das erneut mit ἡγοῦμαι – das damit ebenfalls zum dritten Mal innerhalb der V. 7f begegnet [151] – eingeleitete σκύβαλα zu werten;

---

150   Wenn J. Gnilka, Kommentar, S. 188 meint, "mit V 7 ... (gewännen) die Aussagen wieder Ruhe und Ausgeglichenheit", so erliegt er der Täuschung oberflächlicher Sprachbetrachtung.

151   "Die dreimalige Verwendung von ἡγεῖσθαι dient der

der anschließende Finalsatz erweist durch sein Akkusativob-
jekt Χριστόν die enge inhaltliche Beziehung dieses erneuten 'wegwerfenden Urteils' zu den vorigen. Zudem gewinnt
dieser Finalsatz dadurch seine besondere Schärfe, daß sein
auf Χριστόν ausgerichtetes Verb κερδήσω wohl nur in
scharfer Antithese zu ἅτινα ἦν μοι κέρδη gesehen werden
kann und darf. Hat Paulus so zunächst das die V.5f global
zusammenfassende κέρδη in immer neuen einander über-
bietenden Anläufen [152] in sein Gegenteil verkehrt, wobei immer wieder aufs neue Χριστός als die exklusive Bewertungsnorm für diese Umkehrung genannt wurde, so greift er
nunmehr, veranlaßt durch das eschatologisch gefärbte
εὑρεθῶ [153], kontradiktorisch den Satz auf, auf den die
obige Aufzählung (V.5f) klimaktisch zuläuft und in dem sie
ihren Spitzensatz hat: κατὰ δικαιοσύνην τὴν ἐν νόμῳ
γενόμενος ἄμεμπτος . Ihm stellt er zweifach die in einem
synonymen Parallelismus beschriebene, die dem ἀλλὰ ταῦτα
ἥγημαι   bzw. doppelten ἡγοῦμαι als Bewertungsnorm
zugrunde liegenden Χριστός korrespondierende n e u e,
d h einzig gültige, Gerechtigkeit gegenüber: τὴν διὰ πίστεως
Χριστοῦ; τὴν ἐκ θεοῦ δικαιοσύνην ἐπὶ τῇ πίστει.
Greift der anschließende Infinitiv τοῦ γνῶναι αὐτόν den
am Ende von V. 8 beginnenden ἵνα – Satz auf [154], so
erweist sich dieser kontradiktorische Rekurs auf V. 7b als
eine Einschaltung, auf die Paulus über die globale Auseinandersetzung mit seiner in κέρδη zusammengefaßten πεποίθησις

Steigerung", so mit Recht F. Lang, ThW VII, S. 447.
Zum Begriff σκύβαλα bemerkt F. Lang: "Die Wahl
des vulgären Ausdrucks unterstreicht die Energie und
Totalität dieser Abkehr" (ebd, S. 447).

152 Hierin drückt sich gerade keine Ruhe und Ausgeglichenheit aus (vgl. Anm. 150).

153 Vgl. J. Gnilka, Kommentar, S. 193.

154 Vgl. J. Gnilka, Kommentar, S. 195; Blass - Debrunner,
§ 400.

ἐν σαρκί   hinaus nicht verzichten will und kann, und es
legt sich da r um zwingend nahe, in ihm eine in besonderem
Maße auf die Gegner zielende Spitze zu vermuten. Ist als Objekt des finalen τοῦ γνῶναι zunächst mit αὐτόν auf
den die gesamte Passage von V. 7 an beherrschenden Χριστός
verwiesen, so wird in den beiden nächsten Gliedern, verbunden durch καί ... καί , dieses αὐτόν näher bestimmt
als die 'Kraft seiner Auferstehung' und 'die Gemeinschaft
seiner Leiden', wobei die letztere Wendung 'und die Gemeinschaft seiner Leiden' ihr Profil im Kontext dieses Schreibens
aufgrund des situativen Hintergrunds erhält, aus dem Paulus
den Philipperbrief schreibt; zugleich spricht er damit eine
Erfahrung an, die ja auch die Gemeinde unlängst selbst
gemacht hat (vgl. 1,27 ff). Wird diese letztere Aussage aufgenommen und vertieft in der partizipialen Wendung συμμορφιζόμενος τῷ θανάτῳ αὐτοῦ , in der Paulus seine derzeitige Existenz als die einem Jesu T o d e Gleichgestalteten
beschreibt, so korrespondiert ihr überbietend (und zugleich
dem gesamten Finalsatz) die 'Zielangabe' εἴ πως καταντήσω
εἰς τὴν ἐξανάστασιν τὴν ἐκ νεκρῶν   , mit der er jetzt
die Wendung τὴν δύναμιν τῆς ἀναστάσεως   wiederum aufgreift, so daß innerhalb dieser Gedankenabfolge von einem
Chiasmus gesprochen werden kann [155]. Diese auffallende [156]

---

155 Vgl. zu V. 10f auch P. Siber, Mit Christus leben,
     S. 110 ff.

156 J. Gnilka, Kommentar, S. 197, charakterisiert dieses
     εἴ πως   als "zweiflerisch klingende Formulierung".
     Dem widerspricht dezidiert G. Baumbach, Die Zukunfts-
     erwartung nach dem Philipperbrief, S. 447, da " εἴ πως
     am Satzanfang ... 'Ausdruck der Erwartung' (sei)" (mit
     Verweis auf Blass-Debrunner § 375). Wenn G. Baumbach
     dann fortfährt: "Demnach will Paulus hier verdeutlichen,
     daß die in der Gegenwart in der Leidensgemeinschaft er-
     fahrene 'Kraft der Auferstehung' die Gewißheit der Hoff-
     nung auf die noch ausstehende Totenauferweckung gibt"
     (ebd, S. 447), so abstrahiert er jedoch von der konkreten
     Situation, in die hinein Paulus hier formuliert, und damit

Einleitung des eschatologischen Ausblicks, durch die der vorangehende Partizipialsatz συμμορφιζόμενος τῷ θανάτῳ αὐτοῦ als Bestimmung der derzeitigen Existenz des Apostels in seinem Wirklichkeitscharakter unterstrichen wird, aufgreifend und anwendend, weist Paulus in zwei parallelen Aussagen die irrige Vorstellung ab, bereits am Ziel zu sein, und stellt ihr pointiert das Bild des noch nicht am Ziel befindlichen Läufers entgegen (διώκω; καταλαμβάνω)[157] - gefolgt von dem begründenden Indikativ ἐφ' ᾧ καὶ κατελήμφθην ὑπὸ Χριστοῦ Ἰησοῦ. Ist zwar V. 12 nicht durch Stichwort - oder Reizwortassoziation mit V. 10 f verknüpft, sondern deutlich als Schlußfolgerung und Zielaussage des Vorangehenden erkennbar, so weist doch das zweimalige ἤδη auf die Vermutung, daß der Apostel mit ἤδη ἔλαβον und ἤδη τετελείωμαι Reizworte aufgreift, die in der augenblicklichen Gemeindesituation von Bedeutung sind[158] und damit direkt oder indirekt auf die

---

von der spezifischen Intention, die dieser Wendung in diesem Kontext eignet (vgl. dazu jedoch auch unten S. 293 Anm. 17). Beachtet man jedoch beides, so schließen beide Momente, sowohl das der Erwartung, als auch das der 'Unsicherheit' einander nicht aus; denn Paulus will das Noch-Ausstehen der Erfüllung dieser Auferstehungshoffnung betonen (vgl. dazu auch P. Siber, Mit Christus leben, S. 118). Wenig Wahrscheinlichkeit hat m.E. die Erklärung von J. Ernst, Kommentar, S. 99, für sich, hier zeige sich ein "Wandel im eschatologischen Bewußtsein des Paulus ... Seine anfängliche feste Überzeugung, in diesem Leben noch die Parusie des Herrn zu erleben, ... (sei) wegen der Unsicherheit der Gefangenschaft ins Wanken geraten", da sie die Intention dieser Verse in ihrem argumentativen Kontext völlig außer acht läßt.

157 Wenn auch dieses Bild erst in V. 14 als B i l d ausgemalt wird, so dürfte doch angesichts der häufigen Verwendung dieser Vorstellung bei Paulus diese ihm trotz nur angedeuteter Ausmalung (διώκω, καταλαμβάνω) bereits vor Augen gestanden haben.

158 Vgl. etwa O. Merk, Handeln aus Glauben, S. 190; G. Friedrich, Kommentar, S. 163; J. Gnilka, Kommentar, S. 198; W. Schmithals, Irrlehrer, S. 69 f; H. Köster, aaO, S. 322 f.

Gegner verweisen.

Durch die Anrede ἀδελφοί entweder als Neueinsatz oder aber als eindringliche Verstärkung gekennzeichnet, greift Paulus diesen Gedanken erneut auf, jetzt wieder durch Stichwortaufnahme direkt deutlich gemacht - ein Indiz für seine Brisanz in der augenblicklichen Situation -, grenzt jetzt aber das zuvor Gesagte durch in syntaktisch betonter Spitzenstellung befindliches ἐγὼ ἐμαυτόν auf seine Person ein und damit zugleich gegenüber anderen ihm entgegengesetzten Vorstellungen ab. Zugleich malt er das Bild vom Läufer in der Wettkampfbahn aus, um so das Gesagte anschaulich zu verdeutlichen. Wiederum in offenkundiger Reizwortaufnahme - nun des mit ἤδη ἔλαβον parallelen Begriffs ἤδη τετελείωμαι - zieht der Apostel in V. 15 die Folgerung aus dem Vorangehenden, womit schon von der Struktur des Textes her entschieden sein dürfte, daß von den im Blick auf die Anrede ἀδελφοί erwogenen zwei Möglichkeiten allein die letztere dem Kontext entspricht [159]. Die inhaltliche Näherbestimmung des τοῦτο φρονῶμεν ist mit dem durch das voranstehende Bild t h e o - l o g i s c h Gemeinten und ja zuvor auch Ausgeführten gegeben. Setzt der hier rhetorisch geschickte Adhortativ [160] τοῦτο φρονῶμεν zugleich die G e m e i n d e w i r k l i c h k e i t des εἴ τι ἑτέρως φρονεῖτε voraus, so weist das nachfolgende τοῦτο in V. 15b (wie auch das τι) auf das τοῦτο in V. 15a zurück, so daß es verboten erscheint, an Fragen minderen Belanges zu denken, wogegen ebenso auch wohl ὁ θεός wie das Verb ἀποκαλύπτειν sprechen [161]. Noch dieser in

---

159   Vgl. auch J. Gnilka, Kommentar, S. 199.

160   Vgl. J. Gnilka, Kommentar, S. 201.

161   Die in der Exegese des 19. Jhs. überwiegend vertretene Meinung, aus diesem Vers spreche eine große Gelassenheit des Paulus, die dann in der Tat die alleinige Konsequenz in bezug auf die inhaltliche Konkretion des τι bzw. τοῦτο zuläßt, hier handle es sich um Adiaphora, vertritt zumindest heute noch H. D. Betz, Nachfolge und Nachahmung Jesu Christi im Neuen Testament, S. 147,

V. 15 b mit bitterem Unterton konstatierten Gemeindewirklichkeit Rechnung tragend, bringt Paulus - gleichsam vorläufig -
in V. 16 die auf d i e s e r Basis unbedingt notwendige 'Mini-
malforderung' vor (πλήν). Damit ist zum Ausdruck gebracht, daß dieser Vers nicht als Zusammenfassung der bisherigen Paränese zu gelten hat [162], sondern ausschließlich auf
die Wirklichkeit des τι ἑτέρως φρονεῖτε bezogen ist, eine Wirklichkeit, mit der Paulus sich dennoch nicht abzufinden bereit
ist [163] - wie die Paränese zeigt. Die Zusammenfassung des
Bisherigen bietet vielmehr V. 17; die hier ausgesprochene Aufforderung, συμμιμηταί des Apostels zu werden, hat ihre
inhaltliche Konkretion darin, daß sich die Gemeinde in ihrem
Denken und Tun mit dem in Übereinstimmung befinden möge,
was Paulus an sich selbst in V. 4-14 exemplifiziert hat [164].
Vermag der Apostel außer auf sich selbst auch auf andere zu
verweisen, die ebenso wandeln w i e e r , so stehen diesen,
wie erklärend hinzugefügt wird (γάρ), viele (πολλοί)
entgegen, von denen er der philippischen Gemeinde gegenüber
schon oft gesprochen hat, nun aber - unter Tränen sagen muß,
daß sie Feinde des Kreuzes Christi sind. Erweist sich sprachlich somit V. 18 als Stichwortaufnahme des vorangehenden περιπατοῦντας , so auch von der gedanklichen Struktur der V. 17 f als eng mit V. 17 verknüpft. Zunächst ist
darauf zu achten, daß der Ton innerhalb des V. 17 b darauf
liegt, daß die Gemeinde außer auf Paulus selbst auch auf
diejenigen blicken soll, die so wandeln - καθώς [165]

insoweit als er in diesem Vers "eine deutliche Kon-
zilianz" des Paulus erblickt. Paulus gebe sich zufrieden, "wenn nur jeder nach dem Stande der Erkenntnis
wandelt, zu dem er gelangt ist (V. 16)".

162 Anders G. Baumbach, Die von Paulus im Philipperbrief
                         bekämpften Irrlehrer, S.303.
163 Gegen H.D. Betz, aaO, S. 147.
164 Vgl. etwa O. Merk, Handeln aus Glauben, S. 190.
165 Vgl. zur grammatischen Zuordnung von οὔτω - καθώς
     O. Merk, Handeln aus Glauben, S. 191.

ἔχετε τύπον ἡμᾶς [166] , das sich darum nicht von unge-

fähr in syntaktisch betonter Endstellung befindet [167] . Dieser

betonte Hinweis des καθὼς ἔχετε τύπον ἡμᾶς aber wird

e contrario in V. 18 dadurch begründet und gerechtfertigt,

daß Paulus darauf verweist, daß solchem περιπατεῖν   ein

περιπατεῖν   vieler diametral entgegensteht. Widmet man

der sprachlichen Seite der V. 18ff einige Aufmerksamkeit,

so sind folgende Beobachtungen zu machen: Paulus beginnt mit

der begründenden Feststellung: πολλοὶ γὰρ περιπατοῦσιν,

wobei sich περιπατεῖν   offenkundig als Stichwortaufnahme von

V.17b erweist. Bevor der Apostel diese Notiz in 'argumentativem'

Sprachstil fortführt, fügt er in Form eines Relativsatzes die

Bemerkung hinzu, daß er der Gemeinde gegenüber (ja) schon

oft von denen, auf die er nun aufgrund i h r e s Wandels zu

sprechen kommen will, gesprochen hat, daß er es aber jetzt

(καὶ hat hier steigernden Charakter) sogar unter Tränen tun

muß. Die Fortsetzung des Verses verlangt, von einem a b r u p -

t e n Stilwechsel zu sprechen. Die Weiterführung der Satz-

konstruktion ist unkorrekt [168] , durch den Verzicht auf Verb-

---

166   Mit ἡμᾶς dürfte Paulus sich selbst meinen; vgl. da-
      zu O. Merk, Handeln aus Glauben, S. 191.

167   So auch W. Schmithals, Irrlehrer, S.77. Zuzustimmen
      ist W. Schmithals auch darin, wenn er fortfährt: "Es
      gibt also auch Menschen, die einen anderen, schlechten
      Wandel führen"; schlechterdings nicht dem Text zu ent-
      nehmen ist allerdings die Behauptung: "und diese Men-
      schen müssen den Philippern insoweit bekannt sein, daß
      sie in der Gefahr stehen, i h n e n n a c h z u f o l g e n".
      Und wenn Schmithals noch einen Schritt weitergeht und
      sagt: "N a t ü r l i c h handelt es sich dabei um Menschen
      i n n e r h a l b der Gemeinde", so ist dies keinesfalls 'na-
      türlich', sondern ebenfalls schlechterdings nicht dem
      Text zu entnehmen (die Sperrungen in den Zitaten sind von
      mir).

168   Vgl. J. Gnilka, Kommentar, S. 204 Anm. 104; auch
      schon E. Haupt, Kommentar, S. 162f; E. Lohmeyer,
      Kommentar, S. 152.

formen und jegliche sprachlichen Redundanzen eignet den Versen ein stakkatoartiger Charakter, der jedem der semantisch
bedeutungsschweren Begriffe diese Wucht ungemindert be-
läßt [169]. Dieser Eindruck wird noch verstärkt durch die Ana-
phora in V. 19, dagegen nur unwesentlich vermindert durch
das verbindende καί in V. 19. Scheint sich die in diesen
Versen in Sprache übersetzte Erregung noch in der Eingangs-
formulierung des V. 20 fortzusetzen - das betont kontradiktorische, durch nachfolgendes γάρ [170] noch verstärkte
ἡμῶν zeigt dies an -, so wechselt doch unverkennbar der
Sprachstil erneut, nun in das genaue Gegenteil dessen, was
V. 19 kennzeichnete: V. 20f sind von feierlich gehobener
Sprache bestimmt [171]. Hier begegnen "seltene und feierlich
klingende Verben, reiche Attribute und sorgfältige syntak-
tische Über- und Unterordnung ... Die dreifachen Bekenntnis-
worte: Kyrios Jesus Christos tauchen auf, und in der gren-
zenlosen Weite der eschatologischen Vollendung münden die
hymnisch beschwingten Worte und Gedanken." [172] Unmittelbar

---

169 Vgl. E. Lohmeyer, Kommentar, S. 153f.

170 Γάρ hat eine je unterschiedliche Klangfarbe, wenn es
     unmittelbar im Kontext einer polemischen Äußerung
     steht und dann selbst polemischen Charakter trägt oder
     wenn es in argumentativ begründeter Funktion steht.

171 Vgl. G. Friedrich, Kommentar, S. 166; J. Gnilka,
     Kommentar, S. 203.

172 E. Lohmeyer, Kommentar, S. 156f. Diese zutreffende
     Sprachbeschreibung E. Lohmeyers bringt deutlich den
     nicht zu verkennenden Stilunterschied zu V. 18f zum
     Ausdruck. Umstritten ist die Frage, ob Paulus diese
     Verse selbst "unter Verwendung vorgegebenen formelhaf-
     ten Materials in gehobener Sprache" formuliert (G.
     Friedrich, Kommentar, S. 166; ähnlich J. Gnilka,
     Kommentar, S. 209; J. Ernst, Kommentar, S.107;
     G. Baumbach, Die Zukunftserwartung nach dem Philip-
     perbrief, S.449); P. Siber, Mit Christus leben, S.
     122ff möchte für V. 20 "Anlehnung an eine Tradition"
     (S.123) annehmen, während eine solche Annahme bezüg-
     lich des V. 21a "problematischer" sei, da V. 21a
     "sprachlich ... eine Reihe von gut paulinischen Formu-

unter dem Eindruck dieses eschatologischen Ausblicks [173] wendet sich Paulus noch einmal in einer die Gemeinde umwerbenden, ja geradezu bedrängenden [174] Sprache an die Philipper mit der Aufforderung   οὕτως στήκετε ἐν κυρίῳ , die damit

---

lierungen", "aber auch sachlich ... Aussagen (enthalte),
die sehr wohl von Paulus stammen können" (S. 124f).
Für V. 21b ist lediglich die so auch Hebr 2,6-8 und
Eph 1,22 zugrunde liegende traditionelle Psalmdeutung
von Ps 8,7, die Paulus selbst jedoch auch schon 1 Kor
15,27f verwendet, als traditionelles Gut anzunehmen
(vgl. S. 125). Dagegen tritt J. Becker, Erwägungen
zu Phil. 3,20-21, m.E. überzeugend für die von E.
Güttgemanns, Der leidende Apostel und sein Herr, S.
240ff, und im Anschluß an diesen von G. Strecker, Redaktion und Tradition im Christushymnus Phil 2,6-11,
ZNW 55, 1964, S.63ff, S.75ff, vertretene These ein,
es handle sich in diesen Versen um einen vorpaulini-
schen Hymnus. Schon E. Lohmeyer hatte die Auffassung vertreten, in diesen Versen liege ein - allerdings
von Paulus selbst geschaffener - Hymnus vor (vgl. E.
Lohmeyer, Kommentar, S. 156ff). J. Becker begründet seine Entscheidung zunächst durch eine intensive Untersuchung des "wortstatistischen Material(s)", die ihn
zu dem Ergebnis führt, daß "die auf so kurzem Raum
beobachtete Fülle sprachlicher Auffälligkeiten, hinter
denen sehr oft noch dazu theologisch-sachliche Differenzen zur paulinischen Theologie standen, ... die These
(stützt), daß Phil. 3,20f. auf Tradition beruht". Und
er fährt fort: "So sicher der Text dabei auch traditionsgeschichtlich mit anderen Bekenntnissätzen zusammenhängt, so kann doch der Annahme, Paulus selbst habe
aufgrund solcher je verschiedenen 'Vorlagen' den Text
verfaßt, nicht statt gegeben werden. Denn Phil. 3,20f.
ist insgesamt bruch- und nahtlos gefügt, innerhalb des
Kontextes allein zu parallelen Gliedern geordnet und weist
ausnahmslos in jedem Satz gehäuft sprachliche Besonderheiten auf." Dieses Ergebnis versucht er noch "durch
einen Blick auf Struktur und Gattung der beiden
Verse weiter ab(zu)sichern" (S.25). Es kann und braucht
in unserem Zusammenhang nicht um eine alle vorgebrachten Argumente abwägende, endgültige Beantwortung dieser
Frage zu gehen; sondern es kommt allein darauf an,
daß 3,20f in keinem Falle den Eindruck einer in
aktueller Gemeindesituation begründeten Gegnerpolemik
machen; dem widerstreitet schon die hymnische
Sprache.

173   Darauf deutet die eng mit dem   καύχημα   - Gedanken ver-

so umfassend gehalten ist, daß sie als nochmalige Zusammenfassung der gesamten Paränese zu gelten hat. Unter Berücksichtigung dieser sprachlichen Beobachtungen stellen die V. 18 f
m.E. die Exegese des Philipperbriefes vor zwei alternieren-
de Probleme: Nimmt man die Fortsetzung der situationsbe-
dingten aktuellen Paränese an – Paulus käme also entweder erneut auf die schon in 3,2 ff angegriffenen Gegner zu sprechen
oder aber auf eine zweite oder gar dritte Front –, so erklärte
sich damit der von Erregung und Zorn gekennzeichnete Sprachstil vor allem von V. 18c und V. 19, unverständlich bliebe
jedoch nicht nur, warum Paulus erneut diese heftige Sprache anschlägt, sondern ebenso die noch in argumentativem
Sprachstil gehaltene Eingangswendung des V. 18 (πολλοί γάρ
περιπατοῦσιν), mehr noch der als Zwischenbemerkung ein-
geschobene Relativsatz, unerklärlich bliebe vor allem auch der
ebenso plötzliche und abrupte Stilwechsel umgekehrter Art
von V. 19 nach V. 20 f. Dagegen ist bei Aufrechterhaltung der
sich aus der Analyse der Gedankenstruktur der vorangehenden
Verse ergebenden These, V. 18 f diene der Begründung
der V. 17b zugrunde liegenden Aufforderung, neben dem Apostel selbst (V. 17a) auch auf solche zu schauen, die so wandeln
– καθὼς ἔχετε τύπον ἡμᾶς (!) –, der abrupte Stilwechsel
von V. 17 nach V. 18 und deutlicher noch V. 19 zu erklären.

Lassen sich nun bei Annahme der bisher allgemein vertretenen
These, Paulus warne in V. 18 f erneut vor denselben Gegnern
wie 3,2 ff oder aber er warne vor einer zweiten oder dritten
Gegnerfront, die oben aufgezeigten Aporien weder leugnen noch
befriedigend auflösen, so mag ein einleuchtender Hinweis
J. Eckerts bezüglich des Galaterbriefes die mit der zweiten

---

bundene Wendung χαρὰ καὶ στεφανός μου; vgl. auch
G. Friedrich, Kommentar, S. 167; O. Merk, Handeln
aus Glauben, S. 193 f.

174 Vgl. J. Gnilka, Kommentar, S. 220.

(im übrigen ja nicht neuen) These aufgegebene Frage befriedigend zu beantworten. J. Eckert [175] weist darauf hin, daß
Paulus, sobald er auf seine Gegner zu sprechen kommt, sei es
in direkter Konfrontation, d h aufgrund aktueller Gemeinde-
gefährdung, sei es in Erinnerung [176] an das Verhalten oder die
Kennzeichnung der Gegner zur Begründung aktueller Paränese,
vom Zorn zur Ketzerpolemik verleitet wird. Ist diese Beobachtung von J. Eckert aufgrund des ihm mit dem Galaterbrief vorgegebenen Themas auch ausdrücklich auf die die Beschneidung
fordernden Irrlehrer beschränkt, so steht doch m.E. dem
nichts entgegen, in ihr ein für Paulus typisches Verhalten
seinen Gegnern gegenüber beschrieben zu sehen. Erweist sich
darum die aufgrund der Beobachtung, daß Paulus in V. 18 das
Stichwort περιπατοῦντας mit περιπατοῦσιν (in Verbindung mit argumentativ begründendem γάρ) aufgreift, invol-
vierte These, dieser Hinweis auf die πολλοί diene e contrario der nachträglichen Begründung und Rechtfertigung des
καθὼς ἔχετε τύπον ἡμᾶς , als stichhaltig, dann folgt daraus,
daß die Frage, wen Paulus mit diesen πολλοί meint, in
unserem Zusammenhang, d h im Blick auf die Frage nach dem
situativen Kontext des 3. Kap., irrelevant ist, da 3,18f lediglich funktionalen Charakter hat (und darum auch bezüglich der deskriptiven Erfassung der Gegner nicht auszuwerten ist) [177].

---

175 Vgl. J. Eckert, Die urchristliche Verkündigung im Streit
     zwischen Paulus und seinen Gegnern nach dem Galater-
     brief, S. 230.

176 J. Eckert verweist zur Stützung dieser Beobachtung etwa
     auch auf Gal 2,4 (vgl. ebd, S. 230).

177 Ohne auf diese Frage hier näher einzugehen, sei bezüglich
     der naheliegenden Überlegung, warum Paulus gerade auf
     solche Leute e contrario verweist, ein Gedanke von G.
     Baumbach aufgegriffen, der meint, der Apostel habe sich
     "nicht nur gegen das sogenannte judaistische, sondern auch
     gegen das hellenistische Mißverständnis seines gesetzes-
     freien Evangeliums (ge)wehrt und somit den Nomismus
     und Antinomismus ab(ge)lehnt. Als

Es ist offenkundig – und die Textanalyse konnte diesen Eindruck
nur bestätigen –, daß das 3. Kap. des Philipperbriefes dominant von Kontradiktionen, expliziten wie impliziten,
geprägt ist. Diese Kontradiktionen sind zu beschreiben als
den Gegnern polemisch zugeordnete Charakteristika, denen
Paulus signifikante Kennzeichen des eigenen Verkündigungs-
inhaltes oder Existenzverständnisses entgegensetzt. Es erscheint darum als ein methodisch sinnvoller Weg, um die in
3,2 ff von Paulus ins Auge gefaßten Gegner deskriptiv zu beschreiben, diese expliziten wie impliziten Kontradiktionen
zunächst aufzulisten [178]:

---

judenchristlicher Heiden missionar war er gezwun-
gen, nach beiden Seiten hin sich abzugrenzen" (G. Baumbach, aaO, S. 309; ähnlich J. Eckert bezüglich der
usuellen Paränese in Gal 5,13 – 6,10, aaO, S. 149 –
162).

178   Vgl. A.F.J. Klijn, Paul's Opponents in Philippians III
NovTest 7, 1964/65, S. 280. Es kann primär nur um ein
deskriptives Erfassen dieser Gegner gehen, da man zum
einen in Rechnung stellen muß, daß Paulus diese Irrlehrer aus seiner Sicht beschreibt, die nicht unbedingt
deckungsgleich mit dem Selbstverständnis der so Charakterisierten sein muß (vgl. dazu J. Eckert, aaO, S.
19 ff. 229 ff), zum anderen ja eine deskriptive Erfassung
für die Exegese des Philipperbriefes zudem
nicht nur ausreichend, sondern auch allein sinnvoll ist –
im Unterschied etwa zu einer 'Geschichte des Urchristentums'–, da jegliche Etikettierung sogleich zusätzliche,
im Brief selbst nicht vorhandene Momente in die Auslegung d i e s e s Textes mit einbringt – damit soll freilich n i c h t geleugnet werden, daß es auch im Blick
auf d i e s e n Text erhellend sein kann, über ihm zugrunde liegende Situationskomponenten über das diesem
Text zu Entnehmende hinausgehende Informationen zu erhalten, sofern sicher feststeht, daß es sich auch wirklich
um zusätzliche Informationen bezüglich d i e s e r Situationskomponente handelt.
Angesichts der zur Zeit ohnehin 'wenig kommunikativen'
Etikettierungen der (verschiedenen) Gegner in den einzelnen Paulusbriefen, scheint es mir angezeigt, mich zunächst um eine möglichst sorgfältige d e s k r i p t i v e
Erfassung dieser Gegner zu bemühen; vgl. auch J.
Gnilka, Kommentar, S. 211, der dann jedoch m.E. seinem
Vorsatz nicht treu bleibt.

V.2b βλέπετε τοὺς
      κακοὺς ἐργάτας

V.2c βλέπετε τὴν   V.3a ἡμεῖς γάρ ἐσμεν
      κατατομήν   ἡ περιτομή

                           V.3b οἱ πνεύματι θεοῦ λατρεύ-[179]
                                                    οντες

                           V.3c καὶ καυχώμενοι ἐν
                                 Χ ρ ι σ τ ῷ ᾿Ι η σ ο ῦ [180]

(V.3d ἐν σαρκὶ πεποιθότες) V.3d καὶ ο ὐ κ ἐν σαρκὶ
                                 πεποιθότες

V.7a ἅτινα ... κ έ ρ δ η   V.7b τ α ῦ τ α   ἥγημαι διὰ τὸν
                                 Χ ρ ι σ τ ὸ ν   ζ η μ ί α ν

(V.8a γνῶσις)   V.8a διὰ τὸ ὑπερέχον τῆς γνώσεως
                                 τοῦ Χ ρ ι σ τ ο ῦ
                                 ᾿Ι η σ ο ῦ τοῦ κυρίου μου[181]

                           V.8b Χ ρ ι σ τ ὸ ν   κ ε ρ δ ή σ ω

                           V.10a τοῦ γνῶναι αὐτόν

---

179   Paulus nimmt für sich und seine Mitarbeiter in der Tat
      in Anspruch, ἐν πνεύματι θεοῦ zu dienen, d h als
      Missionare zu arbeiten (vgl. H. Köster, aaO, S. 321),
      dieser Wendung jedoch "a refutation of a similar claim
      among the opponents" (ebd, S. 321) zu entnehmen, um
      sie auf dieser Basis "in close kinship with the heretics
      of II Corinthians" (ebd, S. 321) zu sehen, heißt aber
      zu verkennen, daß die Wendung n i c h t dem βλέπετε
      τοὺς κακοὺς ἐργάτας korrespondiert, sondern begrün-
      dende Explikation des vorangehenden ἡμεῖς γάρ ἐσμεν
      ἡ περιτομή   ist; diese Interpretation H. Kösters er-
      forderte zugleich eine ausdrückliche Betonung des ἡμεῖς
      (als Gegensatz zu den 'opponents'), die im Partizip m.E.
      so nicht gegeben ist. Was Paulus vielmehr zum Ausdruck
      bringt und für sich in Anspruch nimmt, ist, d a ß er und
      seine Mitarbeiter ἐν πνεύματι θεοῦ   dienen,
      im Gegensatz zu den als κατατομή Bezeichneten, die
      das nicht tun, o h n e daß damit zugleich implizit betont
      sein m u ß, daß sie solches für sich in Anspruch nehmen.

180   Auch dieser Wendung wird man im Blick auf die Gegner
      nicht das ganze Gewicht zu geben haben, sondern in ihr
      zunächst die z w e i t e begründende Explikation des
      ἡμεῖς γάρ ἐσμεν ἡ περιτομή   sehen; das eigentliche
      R e i z w o r t im Blick auf diese folgt in der nahezu syno-
      nymen Wendung καὶ ο ὐ κ ἐν σαρκὶ πεποιθότες ,
      wie die sofortige z w e i m a l i g e Reizwortaufnahme deut-
      lich anzeigt. Auch hier empfiehlt es sich darum nicht,

V.9b   δικαιοσύνην τὴν ἐκ   V.9c   δικαιοσύνην τὴν διὰ
(V.6b)   ν ό μ ο υ   πίστεως Χ ρ ι σ τ ο ῦ

                                 V.9d   τὴν ἐκ θεοῦ
                                          δικαιοσύνην
                                          ἐπὶ τῇ πίστει

(V.12a)   ἤδη ἔλαβον)   V.12c   δ ι ώ κ ω
(V.12b)   ἤδη τετελείωμαι[182])   δὲ εἰ καὶ καταλάβω[183]

V.13a   κατειληφέναι   V.12d   (ἐφ' ᾧ καὶ)
                                          κατελήμφθην ὑπὸ
                                          Χ ρ ι σ τ ο ῦ
                                          Ἰ η σ ο ῦ

---

sogleich den Blick auf den 2 Kor zu lenken (vgl. H. Köster, aaO, S. 321); auch wäre dann etwa Röm 2,17 mit
zu bedenken.

181   Diese im Anschluß an die Wendung ὑπερέχον τῆς γνώσεως
       gefüllte Formel drängt die Vermutung auf, in ihr eine
       Kontradiktion auf die γνῶσις   der Gegner im Blick auf
       i h n e n Wichtiges zu sehen. Wird auch hier in der Regel
       in der Nachfolge R. Bultmanns (ThW I, S. 710ff) auf
       die Briefe an die Korinther verwiesen und dann V. 8
       als Kontraakzent zur gnostisch gefärbten 'Erkenntnis'
       der Gegner verstanden, so sollte doch auch der Hinweis
       A.F.J. Klijns (aaO, S. 281) nicht von vorn herein
       ausgeblendet werden, hier als Gegenüber eine Haltung zu
       erwägen, die Paulus in Röm 2,17ff charakterisiert:
       ' ... πεποιθὰς τε σεαυτὸν ... ἔχοντα τὴν μόρφωσιν
       τῆς γνώσεως καὶ τῆς ἀληθείας ἐν τῷ ν ό μ ῳ,
       zumal der Gesamttext Röm 2,17 deutlich Anklänge an
       unseren Text aufweist.

182   Auch hier zielen noch nicht V. 10f d i r e k t auf die Geg-
       ner, sondern erst V. 12 mit seinen negierten Schlag-
       worten ἤδη ἔλαβον, ἤδη τετελείωμαι   . Beide er-
       geben sich zwar s a c h l i c h aus V. 10f, begegnen dort
       aber noch nicht, sind darum also keine Reizwortaufnahme
       aus dem Vorangehenden, sondern offensichtlich polemische
       Aufnahme dessen, was die Gegner für s i c h in An-
       spruch nahmen (und wohl bei Annahme i h r e r Verkün-
       digung ihren Anhängern in Aussicht stellten). Paulus kann
       solchen Anspruch für sich nur weit von sich weisen, und
       er v e r d e u t l i c h t dies (wie könnte er es schlagender
       tun) an der Existenz des Christen als des zwar jetzt schon
       dem Tode Jesu Gleichgestalteten, aber als ein Wartender
       auf die A u f e r s t e h u n g aus den Toten. Im folgenden

Die V. 15ff bieten keine Weiterführung der polemischen Auseinandersetzung des Paulus mit den Gegnern. Es dürfte schwerlich zu bestreiten sein, daß die von Paulus den Gegnern zu-
geordneten Charakteristika – ergänzt man sie n i c h t durch
(möglicherweise a n d e r e n) Gegnern zugeordnete Epitheta
aus anderen Paulusbriefen – auf J u d e n weisen. Sich mit
dieser Auskunft zufrieden zu geben [184], hieße jedoch auf der
deskriptiven E b e n e sowohl die zweite Invektive (τοὺς
κακοὺς ἐργάτας) außer acht zu lassen als auch der von Paulus im B l i c k a u f d i e s e G e g n e r vorgenommenen Charakterisierung s e i n e r e i g e n e n Position nicht gerecht zu
werden. Paulus nimmt in geradezu provozierender Exklusivität J e s u s C h r i s t u s für seine Position in Anspruch.
Solche Argumentation aber verfehlte im Blick auf J u d e n
ihre Wirkung – solche Gegner dürften sich kaum von dieser
Argumentation in ihrem Selbstverständnis g e t r o f f e n, sondern allenfalls bestärkt fühlen –, sie verfehlte aber auch im
Blick auf eine Gemeinde, die im Begriff stünde, jüdischen
Propagandisten Gehör zu schenken, ihre Wirkung; s i e zwingt

---

steht darum auch n i c h t mehr dieser Gedanke der
noch ausstehenden Totenauferweckung im Mittelpunkt der
Auseinandersetzung, sondern der durch diesen verdeut-
lichte, d a ß er, Paulus, n o c h n i c h t a m Z i e l ist.
Es scheint mir darum erneut zweifelhaft, ob man aus dem
Vorkommen des Begriffes ἀνάστασις solche Schluß-
folgerungen im Blick auf die Gegner zu ziehen berechtigt
ist, wie dies weithin geschieht (vgl. etwa nur W. Schmithals, Irrlehrer, S. 67ff; H. Köster, aaO, S. 323f;
J. Gnilka, Kommentar, S. 215).
Wird auch im Blick auf das Verb τέλειν sogleich auf
die Korintherbriefe verwiesen, so sei dieser Hinweis
komplementiert durch den auf Gal 3,3.

183   Diese Aussage wird verdeutlichend ausgeweitet in V. 13f,
wo sich auch erneut in anderer Formulierung der 'eschatologische Ausblick' von V. 11 findet.

184   So noch nach zahlreichen Vorgängern A.F.J. Klijn.

darum zu der Einsicht, daß diese Irrlehrer jüdischer Provenienz mit dem Anspruch auftraten, Jesus Christus
(zumindest a u c h) zu verkündigen. Diesem ihrem vermeintlichen Anspruch, neben ihrem Jude-Sein und dem damit verbundenen Pochen auf die Beschneidung, der πεποίϑησις
ἐν σαρκί , ihrer δικαιοσύνη ἡ ἐκ νόμου a u c h
Christ zu sein und gerade in dieser Verbindung vollendetes
Christsein zu repräsentieren und zu vermitteln, entreißt
Paulus darum die für die Gemeinde einzig gefährliche Stütze,
diesen ihren Anspruch, christliche Missionare zu sein, indem er in radikaler Exklusivität Christus für sich, aber
gegen sie in Anspruch nimmt. Unter Zugrundelegung dieser
These erklärt sich dann auch die – sich auch schon durch ru-
higere Sprache auszeichnende – Hinwendung zur Gemeinde
(V. 13 f), in der Paulus versucht, dieser eindringlich klarzu-
machen, daß sie dieses 'Vollkommensein', das ihnen die Predigt der Irrlehrer verhieß, ausschließlich auf dem Fun-
dament des Von-Christus-Ergriffen-Seins und dem damit intentional vorgegebenen διώκειν εἰς τὸ βραβεῖον τῆς
ἄνω κλήσεως τοῦ ϑεοῦ ἐν Χριστῷ 'Ιησοῦ erreichen werden.

Textanalyse Phil 4,2-9

Mit 4,2 greift Paulus einen konkreten 'Fall' auf, der ihm
aus der philippischen Gemeinde zu Ohren gekommen ist, und
ermahnt zwei ihm offenkundig aufgrund früherer Zusammenarbeit nahestehende Frauen zur Einmütigkeit im Herrn. Gebraucht er hier die Wendung τὸ αὐτὸ φρονεῖν ἐν κυρίῳ , so
leidet es wohl keinen Zweifel, daß die hier angesprochenen
Streitigkeiten zwischen diesen beiden in der Gemeinde vermutlich in Ansehen stehenden Frauen auf dem Hintergrund der in
1,27 ff, bes. 2,1 ff thematisierten innergemeindlichen Mißstände zu sehen sind. Daß jedoch schon 2,2 "der beschwörende
Ruf zur Eintracht ... sicher auch mit Evodia und Syntyche

zu tun"[185] hatte, daß also der Apostel, als er 2,1 ff diktierte,
bereits diesen konkreten Streitfall vor Augen gehabt hätte,
erscheint sehr zweifelhaft; denn man kann weder einsichtig
machen, warum er dann nicht schon 2,1 ff – zur Konkretisierung des dort Gesagten – diesen Streit zur Sprache gebracht
hätte, noch vermag, verträte man diese These dennoch, einsichtig gemacht zu werden, warum Paulus an dieser Stelle
(4,2f) auf diesen konkreten Fall zu sprechen kommt. Deutlich
angezeigt ist durch τὸ αὐτὸ φρονεῖν ἐν κυρίῳ indessen,
d a ß diese Uneinigkeit auf dem Hintergrund von 2,1 ff zu
sehen ist [186]. Daß der Apostel noch jemanden aus der Gemeinde bittet, den beiden Frauen bei der Schlichtung ihres Streites
behilflich zu sein, zeigt, wie sehr dieser konkrete Fall ihm
angelegen ist. Hatte schon W.H. Schinz im Blick auf die weiteren Verse des 4. Kap. betont, sich nunmehr kurzfassen zu
können, da ihnen bezüglich der Beschreibung der Gemeinde nichts
Wesentliches zu entnehmen sei, so kann dies nur bestätigt werden. Könnte sich auch aufgrund der Beobachtung, daß 4,2f
auf demselben situativen Hintergrund wie 1,27ff, bes. 2,1ff
zu sehen sind, die Überlegung nahelegen, daß dann auch der in
4,4 erneuerte und durch Wiederholung verstärkte Aufruf zur
Freude, wie schon in 2,18 und 3,1, auf dem Hintergrund der
Situation des Leidens zu sehen sei, so ist doch zweierlei zu
bedenken: Auch dieser Notiz des Apostels bezüglich dieses
konkreten Streitfalles kann wenig Erhellendes im Blick auf eine genauere Beschreibung der hier zugrunde liegenden innergemeindlichen Mißstände entnommen werden (so daß diese
Verse auch hinsichtlich der V. 2,1 ff keine zusätzlichen Er-

---

185   J. Gnilka, Kommentar, S. 105. Vgl. dagegen G. Fried-
       rich, Kommentar, S. 167.

186   Vgl. etwa K. Barth, Kommentar, S. 116; G. Friedrich,
       Kommentar, S. 167.
       Bezüglich der aus dieser Beobachtung sich ergebenden
       Konsequenzen vgl. unten S. 297ff, bes. 310ff.

kenntnisse zu liefern vermögen); zum anderen lehrt ein Vergleich mit den anderen Schreiben des Paulus, insbesondere
mit dem 1. Thessalonicherbrief, daß sowohl dieser erneute Aufruf zur Freude als auch die nachfolgenden Ermahnungen am
Ende der paulinischen Briefe ihren festen Platz haben konnten, so daß ihnen dann keine "aktuelle, sondern usuelle
Bedeutung " beizumessen wäre [187]. In der Tat erweist eine
Analyse der nachfolgenden Verse 4,4-9, daß es nicht gelingen
will, ihnen konkrete, in der aktuellen Situation der Gemeinde begründete Hinweise zu entnehmen. Daß dieser allgemeinen Paränese indessen ein besonderes Gepräge aufgrund
der zuvor angesprochenen Aspekte der inneren und äußeren
Gemeindesituation zukommt, soll damit nicht bestritten werden.
Ebensowenig lassen sich jedoch aus diesen Versen zwei Briefschlüsse herausschälen [188]. Paulus hat mit 4,1 den gegen
die in Philippi auftretenden Irrlehrer gerichteten Briefteil
abgeschlossen. Mit 4,2f greift er einen ihm zu Ohren gekommenen akuten Streitfall auf und reiht hieran verschiedene, nicht
situationsspezifische, d h situationsbedingte, Ermahnungen sowie diese begründende Motivierungen (vgl. V.5b) an [189].
Wie V. 7 nicht als Schlußwunsch zu werten, "sondern die
göttliche Verheißung auf die Mahnung von V.6 ist" [190], so
leitet auch τὸ λοιπόν in V. 8 nicht einen gegenüber V. 4-7
verschiedenen Briefschluß ein, sondern fügt die im Vergleich
zu den in 4,4-7 enthaltenen, zwar nicht situationsgeprägten,

---

187   M. Dibelius, Die Formgeschichte des Evangeliums,
      S. 239.

188   Jedenfalls dann nicht, wenn nicht zuvor die These von
      der Briefteilung bereits feststeht und man nun nur noch
      auf der Suche nach diese These stützenden 'Beweisen' ist.

189   Zur Struktur dieser Verse unter diesem Gesichtspunkt von
      'Indikativ und Imperativ' vgl. O. Merk, Handeln aus
      Glauben, S. 194ff.

190   O. Merk, ebd, S. 195.

aber doch konkreten [191] Mahnungen sich doch wiederum durch ihren allgemeineren Charakter abhebende "mehr" 'summarische(n) Paränese'" [192] an (4,8). Mit Verweis auf seine Missionspredigt und sich selbst fordert der Apostel die Gemeinde noch einmal auf, dem von ihm Gehörten und an ihm selbst Wahrgenommenen zu entsprechen, und mit dem anschließenden Segenswunsch beendet Paulus diese allgemeine Paränese [193].

Textanalyse Phil 4,10-23

Mit V. 10 ff schließt er dann noch einen inhaltlich selbständigen Abschnitt an [194], der die von Epaphroditus dem Apostel überbrachte Gabensammlung der Gemeinde zum Thema hat [195]. Beginnt er mit der Versicherung, daß er sich s e h r gefreut habe (ἐχάρην δὲ ἐν κυρίῳ μεγάλως), so ist doch immer wieder die diesen Abschnitt deutlich kennzeichnende "apostolische Sachlichkeit" [196] hervorgehoben worden, und C. Hol-

---

191   Vgl. W. Schrage, Die konkreten Einzelgebote in der paulinischen Paränese, S. 37 ff, bes. S. 45.

192   O. Merk, Handeln aus Glauben, S. 197; vgl. W. Schrage, ebd, S. 44 Anm. 131, der gegen A. Vögtle, Die Tugend- und Lasterkataloge im Neuen Testament, NTA 16,4/5. H., Münster 1936, S. 49, betont, daß die Tatsache, "daß Phil 4,8 sich in den Zusammenhang einfügt, ... doch wohl kaum als Begründung für einen Bezug auf die Briefsituation zu verstehen" sei.

193   Vgl. M. Dibelius, Die Formgeschichte des Evangeliums, S. 239 ff.

194   Vgl. J. Gnilka, Kommentar, S. 172.

195   Zu den mit diesem Abschnitt verbundenen literarkritischen Fragen vgl. unten S. 297 ff, bes. 310 ff.

196   J. Gnilka, Kommentar, S. 172; ähnlich betont auch K. Barth, Kommentar, S. 126, die "Sachlichkeit und Überlegenheit" dieses Abschnittes; O. Merk, Handeln aus Glauben, S. 187 Anm. 86, kennzeichnet ihn als "eher geschäftsmäßig kühl als herzlich".

stens Charakterisierung als 'dankloser Dank' wurde seitdem
häufig genug wiederholt [197]. Diesen soeben skizzierten Eindruck erweckt zum einen die Tatsache, daß "das Wort 'Dank'
nicht fällt" [198]; darüber hinaus tragen auch die V. 11 ff zu ihm
bei, in denen Paulus "in einer Parenthese mit stoischer Aus-
drucksweise" seine "apostolische(r) Freiheit" [199] beschreibt,
exklusiv begründet in dem den V. 12 zusammenfassenden V. 13:
πάντα ἰσχύω ἐν τῷ ἐνδυναμοῦντι με. Nicht zuletzt freilich
wird dieser Eindruck kühler Sachlichkeit hervorgerufen dadurch, daß der Apostel die ja schon mehrfach ihm erwiesene
Unterstützung durch diese Gemeinde "mit dem geschäftlichen
Vorgang der Kontoaufrechnung im Geben und Nehmen" [200] ver-
gleicht (V. 15-17). Auch V. 18a ist von dieser "geschäft-
liche(n) Begrifflichkeit" [201] geprägt. Paulus 'quittiert' den
Empfang der von Epaphroditus überbrachten Gabensammlung [202].
Mit Recht wird man zudem diesem Vers entnehmen müssen,
"daß Paulus zuvor noch nicht schriftlich die Geldspende bestä-
tigte" [203]. Daß man jedoch dem Apostel und seiner mit diesem
Abschnitt verbundenen Intention nicht gerecht würde, wenn man
in ihm "das Bild vom 'undankbaren Apostel'" [204] meinte finden

---

197 So C. Holsten, Der Brief an die Philipper. Eine exegetisch-kritische Studie, Teil II. Kritik des Gedankeninhaltes des Briefes, Jahrbücher für Protestantische Theologie 2, 1876, S. 164; vgl. nur etwa G. Bornkamm, aaO,
S. 198; J. Gnilka, Kommentar, S. 173; J. Ernst, Kommentar, S. 118.

198 G. Bornkamm, aaO, S. 198.

199 O. Merk, Handeln aus Glauben, S. 198.

200 Ebd, S. 199.

201 J. Gnilka, Kommentar, S. 179.

202 Vgl. J. Ernst, Kommentar, S. 120: "Mit den gleichen
Worten wurden in der Antike Geschäftsquittungen ausgestellt."

203 J. Gnilka, Kommentar, S. 179.

204 Diese Wendung ist entnommen: O. Merk, Handeln aus
Glauben, S. 187 Anm. 86, ohne daß O. Merk diesen Abschnitt so kennzeichnete!

zu können und müssen, machen die letzten Sätze dieses Abschnittes deutlich. In gewisser Weise ist 4,10-20 vergleichbar
der im 1. Kap. gegebenen Auskunft über des Apostels eigenes
Geschick (1,12ff). Wurde auch dort die 'Sphäre der zwischenmenschlichen Beziehungen' und der auf sie abzielenden Fragen
auf ein Minimum reduziert, um exklusiv der theologisch einzig
relevanten Seite dieser Angelegenheit Platz zu machen (nämlich der Frage nach den Auswirkungen dieser seiner Haft auf
die Verkündigung des Evangeliums), so klingt in diesem Abschnitt diese 'zwischenmenschliche' Seite zwar deutlich ver-
nehmbar, aber nur kurz in 4,10.14 an, um auch hier   d e m
Platz zu machen, worauf es eigentlich ankommt: Diese ihm,
dem Apostel, von der Gemeinde in sorgender Liebe zugedachte
Gabensammlung - die ihn darum sehr gefreut hat [205] und die
er als Anteilnahme und Anteil h a b e an seinem Leiden wertet (vgl. 1,7) - kommt letztlich und eigentlich der   G e m e i n d e
selbst zugute; erweist sie sich doch "bei der Kontoabrechnung
am jüngsten Tag" als reichliche und segensreiche "Frucht
für die Geber"; und weil letztlich "diese Gabe ... nicht für
ihn (den Apostel), sondern für Gott ein wohlgefälliges Opfer
(ist), (gilt) solchem Handeln ... die Verheißung Gottes: Er
wird den Philippern all ihren Mangel mit seinem Reichtum in
Herrlichkeit, bei der Vollendung in der himmlischen Doxa, aus-
füllen." [206] Wird man darum in diesen Abschnitt zwar die ihm
n i c h t eignende "Herzlichkeit des Dankens" [207] nicht hinein-
lesen dürfen und können, so träfe auch nicht das (moralische)
Werturteil vom undankbaren Apostel; beides hieße, die prinzipielle,

---

205   Vgl. die Textanalyse zu 1,12ff oben S. 229ff und
      zu 2,2 bes. S. 241 f.

206   O. Merk, Handeln aus Glauben, S. 199f.

207   So W. Schmithals, Irrlehrer, S. 57; ähnlich G. Born-
      kamm, Der Philipperbrief als paulinische Briefsamm-
      lung, S. 198; W. Marxsen, Einleitung, S. 65; A. Suhl,
      Paulus und seine Briefe, S. 159.

und das heißt für Paulus: theologische Ebene seiner Argumentation auch bezüglich dieser Sache nicht zur Kenntnis zu nehmen und zu respektieren.

Hatte Paulus bereits den Brief mit 4,4-9 eigentlich mehr oder weniger zum Abschluß gebracht, so folgen nun lediglich noch die Grüße, vorangestellt die eigenen mit dem ausdrücklichen Hinweis, daß sie an jeden einzelnen gerichtet sind, gefolgt von denen der Brüder, die bei ihm sind, und denen der Heiligen, d h der Ortsgemeinde [208], von denen wiederum besonders 'die aus des Kaisers Hause' hervorgehoben werden. Mit dem Wunsch um 'die Gnade des Herrn Jesus Christus' beschließt Paulus diesen Brief an die Philipper.

---

208   Vgl. G. Friedrich, Kommentar, S. 174; J. Gnilka,
       Kommentar, S. 182.

IV. Zusammenfassung und abschließende Erwägungen

A. Zur Analyse des Philipperbriefes

Die stetige Rückfrage nach einem möglichen Bezug auf und der Geprägtheit durch den situativen Kontext als methodisch wesentlicher Aspekt der vorangehenden Textanalyse hat unter – ebenfalls methodisch zunächst einzig legitimen – möglichster Nichtbeachtung a priori getroffener Entscheidungen literarkritischer Art – allerdings zunächst in kritischer Sympathie [1] gegenüber dem Anspruch des uns überlieferten Philipperbriefes, eine literarische Einheit zu sein [2] – häufiger zu einem Textverständnis geführt, das von bisherigen Textauslegungen mehr oder weniger stark abweicht.

So wurde versucht, begründet nachzuweisen, daß sich die besondere Klangfarbe des Proömiums des Philipperbriefes, d h der sich in seinem Inhalt aussprechende Überschwang an Gefühl der Dankbarkeit und Verbundenheit des Apostels, gegenüber dieser Gemeinde, befriedigend nur darin erklärt, daß der Apostel diesen Brief noch unmittelbar unter dem Eindruck des Überwältigtseins, den ein solcher Liebesbeweis in seiner besonderen Situation als Gefangener in ihm hervorruft, beginnt. Dies bedeutet dann aber auch, daß diese Verse n i c h t ohne weiteres Rückschlüsse auf die innere Gemeindesituation zulassen [3], denn andernfalls höbe man zugleich den d i e s e Ver-

---

1 Vgl. dazu ausführlicher unten S. 303 ff.

2 Dies hat dann zur Konsequenz, nicht a priori auszublenden, daß Phil 1,1 ff die erste Antwort auf eine im Brief selbst anklingende und später ausdrücklich thematisierte Situationskomponente, die Liebesgabe der Gemeinde, sein kann.

3 Hier sei noch einmal an die seit W.H. Schinz immer wieder angeführten 'ausgezeichneten Lobsprüche' erinnert.

se prägenden besonderen Situationsaspekt, nämlich das
Eintreffen der Liebesgabe, auf und abstrahierte von ihm auf eine nüchterne Reflexion des Paulus über diese Gemeinde und
ihre innere Verfassung. Dem aber steht dieses Proömium
entschieden entgegen.

Steht zwar auch der nachfolgende Abschnitt 1,12-26 unter diesem durch die Liebesgabe angezeigten Situationsaspekt, insofern als in ihr die sorgenvolle Anfrage nach dem Geschick des
Apostels unüberhörbar - und wohl auch mündlich durch Epaphroditus ausgesprochen - laut wurde und auf eine Antwort
seitens des Apostels drängte, so ist doch dieser Abschnitt deutlich von der Intention geprägt, der nach seinem persönlichen
Geschick fragenden Gemeinde d a s deutlich zu machen, was
christliche Existenz primär oder gar für Paulus exklusiv bestimmt: Zeugenschaft im Dienst der προκοπὴ τοῦ εὐαγγελίου
τοῦ Χριστοῦ (1,12). Stand seine bisherige Haft für ihn darum
ausschließlich unter dieser Fragestellung (1, 12-18), so gilt
dies in gleicher Ausschließlichkeit auch für das, was ihm die
Zukunft im Blick auf seine derzeitige Lage als Gefangener be-
scheren möge. Insofern die Aussagen in 1,19ff diese den gesamten Abschnitt regierenden Gedanken funktional in nicht zu
überbietender Intensität zum Ausdruck bringen wollen, befrag-
te man sie g e g e n ihre Aussageintention, läse man aus ihnen
einen Hinweis auf das von Paulus zur Zeit ihrer Abfassung er-
wartete Prozeßende heraus. Ihren vollen Sinngehalt erfährt
diese exklusiv auf des Apostels Existenz als Z e u g e des
Evangeliums zugeschnittene Profilierung der eigenen Situation
als Gefangener um des Evangeliums willen durch den anschließenden Abschnitt 1,27ff, in dem Paulus nunmehr auf die Lage
der Adressatengemeinde zu sprechen kommt und diese als eine
solche der äußeren Bedrückung, des L e i d e n s u m C h r i s t i
w i l l e n , kennzeichnet [4]. In besonderer Weise ergab sich für

---

4 Näherhin sei auf den anschließenden Versuch einer Skizzierung des situativen Kontextes des Philipperbriefes unten
   S. 289 ff verwiesen.

das Verständnis von 2,2 , daß auch die in ihm enthaltene Bemerkung, des Apostels Freude v o l l zu machen, nicht in
der Weise interpretiert werden darf, als seien es lediglich minder gewichtige Adiaphora, auf die Paulus dieser eigentlich
völlig zufriedenstellenden Gemeinde gegenüber nun zu sprechen
kommt [5], sondern daß Paulus die Gemeinde mit dieser Wendung 'abholt', sie b e h a f t e t bei ihrem eigenen, durch die
Gabensammlung bekundeten Wunsch, ihrem Apostel F r e u d e
zu bereiten; d h diese Bemerkung dient nicht der R e l a t i -
v i e r u n g , sondern der I n t e n s i v i e r u n g der ausgesprochenen Ermahnung.
Im Blick auf den Christushymnus 2,6-11 ergab die kontext-
bezogene Analyse, daß er von Paulus intentional in diese Situation der Bedrückung der Gemeinde hineingesprochen ist, um ihr
mit Hilfe dieses das Evangelium in nuce, d h aber: theologia
crucis, beinhaltenden Bekenntnisses in Erinnerung zu bringen,
daß ihre Situation, d h das gehorsame Annehmen des Leidens
um des Evangeliums willen, s o l c h e r Botschaft und solchen
Bekenntnisses konform ist.
Hinsichtlich der Ausführungen 2,12 ff ergab sich bezüglich ihres
Verständnisses die weitreichende Konsequenz, daß sie als nunmehr den Christushymnus argumentativ verwertende und zugleich abschließende Wiederaufnahme des die Situation der Gemeinde ansprechenden Abschnitts 1,27 ff zu verstehen sind,
den Paulus damit beschließt, daß er der Gemeinde, diese noch
einmal dadurch motivierend, s e i n e eigene, keine Grenze
kennende Bereitschaft im Dienst dieses Evangeliums signalisiert
und mit einem erneuten Aufruf zur Freude beendet.
Im Blick auf den Abschnitt 2,19-30 ist besonders hervorzuheben,
daß die Mitteilung über Epaphroditus eine zeitliche Differenz

---

5 Sowohl J. Ernst, Kommentar, S. 63 : "Paulus mahnt nicht
   aus Sorge, er möchte vielmehr, daß seine Freude noch zu-
   nehme ...", als auch etwa J. Gnilka (vgl. Kommentar, S.
   104) neigen unverkennbar zu dieser Interpretation.

dieses Abschnitts zu Phil 1,1ff von einigen Wochen oder gar
Monaten voraussetzt und damit eine Naht innerhalb dieses Briefes anzeigt. Diese Naht läßt sich zwischen 2,24 und 2,25 [6]
vermuten. Zum anderen erweist dieser Abschnitt nicht allein
die Möglichkeit eines regen Nachrichtenaustausches zwischen
Philippi und dem Ort der Gefangenschaft des Apostels, sondern
auch die Tatsache, daß ein solcher stattgefunden hat.
In bezug auf das 3. Kap.[7] ergab sich aufgrund der Textanalyse, daß allein 3,2-14 die Auseinandersetzung mit den 'Irrlehrern des Philipperbriefes' beinhaltet und darum im Blick
auf die deskriptive Erfassung dieser Gegner auszuwerten ist;
daß Paulus sich in V.15f mit 'innergemeindlicher' Wirklichkeit auseinandersetzt, mit V. 17 die gesamte Paränese von
3,2 an zusammenfassend abschließt. Da er hier jedoch außer
auf sich selbst als Beispiel auch auf solche verweist, die so
wandeln, wie die Gemeinde   i h n   als Vorbild hat, begründet
er die Notwendigkeit und Berechtigung dieser eingrenzenden
Bemerkung e contrario am Wandel der 'Vielen', von denen
er ihr gegenüber schon oft gesprochen hat.   In Kap. 4 erweisen sich lediglich die V. 2f sowie der 'danklose Dank' für
die durch Epaphroditus überbrachte Liebesgabe als durch den
spezifischen situativen Kontext   d i e s e r   Gemeinde geprägt.

B.   Versuch einer Skizze des situativen Kontextes
      des Philipperbriefes [8]

Der gefangene Paulus erhält von der philippischen Gemeinde
eine Gabensammlung, die der Philipper Epaphroditus über-

---

6 Vgl. auch unten S. 314 f.

7 Auch hier sei näherhin auf die Skizze des situativen Kontextes sowie die abschließenden Erörterungen der mit dem
   Brief verbundenen literarkritischen Fragen verwiesen.

8 Eine Auseinandersetzung mit A. Suhls Skizze der "Brief-

bringt, wohl mit dem zusätzlichen Auftrag versehen, "bei Paulus (zu) bleiben und ihm während der Gefangenschaft als Gehilfe zur Verfügung (zu) stehen" [9]. Wohl als selbstverständlich
vorausgesetzt werden darf, daß dieser dem gefangenen Apostel
auch einen Bericht über die Lage der Gemeinde gibt. Paulus
beginnt unmittelbar nach dem Eintreffen des Epaphroditus mit
der Gabensammlung dieses Schreiben; dieser Aspekt der
(unverhofft?) eingetroffenen Liebesgabe erweist sich innerhalb
des komplexen situativen Kontextes im Blick auf das Proömium
als dominant. Mit 1,12ff erteilt zwar der Apostel die dieser
Gemeinde schuldige authentische Auskunft über seine Lage,
doch geschieht dies offenkundig, wie sich aus 1,27ff ergibt,
bereits intentional mit Blick auf die die philippische Gemeinde
selbst dominant kennzeichnende Situation: Bezüglich dieser läßt der Abschnitt 1,27ff deutlich erkennen, daß die Philipper der Bedrängnis durch 'Widersacher', d h durch heidnische Mitbürger, ausgesetzt sind; eine Situation, die Paulus
als ein Leiden für Christus kennzeichnet. Dabei zeigt
die sprachliche Formulierung dieses Sachverhalts deutlich an,

---

situation des Phil" (Paulus und seine Briefe, S.144ff) führt
nicht weiter, da diese – wie mehrfach gezeigt – methodisch
bedenklich ist, weithin zunächst als Hypothesen eingestandene
Vermutungen zur Basis weiterer Argumentation macht, und
ihr Verfasser aufgrund unzutreffender Folgerungen zu nicht
begründeten Ergebnissen gelangt. A. Suhl vertritt die These,
daß zwar Epaphroditus dem Apostel von der philippischen
Gemeinde berichtete, jedoch noch nicht von den 'Widersachern'. Die Nachricht von deren Auftreten sei vielmehr erst
auf dem Wege, auf dem auch Epaphroditus davon erfuhr, daß
die Gemeinde von seiner Erkrankung gehört hatte, Paulus zu
Ohren gekommen. Diese 'Widersacher' seien nun diejenigen,
die die Nachricht sowohl von der Gefangenschaft des Paulus
als auch der Erkrankung nach Philippi brachten, d h sie waren Leute aus Ephesus. Genauer erkennt Suhl in ihnen Juden,
die sich aufgrund der Predigt des Paulus bekehrt hatten, jedoch nach der Gefangensetzung des Apostels aus Furcht erneut
den Anschluß an die Synagoge gesucht hatten, jetzt nach Philippi gezogen sind und den dortigen Christen anraten, das
gleiche zu tun.

daß Paulus sich darüber im klaren ist, hier im Blick auf die
Leser keine Selbstverständlichkeit, sondern einen höchst über-
raschenden, wenn nicht gar befremdlichen Gedanken zum Ausdruck zu bringen [10]:   Ihnen ist es verliehen, d h sie sind
der Gnade teilhaftig geworden, um Christi willen – nicht allein
an ihn zu glauben, sondern auch – zu leiden. E. Lohmeyers
These, hier spreche ein Märtyrer zu Märtyrern, hat sich mit
Recht nicht durchgesetzt. Es geht nicht an, wie gerade die
sprachliche Formulierung in 1,29 erweist, "mit großer Unbefangenheit bei den Christen in Philippi ein gewissermaßen
'komplettes' Märtyrerbewußtsein ... voraus(zu)setzen" [11].
Ebenso wird man jedoch nicht dem Text gerecht, nun gewissermaßen als Reaktion auf E. Lohmeyers These im Blick auf
1,27ff zu erklären, es könne "sich doch nur um relativ harm-
lose Anfeindungen der Gemeinde handeln, wie sie vermutlich
nirgends ausblieben" [12]. Ist diesen Versen n i c h t der Grad
der Intensität der Anfeindungen zu entnehmen, denen die Gemeinde ausgesetzt ist, so weisen sie doch deutlich aus, daß
Paulus diese Situation ernst nimmt; er läßt die Philipper spüren, daß er jedenfalls weit davon entfernt ist zu bagatellisieren.

Entscheidender als das 'Daß' solcher äußeren Bedrängnis erweist sich in den Augen des Apostels zunächst die innere Verfassung der philippischen Gemeinde. Von ihr hängt es maßgeblich ab, wie sie in diesem Kampf für das Evangelium bestehen wird. Kann diese ihre i n n e r e Situation n i c h t
in konkreten Konturen nachgezeichnet werden, da der Text solche Konkretisierung nicht zuläßt, und muß auch die Frage offen-

---

9   G. Friedrich, Kommentar, S. 128; vgl. auch J. Gnilka,
    Kommentar, S. 161 Anm. 29.

10 Vgl. N. Walter, Die Philipper und das Leiden, S. 424 ff.

11 N. Walter, ebd, S. 433.

12 So R. Bultmann in seiner Besprechung des Kommentars
    von E. Lohmeyer, DLZ 51, 1930, Sp. 777.

bleiben, ob diese Streitigkeiten innerhalb der Gemeinde direkt
mit der äußeren Situation der Bedrückung zusammenhängen,
sich also als eine Folge erweisen, oder aber ob sie, zwar unabhängig von ihr [13], sich in dieser für die Gemeinde bedroh-
lichen äußeren Lage umso nachteiliger auswirken, so ist jedoch
auch hier aufgrund der Intensität, in der Paulus auf diese innergemeindlichen Mißstände zu sprechen kommt, zu betonen, daß
es sich nicht lediglich um Belanglosigkeiten handeln kann [14].

Im Anschluß an den Christushymnus kommt Paulus erneut auf
diese komplexe (innere, durch Mißstände, und äußere, durch
Bedrückung geprägte) Gemeindesituation zurück, nun deutlicher
als zuvor die innere Einstellung und Haltung der Gemeinde dieser Situation des Leidens gegenüber in den Blick nehmend. Aus
diesen Versen erhellt, daß mit N. Walter [15] ein gewisses Un-
verständnis oder gar ein Widerspruch gegenüber dieser Situation zu konstatieren ist, eine Haltung, der Paulus schon intentional durch den Hinweis auf sein eigenes Beispiel 1,12-25 zu weh-
ren bemüht ist, sodann in 1,29, indem er darauf verweist, daß solches
Leiden von Gott geschenkte χάρις ist, vor allem aber dadurch,

---

13   Vgl. unter Voraussetzung d i e s e r Annahme die anspre-
     chende Vermutung O. Merks, Handeln aus Glauben, S. 177 f.

14   Objektiv dieselbe Situation wie später in 3,2 ff anzunehmen
     und die 'Zurückhaltung' des Paulus an dieser Stelle auf
     mangelnde Information zurückzuführen, scheint mir durch
     nichts im Text angedeutet zu sein; vgl. zu dieser These
     von W. Schmithals, Irrlehrer, S. 54, auch G. Friedrich,
     Die Gegner des Paulus im 2. Korintherbrief, in: Abraham
     unser Vater, FS f. O. Michel, AGSU 5, Leiden 1963,
     S. 189. Können w i r dem Text die ihm zugrunde liegen-
     de, ihn motivierende und prägende Gemeindesituation nicht
     mehr entnehmen, so gilt doch die Einsicht C. Holstens,
     daß der Gemeinde, an die Paulus dieses Schreiben richtet,
     "jedes Wort, jede Anspielung, alles, was steht und nicht
     steht, Leben und Verständniss ist" (C. Holsten, aaO, S. 493).

15   Vgl. oben S. 291 Anm. 10.

daß er mit Hilfe des Christushymnus der Gemeinde erinnernd
vor Augen hält, daß "das Kreuz ... auch die Existenz des Christen in der Geschichte (prägt)"[16], daß mithin Zeugenexistenz
allein als Existenz im Schatten des Kreuzes möglich, diese darum aber von Gott verliehene χάρις ist, erweist sich doch
hierin ihre σωτηρία.

Nachdem der Apostel den Besuch seines engsten Mitarbeiters
Timotheus angekündigt und seinen eigenen in Aussicht gestellt
hat, bricht der Brief ab – wie die anschließenden Verse vermuten lassen, infolge der Erkrankung des Epaphroditus, die diesen nach den Worten des Paulus an den Rand des Grabes bringt.
Nach dessen Genesung – die Erleichterung hierüber ist den Worten des Apostels deutlich zu entnehmen und läßt, ohne hier
psychologisch ausdeuten zu wollen, zugleich die Sorge und An-
spannung erahnen, die während der Zeit der Krankheit zusätzlich auf ihm lastete – berichtet er der Gemeinde sogleich von
der glücklichen Genesung ihres Abgesandten; offenkundig aber
ist dieser Bericht geprägt von Nachrichten, die Paulus aus
Philippi zu Ohren gekommen sind und die eine gewisse Unzufriedenheit und Kritik an der Erfüllung des zusätzlichen Auf-
trages des Epaphroditus und, damit verbunden, eine gewisse
Reserve gegenüber dem Ernst der Nachricht von jener Erkrankung beinhalteten. Eine völlig andere Gemeindesituation spricht
sich im 3. Kap. aus. Mit J. Gnilka u.a. erklärt sich die
scharfe Sprache des Apostels und – dies ist hinzuzufügen –
vor allem die Intensität der Auseinandersetzung mit diesen Gegnern nur unter der Voraussetzung, daß der Apostel "vom Einbruch der Häresie in die Gemeinde (gehört hat), und zwar nicht
bloß als einer drohenden Möglichkeit, sondern als einer bereits
eingetretenen Tatsache"[17]. Da diese Häretiker n i c h t mit

---

16 G. Eichholz, Bewahren und Bewähren, S. 153.

17 J. Gnilka, Kommentar, S. 8. In seinem in "Die Kirche
    des Anfangs. Für Heinz Schürmann" erschienenen Beitrag
    "Die Zukunftserwartung nach dem Philipperbrief" scheint

den 'Widersachern' in 1,28 identifiziert werden können, bieten die Kap. 1 und 2 noch keinen Hinweis auf diese Situationsveränderung; sie kann Paulus darum erst n a c h Abfassung
der beiden ersten Kap. bekanntgeworden sein. Aufgrund der

G. Baumbach (vgl. oben S. 218ff) diese Aktualität der
hier ausgesprochenen Warnung zu bestreiten und somit
auch die in seinem Aufsatz "Die von Paulus im Philipperbrief bekämpften Irrlehrer" vertretene Position in dieser
Frage grundsätzlich zu revidieren. Er erkennt nun, daß
Kap. 3 im Gegensatz zu den Kap. 1-2 und 4, in denen
"die Situation des Apostels und seiner Gemeinde k o n k r e t
geschildert und die Herzlichkeit des gegenseitigen Bezie-
hungsverhältnisses deutlich erkennbar wird, ... die im
3. Kapitel gemachten Aussagen recht allgemein und geradezu s i t u a t i o n s l o s (wirken)" (S. 445, Hervorhebungen
von mir). Hat d i e s e (?) Beobachtung mit einer gewissen Berechtigung immer wieder Anlaß gegeben, die Teilung des Briefes zu propagieren, aber auch "die Forschung
zu einer Fülle von unterschiedlichen Hypothesen über die
hier gemeinten 'Irrlehrer' inspiriert", so stellt er demgegenüber die Frage, "ob sich diese U n k o n k r e t h e i t
und S i t u a t i o n s l o s i g k e i t nicht f o r m g e s c h i c h t -
l i c h erklären" lasse (S. 445; Hervorhebungen von mir).
Zum einen die These G. Bornkamms aufgreifend, daß
"sich in den meisten neutestamentlichen Briefen" ein
"'formgeschichtliches Gesetz'" aufzeigen lasse, "wonach
'die Ankündigung von Pseudopropheten und Irrlehrern und
die Warnung vor ihnen sehr häufig am Ende einzelner Schriften und Schriftabschnitte begegnet'", zum anderen den
Behauptungen von V. Furnish, bzw. B.D. Rahtjens zustimmend, "daß wir in Phil 3-4 'an extended postscript'
vor uns haben, das zudem an das 'classical pattern of the
testament of a dying father to his children' erinnert"
(S. 445), kommt er zu der Schlußfolgerung: "Wenn 'das
Auftreten von Irrlehrern ein Signum der Endzeit' ist und
hier ein 'formgeschichtliches Gesetz' vorliegt, dann kann
der außerordentlich schroffe Ton in 3,2 nicht überraschen
und bedarf keiner psychologischen Erklärungen oder Teilungshypothesen. Die mangelnde Konkretheit der Ausführungen von Kap. 3 wäre dann kein Zufall. Daraus ergibt
sich als Folgerung: Paulus will hier nicht historisch ge-
treu seine Opponenten schildern, sondern die eschatologische Gefährdung seiner Gemeinde zum Ausdruck bringen,
die dieser durch Irrlehrer droht und deren sie sich offensichtlich noch gar nicht bewußt geworden ist" (S. 445).
Wird im Blick auf die e i n e Intention G. Baumbachs, die
Integrität des Briefes zu verteidigen, zu sagen sein, daß

in der Textanalyse gewonnenen Einsicht, daß allein 3,2-14
die (an die Gemeinde gerichtete) Auseinandersetzung mit den
Gegnern beinhalten, darum auch nur aus ihnen deren deskriptive
Beschreibung erfolgen darf, sind diese Häretiker als Missionare jüdischer Provenienz zu beschreiben, deren hervorstechenden Charakteristika ihre Betonung der Beschneidung und
anderer jüdischer Prärogative, von Paulus global zusammengefaßt als πεποίθησις ἐν σαρκί unter Hervorhebung der
δικαιοσύνη ἡ ἐκ νόμου sind. Zugleich müssen sie jedoch
auch den Anspruch geltend gemacht haben, Christus zu verkündigen, ja gerade in dieser Verbindung vollendetes Christsein zu repräsentieren und zu vermitteln, da andernfalls die
provozierende Exklusivität, mit der Paulus Jesus Christus
für seine Argumentation in Anspruch nimmt, diesen Gegnern
gegenüber ihre Wirkung verfehlen müßte. Daß die Predigt der
Irrlehrer bereits nicht mehr gänzlich ohne Erfolg war, darauf
verweisen 3,15f, in denen der Apostel solche in der Gemeinde anredet, die sich offensichtlich schon als τέλειοι
fühlen [18]. Offenkundig auf dem Hintergrund von 2,1ff ist der
Streit zwischen zwei in der Gemeinde vermutlich in Geltung
stehender Frauen zu sehen, auf den Paulus in 4,2f zu sprechen kommt. Schärfere Konturen dieses konkreten Streitfalles

---

dies ein Versuch mit untauglichen Mitteln ist, da die Annahme einer prophylaktischen Warnung (und nur eine solche hätte keine Situationsveränderung von Kap. 3
gegenüber Kap. 1 und 2 zur Folge) weder der Schärfe der
abrupt einsetzenden Warnung noch der Intensität und Häufung der Kontradiktionen innerhalb der Polemik gerecht
wird; so ist bezüglich seiner Äußerungen im Blick auf die
von Paulus ins Auge gefaßten Gegner zu fragen, ob sich
nicht an dieser Stelle bei G. Baumbach die Resigna-
tion ausspricht, die er in seinem früheren Beitrag zu dieser Frage W.G. Kümmel zuschrieb (vgl. G. Baumbach,
Die von Paulus im Philipperbrief bekämpften Irrlehrer,
S. 298).

18   Vgl. etwa G. Bornkamm, Der Philipperbrief als paulinische Briefsammlung, S. 200 Anm. 21.

und somit auch eventuelle 2,1 ff erhellende Rückschlüsse lassen allerdings auch diese Verse nicht zu.

4,10 ff ist erneut dominant von dem Situationsaspekt der eingetroffenen Gabensammlung geprägt, wenngleich Paulus hier
stärker die theologische Profilierung dieses Tuns – im Unterschied zu der mehr 'zwischenmenschlichen Ebene', die diesem
Situationsaspekt ja auch eignet (vgl. 1,3 ff) – in den Vordergrund rückt. Hinzuzufügen ist schließlich, daß die Textanalyse
keinen Anlaß bot, eine Veränderung der Situation des Paulus,
die der Text des Briefes erkennen ließe, d h dessen eventuelle
Freilassung aus der Haft, im Blick auf 3,2 ff anzunehmen. Hier
ist nicht nur W.G. Kümmel [19] zuzustimmen, der bemerkt:
"Daß 3,2–4,3 keine Gefangenschaft des Paulus voraussetze,
läßt sich erst nach A u s l ö s u n g des Textes aus dem Zusammenhang behaupten", sondern es ist auch festzustellen, daß
überhaupt erst die Suche nach Argumenten zugunsten der Behauptung, 3,2 ff seien ein selbständiger Brief und (möglicherweise) nicht mehr aus der Haft geschrieben, die Frage intendiert, warum der Apostel etwa 3,10 ff keine Bemerkung bezüglich seiner Gefangenschaft verlauten läßt [20]. Es stellt sich
darum sachgemäß die Frage, welchen argumentativen Wert und
welche im Zusammenhang dieses Kapitels sachdienliche Intention eine solche Notiz hätte haben sollen.

---

19 W.G. Kümmel, Einleitung, S. 293; ähnlich auch J. Ernst,
    Kommentar, S. 30.

20 Vgl. G. Bornkamm, aaO, S. 199, bes. S. 199 Anm. 19.
    A. Suhl gesteht zwar im Blick auf die Feststellung, daß
    "von einer Fortdauer der Gefangenschaft" in 3,1b–4,10
    nichts verlaute, ein, daß freilich ebensowenig von einer er-
    folgten Freilassung ausdrücklich die Rede sei, kommt dann
    jedoch ohne weitere Begründung zu der Bemerkung : "Mit
    ihr ist aber dennoch zu rechnen" (Paulus und seine Briefe,
    S.191).

C.   Abschließende Erwägungen bezüglich der Integrität
      des Philipperbriefes

Insofern die Verteidiger der Integrität des Philipperbriefes
d i e s e r Tatsache der veränderten Gemeindesituation in Kap. 3
gegenüber Kap. 1 und 2   n i c h t Rechnung tragen, muß ihre
Argumentation als nicht hinreichend begründet beurteilt werden,
auch wenn andere vorgetragene Bedenken gegen die These der
Briefkompilation ihr sachliches Gewicht haben.
Verwirft G. Delling lediglich W. Schmithals' These, ohne sich
anschließend mit dem von W. Schmithals angezeigten Problem
der veränderten Situation der Adressatengemeinde auseinanderzusetzen [21], so ist auch die Argumentation von W.G. Kümmel
bezüglich dieses (entscheidenden) Gesichtspunktes in der Diskussion um die Integrität dieses Schreibens nicht weitreichend
genug. Selbst wenn sein Einwand zuträfe, daß Paulus u.U. in
1,28 und 3,17ff dieselben Gegner vor Augen hatte, so ist damit nicht das eigentliche Problem dieses Kap., die unvermittelte und scharfe, nur aufgrund aktueller Situation zu begründende Warnung in 3,2ff gelöst, zumal W.G. Kümmel es selbst
als schwierig erachtet, in den 3,2ff und 3,17ff Gemeinten
"dieselben Leute zu erkennen" [22]. In jedem Falle aber wäre
eine erhebliche Verschärfung der Situation in 3,2ff gegenüber
1,28 zu konstatieren. Ähnlich wie im Blick auf G. Delling
ist bezüglich des Versuchs von B.S. Mackay zu urteilen. Zwar
braucht sich dieser in seiner Erwiderung auf B.D. Rahtjens
Teilungsvorschlag nicht genötigt zu sehen, sich mit diesem Argument auseinanderzusetzen, da Rahtjen selbst es nicht anführt;
wenn er jedoch bemerkt, daß zwar der Wechsel des Tons zu
Beginn des 3. Kap. zu notieren, im übrigen aber nicht überzu-

---

21   Vgl. G. Delling, Art. Philipperbrief, RGG[3] V, 1961,
     Sp. 335.

22   W.G. Kümmel, Einleitung, S. 287.

bewerten sei, da er zum einen "only momentary", zum anderen diese Polemik gegen die Irrlehrer n i c h t unvorbereitet sei [23], und schließlich bezüglich ihrer Aktualität bemerkt, 3,2 ff habe offensichtlich als rein prophylaktische, von Paulus darum schon häufiger wiederholte Warnung zu gelten, weil Juden "were active in nearby Thessalonica" [24], so zeigt solche Argumentation, daß Mackay ebenfalls eine Sicht vertritt, die dem Hinweis auf die veränderte Situation in Kap. 3 nicht Rechnung zu tragen braucht, weil eine solche s.E. dem Brief nicht zu entnehmen ist [25]. V. Furnish, der sich über Rahtjen hinaus auch mit den Positionen von W. Schmithals und J. Müller-Bardorff auseinandersetzt [26], hält zur Lösung des mit dem 3. Kap. aufgegebenen literarkritischen Problems eine befriedigende Interpretation von 3,1 b für entscheidend und widmet dieser Aufgabe darum den größten Teil seines Beitrages. S.E. ist Paulus in 3,1a im Begriff, den Brief abzuschließen, als ihm die Wendung χαίρετε (im Sinne eines 'farewell' zu verstehen) zu Bewußtsein bringt, daß dieses Schreiben möglicherweise "will be 'farewell' in a more final sense" und er sich darum entschließt, doch noch schriftlich anzufügen, was mündlich auszurichten er Epaphroditus und Timotheus aufgetragen hatte: "the more specific warnings and counsels of III.2 ff." [27]

---

23   B.S. Mackay, Further Thoughts on Philippians, NTSt 7, 1960/61, S. 163; er verweist auf 1,28 und 2,14-16.

24   B.S. Mackay, ebd, S. 164.

25   Ähnlich auch T.E. Pollard, The Integrity of Philippians, NTSt 13, 1966/67, S. 62.

26   H. Kösters Beitrag dagegen erschien erst, wie Furnish bemerkt, kurz nachdem sein eigener Beitrag fertiggestellt war (vgl. V. Furnish, The Place and Purpose of Philippians III, NTSt 10, 1963/64, S. 80 Anm. 3.).

27   V. Furnish, ebd, S. 88; diese 'Argumentation' beruht zudem ausschließlich auf falschen Erwägungen zu 3,1 b.

Solche Argumentation aber kann nur als unbegründete Vermutung bezeichnet werden; es ist nicht einzusehen, inwiefern Paulus es als für zu 'delikat' gehalten haben sollte, sich schriftlich mit den die Gemeinde gefährdenden Irrlehrern auseinanderzusetzen, da es anderenfalls unbegreiflich wäre, wie er den Galaterbrief verfassen konnte. Ausdrücklich greift R. Jewett das Argument von der "total veränderte(n) Situation auch der Adressatengemeinde"[28] auf, verknüpft dieses jedoch unabdingbar mit der weitergehenden These von W. Schmithals und J. Müller-Bardorff, daß sich das gesamte Kap. gegen e i n e Gegnerfront richte, und zwar gegen Gnostiker[29]. Nachdem er zunächst aufweist, daß W. Schmithals' These zumindest insofern zu korrigieren ist, als 3,2-11 nicht gegen judenchristliche Gnostiker libertinistischer Observanz gerichtet sind, er anschließend H. Kösters Sicht darin als unzutreffend ablehnt, daß auch die V. 18 ff sich gegen judenchristliche Gnostiker nomistischer Observanz richteten, und selbst in kritischer Anlehnung an J. Müller-Bardorff die Auffassung vertritt, Paulus wende sich zunächst gegen Judaisten und anschließend gegen (gnostische) Libertinisten[30], ist seines Erachtens "the most serious new argument for the partition of Philippians"[31] un-

---

28 R. Jewett, The Epistolary Thanksgiving and the Integrity
    of Philippians, NovTest 12, 1970, S. 43.

29 Zwar werden beide Thesen von W. Schmithals und J.
    Müller-Bardorff vertreten; jedoch ist es keineswegs zwingend, daß das Argument der Situationsveränderung in Kap.
    3 gegenüber Kap. 1 und 2 n o t w e n d i g die andere These
    bedingt, Paulus wende sich im gesamten Kapitel gegen eine
    einzige Gegnerfront. Diese in ihrer Verallgemeinerung unzulässige Folgerung aber ist die Basis der weiteren Argumentation R. Jewetts.

30 J. Müller-Bardorff wirft er freilich vor: "Instead of
    stretching the evidence he stretched the hypothesis" (ebd,
    S. 47).

31 Ebd, S. 48.

haltbar geworden; denn es gibt s.E. Gründe, "to argue that
the tendency towards Gnosticism visible in III 18 ff. is visible
throughout almost the entire letter" [32]. Trifft diese Feststellung im Blick auf 3,18f kein die Situation der philippischen
Gemeinde unmittelbar berührendes Problem und ist sie bezüglich dessen, daß Gnostiker auch schon in den beiden ersten Kap.
bekämpft werden, ein reines Postulat, so erweist sie sich
als unzureichend im Blick auf das eigentliche mit 3,2ff ange-
zeigte Problem. Hierzu bemerkt Jewett lakonisch: "The section III 1b - III 11 is in any case a reference to an entirely
separate problem raised by Judaizing missionaries of the sort
which were active in Galatia." [33]   Da er jedoch überzeugt ist,
daß diese Warnung n i c h t in der aktuellen Situation der
philippischen Gemeinde ihren Grund hat, vermag e r dieses
'entirely separate problem' unberücksichtigt zu lassen. Diese
seine Sicht wird jedoch dem Abschnitt 3,2 ff nicht gerecht.
Schließlich erweist sich auch n i c h t die These U.B. Mül-
lers als geeignet, die Ganzheitlichkeit [34] des Briefes begründet zu verteidigen. Wird man in der Tat nicht a priori bestreiten, daß der Gebetsruf μαρὰν ἀϑᾶ "den Eingang zum Herrenmahl markieren konnte" [35], ebenso auch nicht, "daß das
Urchristentum sein Mahl 'mit Jubel' (Apg 2,46) feierte" [36],

---

32   Ebd, S. 48; vgl. auch R. Jewett, Conflicting Movements
     in the Early Church as Reflected in Philippians, NovTest
     12, 1970, S. 362-390, bes. 373 ff, 387 ff.

33   Ebd, S. 49.

34   Gemäß der oben S. 21 f gegebenen Begriffsdefinitionen ist
     so die Position U.B. Müllers sachgemäß zu umschreiben.

35   U.B. Müller, Prophetie und Predigt im Neuen Testament.
     Formgeschichtliche Untersuchungen zur urchristlichen
     Prophetie, StNT 10, Gütersloh 1975, S. 206.

36   Ebd, S. 207.

so kann doch daraus weder geschlossen werden, daß Phil 4,4 f
sichere Anzeichen dafür beinhalteten, daß sich an die Verlesung
des Philipperbriefes die Feier des Herrenmahles unmittelbar
anschloß [37], noch gar, wie man daraufhin von einem "Zwang
der Situation" sprechen kann, "in der sich der Briefschreiber
befand, nämlich die im Geist vorgestellte Nähe des Herren-
mahls" [38]. Aus diesem 'Zwang der Situation' aber erklärt
sich nach Müller der Übergang von 3,1 nach 3,2, die Notwendigkeit, "die Aufforderung zur Freude nach 3,1 abzubrechen
und ein Anathema über die Irrlehrer auszusprechen" [39]. Zudem hält U.B. Müller das Argument, in Kap. 3 spreche sich
eine gegenüber Kap. 1 und 2 veränderte Situation aus, für
falsch, und zwar darum, weil die Behauptung unrichtig sei, es
gäbe "die Irrlehrer (des 3. Kap.) zur Zeit der Abfassung von
1,1 ff. noch gar nicht" [40]. Kommt Paulus in der Paränese
auf sie noch nicht direkt zu sprechen, so spielt er doch bereits
in 2,19 ff auf sie an. Aber zum einen sind diese Timotheus
kontrastierten Mitarbeiter des Apostels – über die dieser das
harte Urteil fällt, sie suchten das ihnen Vorteilhafte, kümmer-
ten sich aber nicht um die Sache Christi Jesu – am Ort der
Haft des Paulus und nicht in Philippi zu suchen; zum anderen
wäre es auch völlig undenkbar, daß der Apostel, hätte er schon
zur Zeit der Abfassung von 1,1 ff vom Auftreten der Irrlehrer
Kenntnis gehabt, nicht sogleich gegen sie vorgegangen wäre [41],
sondern erst im Anschluß an den Aufruf zur Freude unter dem
von Müller formgeschichtlich postulierten Zwang der Situation, daß ja nach der Verlesung des Schreibens das Herrenmahl

---

37 Mir ist ebenso nicht einsichtig, wie diese These 1 Thess
   5,27 entnommen werden kann (vgl. ebd, S. 208).

38 Ebd, S. 208.

39 Ebd, S. 208.

40 Ebd, S. 209.

41 Vgl. etwa den Galaterbrief.

gefeiert werde und demzufolge nun "die Scheidung der Geister angesichts der Nähe des Herrn" [42] zu vollziehen sei.

Scheinen somit doch die entscheidenden Argumente, vor allem der Hinweis auf die veränderte Situation in Philippi im 3. Kap. gegenüber Kap. 1 und 2 zugunsten der These der Briefkompilation zu sprechen? Für manche ihrer Befürworter ist sie zwingend. Die Berechtigung zu solchem Urteil ergibt sich ihnen freilich schon allein aus der zu konstatierenden Tatsache, daß innerhalb einer relativ kurzen Zeitspanne "vier Exegeten gleichzeitig und unabhängig voneinander das literarkritische Problem des Phil wiederentdeckt(en) ... und ... in ihren Analysen fast zu demselben Ergebnis gekommen (sind)" [43]. Auch für W. Schmithals selbst als dem entscheidenden Erneuerer der Teilungshypothese dient der Hinweis auf die Ergebnisse von J. Müller-Bardorff, F.W. Beare und B.D. Rahtjen dazu, seine eigene Hypothese als hinreichend begründet zu bewerten.

Nun wird man schwerlich eine vorgetragene Position als die eigenen Überlegungen s t ü t z e n d e s Argument werten können, wenn die angeführten Gründe nicht stichhaltig und überzeugend sind oder wenn gar auf solche verzichtet wird [44]. Vermindert sich darum die Zahl derer, die aufgrund ernstlich zu bedenkender Überlegungen etwa zur gleichen Zeit unabhängig voneinander fast zum selben Ergebnis gelangt sind, auf die Arbeiten von W. Schmithals und J. Müller-Bardorff, denen sich G. Bornkamm

---

42 U.B. Müller, aaO, S. 208.

43 H.-M. Schenke - K.M. Fischer, Einleitung in die Schriften des Neuen Testaments I, S. 125; ähnlich H. Köster, The Purpose of the Polemic of a Pauline Fragment (Philippians III), S. 315.

44 Immerhin bemerkt W. Schmithals zu B.D. Rahtjen: "Nun sind zweifellos nicht alle Motivierungen B.J. Rahtjens in gleicher Weise stichhaltig" (Irrlehrer, S. 59 Anm. 59), und im Blick auf F.W. Beare notiert er: "Seine Begründung für diese Operation ist freilich nur sehr kurz" (ebd, S. 58 Anm. 59).

mit leichten Modifikationen anschloß, so sind doch andere
Teilungsvorschläge hinzugekommen, die das Bild relativer
Einheitlichkeit erheblich störten: so vor allem die Vorschläge
von G. Friedrich und J. Gnilka, den Brief lediglich in zwei
von einander unabhängige Schreiben zu zerlegen. Haben diese
neueren Modifikationen der Teilungsthese vor allem das 'Argument' des Vorhandenseins mehrerer Briefschlüsse innerhalb
der Versfolge 4,4-9 zweifelhaft erscheinen lassen [45], so
scheint es doch sinnvoll, grundsätzlichere Überlegungen bezüglich der Teilungshypothesen anzustellen; denn selbstverständlich kann ja das 'Gegeneinander-Ausspielen' unterschiedlicher
Forschungsergebnisse hinsichtlich dieser bestimmten Frage
noch nicht die begründete Bestreitung dieser Thesen bedeuten.

W. Schmithals vertritt im Blick auf die "vornehme(n) kriti-
sche(n) Besprechung ... (seines) literarkritischen Versuchs
durch W. Michaelis" [46] die These: "Jeder Versuch einer literarkritischen Analyse des Philipperbriefes ist eine Hypothese, sowohl überhaupt wie - mehr noch - im einzelnen. Die
These von der literarischen Einheitlichkeit des Philipperbriefes
ist aber nicht weniger eine Hypothese." [47] Nun wird man beiden Sätzen seine Zustimmung nicht grundsätzlich versagen;
bedenklich indessen muß jedoch die von W. Schmithals
vorgenommene völlige Gleichstellung beider Thesen
stimmen; denn hier spricht sich m.E. ein Defizit an Sensibi-

---

45 Es sei nur nebenbei darauf verwiesen, daß nach G. Born-
    kamm bereits ein doch immerhin für W. Schmithals und
    J. Müller-Bardorff nicht unwesentliches Argument, 4,4-7
    sei unmittelbar hinter 3,1 zu plazieren, dann hinfällig
    wird, wenn man den Brief einmal laut liest, d h sich sein
    Klangbild bewußt vergegenwärtigt. (Vgl. G. Bornkamm,
    Der Philipperbrief als paulinische Briefsammlung, S. 197
    Anm. 11).

46 W. Schmithals, Irrlehrer, S. 59 Anm. 59.

47 Ebd, S. 59 Anm. 59.

lität für am T e x t ausweisbare methodische Reflexion aus.
Von einer a priori zuzugebenden Gleichwertigkeit beider Positionen bezüglich ihres Hypothesencharakters sollte nicht gesprochen werden. Der vom Exegeten auszulegende Philipperbrief beansprucht zunächst die literarische Integrität für sich,
er tut dies – um solches sogleich hinzuzufügen – nicht als das
Produkt eines nachpaulinischen Redaktors, sondern als das
Schreiben des Paulus an die Philipper. Weil schon darum
a l l e i n die These von der literarischen Einheitlichkeit dem
'Selbstverständnis' des Briefes als dem Gegenüber des Exegeten entspricht, hat sie ein 'Prae' gegenüber der Hypothese
von der Uneinheitlichkeit. Hinzu kommt – und die Sensibilität,
dieses Faktum in seiner Schwere, d h als Hypothek, bewußt zur
Kenntnis zu nehmen, sollte auch durch die zunehmende Wiederholung der These von der Briefkompilation   n i c h t   allmählich abgebaut werden oder gar verlorengehen –, daß man –
erneut   g e g e n   den Anspruch des Textes – voraussetzen
muß, daß ein Redaktor literarische Eingriffe nicht 'nur' der
Art vorgenommen hat, daß er Passagen innerhalb des Schreibens umstellte [48] und eventuell selbst Überleitungen und Ver-
bindungsstücke einfügte, sondern daß er Prä- und Postskripte
wegbrechen mußte [49], und damit die literarische Unversehrt-
heit des Briefes, die dieser beansprucht, massiv leugnet.

---

48   Dies ist in starkem Maße in der Konzeption J. Müller-
     Bardorffs der Fall.

49   Zumindest die paulinischen Präskripte aber sind besonders
     dadurch gekennzeichnet, daß sie in der Regel theologisch
     gewichtig aufgefüllt sind; dies gilt etwa auch und sogar ins-
     besondere für ein so situationsbedingtes Schreiben wie den
     Galaterbrief; gerade von daher wäre die Frage, wenn auch
     nicht beantwortbar, so doch sehr interessant, wie wohl das
     Präskript des 'Kampfbriefes' Phil 3,2ff gelautet hätte.
     Auf diese mit der These der Briefkompilation verbundene
     Hypothek macht vor allen W.G. Kümmel aufmerksam
     (vgl. etwa Einleitung, S. 293); vgl. dazu auch P. Viel-
     hauer, Einleitung in das Neue Testament, ThR 31, 1965/66,
     S. 127 f.

D h : Geböte schon die dem Historiker einzig legitime und sachgemäße methodische Forderung der kritischen Sympathie seinen Quellen gegenüber [50] – anstelle des methodischen prinzipiellen Mißtrauens, auf das Schmithals' Votum hinausläuft –, auch dann zunächst den Anspruch der literarischen Einheitlichkeit des Philipperbriefes zu respektieren und darum zur Basis der exegetischen Arbeit zu machen, wenn solche literarkritischen Implikationen wie Versumstellungen, redaktionelle Einschübe und die Streichung von Prä- und Postskripten n i c h t nötig wären, so gilt d i e s u m s o m e h r, wenn die Hypothek solcher literarkritischen Implikationen als notwendige Voraussetzung der Teilungshypothesen noch hinzukommt; anders gewendet: Solche literarkritischen Implikationen sind als H y - p o t h e k in Anschlag zu bringen, deren Last, d h B e l a s t u n g, im Blick auf jegliche Variante der Teilungshypothese stets neu in Erinnerung zu bringen ist [51]. Von einer a priori zuzugebenden Gleichwertigkeit bezüglich ihres Hypothesencharakters der einander gegenüberstehenden Thesen von der literarischen Einheitlichkeit und der Briefkompilation kann darum nur unter völliger Verkennung dieses Hypothek-Charakters der implizierten literarkritischen Operationen sowie der Leugnung der im Anschluß an J.-H. Marrou gewonnenen methodischen Forderung gesprochen werden [52].

---

50 Vgl. den gerade unter diesem methodischen Aspekt bedeutsamen Aufsatz von W.G. Kümmel, Jesu Antwort an Johannes den Täufer. Ein Beispiel zum Methodenproblem in der Jesusforschung, Sitzungsberichte der Wissenschaftlichen Gesellschaft an der Johann Wolfgang Goethe-Universität Frankfurt/Main, XI,4, 1974, S. 129-159, sowie das als Hinweis diesem Aufsatz entnommene Buch von J.-H. Marrou, Über die historische Erkenntnis, deutsch v. Ch. Beumann, 1973, bes. S. 115ff.

51 Daß damit nicht dem Postulat: 'Daß nicht sein kann, was nicht sein darf', das Wort geredet ist, sollte nicht eigens betont werden müssen.

52 Wurde in diesen grundsätzlichen Erwägungen zur Briefkompilationsthese von 'l i t e r a r i s c h e r E i n h e i t l i c h k e i t'

Diese vorstehenden Erwägungen können nicht zum Ziel haben,
die These der Briefkompilation a priori als illegitim zu erweisen; ihnen liegt jedoch die Intention zugrunde, erneut auf eine mit dieser These verbundene Hypothek aufmerksam zu machen. Sie vermögen darum auch nicht, die weitere Auseinandersetzung mit den vorgeschlagenen Briefteilungen überflüssig zu
machen.

W. Schmithals teilt den Philipperbrief - wie oben dargelegt -
in drei Einzelbriefe bzw. Brieffragmente. Demzufolge ergibt
sich ihm folgender "Ablauf der Ereignisse, wie wir ihn auf
Grund der in unserem kanonischen Philipperbrief erhaltenen
Korrespondenz rekonstruieren können" [53] : Paulus empfängt
in der Haft die Gabensammlung der philippischen Gemeinde,
überbracht von Epaphroditus, der zudem zu Dienstleistungen
bei Paulus einstweilen bleiben soll. Der Apostel "bedankt sich
mit einem kurzen Schreiben A, das uns in 4,10-23 bis auf das
Präskript vermutlich ganz erhalten ist" [54]. Epaphroditus erkrankt. Die Nachricht von dieser Erkrankung erreicht die Gemeinde. "Umgekehrt vernimmt Paulus, daß in der Gemeinde
zu Philippi Spaltungen auftreten und 'Widersacher' wirken
(1,27ff.). In Besorgnis um diese Zustände schreibt er den
Brief B, der uns, gegebenenfalls ohne einige Schlußgrüße, in
1,1-3,1 und 4,4-7 vollständig erhalten ist ... Zu einem wohl
nicht sehr viel späteren Zeitpunkt erfährt er Näheres über die
Leute, die die Schwierigkeiten in Philippi hervorrufen." [55]

---

gesprochen, so nicht darum, weil d i e s e von den Be-
streitern der Teilungshypothese vertreten würde (deren Position ist, soweit sie bisher vorgestellt wurden, sachgemäß
mit 'Ganzheitlichkeit' zu umschreiben), sondern darum,
weil der Brief in der Tat 'nur' den Anspruch erhebt, literarisch einheitlich zu sein.

53 W. Schmithals, Irrlehrer, S. 57.

54 Ebd, S. 57.

55 Ebd, S. 57.

Darum "vermag er in einem dritten Schreiben C (3,2-4,3 +
4,8-9) konkreter seine Mahnungen zu wiederholen, muß es zugleich aber auch besorgter und eindringlicher tun"[56]. Gegenüber dieser Rekonstruktion des Ablaufes der Ereignisse und
der ihnen jeweils zugewiesenen Briefe bzw. Brieffragmente
erheben sich jedoch schwerwiegende Bedenken[57]:   Schon
W. Michaelis fragt zu Recht, ob es denkbar sei, daß Paulus
ein Dankschreiben an diese Gemeinde sandte, in dem er nicht
ein einziges Wort über seine derzeitige Lage mitteilte[58].
W. Schmithals hat diese mit seiner Konstruktion verbundene
Schwierigkeit selbst gesehen, muß jedoch zu der Notlösung
greifen, zwar einzugestehen, daß dieses Dankesbillett u.U.
auch noch "Mitteilungen über das Ergehen des Paulus" beinhaltete, diese aber des Inhaltes vermuten, daß sie begründet vom
Redaktor gestrichen werden konnten, d h sie mußten "mit dem
in 1,12ff. Gesagten unvereinbar" oder aber gleichen Inhalts
sein[59].   Aber ist es methodisch illegitim, eine Hypothese lediglich aufgrund einer weiteren Hypothese (fragwürdigen Charakters) aufrechtzuerhalten, sie aber anschließend zur Grund-
lage weitreichender Folgerungen zu machen, so hätte unter
methodischem Gesichtspunkt W. Schmithals an dieser Stelle
seine These revidieren müssen. Es kommt hinzu, daß sich der
Abschnitt 4,10-20 aufgrund der in der Textanalyse skizzierten
inhaltlichen Charakteristika dagegen sperrt, in ihm die erste,
unmittelbar auf die Überbringung der Gabensammlung erfolgte

---

56 Ebd, S. 57f.

57 Daß die Identifikation der 'Widersacher' in 1,28 mit den
    in Kap. 3 von Paulus ins Auge Gefaßten abzulehnen ist,
    wurde schon mehrfach betont (vgl. etwa auch G. Born-
    kamm, Der Philipperbrief als paulinische Briefsammlung,
    S. 204f).

58 Vgl. W. Michaelis, Ergänzungsheft zur Einleitung in das
    Neue Testament, S. 30.

59 W. Schmithals, Irrlehrer, S. 57 Anm. 56.

Reaktion des Paulus zu sehen; in d i e s e m Abschnitt spricht
sich n i c h t primär "Herzlichkeit des Dankens" [60] aus!

Eine Abtrennung von 4,10ff ist darum mit nicht zu lösenden
Aporien verbunden. Jedoch ist die Abtrennung dieses Brief-
fragmentes für W. Schmithals' Gesamthypothese von e n t -
s c h e i d e n d e r Wichtigkeit. Denn nur aufgrund dieser Voraussetzung gewinnt er die Möglichkeit, Brief B später anzusetzen
und somit zum einen der in 2,25ff implizit enthaltenen Zeitdifferenz von einigen Wochen oder gar Monaten Rechnung zu
tragen, zum anderen den notwendigen Zeitraum zu postulieren,
in dem es in Philippi infolge des Auftretens von 'Widersachern'
zu Spaltungen kommen konnte, ohne daß Epaphroditus bereits
Kenntnis davon hatte und darum Paulus genauere Informationen
hätte geben können. W. Schmithals' Hypothese ist darum nicht
in der Lage, wie ihr Verfasser gegenüber anderen Forschern
und Lösungen betont, "die literarischen Probleme des Briefes
ohne interpretatorische Verrenkungen" [61] zu lösen.

Ebenso ist aber im Blick auf G. Bornkamms Beitrag zu argu-
mentieren, ähnlich auch bezüglich J. Müller-Bardorffs Analyse. Zwar entfällt im Blick auf letzteren das Argument, daß es
nicht denkbar ist, daß der Apostel den 'Dankbrief' 4,10ff
ohne jegliche Mitteilung über sein eigenes Ergehen an die Gemeinde abgeschickt haben könnte insofern, da dieser es für
wahrscheinlich hält, daß 4,10ff noch n i c h t die Situation
der Gefangenschaft voraussetzt; doch ist auch hier zu sagen,
daß sich dies "erst nach A u s l ö s u n g des Textes aus dem
Zusammenhang behaupten (läßt)" [62] , zum andern spricht etwa

---

60   Ebd, S. 57.

61   So urteilt W. Schmithals im Blick auf alle Versuche,
     die aufgegebenen Probleme des Philipperbriefes o h n e
     Briefteilung zu lösen (ebd, S. 59 Anm. 59).

62   Diese zutreffende Bemerkung W.G. Kümmels (Einleitung,
     S. 293) gilt natürlich nicht nur im Blick auf das dritte
     Kap., sondern auch hinsichtlich dieses Abschnittes.

auch 4,14 gegen diese Annahme. Bezüglich der von J.
Müller-Bardorff vorgenommenen Versumstellungen muß gesagt
werden, daß diese nicht nur unnötig [63], sondern nur möglich
sind unter Mißachtung der mit den jeweiligen Versen aufgrund
ihres Kontextes verbundenen Aussageintentionen
des Apostels. So ist es nicht einzusehen, warum 4,2 f, wenn
diese Verse schon von ihrer jetzigen Stelle entfernt werden,
hinter 2,16 zu versetzen sind, anstatt in den unmittelbaren Kontext von 2,1-5, da sie doch offenkundig denselben situativen
Hintergrund voraussetzen wie diese. Sie nach 2,16 zu plazie-
ren, ist freilich darum notwendig, weil nach der Versetzung
von 2,17 f hinter 1,26 dort eine Lücke entsteht, die so mit
4,2 f geschlossen werden kann. 2,17 jedoch hinter 1,26 zu
setzen, ist nur möglich, wenn statt der im jetzigen Kontext ganz
spezifischen Aussageintention allein die Inhaltsebene dieser
Verse zum Kriterium literarkritischer Operationen gemacht
wird. 3,1 b schließlich als Glosse auszuscheiden, besteht kein
Anlaß. Schließlich sind aber auch die Teilungsvorschläge von
G. Friedrich und J. Gnilka mit m.E. kaum zu lösenden
Schwierigkeiten belastet. Haben die obigen grundsätzlichen Erwägungen im Blick auf sie ebenso ihr Gewicht wie hinsichtlich
einer dreifachen Aufteilung dieses Schreibens, so impliziert
2,25 ff den schon mehrfach betonten Hinweis, den zwar W.
Schmithals und J. Müller-Bardorff durch die Abtrennung von
4,10 ff als eigenständiges Schreiben - unter Aufrichtung neuer
Aporien - zu umgehen vermochten, der aber diesen beiden Tei-
lungsvorschlägen zur entscheidenden Schwierigkeit wird: Die
Nachricht von der schweren (!) Erkrankung des Epaphroditus
und seiner mittlerweile erfolgten Genesung "impliziert einen
längeren Zeitraum von mehreren Wochen, wenn nicht Monaten"[64]

---

63 Vgl. auch W. Schmithals, Irrlehrer, S. 58 Anm. 59.

64 G. Bornkamm, Der Philipperbrief als paulinische
    Briefsammlung, S. 198.

zwischen dem Eintreffen des Abgesandten der Philipper und der Abfassung dieses Briefabschnittes. Sind aber Phil 1,1 ff, deren integraler Bestandteil dieser Briefabschnitt ja ist, und 4,10 ff ganzheitlich als erste Reaktion des Apostels auf die Gabensammlung konzipiert, so könnte dies folglich nur n a c h Ablauf der oben erwähnten Zeitspanne geschehen sein. Dem steht zwar nicht 4,10 ff entgegen; denn diese Verse erweisen sich nicht als "eine unmittelbare, spontane Reaktion auf unerwartet erhaltene Gaben"[65], wohl aber 1,1 ff, besonders 1,3 ff; denn sie zeichnen sich durch den Charakter aus, den 4,10 ff vermissen lassen: den einer "unmittelbare(n), spontane(n) Reaktion auf unerwartet erhaltene Gaben". Darüber hinaus erhebt sich die Frage, angezeigt durch 1,12 ff: Sollte Paulus ohne ersichtlichen Grund einer um sein Geschick ernstlich besorgten und diese Sorge auch sichtbar zum Ausdruck bringenden Gemeinde, die darum auf authentische Nachricht wartet, diese Wochen, wenn nicht Monate vorenthalten haben?

Aus alledem ergibt sich, daß eine Lösung der literarkritischen Probleme des Philipperbriefes den folgenden Momenten Rechnung zu tragen hat:

1. der methodischen Forderung der kritischen Sympathie gegenüber dem Anspruch des Briefes, eine literarische Einheit und unversehrt zu sein;

2. der nicht zu leugnenden v e r ä n d e r t e n Gemeindesituation in Kap. 3 gegenüber Kap. 1 und 2;

3. damit eng verknüpft, dem a b r u p t e n Wechsel in Sprachstil und Ton von 3,1 nach 3,2 ff;

4. dem besonders 1,3 ff eignenden Charakter der 'unmittelbaren, spontanen Reaktion auf unerwartet erhaltene Gabe';

5. der in 2,25 ff gegenüber dem Vorangehenden angezeigten Zeitdifferenz von einigen Wochen oder gar Monaten zwischen der Ankunft des Epaphroditus (und der Abfassung von

---

65 So mit Recht G. Friedrich, Kommentar, S. 128.

1,1 ff) und dem Diktat d i e s e s Abschnittes;

6. der Beobachtung, daß der in 4,2 f von Paulus angesproch-
ne Streitfall offenkundig auf dem situativen Hintergrund
der in 2,1 ff thematisierten innergemeindlichen Mißstände zu sehen ist;

7. der betont theologischen Qualifizierung der Gabensammlung in 4,10 ff; d h : dem m a n g e l n d e n Charakter
dieser Verse als einer 'unmittelbaren, spontanen Reaktion' auf die Gabensammlung.

O. Merk vertritt in seiner Untersuchung "Handeln aus Glauben.
Die Motivierungen der paulinischen Ethik" die These [66], der
wohl unmittelbar nach der Ankunft des Epaphroditus begonnene
Brief Phil 1,1 ff sei nach 2,18 infolge der schweren Erkrankung dieses Abgesandten der Philipper unterbrochen worden
und zunächst liegengeblieben. Paulus habe die Gemeinde "in
einem anderen, uns nicht erhaltenen Schreiben (von dieser Erkrankung) in Kenntnis gesetzt und sich dabei zugleich für die
Gabe dieser Gemeinde bedankt". Die Philipper ihrerseits hätten "auf die ihnen zugekommene Nachricht geantwortet und ihrer Sorge Ausdruck gegeben". Nach der Genesung des Epaphroditus habe der Apostel den liegengebliebenen Brief Phil
1,1 - 2,18 wieder aufgenommen und entsprechend seiner jetzigen Gestalt zu Ende geführt. "Daß zwischen 1,1 - 2,18 und
2,19 ein gewisser zeitlicher Abstand von vielleicht einigen
Wochen oder gar Monaten liegt", unterstreichen nach O.
Merk zwei weitere Beobachtungen: Zum einen lasse 2,24
gegenüber 1,24 f erkennen, daß im Prozeß des Apostels
"vermutlich eine Wendung zu seinen Gunsten eingetreten" sei;
zum anderen lege 2,19 ff, bes. 2,21 und 2,25, nahe anzunehmen, "daß in den Wochen oder Monaten, seit Epaphroditus
auf dem Wege zu Pls war, andere in der Gemeinde aufgetre-

---

66 Vgl. zum Folgenden O. Merk, Handeln aus Glauben,
S. 187–189.

ten sind, die es nicht wie die Mitarbeiter des Apostels ehrlich
mit den Philippern meinen, wie Pls durch die Philipper
selbst gehört haben wird (2,26)[67]. Ehe Pls auf diese neue
Lage in Philippi eingeht, die zugleich zu neuer Paränese führt,
bringt er in 3,1 den eigentlichen Anschluß an den schon vorliegenden Teil des Briefes, indem er mit 'freuet euch in dem
Herrn' χαίρετε καὶ συγχαίρετέ μοι (2,18) wieder aufnimmt,
so die Verbindung zu seiner bereits erfolgten Mahnung herstellt
und damit zu der nun erforderlich gewordenen, eindringlichen
Schlußmahnung ansetzt."[68]

Ohne Frage gelingt es O. Merk, der Mehrzahl der oben genannten Momente Rechnung zu tragen. Dennoch bleiben gewichtige Fragen offen. Läßt sich schwerlich genauer dem Text entnehmen, daß die in 2,21 von Paulus seinem Mitarbeiter Timotheus Gegenübergestellten mit den in 1,15.17 ins Auge
Gefaßten zu identifizieren sind (um so eine Verschärfung des
Ausdrucks zu konstatieren), so mußte aufgrund der dargelegten
Gründe[69] der These widersprochen werden, diese Leute
hielten sich in Philippi auf. Fraglich erscheint auch die
Annahme eines zwischenzeitlichen Dankschreibens an die Gemeinde mit der Mitteilung der Erkrankung des Epaphroditus.
Erhebt sich zum einen die Frage, warum der Apostel dann
nicht den bis 2,18 diktierten und doch aktuelle Gemeinde-
situation aufgreifenden Philipperbrief, mit dem Dank für die
Gabensammlung und dieser Notiz von der Erkrankung ihres
Abgesandten versehen, abschickte, so erweckt zum anderen
auch der Abschnitt 2,25ff nicht den Eindruck, als wären die

---

67 Da O. Merk mit W. Schmithals die 1,15.17 von Paulus
    ins Auge Gefaßten in Philippi vermutet, wertet er 2,21
    "als eine Verschärfung im Ausdruck gegenüber 1,15ff"
    (ebd, S. 188) und erblickt somit in 2,19ff eine Ver-
    schärfung der Gemeindesituation.

68 Ebd, Zitate S.187f,188,189.

69 Vgl. oben S. 255 Anm. 124.

Philipper von Paulus selbst schon vorher über die Erkrankung
des Epaphroditus informiert worden. Sind diese Verse zu
Recht auf dem Hintergrund laut gewordener Kritik und Unzufriedenheit dieser Gemeinde bezüglich der Ausführung des zusätzlichen Auftrags und damit verbundenem Zweifel an der
Schwere der Erkrankung zu sehen, so wären solche Zweifel im
Blick auf eine authentische Benachrichtigung durch Paulus
schwerlich denkbar. Schließlich wird die Annahme, der Apostel habe zunächst nach Erhalt des Antwortschreibens aus
Philippi – das ja auch die Mitteilung vom verstärkten Auftreten der Irrlehrer beinhaltete – 2,19-30 angefügt, dann mit
3,1 den Anschluß an 2,18, den paränetischen Teil, hergestellt,
um dann auf die neue Situation in Philippi einzugehen, weder dem abrupten Wechsel im Sprachstil und Ton, noch
der Brisanz dieser aktuellen, für das Nachfolgende dominanten Gemeindesituation gerecht.

Unbeschadet dieser kritischen Einwände gilt es dennoch festzuhalten, daß hier ein Versuch zur Lösung der mit dem Philipperbrief aufgegebenen literarkritischen Fragen vorliegt, dem es
gelingt, sowohl der veränderten Gemeindesituation in Kap. 3
als auch der dem Abschnitt 2,25 ff inhärenten Zeitdifferenz
gegenüber 1,1 ff gerecht zu werden, und der darüber hinaus
einen wesentlichen, wenn nicht gar entscheidenden Hinweis des
Briefes selbst aufgreift und für die Lösung der literarkritischen Probleme fruchtbar verwertet: die intensiv genutzte
Möglichkeit des Nachrichtenaustauschs zwischen Philippi und
dem Ort der Gefangenschaft des Paulus. Daß solcher Nachrichtenaustausch schriftlich erfolgte, ist am Brief nicht ausweisbar; daß Nachrichten auszutauschen möglich war und
tatsächlich ausgetauscht wurden, kann indessen nicht bestritten
werden.

D.   Schluß

Als Modifikation der These O. Merks soll darum folgende Lösung der literarkritischen Probleme des Philipperbriefes vor-
geschlagen werden:
Paulus verfaßt unmittelbar nach der Ankunft des Epaphroditus
Phil 1,1-2,24, zunächst dominant unter dem Eindruck des
Liebesbeweises dieser Gemeinde, ab 1,12ff, bes. 1,27ff,
deutlich unter dem Aspekt der spezifischen äußeren und inneren Gemeindesituation, aufgrund deren er auch beschließt,
Timotheus nach Philippi zu schicken. Infolge der schweren Erkrankung des Epaphroditus sieht sich Paulus zunächst an der
Fertigstellung dieses Schreibens gehindert. Die Gemeinde hört
von der Erkrankung ihres Abgesandten – daß auf demselben Wege mit dieser Nachricht auch ein Dank des Apostels für die Gabensammlung die Philipper erreichte, ist zumindest nicht auszuschließen –; Paulus hört von in Philippi laut gewordener
Kritik an Epaphroditus. Nach dessen Genesung setzt der Apostel das Schreiben mit dieser Nachricht fort, die zum einen
deutlich die Erleichterung und Freude des Paulus, zum anderen
jedoch auch deutlich kontradiktorisch die Spuren dieser Kritik
seitens der Philipper widerspiegelt. Mit 3,1 scheint Paulus,
noch einmal den 2,18 situativ motivierten Aufruf zur Freude aufnehmend, den Brief, jedenfalls hinsichtlich seines Haupt-
teils, abschließen zu wollen [70]. Zu diesem Zeitpunkt [71]

---

70 Ob Paulus noch beabsichtigte, an diesen 'Hauptteil' des
    Briefes noch ein dem jetzigen Briefabschnitt 4,10-20
    ähnliches oder gar identisches Stück anzufügen, darf zwar
    gefragt, kann aber nicht beantwortet werden; er hat die-
    sen Abschnitt jedenfalls im Anschluß an die Abfassung des
    3. Kap. noch angefügt.

71 Wie groß der Zeitabstand zwischen der erfolgten Benach-
    richtigung der Gemeinde von der Erkrankung ihres Abge-
    sandten und deren Reaktion auf diese und dieser erneu-
    ten Nachricht aus Philippi ist, läßt sich schwerlich bestim-
    men, da man weder Angaben über die Dauer der Erkran-

muß Paulus e r n e u t Nachricht aus Philippi erhalten haben,
jetzt vor allem vom Auftreten von Irrlehrern in der Gemeinde
und auch von dem Streitfall der beiden in Geltung stehenden
Frauen, der offenkundig auf dem Hintergrund der schon in 2,1 ff
angesprochenen innergemeindlichen Mißstände zu sehen ist.
Paulus setzt daraufhin den Brief u n v e r m i t t e l t mit der
scharfen Auseinandersetzung mit diesen Irrlehrern fort, geht
danach zwar nur knapp, aber mit eindringlich werbenden Worten auf diesen speziellen Streit ein und reiht hieran allgemeine
Mahnungen an. Schließlich kommt er zum Schluß des Briefes
in der oben charakterisierten Weise noch einmal auf die Gabensammlung zu sprechen [72]. Aus dem soeben Gesagten ergibt
sich als Schlußfolgerung im Blick auf die Frage nach der Integrität des Philipperbriefes gemäß der oben S. 21 f gegebenen
Begriffsbestimmungen: Paulus verfaßte dieses Schreiben
n i c h t g a n z h e i t l i c h , es stellt jedoch eine literarische
E i n h e i t dar.
Dieser Versuch einer Lösung des vor allem mit dem 3. Kap.
des Briefes aufgegebenen literarkritischen Problems wird nicht
nur allen oben genannten Momenten gerecht, er benötigt auch
k e i n e außerhalb des Briefes liegenden Argumente, sondern
greift einen dem Brief selbst zu entnehmenden Hinweis auf:
die Tatsache des möglichen und tatsächlich geschehenen Nachrichtenaustausches zwischen Philippi und dem Ort der Gefangenschaft des Apostels. Dem Einwand, warum Paulus nicht
zunächst der heftigen Warnung vor den Irrlehrern eine Notiz
bezüglich einer solchen von mir angenommenen Nachricht
voranstellt, wäre sowohl die Einsicht C. Holstens entgegen-
zuhalten, daß dieses Schreiben (zunächst jedenfalls) "eine
Zuschrift für Mitlebende, Mitwissende (ist), denen jedes Wort,

---

kung des Epaphroditus machen kann, noch darüber, zu
welch frühem Zeitpunkt die Gemeinde von ihr erfuhr.

72 Vgl. oben S. 282 ff.

jede Anspielung, alles, was steht und nicht steht, Leben und Verständnis ist"[73], als auch die Erwägung, ob es nicht mindestens ebenso bedenklich im Blick auf das Verstehen eines situativ bedingten und geprägten Briefes ist, gänzlich von der Psyche seines Verfassers zu abstrahieren, wie sie als Hauptargument unkontrolliert und methodisch unausweisbar ins Feld zu führen[74].

---

73   C. Holsten, Der Brief an die Philipper. Eine exegetisch-kritische Studie I, Jahrbücher für protestantische Theologie 1, 1875, S. 493.

74   Vgl. hierzu auch die genannte Untersuchung von J. Eckert.

ANHANG

Die Bestreitung der Echtheit des Philipperbriefes

Sieht man davon ab, daß nach dem Urteil K. Schraders, Der
Apostel Paulus V, S. 233 ff, Phil 3,1 – 4,9 nicht von Paulus
selbst, sondern von späterer Hand verfaßt und in den Philipperbrief eingeschoben wurde, so ist F.C. BAUR der erste, der
die paulinische Verfasserschaft des Briefes bestritt. Hatte er
in seiner Schrift "Die sog. Pastoralbriefe des Apostels Paulus",
1835, erstmals Zweifel an der Echtheit auch des Philipperbriefes
anklingen lassen, was er jedoch in seiner apologetischen Schrift
"Abgenöthigte Erklärung gegen einen Artikel der evangelischen
Kirchenzeitung ...", Tübinger Zeitschrift für Theologie, 1836,
S. 179–232, bestritt (vgl. ebd, S.194 f), so spricht er doch
im selben Beitrag offen aus, daß seine Abhandlung über die
Pastoralbriefe in ihm "ein(en) nicht unbedeutende(n) Zweifel an
der Aechtheit des Philipperbriefs" geweckt habe [1]. Ausführlicher begründet er seine Zweifel gegen die Echtheit dieses paulinischen Briefes in seinem Werk "Paulus, der Apostel Jesu
Christi. Sein Leben und Wirken, seine Briefe und seine Lehre.
Ein Beitrag zu einer kritischen Geschichte des Urchristenthums", 1845, sowie in "Zur neutestamentlichen Kritik. Uebersicht über die neuesten Erscheinungen auf ihren Gebiete", Theologische Jahrbücher 8, 1849, S. 501 ff.
Hatte die von F.C. Baur aufgeworfene Frage auch bereits zu
Beginn unseres Jahrhunderts keine Bedeutung mehr, so war sie
doch etwa vier Jahrzehnte Gegenstand intensiver Auseinandersetzung, die hier lediglich skizzenhaft, ohne näher auf inhaltliche Begründungen der jeweiligen Position bezüglich dieser
Frage eingehen zu können, knapp dargestellt werden soll [2].

1 F.C. Baur, Abgenöthigte Erklärung, S. 196.
2 Vgl. auch die knappe Skizze bei A.H. Franke, Kommentar,

Griff A. Schwegler,"Das Nachapostolische Zeitalter", Bd. II,

1846, S. 133, vor allem die Vermutung Baurs auf, die beiden

von Paulus in 4,2f ermahnten Frauen seien allegorisch auf

die judenchristliche (Euodia) und die heidenchristliche Partei

(Syntyche) zu deuten und in dem um seine Mithilfe zur Beile-

gung des Streites gebetenen γνήσιος σύζυγος sei Petrus zu

vermuten, so widmete G. Volckmar, Ueber Clemens von Rom

und die nächste Folgezeit, mit besonderer Beziehung auf den

Philipper- und Barnabasbrief, so wie auf das Buch Judith,

Theologische Jahrbücher 15, 1856, S. 287-369, besonders den

Überlegungen Baurs zu Clemens (Phil 4,3) größte Aufmerk-

samkeit und folgte Baur im Urteil über den Brief. Hitzig, Zur

Kritik der paulinischen Briefe, 1870, S. 4 ff, kombinierte "wie

traumweise, die Εὐοδία und die Συντυχή mit den Pa-

triarchen Ascher und Gad (Genes. 30,13.11)" [3], in denen er

jedoch zwei heidenchristliche Parteien, die griechische und die

römische, vermutete. K. Planck, Judenthum und Urchristen-

thum. Das zweite Jahrhundert, die Grundlagen des Kirchlichen

Bewusstseins, Theologische Jahrbücher 6, 1847, S. 481 f,

und K.R. Köstlin, Zur Geschichte des Urchristenthums, Theo-

logische Jahrbücher 9, 1850, S. 263 ff, dagegen griffen die

Bedenken Baurs gegen die Übereinstimmung des 3. Kap. des

Philipperbriefes mit der in den Hauptbriefen von Paulus ver-

tretenen Rechtfertigungslehre auf.

Gegen F.C. Baur wandten sich G.C.A. Lünemann, Pauli ad

Philippenses epistola. Contra F.Chr. Baurium defendit, 1847

und B.B. Brückner, Epistola ad Philippenses Paulo auctori

vindicata contra Baurium, 1848; H.F.Th.L. Ernesti wandte

S. 17 ff; C. Holsten, Die Geschichte der Kritik des Briefes
(= Kap. VI seiner Untersuchung "Der Brief an die Philipper.
Eine exegetisch-kritische Studie"), Jahrbücher für protestan-
tische Theologie 2, 1876, S. 328-372.

3 C. Holsten, aaO, S. 330.

sich in seiner Untersuchung "Philipp. II, 6 ff., Aus einer Anspielung auf Genes. II.III. erläutert", Studien und Kritiken,
1848, S. 858-924, gegen Baurs gnostische Deutung des Christushymnus Phil 2,6-11; ebenfalls verteidigte W. Grimm,
Die Aechtheit des Briefes an die Philipper, ThLBL 1850, Nr.
149-151; 1851, Nr. 6-8, die Authentizität des Schreibens
gegen Baur [4]. B. Weiß, Der Philipperbrief, 1859, dagegen
intendierte eine umfassende Widerlegung der wichtigsten gegen
die Echtheit des Philipperbriefes vorgebrachten Argumente,
wenngleich auch er sich in erster Linie mit Baur auseinander-
setzte [5]. Über diese hinaus fand die Authentizität dieses
Schreibens ihren entschiedensten Verteidiger in dem aus der
Schule Baurs selbst kommenden A. Hilgenfeld; auch O.
Pfleiderer hielt an ihr fest [6]. Hatte A. Hilgenfeld bereits in
seinem Werk "Das Urchristenthum in den Hauptwendepunkten
seines Entwicklungsganges mit besonderer Rücksicht auf die
neueste Verhandlung Dr. Hase u. v. Baur, 1855, S. 54, Kritik an der Bestreitung der Echtheit des Briefes geübt, so widmete er dieser Frage seinen Beitrag "Der Brief an die Philipper nach Inhalt und Ursprung untersucht", Zeitschrift für wissenschaftliche Theologie 14, 1871, S. 309-335 [7]. Ebenso trat
er in seiner "Historisch-kritische(n) Einleitung in das Neue

---

4   Diesen Hinweis entnehme ich C. Holsten, aaO, S. 333;
    vgl. auch A.H. Franke, Kommentar, S. 20. Vgl. auch
    W. Grimm, Ueber die Stelle Philipp. 2,6-11, Zeitschrift
    für wissenschaftliche Theologie 16, 1873, S. 33-59.

5   Vgl. auch oben S. 119 ff.

6   Vgl. O. Pfleiderer, Der Paulinismus. Ein Beitrag zur Ge-
    schichte der urchristlichen Theologie, [2]1890, S. 331;
    Ders.: Das Urchristenthum, seine Schriften und Lehren,
    in geschichtlichem Zusammenhang, 1887, S. 153.

7   Vgl. auch A. Hilgenfeld, Bemerkungen über den paulinischen
    Christus, Zeitschrift für wissenschaftliche Theologie 14,
    1871, S. 182-199, bes. 192 ff.

Testament", 1875, S. 332–352, für die Echtheit des Briefes

ein. Hatte zuvor H.J. Holtzmann, ohne sich allerdings in die-

ser Frage auf ein bestimmtes Urteil festzulegen, in seiner Un-

tersuchung "Kritik der Epheser- und Kolosserbriefe. Auf

Grund einer Analyse ihres Verwandtschaftsverhältnisses",

1872, S. 280, ein gewisses Verständnis für die These der Un-

echtheit erkennen lassen, so schien nach der zusammenfassen-

den Aufarbeitung der bisher gegen Baurs Kritik vorgebrachten

Argumente durch Schenkel, Art. Philipper (Brief an die), in:

Bibel-Lexikon IV, 1872, S. 534–538, "in diesem kritischen

Prozesse die Aechtheit des Philipperbriefes durch übereinstim-

mende Zeugenaussagen sowol der kritischen als apologeti-

schen Theologie gesichert" [8]. Sprach sich H.J. Holtzmann

auch in der Folgezeit nicht eindeutig für oder gegen die Echtheit

des Philipperbriefes aus [9], so erweist sich für E. Hinsch,

Untersuchungen zum Philipperbrief, Zeitschrift für wissen-

schaftliche Theologie 16, 1873, S. 59–85, der Brief erneut

an zahlreichen Stellen als nichtpaulinisch; jedoch fällt auf, daß

in dieser Untersuchung das 3. Kap. des Briefes n i c h t

argumentativ gegen seine Echtheit verwertet wird. Wandte

sich wiederum A. Hilgenfeld, Paulinische Forschungen II.

Der Brief des Paulus an die Philipper, Zeitschrift für wissen-

schaftliche Theologie 16, 1873, S. 178–188, gegen diese er-

neute Bestreitung der Authentizität des Philipperbriefes, so

antwortete auf diesen Beitrag S. Hoekstra, Over de Echtheid

van den Brief aan de Philippensen, Theologisch Tijdschrift

---

8 C. Holsten, aaO, S. 340.

9 Vgl. etwa H.J. Holtzmann, Umschau auf dem Gebiete der
   neutestamentlichen Kritik II. Die Briefe, Jahrbücher für
   protestantische Theologie 2, 1876, S. 263–266; Ders.:
   Besprechung von P.W. Schmidt, Neutestamentliche Hyperkritik, an dem jüngsten Angriff gegen die Aechtheit des Philipperbriefes auf ihre Methode hin untersucht. Nebst einer
   Erklärung des Briefes, Berlin 1880, Zeitschrift für wissenschaftliche Theologie 24, 1881, S. 98–110.

IX, 1875, S. 416–479 [10], auf den erneut A. Hilgenfeld eine
Erwiderung folgen ließ: "Hoekstra und der Philipperbrief",
Zeitschrift für wissenschaftliche Theologie 18, 1875, S. 566–
576. Gleichzeitig mit S. Hoekstras Beitrag erschien C. Holstens erster Teil seiner exegetisch-kritischen Studie zum Philipperbrief [11]. Schloß Holsten diese Analyse des "Gedanken-
inhalt(s) des Briefes" [12] mit den Worten ab: "Und im Ganzen
paulinischer Geist, paulinische Sprache. Aber ist alles, was
zweckmässig, was treffend, was Paulinischen Geistes und Ausdrucks ist, darum von Paulus?" [13], so deutet sich am Ende
dieser Untersuchung die Position an, die C. Holsten bezüglich
der anstehenden Frage einzunehmen sich genötigt sah, nachdem
er versucht hatte, "den Philipperbrief so, wie er sich selbst
gibt, zu begreifen ... als einen Brief des Paulus aus seiner
römischen Gefangenschaft an die äusserlich verbundene, aber
in ihrem religiösen Bewusstsein noch nicht geeinte Gemeinde" [14].
Holsten hatte "unter dieser Voraussetzung in dem Briefe ein
seiner geschichtlichen Lage trefflich entsprechendes Wort
tröstender Mahnung, mahnenden Trostes gefunden, das überall
im Gedanken und im Ausdrucke von paulinischem Geiste be-
seelt ist" [15]. Dennoch weckten bereits einzelne Stellen des
Briefes den Verdacht, "dass der paulinische Geist des Briefes

---

10   Ein ausführliches Referat dieses Beitrages bietet C.
     Holsten, aaO, S. 359 ff.

11   Vgl. auch oben S. 137 ff, bes. 148 Anm. 38.

12   C. Holsten, Der Brief an die Philipper. Eine exegetisch-
     kritische Studie I, Jahrbücher für protestantische Theo-
     logie 1, 1875, S. 425.

13   Ebd, S. 495.

14   C. Holsten, Der Brief an die Philipper. Eine exegetisch-
     kritische Studie II, Jahrbücher für protestantische Theo-
     logie 2, 1876, S. 58.

15   Ebd, S. 58.

nicht als der Geist des Paulus sich darzustellen scheine"[16].

Dieser Frage widmete Holsten zwei weitere Folgen seiner exegetisch-kritischen Studie, wobei es ihm letztlich um die Frage
geht, "ob der Unterschied zwischen dem Briefe an die Philipper
und den vier anerkannten Briefen (Galater, Korinther, Römerbrief) noch aus einer Fortentwickelung innerhalb des Einen
Bewusstseins des Paulus, oder nur aus dem Eintritte eines
neuen Bewusstseins sich begreifen lasse"[17]. Schließt er darum an den ersten Teil seiner Studie ("Der Gedankeninhalt des
Briefes") nun die "Kritik des Gedankeninhaltes des Briefes"[18]
an, an deren Ende sein Urteil lautet: "So ist denn das Ergebnis unserer Kritik des Gedankeninhaltes des Briefes, dass nicht
im Geiste und Bewusstsein des Paulus, sondern in einem fremden Geiste und Bewusstsein der Brief an die Philipper entstanden ist"[19], so erwächst ihm hieraus die Aufgabe, "dieses Ergebnis ... durch eine Kritik der sprachlichen Form des Briefes,
ferner seines praktischen Interesses und seiner Zeit und durch
eine Prüfung der Gründe für seine Aechtheit zu sichern"[20].

Zwei Bemerkungen C. Holstens zeigen deutlich seine ihn während dieser Studie leitende Intention an: Er macht F.C. Baur
zum Vorwurf: "Baur wollte als König bauen, bevor der Kärrner
seine Dienste getan. Auf Grund einer noch ungenügenden Exegese und Durchforschung des Einzelnen vollzog er seine Kritik
ohne genügendes Verständnis. Und so wurden seine Urteile über
den Brief, dass er unselbständig, zwecklos, gedankenarm, zu-
sammenhangslos und nur ein matter, farbloser Reflex dagewe-

---

16 Ebd, S. 58.

17 Ebd, S. 58.

18 Ebd, S. 58.

19 Ebd, S. 164.

20 Ebd, S. 164. Damit gibt Holsten zugleich den inhaltlichen
     Aufriß der dritten Folge seiner Studie zum Philipperbrief
     (Jahrbücher für protestantische Theologie 2, 1876, S.
     282-372) an.

sener Gedanken und Verhältnisse ohne konkrete Realität sei,
unbegründet schief, irrig, eine völlige Verkennung des Briefes
in seiner wirklichen Eigentümlichkeit." [21] Er beschließt seinen Beitrag zu diesem den Philipperbrief betreffenden Problem
mit den Worten: "Ich habe die Kritik wieder auf den Boden der
Exegese gestellt, von welchem losgerissen dieselbe bei den
kritischen Angreifern und Verteidigern unsicher hin- und her-
schwankte. Und wenn den Gründen für die Unächtheit des Briefes, welche ich geltend gemacht habe, die Beweiskraft fehlen
sollte, so glaube ich wenigstens den Verteidigern der Aechtheit den Weg gezeigt zu haben, den sie beschreiten müssen,
wenn es ihnen gelingen soll, diese Aechtheit des Briefes po-
sitiv   zu beweisen." [22] Auf C. Holsten erwiderten sowohl A. Hilgenfeld, Der Brief des Paulus an die Philipper
und C. Holstens Kritik desselben, Zeitschrift für wissenschaftliche Theologie 20, 1877, S. 145-186, und P.W. Schmidt,
Neutestamentliche Hyperkritik, an dem jüngsten Angriff gegen
die Aechtheit des Philipperbriefes auf ihre Methode hin untersucht ..., 1880 [23]. Wurde von den Kommentatoren des
Philipperbriefes schon B. Weiß als Verteidiger der Echtheit
des Schreibens genannt, so ist ferner noch besonders auf

---

21 C. Holsten, Der Brief an die Philipper. Eine exegetisch-
kritische Studie VI. Die Geschichte der Kritik des Briefes, Jahrbücher für protestantische Theologie 2, 1876,
S. 328.

22 Ebd, S. 372. Zu Holstens Würdigung und geschichtlichen
Einordnung des Philipperbriefes vgl. bes. Teil II und
Teil V seiner Studie, Jahrbücher für protestantische
Theologie 2, 1876, S. 146 f; S. 324 ff.

23 Vgl. dazu die Besprechung von H.J. Holtzmann, s.o. Anm. 9.
In dieser Besprechung nimmt H.J. Holtzmann auch zu
Holstens Studie wiederholt Stellung, ohne sich jedoch auch
hier definitiv für oder gegen die Echtheit des Philipperbriefes zu entscheiden.

J.B. Lightfoot, R.A. Lipsius und vor allem A.H. Franke zu
verweisen, der sich intensiv mit C. Holsten auseinandersetzt [24] . C. Holstens Studie war zugleich m.W. der letzte
ausführlich begründete Versuch, die Authentizität des Philipperbriefes zu bestreiten.

---

24 Vgl. auch A.H. Frankes Urteil über diesen Beitrag
    C. Holstens auf S. 21 seines Kommentars.

LITERATURVERZEICHNIS

Vorbemerkung: Beim nachfolgenden Literaturverzeichnis ist in der Klammer ( ) jeweils die durchgängig oder häufig benutzte Titelabkürzung angegeben. — In das Literaturverzeichnis sind die Titel aufgenommen, auf die in dieser Untersuchung verwiesen wird.

Albertz, M., Die Botschaft des Neuen Testaments I/2, Zollikon—Zürich 1952.

BARMER Erklärung vom 31. Mai 1934

Barth, G. Der Brief an die Philipper, Zürcher Bibelkommentar 9, Zürich 1979 (Kommentar)

Barth, K., Der Römerbrief, zehnter Abdruck der neuen Bearbeitung 1967 (erstmals München 1922), Zürich.

—, Erklärung des Philipperbriefes, Zürich ^{5}1947 (=1927) (Kommentar).

—, Vorwort zur englischen Ausgabe der Römerbriefauslegung, Zwischen den Zeiten 10, 1932, S. 477—481.

—, KD I, 2, Zollikon—Zürich 1960.

—, Einführung in die evangelische Theologie, Siebenstern—Taschenbuch 110, München. Hamburg 1968 (Einführung).

Bauer, W., Griechisch—Deutsches Wörterbuch zu den Schriften des Neuen Testaments und der übrigen urchristlichen Literatur, Berlin ^{5}1958 (=1963).

Baumbach, G., Die von Paulus im Philipperbrief bekämpften Irrlehrer, in: Gnosis und Neues Testament. Studien aus Religionswissenschaft und Theologie, hg. v. K.—W. Tröger, Berlin 1973, S. 293—310.

—, Die Zukunftserwartung nach dem Philipperbrief, in: Die Kirche des Anfangs. Für Heinz Schürmann, hg. v. R. Schnackenburg, J. Ernst und J. Wanke, Freiburg. Basel. Wien 1978, S. 435—458.

Baumgarten, S. J., Auslegung der Briefe Pauli an die Galater, Epheser, Philipper, Colosser, Philemon und Thessalonicher. Mit einigen Beyträgen hg. v. J. S. Semler, Halle 1767.

Baumgarten—Crusius, L. F. O., Commentar über die Briefe Pauli an die Philipper und Thessalonicher, Exegetische Schriften zum Neuen Testament III, 2. Aus dessen handschriftlichem Nachlasse und nachgeschriebenen Vorlesungen, hg. v. J. C. Schauer, Jena 1848 (Kommentar).

Baur, F. C., Die sogenannten Pastoralbriefe des Apostels Paulus, Stuttgart. Tübingen 1835.

—, Abgenöthigte Erklärung gegen einen Artikel der evangelischen Kirchenzeitung, herausgegeben von D. E. W. Hengstenberg, Prof. der Theol. an der Universität zu Berlin. Mai 1836, Tübinger Zeitschrift für Theologie 1836, S. 179—232 (Abgenöthigte Erklärung).

—, Paulus, der Apostel Jesu Christi. Sein Leben und Wirken, seine Briefe und seine Lehre. Ein Beitrag zu einer kritischen Geschichte des Urchristenthums, Stuttgart 1845 (Paulus).

—, Zur neutestamentlichen Kritik. Uebersicht über die neuesten Erscheinungen auf ihrem Gebiete, Theologische Jahrbücher 8, 1849, S. 299—370. 455—543 (Zur neutestamentlichen Kritik).

—, Ueber Philipper 2, 6.f., Theologische Jahrbücher 11, 1852, S. 133—144.

Beare, F. W., A Commentary on the Epistle to the Philippians, Black, London 1959 (Kommentar).

Becker, J., Erwägungen zu Phil. 3, 20—21, ThZ 27, 1971, S. 16—29.

Bengel, J. A., Gnomon Novi Testamenti, Tübingen 1742, ^{3}1855.

Bertram, G., ἔργον κτλ., ThW II, S. 631—653.

—,   φρήν κτλ., ThW IX, S. 216—231.

Bertholdt, L., Historischkritische Einleitung in sämmtliche kanonischen und apokryphische Schriften des alten und neuen Testaments VI, Erlangen 1819 (Einleitung).

Betz, H. D., Nachfolge und Nachahmung Jesu Christi im Neuen Testament, BHTh 37, Tübingen 1967.

Bisping, A., Erklärung der Briefe an die Epheser, Philipper und Kolosser, Exegetisches Handbuch zum Neuen Testament VI, 2, Münster ^{2}1866.

Blass F. — Debrunner A., Grammatik des neutestamentlichen Griechisch, bearbeitet von F. Rehkopf, 14., völlig neu bearbeitete Auflage, Göttingen 1976 (Blass—Debrunner).

Bornkamm, G., Paulus, Urban. Die Wissenschaftliche Taschenbuchreihe 119D, Stuttgart. Berlin. Köln. Mainz 1969 (Paulus).

—,   Geschichte und Glaube II. Gesammelte Aufsätze IV, BevTh 53, München 1971. Daraus die Aufsätze:

— Der Römerbrief als Testament des Paulus, S. 120—139.

— Die Vorgeschichte des sogenannten Zweiten Korintherbriefes, S. 162—194.

— Der Philipperbrief als paulinische Briefsammlung, S. 195—205 (überarbeitete Fassung); zuerst erschienen in: Neotestamentica et Patristica. Freundesgabe O. Cullmann, NovTSuppl. VI, Leiden 1962, S. 192—204.

Brückner, B. B., Epistola ad Philippenses Paulo auctori vindicata contra Baurium. Commentatio a summe venerabili theologorum Lipsiensium ordine in certamine academico praemio regio ornata, Leipzig 1848.

Bultmann, R., γινώσκω κτλ., ThW I, S. 688—719.

—,   Bespr. v. E. Lohmeyer, Der Brief an die Philipper, 1928; ders.: Kyrios Christos, 1928, DLZ 51, 1930, Sp. 774—780.

Calvin, J., Der Brief an die Philipper, J. Calvins Auslegung der Heiligen Schrift, Neue Reihe 17, hg. v. O. Weber, Neukirchen—Vluyn 1963 (Kommentar).

Chomsky, N., Aspects of the Theory of Syntax, MIT Press, Cambridge, Mass., 1965.

Clemen, C., Die Einheitlichkeit der paulinischen Briefe an der Hand der bisher mit bezug auf sie aufgestellten Interpolations— und Compilationshypothesen, Göttingen 1894.

Collange, J.—F., The Epistle of Saint Paul to the Philippians, translated from the First French Edition by A.W. Heathcote, London 1979 (Kommentar).

Deichgräber, R., Gotteshymnus und Christushymnus in der frühen Christenheit. Untersuchungen zu Form, Sprache und Stil der frühchristlichen Hymnen, StUNT 5, Göttingen 1967.

Delling, G., Philipperbrief, RGG[3] V, 1961, Sp. 333—336.

DIE DEUTSCHE SPRACHE. Kleine Enzyklopädie in zwei Bänden, hg. v. E. Agricola u. a., Leipzig 1969 (Die Deutsche Sprache).

Dibelius, M., An die Thessalonicher I II, an die Philipper, HNT 11, Tübingen [2]1925, S. 50—76 (Kommentar).

—, An die Thessalonicher I II, an die Philipper, HNT 11, Tübingen [3]1937, S. 59—98 (Kommentar).

—, Die Formgeschichte des Evangeliums, 6. Auflage, 3. photomechanischer Nachdruck der 3. Auflage mit einem erweiterten Nachtrag von G. Iber, hg. v. G. Bornkamm, Tübingen 1971 (Die Formgeschichte des Evangeliums).

Eckert, J., Die urchristliche Verkündigung im Streit zwischen Paulus und seinen Gegnern nach dem Galaterbrief, BU 6, Regensburg 1971.

Eichholz, G., Reform des theologischen Studiums oder Reform der Theologie?, EvTh 13, 1953, S. 6—23.

—, Neues Testament, in: Einführung in das Studium der evangelischen Theologie, hg. v. R. Bohren, München 1964, S. 76—102 (Einführung).

—, Tradition und Interpretation. Studien zum Neuen Testament und zur Hermeneutik, ThB 29, München 1965. Daraus die Aufsätze:

— Der missionarische Kanon des Paulus. 1. Kor 9, 19—23, S. 114—120 (Der missionarische Kanon der Paulus).

— Bewahren und Bewähren des Evangeliums: Der Leitfaden von Philipper 1—2, S. 138—160 (Bewahren und Bewähren).

— Prolegomena zu einer Theologie des Paulus im Umriß, S. 161—189 (Prolegomena).

— Der Ansatz Karl Barths in der Hermeneutik, S. 190—209.

—, Die Theologie des Paulus im Umriß, Neukirchen—Vluyn 1972 (Paulus).

Eichhorn, J. G., Einleitung in das Neue Testament III, 1, Leipzig 1812 (Einleitung).

Ernesti, H. F. Th. L., Philipp. II, 6ff., aus einer Anspielung auf Genes. II.III., erläutert, Theologische Studien und Kritiken, 1848, S. 858—924.

Ernst, J., Die Briefe an die Philipper, an Philemon, an die Kolosser, an die Epheser, RNT, Regensburg [6]1974, S. 21—122 (Kommentar).

Ewald, H., Die Sendschreiben des Apostels Paulus, Bücher des Neuen Bundes III, 1, Göttingen 1857 (Kommentar).

Ewald, P., Der Brief des Paulus an die Philipper, KNT 11, Leipzig [1+2]1908 (Kommentar).

Falk, W., Vom Strukturalismus zum Potentialismus. Ein Versuch zur Geschichts— und Literaturtheorie, Freiburg. München 1976.

Feine, P., Behm, J., Einleitung in das Neue Testament, Heidelberg [9]1950 (Einleitung).

Flatt, J. F. v., Vorlesungen über die Briefe Pauli an die Philipper, Kolosser, Thessalonicher und an Philemon. Nach seinem Tode hg. v. M.C.F. Kling, Tübingen 1829 (Kommentar).

Franke, A. H., Der Brief an die Philipper, MeyerK IX, 1, Göttingen [5]1886 (Kommentar).

Friedrich, G., Die Gegner des Paulus im 2. Korintherbrief, in: Abraham unser Vater. Juden und Christen im Gespräch über die Bibel, Festschrift für O. Michel zum 60. Geburtstag, AGSU 5, Leiden 1963, S. 181–215.

—, Der Brief an die Philipper, NTD 8, Göttingen [14]1976, S. 125–175 (Kommentar).

Friedrich J. — Pöhlmann W. — Stuhlmacher P., Zur historischen Situation und Interpretation von Röm 13, 1–7, ZThK 73, 1976, S. 131–166.

Frisch, M., Tagebuch 1946–1949 (Lizenzausgabe für die Reinhard Mohn oHG, Gütersloh).

Furnish, V., The Place and Purpose of Philippians III, NTSt 10, 1963/64, S. 80–88.

Georgi, D., Die Gegner des Paulus im 2. Korintherbrief. Studien zur religiösen Propaganda in der Spätantike, WMANT 11, Neukirchen–Vluyn 1964.

Glombitza, O., Mit Furcht und Zittern. Zum Verständnis von Phil II,12, NovTest 3, 1959, S. 100–106.

Gnilka, J., Die antipaulinische Mission in Philippi, BZ 9, 1965, S. 258–276.

—, Der Philipperbrief, HThK X,3, Freiburg. Basel. Wien 1968 (Kommentar).

Grässer, E., Von der Exegese zur Predigt, in: Ders.: Text und Situation. Aufsätze zum Neuen Testament, Gütersloh 1973, S. 287–301.

Grimm, J., Über das pedantische in der deutschen sprache, in: Das Problem des Übersetzens, WdF 8, Darmstadt 1973, S. 108–135.

Grimm, W., Die Aechtheit des Briefes an die Philipper, ThLBL 1850, Nr. 149–151; 1851, Nr. 6–8.

—, Ueber die Stelle Philipp. 2, 6–11, Zeitschrift für wissenschaftliche Theologie 16, 1873, S. 33–59.

Güttgemanns, E., Der leidende Apostel und sein Herr. Studien zur paulinischen Christologie, FRLANT 90, Göttingen 1966.

Hahn, Ferd., Probleme historischer Kritik, ZNW 63, 1972, S. 1–17.

—, Die neutestamentliche Wissenschaft, in: Wissenschaftliche Theologie im Überblick, Kleine Vandenhoeck–Reihe 1402, hg. v. W. Lohff, Ferd. Hahn, Göttingen 1974, S. 20–38 (Wissenschaft).

—, Exegese, Theologie und Kirche, ZThK 74, 1977, S. 25–37.

Haenlein, H. C. A., Handbuch der Einleitung in die Schriften des Neuen Testaments II,1, Erlangen 1794 (Einleitung).

Hauck, F., καρπός κτλ., ThW III, S. 617–619.

Haupt, E., Der Brief an die Philipper, MeyerK VIII u. IX, Die Gefangenschaftsbriefe, Göttingen [6]1897 (Kommentar).

Hausrath, A., Der Apostel Paulus, Heidelberg [2]1872.

Heinrichs, J. H., Pauli epistolae ad Philippenses et Colossenses graece. Perpetua annotatione illustratae, 1803.

Hengel, M., Historische Methoden und theologische Auslegung des Neuen Testaments, KuD 19, 1973, S. 85—90 (Thesen).

Heumann, C. A., Erklärung des Neuen Testaments. Achter Theil, in welchem beyde kleine Episteln Johannis und die Episteln Pauli an die Christen zu Philippen und Colossen erläutert werden, Hannover 1756.

Hilgenfeld, A., Das Urchristenthum in den Hauptwendepunkten seines Entwicklungsganges mit besonderer Rücksicht auf die neueste Verhandlung Dr. Hase u. v. Baur, Jena 1855.

—, Bemerkungen über den paulinischen Christus, Zeitschrift für wissenschaftliche Theologie 14, 1871, S. 182—199.

—, Der Brief an die Philipper nach Inhalt und Ursprung untersucht, Zeitschrift für wissenschaftliche Theologie 14, 1871, S. 309—333.

—, Paulinische Forschungen, Zeitschrift für wissenschaftliche Theologie 16, 1873, S. 161—201, bes. S. 178—188 (II. Der Brief des Paulus an die Philipper).

—, Hoekstra und der Philipperbrief, Zeitschrift für wissenschaftliche Theologie 18, 1875, S. 566—576.

—, Historisch—kritische Einleitung in das Neue Testament, Leipzig 1875 (Einleitung).

—, Der Brief des Paulus an die Philipper und C. Holsten's Kritik desselben, Zeitschrift für wissenschaftliche Theologie 20, 1877, S. 145—186.

Hinsch, E., Untersuchungen zum Philipperbrief, Zeitschrift für wissenschaftliche Theologie 16, 1873, S. 59—85.

Hitzig, F., Zur Kritik paulinischer Briefe, Leipzig 1870.

Hoekstra, S., Over de Echtheid van den Brief aan de Philippensen, Theologisch Tijdschrift 9, 1875, S. 416—479.

Hoffmann, P., Die Toten in Christus. Eine religionsgeschichtliche und exegetische Untersuchung zur paulinischen Eschatologie NTA n.F. 2, Münster 1966.

Hofmann, J. C. K. v., Der Brief an die Philipper, Die Heilige Schrift Neuen Testaments IV, 3, Nördlingen 1871 (Kommentar).

Hofius, O., Der Christushymnus Philipper 2, 6—11. Untersuchungen zu Gestalt und Aussage eines urchristlichen Psalms, WUNT 17, Tübingen 1976 (Der Christushymnus Philipper 2. 6—11).

Holsten, C., Der Brief an die Philipper. Eine exegetisch—kritische Studie I, Jahrbücher für protestantische Theologie 1, 1875, S. 425—495.

—, Der Brief an die Philipper. Eine exegetisch—kritische Studie II. III—VI, Jahrbücher für protestantische Theologie 2, 1876, S. 58—165. 282—372.

Holtzmann, H. J., Kritik der Epheser— und Kolosserbriefe. Auf Grund einer Analyse ihres Verwandtschaftsverhältnisses, Leipzig 1872.

—, Bespr. von J. C. K. v. Hofmann, Der Brief an die Philipper, Die Heilige Schrift Neuen Testaments IV,3, Nördlingen 1871, Zeitschrift für wissenschaftliche Theologie 15, 1872, S. 593—594.

Holtzmann, H. J., Umschau auf dem Gebiete der neutestamentlichen Kritik II. Die Briefe, Jahrbücher für protestantische Theologie 2, 1876, S. 239–281, bes. 263–266.

—, Bespr. von P. W. Schmidt, Neutestamentliche Hyperkritik, an dem jüngsten Angriff gegen die Aechtheit des Philipperbriefes auf ihre Methode hin untersucht. Nebst einer Erklärung des Briefes, Berlin 1880, Zeitschrift für wissenschaftliche Theologie 24, 1881, S. 98–110.

—, Lehrbuch der historischkritischen Einleitung in das Neue Testament, Freiburg i. B. [3]1892 (Einleitung).

Hug, L., Einleitung in die Schriften des Neuen Testaments, Tübingen 1808 (Einleitung).

Hunzinger, C.–H., Zur Struktur der Christushymnen in Phil 2 und 1. Petr 3, in: Der Ruf Jesu und die Antwort der Gemeinde. Exegetische Untersuchungen J. Jeremias zum 70. Geburtstag gewidmet von seinen Schülern, Göttingen 1970, S. 142–156.

Jewett, R., The Epistolary Thanksgiving and the Integrity of Philippians, NovTest 12, 1970, S. 40–53.

—, Conflicting Movements in the Early Church as Reflected in Philippians, NovTest 12, 1970, S. 362–390.

Jülicher, A. – Fascher, E., Einleitung in das Neue Testament, Tübingen [7]1931 (Einleitung).

Käsemann, E., Exegetische Versuche und Besinnungen I, Göttingen [6]1970. Daraus die Aufsätze:

– Kritische Analyse von Phil. 2, 5–11, S. 51–95.

– Philipper 2, 12–18, S. 293–298.

—, Grundsätzliches zur Interpretation von Römer 13, in: Ders.: Exegetische Versuche und Besinnungen II, Göttingen [3]1970, S. 204–222.

Klijn, A. F. J., Paul's Opponents in Philippians III, NovTest 7, 1964/65, S. 278–284.

Klöpper, A., Der Brief des Apostels Paulus an die Philipper, Gotha 1893 (Kommentar).

Köster, H., The Purpose of the Polemic of a Pauline Fragment (Philippians III), NTSt 8, 1961/62, S. 317–332.

—, Häretiker im Urchristentum, RGG[3] III, 1959, Sp. 17–21.

Koestlin, K. R., Zur Geschichte des Urchristenthums. Zweiter Artikel. Rom und Kleinasien bis zur Mitte des zweiten Jahrhunderts; Wesen und Bedeutung des Ebionitismus; Charakter und Gang der Entwicklung des Urchristenthums, Theologische Jahrbücher 9, 1850, S. 235–302 (Zur Geschichte des Urchristenthums).

Krause, Besteht der Paulinische Brief an die Philipper aus zweyen an verschiedene Personen gerichteten Sendschreiben? Weitere Ausführung einer akademischen Gelegenheitsschrift, in: Königsberger Archiv für Philosophie, Theologie, Sprachkunde und Geschichte 1, Königsberg 1812, S. 109–124 (Besteht der Paulinische Brief . . .).

Krause, Fr. A. W., Die Briefe an die Philipper und Thessalonicher, Frankfurt 1790 (Kommentar).

Kreck, W., Grundfragen der Dogmatik, Einführung in die evangelische Theologie 3, München 1970 (Grundfragen).

Kümmel, W. G., Jesu Antwort an Johannes den Täufer. Ein Beispiel zum Methodenproblem in der Jesusforschung, Sitzungsberichte der Wissenschaftlichen Gesellschaft an der Johann—Wolfgang—Goethe—Universität Frankfurt/Main Bd. XI, Nr. 4, Wiesbaden 1974.

—, Einleitung in das Neue Testament, 19., durchges. u. erw. Aufl. Heidelberg 1978 (Einleitung).

Lang, F., σκύβαλον κτλ., ThW VII, S. 446—448.

Lehmann, K., Der hermeneutische Horizont der historisch—kritischen Exegese, in: Einführung in die Methoden der biblischen Exegese, hg. v. J. Schreiner, Würzburg 1971, S. 40—80.

Lightfoot, J. B., Saint Paul's Epistle to the Philippians. A Revised Text with Introduction, Notes, and Dissertations, London. New York [11]1890 (Kommentar).

Lindemann, W., Karl Barth und die kritische Schriftauslegung. ThF LIV, Hamburg—Bergstedt 1973.

Lipsius, R. A., Der Brief an die Philipper, Hand—Commentar zum Neuen Testament II,2, Freiburg i. B. [2]1892 (Kommentar).

Lohmeyer, E., Kyrios Jesus. Eine Untersuchung zu Phil 2, 5—11, SAH, Phil—hist. Kl., 1927/28, 4. Abh., Heidelberg 1928.

—, Der Brief an die Philipper, MeyerK IX, 1, Göttingen [13]1964 (Kommentar).

Lohse, E., Märtyrer und Gottesknecht. Untersuchungen zur urchristlichen Verkündigung vom Sühntod Jesu Christi, FRLANT 64, Göttingen [2]1963 (Märtyrer und Gottesknecht).

—, Entstehung des Neuen Testaments, Theologische Wissenschaft 4, Stuttgart. Berlin. Köln. Mainz 1972 (Entstehung).

Lueken, W., Der Brief an die Philipper, Die Schriften des Neuen Testaments II, Göttingen [2]1908, S. 372—390 (Kommentar).

Lünemann, J. C. A., Pauli ad Philippenses epistola. Contra F. Chr. Baurium defendit, Göttingen 1847.

Lütgert, W., Die Vollkommenen in Philippi und Die Enthusiasten in Thessalonich, BFChTh 13,6, Gütersloh 1909.

Luther, M., Vorrede auf die Epistel S. Pauli an die Philipper, in: Martin Luthers Vorreden zur Bibel, hg. v. H. Bornkamm, Furche—Bücherei 238, Hamburg 1967, S. 166.

Luther, W., Sprachphilosophie als Grundwissenschaft. Ihre Bedeutung für die wissenschaftliche Grundlagenbildung und die sozialpolitische Erziehung, Heidelberg 1970 (Sprachphilosophie).

Mackay, B. S., Further Thoughts on Philippians, NTSt 7, 1960/61, S. 161—170.

Maier, G., Das Ende der historisch—kritischen Methode, Wuppertal [3]1975.

Marrou, J.—H., Über die historische Erkenntnis. Welches ist der richtige Gebrauch der Vernunft, wenn sie sich historisch bestätigt?, übersetzt aus dem Französischen v. Ch. Beumann, hg. v. H. Beumann, Freiburg. München 1973.

Martin, R. P., Carmen Christi. Philippians II. 5—11 in Recent Interpretation and in the Setting of Early Christian Worship, SNTSMS 4, Cambridge 1967.

Marxsen, W., Einleitung in das Neue Testament. Eine Einführung in ihre Probleme, Gütersloh [2]1964 (Einleitung).

Matthies, C. S., Erklärung des Briefes Pauli an die Philipper, Greifswald 1835 (Kommentar).

Merk, O., Handeln aus Glauben. Die Motivierungen der paulinischen Ethik, MbThSt 5, Marburg 1968 (Handeln aus Glauben).

Meyer, H.A.W., Brief an die Philipper, MeyerK IX, 1, Göttingen 1847 (Kommentar).

Michael, J. H., The Epistle of Paul to the Philippians, Moffatt, London [5]1948 (Kommentar).

Michaelis, J. D., Einleitung in die göttlichen Schriften des Neuen Bundes I, Göttingen [3]1777 (Einleitung).

Michaelis, W., Der Brief des Paulus an die Philipper, ThHK XI, Leipzig 1935 (Kommentar).

—, Einleitung in das Neue Testament, mit Ergänzungsheft zur 3. Aufl. (1961), Bern [2]1954 (Einleitung).

Moltmann, J., Dogmatik, in: Einführung in das Studium der evangelischen Theologie, hg. v. R. Bohren, München 1964, S. 103—129 (Dogmatik).

Moyne, S. le, Varia sacra, 1685, II, S. 332ff.

Müller, J. J., The Epistle of Paul to the Philippians and to Philemon. NIC, Michigan 1955, S. 13—156 (Kommentar).

Müller, K. J., Des Apostels Paulus Brief an die Philipper, Freiburg i.B. 1899 (Kommentar).

Müller U. B., Prophetie und Predigt im Neuen Testament. Formgeschichtliche Untersuchungen zur urchristlichen Prophetie, StNT 10, Gütersloh 1975 (Prophetie und Predigt im Neuen Testament).

Müller, J. — Bardorff, Zur Frage der literarischen Einheit des Philipperbriefes, Wissenschaftliche Zeitschrift der Universität Jena 7, 1957/58, S. 591—604.

NOVUM Testamentum Graece, cum apparatu critico curavit Eb. NESTLE, novis curis elaboraverunt Erw. NESTLE et K. ALAND, Stuttgart [25]1963.

Paulus, H. E. G., Akademische Programme von J. F. Krause, Heidelbergische Jahrbücher der Literatur, 5,2, 1812, S. 702—703.

Pfleiderer, O., Das Urchristenthum, seine Schriften und Lehren, im geschichtlichen Zusammenhang, Berlin 1887.

—, Der Paulinismus. Ein Beitrag zur Geschichte der urchristlichen Theologie, Leipzig [2]1890.

Planck, K., Judenthum und Urchristenthum, Das zweite Jahrhundert; die Grundlagen des kirchlichen Bewußtseins, Theologische Jahrbücher 6, 1847, S. 258—293 (Judenthum und Urchristenthum).

Pollard, T. E., The Integrity of Philippians, NTSt 13, 1966/67, S. 57—66.

Rahtjen, B. D., The Three Letters of Paul to the Philippians, NTSt 6, 1959/60, S. 167—173.

Rengstorf, K. H., γογγύζω κτλ., ThW I, S. 727—737.

Rheinwald, F. H., Commentar über den Brief Pauli an die Philipper, Berlin. Landsberg a. d. W. 1827 (Kommentar).

Robert, A. — Feuillet, A., Einleitung in die Heilige Schrift. Band II: Neues Testament, Wien. Freiburg. Basel 1964 (Einleitung).

Roloff, J., Apostolat—Verkündigung—Kirche. Ursprung, Inhalt und Funktion des kirchlichen Apostelamtes nach Paulus, Lukas und den Pastoralbriefen, Gütersloh 1965.

—, Amt, Ämter, Amtsverständnis IV, TRE II, S. 509—533.

Schenke, H. M. — Fischer, K. M., Einleitung in die Schriften des Neuen Testaments I. Die Briefe des Paulus und Schriften des Paulinismus, Gütersloh 1978 (Einleitung).

Schenkel, D., Philipper (Brief an die), in: Bibel—Lexikon. Realwörterbuch zum Handgebrauch für Geistliche und Gemeindeglieder, 4. Bd., hg. v. D. Schenkel, Leipzig 1872, S. 534—538.

Schinz, W. H., Die christliche Gemeinde zu Philippi. Ein exegetischer Versuch, Zürich 1833 (Die christliche Gemeinde).

Schmidt, P. W., Neutestamentliche Hyperkritik, an dem jüngsten Angriff gegen die Aechtheit des Philipperbriefes auf ihre Methode hin untersucht. Nebst einer Erklärung des Briefes, Berlin 1880 (Neutestamentliche Hyperkritik).

Schmithals, W., Die Irrlehrer des Philipperbriefes, ZTHK 54, 1957, S. 297—341, überarbeitete Fassung in: Ders.: Paulus und die Gnostiker. Untersuchungen zu den kleinen Paulusbriefen, ThF 35, Hamburg—Bergstedt 1965, S 47—87 (Irrlehrer).

Schrader, K., Der Apostel Paulus V, oder Übersetzung und Erklärung der Briefe des Apostels Paulus an die Thessalonicher, die Epheser, die Kolosser, den Philemon, die Philipper, die Galater, den Timotheus und den Titus, und der Apostelgeschichte, Leipzig 1836 (Der Apostel Paulus V).

Schrage, W., Die konkreten Einzelgebote in der paulinischen Paränese. Ein Beitrag zur neutestamentlichen Ethik, Gütersloh 1961 (Die konkreten Einzelgebote).

Schwegler, A., Das Nachapostolische Zeitalter in den Hauptmomenten seiner Entwicklung, 2 Bde., Tübingen 1846.

Schweizer, E., Erniedrigung und Erhöhung bei Jesus und seinen Nachfolgern, AThANT 28, Zürich [2]1962.

Scott, E. F., The Epistle to the Philippians, IntB XI, 1955, S. 3—129 (Kommentar).

Seidel, C. T., Erklärung des Briefes des Apostels Pauli an die Philipper, Halle. Helmstedt 1757 (Kommentar).

Siber, P., Mit Christus leben. Eine Studie zur paulinischen Auferstehungshoffnung, AThANT 61, Zürich 1971 (Mit Christus leben).

Staab, K., An die Philipper. Die Gefangenschaftsbriefe, RNT 7, Regensburg [3]1959, S. 167—200 (Kommentar).

Staiger, E., Die Kunst der Interpretation, in: Ders.: Die Kunst der Interpretation. Studien zur deutschen Literaturgeschichte, Zürich [5]1967 (=1955), S. 9—33.

Storr, G. C., Dissertatio exegetica in epistolam ad Philippenses, Tübingen 1783.

Strecker, G., Redaktion und Tradition im Christushymnus Phil 2, 6—11, ZNW 55, 1964, S. 63—78.

Stuhlmacher, P., Theologische Probleme gegenwärtiger Paulusinterpretation, ThLZ 98, 1973, Sp. 721—732.

—, Schriftauslegung auf dem Wege zur biblischen Theologie, Göttingen 1975 (Schriftauslegung).

—, Hauptprobleme und Chancen kirchlicher Schriftauslegung, Theologische Beiträge 9, 1978, S. 53—69.

Suhl, A., Paulus und seine Briefe. Ein Beitrag zur paulinischen Chronologie, StNT 11, Gütersloh 1975 (Paulus und seine Briefe).

Vielhauer, P., Einleitung in das Neue Testament, ThR 31, 1965/66, S. 97—155. 193—231.

—, Geschichte der urchristlichen Literatur. Einleitung in das Neue Testament, die Apokryphen und die apostolischen Väter, Berlin. New York 1975 (Literaturgeschichte).

Vincent, M. R., The Epistle to the Philippians and to Philemon, ICC, Edinburgh ³1922.

Vögtle, A., Die Tugend— und Lasterkataloge im Neuen Testament, NTA 16,4/5. H., Münster 1936.

Völter, Zwei Briefe an die Philipper, Theologisch Tijdschrift 1892, S. 10ff. 117ff.

Volckmar, G., Ueber Clemens von Rom und die nächste Folgezeit, mit besonderer Beziehung auf den Philipper— und Barnabas—Brief, so wie auf das Buch Judith, Theologische Jahrbücher 15, 1856, S. 287—369.

—, Ueber Euodia, Euodius und Anaclet, Theologische Jahrbücher 16, 1857, S. 147—151.

Walter, N., Die Philipper und das Leiden. Aus den Anfängen einer heidenchristlichen Gemeinde, in: Die Kirche des Anfangs. Für Heinz Schürmann, hg. v. R. Schnackenburg, J. Ernst und J. Wanke, Freiburg. Basel. Wien 1978. S. 417—433 (Die Philipper und das Leiden).

Weber O., Grundlagen der Dogmatik I, Neukirchen—Vluyn ³1964 (= 1955) (Dogmatik).

—, Phil. 2, (1—4) 5—11, in: Ders.: Predigt—Meditationen, Göttingen 1967, S. 294—298.

—, Der Ort der historisch—kritischen Methode in der Selbstauslegung der Heiligen Schrift, in: Ders.: Die Treue Gottes und die Kontinuität der menschlichen Existenz. Gesammelte Aufsätze I, Neukirchen—Vluyn 1967, S. 68—81.

Weiss, B., Der Philipper—Brief ausgelegt und die Geschichte seiner Auslegung kritisch dargestellt, Berlin 1859 (Kommentar).

Weizsäcker, C. F. v., Die Rolle der Wissenschaft, in: Das 198. Jahrzehnt. Eine Team—Prognose für 1970—1980, hg. v. C. Grossner u. a., Hamburg 1969, S. 495—510.

Wengst, K., Christologische Formeln und Lieder des Urchristentums, StNT 7, Gütersloh 1972.

Wette, W. M. L. de, Lehrbuch der historisch—kritischen Einleitung ins Neue Testament, Berlin 1826 (Einleitung).

—, Kurze Erklärung der Briefe an die Colosser, an Philemon, an die Ephesier und Philipper, Kurz gefasstes exegetisches Handbuch zum Neuen Testament II,4, Leipzig 1843 (Kommentar).

Wiesinger, J. T. A., Die Briefe des Apostels Paulus an die Philipper, an Titus, Timotheus und Philemon, Biblischer Commentar über sämmtliche Schriften des Neuen Testaments V,1, Königsberg 1850 (Kommentar).

Wikenhauser A. — Schmidt J., Einleitung in das Neue Testament, 6., völlig neu bearbeitete Aufl., Freiburg. Basel. Wien 1973 (Einleitung).

Nachtrag

Lindemann, A., Paulus im ältesten Christentum. Das Bild des Apostels und die Rezeption der paulinischen Theologie in der frühchristlichen Literatur bis Marcion. Beiträge zur Historischen Theologie 58, Tübingen 1979.

AUTORENVERZEICHNIS

Wissenschaftliche Untersuchungen zum Neuen Testament

Begründet von Joachim Jeremias und Otto Michel
Herausgegeben von
Martin Hengel, Otfried Hofius, Otto Michel

J.C.B. Mohr (Paul Siebeck) Tübingen